Die Mutter der schönen Liebe

Marianische Schriften
des
Internationalen Mariologischen Arbeitskreises, Kevelaer

DIE MUTTER DER SCHÖNEN LIEBE

Die Marienverehrung im Leben der Kirche und der Christen

Herausgeber: German Rovira

Verlag Johann Wilhelm Naumann · Würzburg

Mit kirchlicher Druckerlaubnis
Nr. 305-6-12/82
Münster, den 3. August 1982
Heinz Janssen, Generalvikar

CIP-Kurztitelaufnahme der Deutschen Bibliothek

Die Mutter der schönen Liebe : d. Marienverehrung im Leben d. Kirche u. d. Christen / German Rovira (Hrsg.). — Würzburg : Naumann, 1982.
(Marianische Schriften des Internationalen Mariologischen Arbeitskreises Kevelaer)
ISBN 3-88567-036-4

NE: Rovira, German [Hrsg.]

Gesamtherstellung: EOS Druck, 8917 St. Ottilien
Titelfoto: IDU-Bild

Inhalt

Vorwort

German Rovira:
Mutter der Schönen Liebe — Zur Einführung in das Thema der Verehrung der Gottesmutter — 9

Allgemeines über die Lehre

German Rovira:
Die Gesegnete unter den Frauen — Gedanken über die biblische Grundlage der Marienverehrung — 17

Anton Ziegenaus:
Die Gestalt Mariens im Glaubensleben der Kirche........ 45

Lebendige Marienverehrung in christlichen Völkern

Wilhelm Havers:
Maria de Guadalupe — Die Aktualität des Guadalupe-Ereignisses für Gegenwart und Zukunft Mexikos — 65

Jerzy Likierski:
Die Schwarze Madonna von Czestochowa — Die Schutzpatronin und Königin Polens — 89

Leo Scheffczyk:
Marienlehre und Marienfrömmigkeit bei Petrus Canisius als Beispiel nachreformatorischer Marienverehrung in Deutschland 95

Ekkart Sauser:
Die Verehrung Mariens bei den östlichen Christen 110

Formen und Wirkungen der Marienverehrung

Ulrich Lange:
Die Verehrung Mariens, ein Werk des Heiligen Geistes — Marianische Frömmigkeitsübungen — 129

Leo Elders:
Marienverehrung und Missionsarbeit 146

Franz Courth:
Die Marienverehrung und der Beitrag der Orden 154

Geistliche und pastorale Erwägungen

Kardinal Ernesto Corripio-Ahumada:
Die Botschaft von Guadalupe 169

Bischof Josef Stimpfle:
Marienverehrung — Erbe und Auftrag der Katholischen Kirche
in Deutschland 182

Jan Nalaskowski:
Die Bedeutung des Wallfahrtsortes »Jasna Gora«
im Lichte des 600jährigen Jubiläums 197

Dokumente

Irenäus von Lyon:
Aus dem III. Buch »Adversus Haereseos« 203

Methodius von Olympos:
Aus der Predigt von Simeon und Anna 207

Germanus von Konstantinopel:
Aus der Predigt am Fest Mariens-Darstellung 208

Bernhard von Clairvaux:
Aus der Homilie in der Oktav der Himmelfahrt Mariens 209

Johannes Paul II.:
Grußbotschaft zum 450. Jubiläum von Guadalupe 211

Kardinal Hermann Volk:
Hirtenwort zur Weihe der Kirche an das Herz Mariens
von Johannes Paul II. 212

Autorenverzeichnis 215

Namensverzeichnis 217

Vorwort

Das Wort vom Buch der Sprüche: »Gib mir dein Herz, mein Sohn, deine Augen mögen an meinen Wegen Gefallen finden« — Spr. 23,26 — kann man im übertragenen Sinn vielen Menschen in den Mund legen: Eltern, Erziehern, Freunden, etc. Im Munde Mariens würden sie das Wesen der Verehrung der Gottesmutter in schönster Weise zusammenfassen. Sie würden dann auch Maria als die Meisterin jener Kultur der Liebe darstellen, von der Johannes Paul II. so häufig spricht.

Bei seiner Rückkehr nach der Reise in Mexiko sagte der Heilige Vater in Rom: »Mein Herz konnte im Gleichklang mit dem ihren schlagen: ich habe mich mit ihnen gefreut, mit ihnen gelitten und gehofft.« Als das Jubiläum der 450. Wiederkehr der Erscheinung von Guadalupe am 12. 12. 1981 zu Ende ging und praktisch zur gleichen Zeit die 600-Jahrfeier von Czestochowa begann, wurde das vorliegende Buch konzipiert.

Wir können und sollen von unseren Brüdern und Schwestern in anderen Ländern einiges lernen, wenn ihre Wege bei uns Gefallen finden, und »es ist nur recht, sie ins Herz einzuschließen« — vgl. Phil 1,7. Die erwähnten Worte des Papstes klingen in dem Augenblick, in dem unsere Brüder und Schwestern die Herrlichkeiten Mariens feiern und sich dabei freuen, auch wenn sie gleichzeitig leiden, wie eine Aufforderung an uns. Es ist recht, sich im Gebet mit ihnen zu vereinigen.

Dies allein war Anlaß genug, um uns an unser Vorhaben seit der ersten Publikation unseres Arbeitskreises noch einmal zu erinnern. Aber überdies ist es immer gut, Maria mit all jenen zu danken, die »das große Geheimnis der Gottessohnschaft gelernt haben und noch immer lernen«, mit all jenen, die »diese Würde des Menschen, die ihm niemals und nirgends genommen werden kann, erfahren haben und noch immer erfahren«. Auch diese Worte Johannes Pauls II. in seinem Gebet für Polen am 10. Februar dieses Jahres können die Thematik dieses Buches rechtfertigen. Maria zu danken heißt Gott für die Auserwählung dieser Frau und für das Werk, das Er durch sie durchführen wollte, zu danken. In Maria erkennen die Gläubigen die Würde ihrer göttlichen Bestimmung, daß sie mit Maria dazu berufen sind, am Werk der neuen Schöpfung mitzuwirken, welche die Kultur der Liebe kennzeichnen soll. Die Marienverehrung führt uns in die Schule der Schönen Liebe.

Aber Liebe fordert Dankbarkeit. Und so muß auch jenen gedankt werden, die an diesem Buch mitgearbeitet haben. Unter den Namen der Verfasser, denen Dank gebührt, sind Frau Dipl. Vw. Christiane Moll, Frau Annamarie Koch, Frau Josephine van Onselen, Pfr. Udo V. Brederecke und Bruder Karl Debernitz im Buch nicht erwähnt worden. Aber sie haben mit ihren Übersetzungen, Korrekturen und Schreibarbeiten so viel geleistet, daß ihnen stellvertretend für viele andere hier Dank ausgesprochen werden muß.

Kevelaer, am Fest des Herzens Mariens
19. Juni 1982

German Rovira

German Rovira

Mutter der Schönen Liebe

Zur Einführung in das Thema der Verehrung der Mutter Gottes

Ehre und Ruhm eines Menschen drücken sich bisweilen in Titeln aus, die dem betreffenden offiziell oder durch die Nachwelt verliehen wurden. Sind sie gut und zutreffend, dann drücken sie einiges vom Wesen des so Geehrten aus.

Keinem Menschen wurden im Laufe der Jahrhunderte so viele Titel verliehen wie Maria. Sie geben die Vorstellung und das Verständnis wieder, die die Kirche von der Person und der Sendung der jungfräulichen Gottesmutter hat; sie zeigen außerdem die Anhänglichkeit und das Vertrauen der Gläubigen, die sich voll Verehrung an die Mutter ihres Herrn wenden und so die Macht ihrer Fürsprache anerkennen. Diese Titel sind dichterische Worte, und als solche zugleich kürzeste Hymnen — also nicht nur von literarischem Wert: man muß sie vor allem als Gebete betrachten, als kultische Lobgesänge, wie beispielsweise die Lauretanische Litanei[1] und der Akathistos-Hymnus.

Von solchen Titeln gilt, was R. Guardini ganz allgemein über das *Wort* sagte, als er den Sinn des Rosenkranzgebetes erhellen wollte: »Man sagt wohl, das Wort sei geistig. Das ist aber nicht wahr; es ist menschlich. Es hat einen Leib wie der Mensch: das Gebilde aus Laut und Klang. Es hat einen Geist wie der Mensch: den Sinn, der im Hörbaren offen wird. Und es hat, wie der Mensch, ein Herz: die Schwingungen des Gemütes, die es erfüllt. Das Wort ist der Mensch selber; seine feinste, beweglichste Ausgestaltung. Darum hat es auch Macht[2].«

Auch Goethe mögen bei der Gestaltung einer Szene im »Faust« ähnliche Empfindungen bewegt haben. Dort sehnt Faust sich nach »Offenbarung, die nirgends würd'ger und schöner brennt als in dem Neuen Testament« und schlägt den Anfang des Johannesevangeliums auf. Bei seinem Versuch, den Ausdruck »Logos« zu übersetzen, kann er »das *Wort* so hoch unmöglich schätzen« — doch auch die Begriffe *Sinn* und *Kraft* genügen ihm nicht. So läßt Goethe den Faust schließlich »getrost« schreiben: »Im Anfang war die Tat[3].«

Es scheint, als ob das Wesen des Wortes nur durch eine gewisse Personifizierung desselben faßbar werden könnte. Auch im Alten Testament erfuhr der Begriff »Wort« eine solche Hypostasierung. »Dabar«, insbesondere als Wort Jahwes, war die dynamische moralische Kraft, mit der man etwas erkennt und zugleich besitzt; in »dabar« offenbart Gott sein Wesen und seinen Willen, und wer das Wort Gottes kennt, hat von Jahwe selbst Wesentliches erkannt[4].

Alle diese Überlegungen dürfen nun keinesfalls zu der Anschauung führen, das Mensch gewordene Wort Gottes sei eine göttliche Person nur in dem oben angedeuteten Sinn oder ein bloßer Mensch, geschmückt mit dem Sprachgewand der Heiligen Schrift. Der Glaube an die Offenbarungen des Sohnes Gottes fordert einen Personenbegriff, wie ihn die ersten Konzilien der Kirche dogmatisch erklärt haben, der weder durch arianische oder sabellianische Logostheorien noch durch doketische Vorstellungen relativiert werden darf.

Wenn es im Folgenden um das Verständnis jener Titel geht, mit denen die heilige Mutter Gottes verehrt wird, so kann allein die Wahrheit über das Wort Gottes, wie Gott selbst sie geoffenbart hat, den Sinn jener Titel bestimmen.

Menschliche Worte mögen geistig kraftvoll, zur Tat zwingend, oder auch kreativ mächtig sein — ihr Wahrheitsgehalt jedoch und also auch ihre Bedeutung müssen ontologisch begründet sein. Gerade dann, wenn ein Wort als ein Kategorem zur Bezeichnung einer Person ausgesprochen wird, ohne unbedingt eine konkrete grammatikalische Funktion in einem Satz zu haben, muß es eine bestimmte Wirklichkeit darstellen[5]. Aus diesem Grund dürfen die Titel, mit denen die Gläubigen Maria als Mutter des Herrn und als ihre Mutter anrufen, nicht mißverständlich sein. Wird ein solcher Titel, ein solches Wort, in der Liturgie gebraucht, dann gewinnt es dadurch eine Bedeutung, die den Bereich des durchschnittlich menschlichen Verständnisses übersteigt.

Das liturgische Wort, ausgesprochen in der Kraft des Heiligen Geistes, gilt ja als Glaubensregel; seine Gültigkeit hängt mit dem Glauben der Kirche zusammen, dem es Ausdruck verleiht nach dem bekannten Wort »lex orandi lex credendi«. Denn »als die Zeit erfüllt war, sandte Gott seinen Sohn, geboren von einer Frau, ... damit wir die Sohnschaft erlangten ... sandte Gott (auch) den Geist seines Sohnes in unser Herz, den Geist, der ruft: Abba, Vater[6]«! Und »es kann ja niemand sagen: Jesus ist der Herr!, wenn er nicht aus dem Heiligen Geist redet[7]«. Echte Frömmigkeit gibt es also nur, wenn sie von Gott stammt, denn sie ist ja eine Gabe des Heiligen Geistes, und so sagt Augustinus: »sie ist der echte Kult des wahren Gottes[8]«, »Gott den Kult erweisen, den man Ihm schuldet; Gott verehren mit reinem Herzen[9]«. Eine kreative Frömmigkeit, die sich an diese Regel hält, geht auf dem richtigen Weg.

Nun, jene vom Lehramt zugelassenen und teilweise in der Liturgie verwendeten Titel, mit denen Maria geehrt wird, sind zumeist der Heiligen Schrift entnommen. Die Lauretanische Litanei und der Akathistos-Hymnus — schon oben erwähnt — sind ein deutliches Beispiel christlicher Interpretation der Heiligen Schrift, die sich auf das Wirken des Heiligen Geistes in der Kirche berufen kann.

Wenn Maria von den Gläubigen als »Gnadenvolle« bezeichnet wird, die »heilig, einzigartig, unbefleckt, unverletzt, das Gute liebend, wohltätig und menschenfreundlich[10]« ist, dann bezeugen sie damit ihren Glauben an das Wirken Gottes in seiner Mutter — und all diese Bezeichnungen können nicht durch das Argument abgewertet werden, die Heilige Schrift verwende diese Ausdrücke ja ausschließlich für die Weisheit Gottes. Das Evangelium, so wie es die Kirche versteht, zwingt ja dazu, Maria »selig zu preisen«, weil sie »selig ist, weil sie geglaubt hat[11]«.

Das »chaîre kecharitoméne« der Verkündigung an Maria legt überdies nahe, in ihr jene »Tochter Zion« zu sehen[12], die der Inbegriff des von Gott sehnlichst geliebten Volkes der Kinder Gottes ist. »Die Freude, zu welcher die Tochter Gottes aufgefordert wird, hat ihren Ursprung im Kommen und in der Gegenwart Jahwes: Er ist ‚in ihrer Mitte', er ist ‚in ihrem Schoß'. Er kommt zur Tochter Zion, um sie durch seine Liebe zu erneuern, um sie zu retten[13].« So kann es nicht abwegig sein, die Jungfrau, die »die Größe des Herrn preist«, die »über ihren Retter jubelt[14]«, deren Leibesfrucht gesegnet ist[15], als Mutter der göttlichen Gnade, der Schönen Liebe zu bezeichnen.

Mit solcher Betrachtungsweise steigt man nicht mehr gleichsam auf der Leiter der Hypostasierungen des Alten Testamentes empor, sondern man entdeckt in den biblischen Aussagen über die Weisheit einen neuen Sinn: Die Allegorie, welche nicht nur die Geschichte vorherverkündigt, sondern auch »die Wahrheit und Wirklichkeit der Geschichte, deren verborgenen Sinn« die Offenbarungen des Neuen Testamentes enthüllt, und die die Kirche entsprechend dem Mysterium Christi genau versteht[16]. Die Grundlage für diese Deutungen, für die typologische Theologie, haben die von Gott inspirierten Verfasser des Neuen Testamentes geschaffen; die Liturgie und die Kirchenväter haben diese Theologie nur weiter entfaltet. Die Vorlagen des Alten Testamentes für so viele Aussagen im Neuen wurden nicht etwa zufällig gebraucht, sie sind nicht sozusagen naive Plagiate einfältiger Schriftsteller, sondern im Geiste Gottes christliche Interpretation der Hinweise und Prophezeiungen des Alten Testamentes auf Christus hin. Man denke nur, um dieses Beispiel zu erwähnen, an die häufige Bemerkung der Evangelisten: »Dies alles ist geschrieben, damit sich erfülle, was der Herr durch den Propheten gesagt hat[17].«

Der für Maria bald in die Liturgie aufgenommene Titel »Herrin«, »Königin« — Kyria, Domina — legte auch näher, Maria als den »Thron« oder »Sitz« der Weisheit zu betrachten[18]. Damit konnte man alles, was die Bibel von der Schönheit des Wortes und der Weisheit Gottes verkündete, zum Lobgesang des Erlösers in seiner Mutter verwenden. Die »Gebenedeite unter den Frauen« wurde zur »Schönste unter den Frauen[19]«; »in ihr ist alles schön«, sie »übertrifft jedes Sternbild[20]«. Über die Himmelskönigin wurden dann die schönsten Hymnen verfaßt; ihr Name ist oder mußte heißen: »Stern des Meeres«, »Morgenstern[21]«, denn sie ist der »Widerschein des ewigen Lichtes«, der »Spiegel der Gerechtigkeit«, das »Bild der göttlichen Vollkommenheit[22]«.

Die beiden Titel »Mutter« und »Königin« müssen auch im Zusammenhang mit der Aussage im Lukas-Evangelium über den Sohn Mariens betrachtet werden: »Er wird groß sein und Sohn des Höchsten genannt werden. Gott, der Herr, wird ihm den Thron seines Vaters David geben; er wird über das Haus Jakob in Ewigkeit herrschen, und seiner Herrschaft wird kein Ende sein[23].« Darauf versucht Pozo auch die Rolle der Mutter des Messias im Reich Gottes zu begründen. Die historischen Kenntnisse über die Institutionen im Reiche Israels[24] werfen ein helles Licht auf die Allegorie der Stellen über die »gebiráh«, die Königinmutter im messianischen Reiche. »Batseba ist der erste in der Heiligen Schrift bezeugte Fall einer ‚gebiráh'. Nun, man braucht nur die zwei ersten Kapitel des ersten Buches der Könige zu lesen, um den Unterschied zwischen der Königingattin und der Königinmutter aufgrund ihrer Rangordnung festzustellen[25].« Man vergleiche 1. Kön 1,15ff mit 2,19f. »Batseba ging zum König in das Gemach ... Batseba verneigte sich und warf sich vor dem König nieder« und der König fragte nach ihrer Bitte. In der zweiten Stelle hat Salomo schon den Thron bestiegen. »Batseba kam zu König Salomo, um mit ihm wegen Adonija zu sprechen. Der König erhob sich, ging ihr entgegen und verneigte sich vor ihr. Dann setzte er sich auf seinen Thron und ließ auch für die Königinmutter einen Thron hinstellen. Sie setzte sich an seine Rechte« und brachte ihre Bitte als Fürsprecherin vor. »Es geht hier nicht darum, ob die Bitte der Königinmutter vernünftig war oder nicht. Wichtig ist nur, feststellen zu können, wie die Königinmutter wirkt ... Die ‚gebiráh' regiert nicht; sie beschränkt sich auf eine Fürsprachevolle[26].« Aber auch die Umstände sind aufschlußreich: der König ehrt sie in einer besonderen Weise.

Maria ist wahrhaftig die Mutter Jesu Christi, des Messias, des Sohnes Gottes: Gottesgebärerin, Deipara, Theotokos. »Die Kirche ist die Nachfolgerin des Reiches Davids (man erinnere sich nicht nur an die oben erwähnte Stelle Lukas 1,32ff, sondern auch an Markus 11,10: ‚Gesegnet sei das Reich unseres Vaters David, das nun kommt'). Wenn man von der Kontinuität des Reiches David im Reich des Messias ausgeht, dann darf man auch von einer Parallelität der Stukturen in beiden Reichen sprechen! Christus ist der einzige König seiner Kirche. Er regiert sie. Aber wir finden neben ihm die Gestalt einer messianischen ‚gebiráh'[27].«

Es ist eine beinahe allgemeine Aussage der traditionellen Theologie, was Albert der Große und Petrus Kanisius mit sehr ähnlichen Worten verkünden: »Unter dem Kreuze hat Maria — nicht ohne herbe Wehen — uns alle in ihrem Sohne und durch ihren Sohn zum ewigen Leben geboren, und ist dadurch unser aller Mutter geworden[28].« Durch die Menschwerdung hat Gott bewirkt, daß wir ihn Vater nennen sollen. Aber er hat es auf die Weise bewirken wollen, daß die Frau, welche den Sohn Gottes gebar, auch Gottesmutter genannt werden kann und ist. Darf man das vierte Gebot auch in diesem Zusammenhang erwähnen? Findet Gott an der Verehrung seiner Mutter keinen Gefallen? Man könnte zudem an das neue Gebot im Neuen Bunde denken: »Liebt einander! Wie ich euch geliebt habe, so sollt auch ihr einander lieben[29].« Ich meine, daß als ein Zeichen der Jüngerschaft Christi die Liebe zu seiner Mutter gelten muß; sie darf nicht aus der Tragweite dieses neuen Maßstabes der Liebe ausgeschlossen werden: der Christ muß eine Liebe zur Gottesmutter anstreben, die ihn Gott in seiner Liebe ähnlich macht. Maria lieben, wie Christus sie liebt, ist eine zwingende Folge dieses Gebotes. Natürlich muß man sich zuerst auf das Fundament dieser Liebe besinnen: »Wer seine Gebote hält, bleibt in Gott und Gott in ihm. Und daß er in uns bleibt, erkennen wir an dem Geist, den er uns gegeben hat[30].«

Maria, die Magd des Herrn, die an sich geschehen ließ, wie Gott befahl, ist die »gebiráh« an der Seite des Herrschers der Welt; die Kinder des Königs, Erben dieser Herrschaft[31], »aus Gott geboren« durch den Glauben an Jesus Christus[32], besitzen die Macht, Kinder Mariens zu werden, sie zu lieben, wie der Sohn Gottes sie hat lieben wollen und als Mensch hat lieben müssen. »Kinder, gehorcht euren Eltern in allem, denn so ist es gut und recht im Herrn[33].« Jesus »war ihnen gehorsam« und so »wuchs er heran, und seine Weisheit nahm zu, und er fand Gefallen bei Gott und den Menschen[34]«.

Nach alledem meine ich, daß es berechtigt ist, von der »Mutter der Schönen Liebe« zu sprechen, wenn in diesem Buch die Verehrung der Mutter Gottes untersucht werden soll. Maria als gemeinsame Mutter der Menschen zu erkennen führt zu einer neuen Begründung der Liebe der Menschen zueinander: die Verehrung der Mutter fordert und fördert die Liebe zu ihren Kindern, die zugleich die Kinder Gottes sind.

Pozo fügt seinen Überlegungen über die »gebiráh« eine Stelle aus dem Hohenlied hinzu, die sicher nicht leicht zu deuten ist, die er aber, nicht ohne Grund, auf die Rolle der Königinmutter bei der Krönung des Königs bezieht: »Ihr Töchter Jerusalems, kommt heraus und schaut, ihr Töchter Zions, König Salomo mit der Krone! Damit hat ihn seine Mutter gekrönt am Tage seiner Hochzeit, an dem Tag seiner Herzensfreude[35].« — Es würde zu weit führen, wollte man jetzt diese Schriftstelle in Verbindung bringen mit jenen biblischen Aussagen, die von der Hochzeit des Lammes und seiner Gefolgschaft sprechen[36]; doch könnte man bei der Betrachtung dieser Texte leicht zu Deutungen gelangen, in denen sich das oben über die »Tochter Zion« und die »gebiráh« Erwähnte im schon angedeuteten Sinne auf Maria beziehen ließe. Die folgende Strophe aus dem Akathistos-Hymnus ist ja keineswegs eine überschwengliche Übertreibung: »Die den Stern deuten, sahen in den Händen der Jungfrau den, der mit seiner Hand die Menschen gebildet. Eingedenk dessen, daß er in Knechtsgestalt jedoch ihr Gebieter sei, trachteten sie mit ihren ehrenden Gaben ihm zu dienen und der Benedeiten zu huldigen.«

Die Verehrung der Mutter Gottes wurde immer als Gottesdienst verstanden: der marianische Kult ist die Anerkennung ihrer Würde im Reiche Gottes, aus der das Vertrauen darauf wächst, daß sie vor Gott stets gemeinsam mit ihrem Sohn, unserem Anwalt bei Gott für uns spricht und bittet.

Wer als Sünder vor dem Kreuze Christi steht und weiß, daß er die Ursache — oder wenigstens der Grund — des Leidens und Sterbens des Sohnes Mariens ist, der kann Maria neben dem Kreuz nicht übersehen, der wird auch mit Maria reden und zu ihr beten.

Wer Maria als die Mutter des gekreuzigten und auferstandenen Sohnes Gottes anerkennt, der erkennt in ihr die »Mutter der Barmherzigkeit«. »Denn nachdem sie in außergewöhnlicher Weise das Erbarmen erfahren hat, ist sie in gleicher Weise ‚erbarmenswürdig' geworden — während ihres ganzen irdischen Lebens und vor allem unter dem Kreuz ihres Sohnes; und sie wurde schließlich durch verborgene und zugleich einzigartige Teilnahme an der messianischen Aufgabe ihres Sohnes ganz besonders dazu berufen, den Menschen die Liebe nahezubringen, die zu offenbaren er gekommen war und die am konkretesten den Leidenden, den Armen, den Unfreien, den Blinden, den Unterdrückten und den Sündern gegenüber sichtbar wird — wie sie Jesus mit der Prophezeiung Jesajas beschrieben hat — Lukas 4,18 —, in der Synagoge von Nazareth zuerst und dann als Antwort auf die Frage des Abgesandten Johannes des Täufers. Gerade an dieser ‚sich erbarmenden' Liebe, die vor allem bei der Begegnung mit dem moralischen und physischen Übel wirksam wird, hatte das Herz derer, die dem Gekreuzigten und Auferstandenen Mutter war, in außergewöhnlicher Weise Anteil. In ihr und durch sie offenbart sich die erbarmende Liebe weiterhin in der Geschichte der Kirche und der Menschheit. Diese Offenbarung ist deshalb besonders fruchtbar, weil sie sich in Maria auf das einzigartige Taktgefühl ihres mütterlichen Herzens gründet, auf ihre besondere Empfindsamkeit und Fähigkeit, alle Menschen zu erreichen, ‚welche die erbarmende Liebe leichter von seiten einer Mutter annehmen'. Das ist eines der großen und lebensspendenden Geheimnisse des Christentums, dem Geheimnis der Menschwerdung innig verbunden[37].«

Ein Buch nun, welches die Gründe und die Bedeutung der Verehrung der Gottesmutter darlegen soll, darf mit diesem Titel Mariens vorgestellt werden: »Mutter der Schönen Liebe[38].« Dem Kult der Hyperdulie werden hierin auch jene Reflexionen zuteil, von denen ganz am Anfang gesprochen wurde: dieser Kult läßt uns vieles vom Wesen und von der Sendung Mariens erfahren. Die höchste Dienerin Gottes, man könnte ja sagen: die Hyperdoulé, ist die Mitarbeiterin — socia — des Knechtes Gottes im Werk der Erlösung aller Menschen, durch die sie zu Kindern Gottes gemacht werden können, wenn sie an das Wort Gottes glauben[39], das zu uns im Sohn Mariens über die wahre Liebe gesprochen hat, auch über die Liebe zu seiner Mutter, zur »Tochter Zion« und »gebiráh« im messianischen Reiche: Urbild, Königin und Mutter der Kirche.

Maria hat ihrer Berufung, die der unserigen ähnlich ist, in treuester Weise entsprochen. Als Urbild der Kirche und ihre Mutter ist sie für die Gläubigen das Zeichen des Sieges über den Widersacher Gottes, die Vorerlöste als neue Eva, die Mutter der Lebenden, die den Tod besiegen, und zugleich die Vollerlöste, — und als beides Urbild der Kirche ohne Runzeln und Makel, heilig und unbefleckt, die Mutter jener, die Gott schauen, weil sei reinés Herzens sind[40]. Maria ist die Mutter dieser Herzen, die der herrlichen Liebe Gottes teilhaftig geworden sind und so fähig wurden, seine Mutter zu lieben.

An Hand der Tradition des Targum hat Diez-Merino bewiesen[41], daß das Protevangelium (Gen 3, 14—15) auch in Israel als eine messianische Prophetie verstanden wurde, deren Inhalt sicherlich in das Gedankengut des Neuen Testamentes einging[42]. Maria und die Kirche sind unter dem gleichen Bilde dargestellt: beide nennen die Gläubigen ihre Mutter, und was die kirchliche Literatur zum Lobpreis der Mutter Kirche formuliert hat, darf man ohne Änderung für die Mutter der Kirche verwenden[43]. Die Personifizierung der Kirche stellt im Neuen Bunde eine echte menschliche Wirklichkeit dar. Das Urbild der Gemeinschaft der Heiligen ist eine reale Person: die Mutter des Hauptes und der Glieder der Kirche.

Darum können Worte des heiligen Leander von Sevilla diese Überlegungen abschließen: »Du allein weißt am tiefsten, was es ist um die Süße der Liebe, um die Sehnsucht nach Einheit. Du weißt es aus den Weissagungen der Propheten, aus den göttlichen Worten des Evangeliums, aus den Schriften der Apostel. Du kennst nur eine Verkündigung: die liebende Einheit unter den Völkern. Du hast nur ein Verlangen: die Verbundenheit der Nationen; du streust nur eine einzige Saat aus: die Güter der Liebe und des Friedens[44].«

Anmerkungen

[1] Über die Geschichte, Aufbau und Erklärungen dieser Anrufungen vgl. z. B. C. Kammer, Die Lauretanische Litanei, Innsbruck 1960, sowie S. Ucello, Biblia Mariana sen Commentarium Biblico-Patristicum in Litanaias Lauretanas, Turin 1924.

[2] R. Guardini. Der Rosenkranz, Würzburg 1960[6], S. 25.

[3] Vgl. Faust I, in der Ausgabe des Insel-Verlages, Goethe-Werke III, Frankfurt 1965, S. 40.

[4] Darüber z. B. Procksch in: G. Kittel, Wörterbuch zum NT/IV. Stuttgart 1942, S. 89f, sowie P. Heinisch, Das Wort im AT und Alten Orient, in Biblische Zeitfragen 10/7—8, Münster 1922.

[5] Vgl. z. B. R. Carnap, Scheinprobleme in der Philosophie, Frankfurt 1966. S. 47ff, sowie I. M. Bocheński, Die Zeitgenössischen Denkmethoden, Bern 1954, S. 51ff.

[6] Vgl. Gal 4,4—6 bzw. Röm 8,14ff.

[7] Vgl. 1 Kor 12,3 bzw. Röm 10,9, sowie 1 Joh 4,2ff.

[8] Augustinus, De Civitate Dei 4,23; PL 41,130.

[9] Augustinus, Epistola 155,4; PL 33, 673

[10] Vgl. Weis 7,22—23.

[11] Vgl. Lk 1,48/42.

[12] Vgl. darüber J. Mc. Hugh, The Mother of Jesus in the New Testament, London 1974; in der spanischen Übersetzung: La Madre de Jesús en el Nuevo Testamento, Bilbao 1978, S. 96ff. Mc. Hugh analysiert ausführlichst die Geschichte dieser Typologie schon in der Patristik und in der byzantinischen Kunst, wie auch die Kontroverse um Lyonnet und Sahlin, als sie im Gruß des Engels bei der Verkündigung eine hebräische Quelle bei Lukas zu finden glaubten. Die Angaben bei Mc. Hugh erlauben, auf weitere Zitate zur Untermauerung dieser Feststellungen zu verzichten.

[13] L. Deis. Maria Tochter Sion, Mainz 1961, S. 72.

[14] Vgl. Lk 1,46.47.

[15] Vgl. Lk 1,42.

[16] Vgl. H. de Lubac, Der geistige Sinn der Schrift, Einsiedeln 1952, S. 21.

[17] Mt 1,22; vgl. auch u. v. a. z. B. Mt 26,56; 27,9—10; Mk 1,2; Lk 3,4; Joh 12,14—15; 19,24/36; etc.

[18] Vgl. darüber M. J. Scheeben, Handbuch der Kath. Dogmatik III., Freiburg 1927, §1623, S. 509f.

[19] Vgl. Lk 1,28/42 und Hld 5,27.

[20] Weis 7,29.

[21] Vgl. Isidor von Sevilla, Etymologia, 7,10: »Maria dicitur illuminatrix sive Stella Maris: genuit enim lumen mundi. Sermone autem syro Maria, Domina nuncupatur, quia Dominium genuit.« PL 82, 289.

[22] Vgl. Weish 7,26.

[23] Lk 1,32—33.

[24] Vgl. R. de Vaux, Les Institutions del' Ancien Testament I., Paris 1961, S. 181ff. — Vaux nennt die »gebiráh« »la Grande Dame«; hierin muß man diese Bezeichnung als feminine Parallele zu »adan« (= Adam) verstehen, »seigneur«, da die Femininform dieses Wortes im Hebräischen nicht üblich ist.

[25] C. Pozo, Maria en la Escritura y en la fé de la Iglesia, Madrid 1981, S. 163f.

[26] Ebda. S. 164.

[27] Ebda. S. 165. Man vgl. auch H. Cazelles, La Mère du Roi-Messie dans l'Ancien Testament, in Acta Congressus Mariologici-mariani in civitate Lourdes anno 1958 celebrati, Band 5, Rom 1959, SS. 39—56, sowie A Garcia del Moral, La realeza de Maria según la Sagrada Escritura, in: Ephemerides Marilogicae 12 (1962) SS. 161—182; beide werden bei Pozo zitiert.

[28] Vgl. Albert der Große, Mariale 29,3.

[29] Joh 13,34. Über das 4. Gebot und die Verehrung Mariens vgl. Aelredus Sermo 20, In Nativitate Mariae PL 195,323.

[30] I Joh 3,24.

[31] Vgl. Ps 2,7—9.

[32] Joh 1,12—13.

[33] Kol 3,20.

[34] Lk 2,51—52. Die mozarabische Liturgie übernimmt diese Gedanken, und die Präfation des Festes von Maria Verkündigung sagt: »sie allein ist gewürdigt, dem Gottmenschen, Gott, der ihr untertan geworden, Nahrung zu reichen«; vgl. M. Dietz, Gebetsklänge aus Altspanien, Bonn 1947, S. 133.

[35] Hld 3,11. Vgl. C. Pozo, a.a.O. S. 164.

[36] Vgl. z.B. Off 19,9; Lk 14,15ff; Denz-Schönm. 1648 u.a.

[37] Johannes Paul II., Dives in Miserocordia §9.

[38] Der in die Vulgata übernommene Vers 24,24, welcher auch in anderen Varianten in einigen Texten der Sepuaginta zu finden ist, mag nicht so bezeugt sein, daß man ihn zum Urtext zählen könnte. Ich will hier auf das Problem der Überlieferung nicht eingehen. Die Frage ist, was zum eigentlichen Kanon der Kirche gehört. Die Auslassung dieser Stelle in den »modernen« Übersetzungen ist dafür kein Maßstab. Die Tradition hat diesen Vers häufig gebraucht, vgl. z.B. H. Ischokke, Die Biblischen Frauen im AT, Freiburg 1882, SS. 402ff, sowie A. Röggl, Maria die Mutter der Schönen Liebe, in: A. Witschwenter, Die Feste Mariä, Bibliothek für Prediger VI, Freiburg 1891, S. 100f. Das Missale Romanum von Pius V. enthielt auch das Formular für die Messe am 31. Mai (Missae pro aliquibus locis) mit der Bezeichnung: B. Mariae V. Reginae Sanctorum Omnium et Matris Pulchrae Dilectionis, mit der entsprechenden Erwähnung dieser Titel im Kirchengebet dieser Messe. Vgl. Missale Romanum, Editio XXXI post Typicam, Regensburg 1957.

[39] Vgl. Joh 1,12.

[40] Vgl. Eph 5,27 und Mt 5,8.

[41] L. Diez-Merino, Vortrag bei der XXXVIII Semana de Estudios Marianos de la Socciedad Mariológica Española. Die schriftliche Fassung dieses Beitrages soll im Band XLVII von Estudios Marianos der erwähnten Gesellschaft noch in diesem Jahr erscheinen.

[42] Vgl. Röm 16,20; 1 Tim 2,13—15; Off 12; Lk 10,99 und wahrscheinlich auch Mk 16,18, u.a.

[43] Vgl. H. Rahner, Mater ecclesia, Einsiedeln 1944.

[44] Ebda., S. 81f.

German Rovira

Die Gesegnete unter den Frauen

— Gedanken über die biblische Grundlage der Marienverehrung —

Die erste Schwierigkeit in einer Untersuchung über das biblische Fundament der katholischen Marienverehrung, und insbesondere über die Berechtigung verschiedener Andachtsübungen zur Ehre der Gottesmutter, besteht darin, von Anfang an die dazu verwendeten Begriffe — wie »verehren« oder »ehren« — so zu bestimmen, daß die für die Untersuchung analysierten Texte eine solche Übertragung zulassen. Diese Festlegung des Inhalts solcher Begriffe muß freilich von vornherein so geschehen, daß sie mit der Anerkennung der Rolle der Allerseligsten Jungfrau im Heilswerk unseres Herrn in Bezug gebracht werden.

Feststellen kann man zuerst beispielsweise, daß es in den Kultsprachen der katholischen Kirche verschiedene Worte gibt, die zum Teil die erwähnten deutschen Ausdrücke abdecken, die aber gleichzeitig, von einem anderen Standpunkt aus betrachtet, Begriffe sind, welche die oben erwähnten deutschen Worte nur partiell wiedergeben. Man könnte jedoch vorerst diese Schwierigkeit teilweise umgehen, indem man die Überlegungen damit eingrenzt, daß man nur von Marienkult spricht, selbst wenn das lateinische Lehnwort »Kult« in den modernen Sprachen nicht immer so gebraucht und verstanden wird, wie es nach seiner lateinischen Etymologie gedeutet werden sollte. Und selbst hier muß der Bedeutungsumfang dieses Terminus mit der Bemerkung eingeschränkt werden, daß die katholische Kirche, wenn sie von Marienkult redet und diesen Kult fördert, die »latreia« vollkommen und unmißverständlich ausschließt.

Die »adoratio« oder den »cultus latreuticus« erkennt sie nur dann für legitim an, wenn diese Form des Kultus sich allein auf Gott bezieht. Allerdings, wenn das katholische Lehramt den »cultus marialis« empfiehlt, dann heißt es auch alle jene Formen der Frömmigkeit gut, »die im Rahmen der gesunden und rechtgläubigen Lehre« wahrhaft christlich genannt werden können, »da sie von Christus ihren Ursprung und ihre Wirksamkeit haben[1]«. Und das bedeutet, daß die kirchliche Hierarchie sowohl die »devotio« wie auch die »veneratio« als Ausdrücke der echten »pietas marialis« für geeignet hält, um Maria jenen Kult zu erweisen, der ihr zusteht und welchen die Kirche »Hyperdoulie« nennt.

Doch auch hier stößt man wieder auf einen erschwerenden Umstand, insofern nämlich nicht alle Autoren diese Worte so übersetzen und verstehen wollen, wie die Kirche sie verstanden wissen möchte. Denn »Frömmigkeit« beispielsweise kann man sowohl mit »devotio« wie auch mit »pietas« — »eusebeia« oder »euläbeia« (z.B. Tim 2,2 und Hebr 5,7 u.v.a) — übersetzen, ebenso mit »Ehrfurcht«; obwohl andererseits »devotio«, »reverentia« und sogar »pietas« ganz feste Determinierungen von »veneratio« — »timan« —

»timasthai« und auch »doxazein« — sind, als unmißverständliche Formen der Ehrerbietung und Verehrung. Verehrungswürdiges jedoch wird am besten verherrlicht durch ein rechtschaffenes wahrhaftiges Leben (vgl. Mt 3,3 oder 1 Petr 2,12, um nur diese Schriftstellen zu erwähnen). Anders ausgedrückt, »verehren« wie »devotio« haben zum Inhalt auch die Bedeutung der Hingabe, der Weihe und der Nachahmung, und das heißt der Treue gegen den rechten Weg (z. B. 1 Kor 6,20; 1 Petr 4,11; Apg 13,10), denn so ist man auf echte Weise fromm, (religiös, »colens«, »sebomenos« — Mt 15,9 oder Apg 16,14f) offen für Gott.

In den romanischen Sprachen spricht man von »piedad mariana« nicht nur hinsichtlich der vielen möglichen »devociones marianas«, die man ausüben kann, sondern sie ist auch und vor allem eine Haltung des Herzens, die den mit Vertrauen und Liebe erfüllten »devoto« dazu bewegt, sich seiner Verehrten ganz zu überlassen. Nun, der Bedeutungsumfang dieser Begriffe zwingt uns dazu, den Inhalt des Begriffes »Kult« knapp zu konkretisieren.

Das Wesentliche im Kult

Schon in den Psalmen finden wir Vorbilder für alle diese Formen der Frömmigkeit, die aber gleichzeitig die kultische Form der Gottesverehrung klar darstellen, insofern diese Gebete öffentlich und bei allen kultischen Handlungen vom ganzen Volk ausgesprochen werden. Aber es scheint mir etwas übertrieben, wenn gesagt wird, daß »eine kultlose Gottesverehrung in alttestamentlicher Zeit, vor allem bei den semitischen Völkern, beinahe undenkbar wäre[2]«. Gewiß, der Kult war vor allem öffentlich und durch Opfer und Feste geprägt, und freilich auch durch alle möglichen Riten, die für die Feier jener Opfer und Feste vorgeschrieben waren. Kult in dieser Gestalt wurde im Alten Testament sicherlich nur Gott erwiesen. Opfer wurden nur Gott dargebracht, denn sie waren ja der höchste Akt der Anbetung und in der Tat, schon die Errichtung eines weiteren Opferaltares — neben dem Brandopferaltar des heiligen Zeltes — wurde schon als Abfall von Jahwe gewertet[3].

Und dennoch wäre es zweifellos nicht richtig, wenn man das religiöse Leben des gottesfürchtigen Menschen im Alten Bund beim Befolgen der Gebote Gottes nicht als Kult bezeichnen würde, und zwar im oben dargelegten Sinne, das heißt als die vollkommenste Form der Gottesverehrung. Der gute Israelit pflegte (»coluit«) sehr häufig bei allen möglichen Gelegenheiten mit Gott zu reden[4] und es gehörte zu seiner Kultur, die Kultgebete auswendig zu können und in seinen Gesprächen zu verwenden[5]. Freilich, um es nochmals zu wiederholen, hängt es davon ab, was man unter Kult verstehen will oder soll, um von einer Gottes- und Heiligenverehrung als Kultakt sprechen zu dürfen. Aber es ist gewiß nicht abwegig, von Kultverbundenheit zu reden, wenn jemand in der Erfüllung aller Vorschriften des Gottesgesetzes, ob sie nun den kultischen oder den ethischen Bereich betreffen, die wahre und echteste Form der Gottesverehrung sieht[6]. So forderte die Gesinnung des wahren Israeliten zum Beispiel von ihm eine Haltung der Gottergebenheit, in der er Gott aus ganzem Herzen liebte und den Nächsten wie sich selbst; und dies war für ihn wertvoller als alle anderen Opfer, ja sein wahres Opfer war »ein zerbrochener Geist, ein demütiges und zerknirschtes Herz[7]«.

Auch für den Christen ist das Darbringen des einzigen Opfers des Neuen Bundes die höchste Form der kultischen Handlungen und des Anbetungskults. Und doch erkennt er die genaue, treue Erfüllung des Willens seines Herrn und die Hingabe an Gott als ein Gott wohlgefälliges Opfer an[8], und daneben auch die Hingabe und den Dienst an den Nächsten[9].

Somit ist eine andere Dimension im Kult zu berücksichtigen, welche eigentlich das Fundament jeglicher Kulthandlungen darstellt und diesen als Grundlage dienen soll: jene Verherrlichung Gottes nämlich, welche in der Herrlichkeit und Heiligkeit des Gottesfürchtigen selbst offenbar wird (Röm 8,16ff und Joh 17,1ff). Denn »weshalb fordert der Herr, dein Gott, von dir, daß du den Herrn, deinen Gott, fürchtest und immerdar auf seinen Wegen wandelst, daß du ihn liebst und den Herrn, deinen Gott, von ganzem Herzen und aus ganzer Seele dienst, daß du des Herrn Gesetze und Gebote befolgst, die ich dir heute gebe? Doch nur zu deinem Besten!« (Dt 10,12). »Das ist der Wille Gottes: eure Heiligung (1 Thess 4,3).«

Von dieser Sicht aus sind die Gottesverehrung und die Heiligung des Menschen, das heißt, das Streben des Menschen zu Gott und das Wirken Gottes zur Erhebung des Menschen, zwei Richtungen auf der gleichen Straße der Werke Gottes nach außen[10]. Jeder Kult muß aus der doppelten Zielursächlichkeit jeglicher liturgischen und religiösen Handlung erklärt werden: aus der theozentripetalen Kraft — die Furcht Gottes, die sakrale Haltung, die den Menschen mit Gott verbinden —, und die theogravitale — das Heilende, die Herablassung Gottes, um den Menschen des Göttlichen teilhaftig zu machen. Glaube und Gnade sind hierin die theologischen Begriffe zum Verständnis dessen, was Religion, das An-Gott-gebunden-sein, stricte sensu ist[11]. »Logos« und »Ethos« könnten auch als ähnliche Denkkategorien dazu helfen, es philosophisch darzulegen[12]. Im kultischen Handeln, als Wirken der Kirche, sucht das Volk Gottes das Mysterium des wunderbaren Tausches (commercium) unserer Erlösung (nostrae reparationis) immer wieder nachzuvollziehen[13]. Von daher ist der Kult im Verständnis der neutestamentlichen Offenbarung begründet im Bewußtsein der Gegenwart des Herrn in der Kirche und zwar zu ihrem Heil. So ist der Kult die Vergegenwärtigung und Erfahrung des Mysteriums unserer Erlösung durch die sakramentale Erneuerung desselben in der Zeit. Ja, der christliche Kult ist in der Tat die Verehrung und Verherrlichung des Heilsplanes Gottes als »sophia«, »apokalypsis« und »mysterion«, »die Enthüllung jenes Geheimnisses, das von Ewigkeit her in Gott, dem Schöpfer des Alls, verborgen war, damit jetzt die Fürsten und Gewalten des himmlischen Bereichs durch die Kirche Kenntnis erhalten von der vielfältigen Weisheit Gottes, nach seinem ewigen Plan, den er durch Christus Jesus, unseres Herrn, ausgeführt hat[14]« (Eph 3,9—11).

Das Heilige und der Kult

Zusammenfassend scheint mir die Feststellung zulässig zu sein, daß das Heilige, sowohl im Alten wie im Neuen Testament, das Objekt des Kults ist. Nun, »heilig« ist in der ganzen Heiligen Schrift zuerst Gott, aber auch das was Er »heiligt[15]«. Das im Alten Testament für »heilig« gebrauchte Wort: qadosch und qodesch, dessen Etymologie weitläufig noch unbekannt bleibt, drückt die Wirkung der Kraft Gottes aus. Somit ist der Begriff »heilig« nicht etwas Abstraktes, wie es häufig scheint, wenn ohne viel Erklärung, beinahe schlagartig, immer wieder gesagt wird: Gott allein ist »heilig[16]«. Gewiß, als Ursprung der Heiligkeit ist Er allein »heilig« aus sich selbst. Aber solche Aussagen können absolut genommen nur verifiziert werden, wenn eine Vergleichsmöglichkeit gegeben ist, die die höchste Steigerung ermöglicht; sonst sind alle Begriffe, mit denen wir einiges von Gott auszusagen versuchen, das heißt mit denen wir das Wesen Gottes durch seine Attribute zu beschreiben bemüht sind, leere Worte: denn gleiches kann man auch von der Gerechtigkeit, der Vollkommenheit, der Güte, etc. etc. sagen: nur Gott ist gerecht, nur Er vollkommen und gut, ja Er ist das Sein. Es wäre aber jetzt müßig, auf diese unzählige Male schon unternommenen Versuche einer Entleerung und die damit verbundene schließliche Aufhebung des Begriffes »Gott« einzugehen. Das Problem ist restlos schon in der Lehre des Alten Testamentes gelöst, und alle Einwände gegen die positive Theologie hat die Bibel schon von vornherein für sinnlos betrachtet, denn »töricht waren von Natur alle Menschen, denen die Gotteserkenntnis fehlte. Sie hatten die Welt in ihrer Vollkommenheit vor Augen, ohne den wahrhaft Seienden erkennen zu können. Beim Anblick der Werke erkannten sie den Meister nicht ... denn von der Größe und Schönheit der Geschöpfe läßt sich auf ihren Schöpfer schließen« (Weish 13,1/5; vgl. auch Röm 1,19—22[17]). So lohnt es sich wahrhaftig nicht, noch einmal einzugehen auf das Entsetzen jener, die die Analogie in der Erkenntnis Gottes stets verneinen zu müssen glauben. Die Heiligkeit Gottes zeigt sich zunächst in der Heiligung des Sabbats (Gen 2,3) und in der Heiligung jener Stätte, an der die erste zum Bund vorbereitende Mitteilung Gottes im brennenden Dornbusch geschah (Ex 2,5), dann aber hauptsächlich beim Bundesschluß, durch den das Volk Gottes, Israel geheiligt und zur Heiligkeit, was so viel heißt wie zur Treue gegen Gott, verpflichtet wird.

Die Heiligkeit Gottes ist also sowohl die Ursache, Ur- und Vorbild als auch das Ziel der persönlichen Vervollkommnung. »Seid heilig, wie ich heilig bin« (Lev 11,44); »heiligt euch und seid heilig, denn ich bin der Herr, euer Gott (Lev 20,7). Aber während im Alten Bund der Gottesverehrer — und dadurch der »heilige« Mensch — in Gott hineinversetzt wird durch den von Gott geheiligten Kult, — und das bedeutet auch, daß die kultischen Handlungen als »heilig« zu betrachten sind, weil sie heiligend wirken —, wird die Heiligung des neugeborenen Menschen in Christus allein durch das Opfer des Neuen Bundes bewirkt, nämlich durch den Kreuzestod Jesu Christi, des Sohnes Gottes[18].

Heiligkeit ist für den Christen Teilhabe am Leben und Tod unseres Herrn, und damit Teilhabe am göttlichen Leben; sie ist Gnade, die dem Menschen geschenkt wird, wenn er den Sohn Gottes in sich aufnimmt, wenn er »an seinen Namen glaubt«, denn nur dann ist ihm »Macht gegeben, Kind Gottes zu werden« (Joh 1,12). Um das zu erreichen, hat unser Erlöser den Menschen auch »heilige Mittel« gegeben, »besondere Mittel, durch welche die Menschen des übernatürlichen Lebens teilhaftig werden[19]«. So sind Personen oder Dinge »heilig«, sakral, und als solche der Verehrung würdig, weil sie Gott gehören oder dem Kult Gottes dienen. Vor diesen heiligen Sachen soll der Mensch Ehrfurcht empfinden; sie verdienen Achtung und Ehre, denn sie können den Menschen »heiligen[20]«.

Heilige Menschen, die mit Christus innigst verbunden sind, verdienen auch aus dem gleichen Grund von den Gläubigen tiefst religiös, in frommster Weise, verehrt zu werden. In ihnen, weil sie die Wahrheit tun, »wird offenbar, daß ihre Taten in Gott vollbracht sind« (Joh 3,21).

Heiligkeit ist nun für den Christen ein sittlicher Zustand, der ihn dazu verpflichtet, die Heiligkeit Gottes nachzuahmen, nach dem Beispiel Jesu Christi: »Seid vollkommen wie euer Vater im Himmel vollkommen ist« (Mt 5,48), und er muß die Gebote des Herrn tun, damit er im Herrn bleibe[21].

Der Hintergrund des Marienkults

Nach dieser skizzenhaften Begründung muß meines Erachtens die Marienverehrung immer im Zusammenhang mit dem, was »heilig« ist, untersucht werden; überdies muß sie aber auch als Umrahmung oder als eine ausgeprägte Form der Gottesverehrung gesehen werden, die Gott selbst den Menschen eingegeben hat[22].

Jenes Lobwort im Lukasevangelium, Ausdruck der Verehrung einer einfachen Frau, die die Botschaft Christi hörte: »Selig die Frau, deren Leib dich getragen und deren Brust dich genährt hat« (Lk 11,27), wurde immer, wie es auch Augustinus[23] und Chrysostomus[24] erklären, und zwar nach dem Hinweis Jesu selbst, im oben dargelegten Sinne interpretiert. Das Fundament der Verehrung der Mutter Gottes ist die Seligkeit, als göttliches Werk, die Maria zukommt, weil sie »das Wort Gottes hörte und es befolgte« (Lk 11,28).

Weiterhin scheint es unzweifelhaft zu sein, daß das Neue Testament die uneingeschränkte Heiligkeit Mariens bezeugt, ja daß es sie die Gnadenvolle nennt[25]. Diese ihre Heiligkeit aber, nach den biblischen Zeugnissen zweifellos ein Werk des Allerhöchsten (Lk 1,30), steht auch in engster Verbindung mit dem Heilswerk seines göttlichen Sohnes, der »über das Haus Jakob in Ewigkeit herrschen« soll (Lk 1,33) und das Heil bewirkt, das Gott »allen Völkern bereitet hat« (Lk 2,31). Insoweit die Verehrung Mariens der Gottesverehrung dient, wäre dann die Frage, die folgen soll, und zwar indem man untersucht, ob hier von einem biblischen Befund gesprochen werden kann, welcher den Marienkult als von Gott geoffenbart und gewollt empfiehlt. Überdies könnte man noch fragen und untersuchen, ob Typen einer ähnlichen Verehrung von heiligen Menschen im Alten Testament vorhanden sind; das heißt: die Feststellung, daß der Marienkult biblisch begründet ist, würde noch stärker bekräftigt, wenn sich zeigen ließe, wie das Neue Testament unmißverständlich und klar bezeugt, daß die christliche traditionelle Marienverehrung an solche alttestamentlichen Vorbilder anknüpft, die von Anfang an den Christen lebendig vor Augen standen.

Dies würde freilich bei den ganz klaren Aussagen des Neuen Testamentes über die Heiligkeit Mariens viel leichter sein, müßte nicht immer wieder — der Wirklichkeit entsprechend — aufgezeigt werden, daß die Evangelien nach Matthäus und Lukas ihre Mitteilungen über die Kindheit Jesu als Beschreibung tatsächlicher geschichtlicher Ereignisse verstanden wissen wollen.

Trotz der eindeutigen Versicherung des Lukasevangeliums z.B., daß es sich beim ganzen Evangelium um Ereignisse handelt, deren Beglaubigung letztlich auf Augenzeugen zurückgeht (vgl. Lk 1,1—4), wird leider immer wieder sehr undifferenziert behauptet, diese Überlieferungen seien nur sprachliche Einkleidung eines »Theologumenon«, durch das in den Gemeinden des Matthäus und Lukas die Tradition von einer jungfräulichen Empfängnis lebendig gehalten wurde[26]. Und es wird dann dementsprechend — was nicht erstaunlich ist — selbst diese Aussage relativiert, wenn die Erzählungen von den »Brüdern« Jesu dann so interpretiert werden, als ob hier die nächstliegende geschichtliche Auslegung praktisch zur Leugnung der jungfräulichen Gottesmutterschaft führen müßte.

Hinsichtlich der Prologe des Matthäus- und Lukasevangeliums muß man sich freilich fragen, welche die literarische Gattung ist, mit der sie diese geschichtlichen Gegebenheiten beschreiben. Wenn man hier jedoch von einem »Midrasch« sprechen will, weil die Evangelisten sich alttestamentlicher Texte bedienen, um das Faktum der jungfräulichen Empfängnis und Geburt des versprochenen Messias unter Berücksichtigung mystischer Erfahrungen darzustellen, dann muß man auch feststellen, daß die Evangelisten die Tradition des alten Midrasch vollkommen umkehren. Der Midrasch war eine Erklärung bestimmter Texte der Bibel aus der Vergangenheit, um sie für die Deutung gegenwärtiger Ereignisse zu verwenden. Im Neuen Testament geht man, wie gesagt, in der umgekehrten Richtung vor: man deutet Texte des Alten Testamentes nach der erklärenden Offenbarung durch geschichtliche Tatsachen der Gegenwart; d.h. was jetzt geschehen ist, macht die Prophetien verständlich, anstatt durch die Weissagungen der Propheten die Zeichen einer gegenwärtigen Situation herauszustellen[27].

Für den gläubigen Katholiken steht die geschichtliche Grundlage der Mitteilungen der Evangelien fest. »Unsere heilige Mutter, die Kirche, hat unentwegt daran festgehalten und hält auch weiterhin daran fest, daß die vier genannten Evangelien, zu deren Geschichtlichkeit sie sich unbedenklich bekennt, zuverlässig überliefern, was Jesus, der Sohn Gottes, in seinem Leben unter den Menschen zu deren ewigem Heil wirklich getan und gelehrt hat ... Die Hagiographen aber haben die vier Evangelien geschrieben und dabei eine Auswahl getroffen aus dem Vielen, das mündlich oder auch schon schriftlich überliefert war, haben einiges zusammengefaßt oder im Hinblick auf die Lage in den Gemeinden weiter entfaltet. Sie haben das alles getan in der Form der Verkündigung, doch immer so, daß sie uns Wahres und Glaubwürdiges über Jesus mitteilten[28].«

Es stellt sich aber die Frage, ob es unbedingt nötig ist, auf zweifelhafte Interpretationen einzugehen, wenn man sich nur darum bemühen will, auf der Grundlage der göttlichen Offenbarungen, die in der Heiligen Schrift enthalten sind, Klarheit über den Hintergrund des Marienkultes zu schaffen. Auf besagte Interpretationen einzugehen wird aber vor allem dann fragwürdig, wenn sie aufgrund eines falschen Verständnisses von Inspiration entstehen oder weil sie eine Inspiration schlicht leugnen, d.h. die Bibel gar nicht als Wort Gottes verstehen. Die Argumente und Thesen einer reinen naturalistischen Interpretation sind allenthalben längst bekannt und — was ebenso bekannt sein dürfte — oft genug widerlegt worden, so daß es mir müßig zu sein scheint, abermals jene Hypothesen widerlegen zu müssen, die dem überlieferten katholischen Glauben widersprechen wollen. Denn selbst, wenn Inspiration keine Revelation ist, im Sinne von neuen Offenbarungen, die den Verfassern der Evangelien neue Kenntnisse vermitteln würden, »die sie aus Eigenem nicht haben konnten«, so ist doch sicher, daß der Gläubige durch die Evangelien wahre geschichtliche Tatsachen erfährt und nicht bloße Legenden[29].

Ebenso überflüssig scheint es mir, sich mit Behauptungen auseinanderzusetzen, welche schon Justinus, Irenäus, Tertullian oder Origines und alle Kirchenväter ad absurdum geführt haben, indem sie die Wahrheit der Offenbarungen des Christentums gegen die billigen Verfälschungen der ersten Gnostiker und Gegner der neuen Religion hinreichend bewiesen haben[30]. Mögen diese vermeintlichen Einwände, vor allem nach Reimarus, unausrottbar erscheinen[31]; die neue Bekleidung und Vermischung jener Mythen mit formgeschichtlichen Entmythologisierungsversuchen haben jedoch die Lehre der Kirche nie Lüge strafen können[32].

Will man nun aus der Heiligen Schrift die Lehren erheben, welche die Marienverehrung begründen, so muß das im Bewußtsein dessen geschehen, daß das Wort des Evangeliums — wenn auch von Menschenhand geschrieben — Gottes eigenes Wort ist. Dies aber ist das Entscheidende für die hier gestellte Frage nach dem biblischen Fundament, auf dem jeder wahre Kult aufgebaut und jede rechte Marienverehrung gegründet sein muß: auf dem Fundament der Lehre der Apostel, in der uns Gott die Wahrheit über sein Wesen und seinen Willen geoffenbart hat. Bei den biblischen Kunden über die Lehre der Apostel handelt es sich nicht hauptsächlich um die Theologie der Zeugen der Theophanie im Neuen Bund, sondern um die Botschaft, »die nicht vom Menschen stammt« (Gal 1,11) und welche wir nur dank der Gnade und der Erleuchtung des Heiligen Geistes verstehen können[33].

Gewiß, das Verständnis dieser Botschaft ist keine Selbstverständlichkeit, auch wenn der »Logos spermatikos« überall wirkt. Denn man darf nicht so argumentieren, als ob die Logoshaftigkeit, die Vernünftigkeit des Menschen, seine Geistbegabtheit ihn ohne weiteres das Verstehen des Übernatürlichen ermöglichen würde, als ob »der in den Dingen wie im Erkennen selbst gleichermaßen waltende Logos die Bedingung (allein) der Möglichkeit des Verstehens« wäre. Gewiß, die heiligen Schriftsteller haben uns die Botschaft des Sohnes Gottes überliefert, wie sie es verstanden haben. Man darf aber nicht meinen, sie deuten dafür das AT »falsch« und »tendenziös«, um die Lehren des Neuen Bundes darzulegen, wie man von Paulus gesagt hat. Die Exegese wird, wenn sie christliche Theologie bleiben will, doch nicht behaupten, daß er hier etwas Unzulässiges und Unangemessenes getan habe. »Das Neue Testament ist in seiner Beurteilung des Alten Testamentes der Weg zu einem entfalteten Glauben, das heißt generell: vom »Dogma« zur Schrift gegangen und hat damit allerdings manches gesagt, was eine historisch-kritische Exegese allein nicht zu Gesicht bekommen kann[34].« Dies muß hier noch einmal unterstrichen werden, der christliche Glaube, sowohl als »fides existentialis«, wie als »fides tradita«, ist das Vorverständnis zum Verstehen der Heiligen Schrift. Hier braucht man jetzt nicht auf das Problem der Hermeneutik ausführlich einzugehen, um rhetorisch fragend klar darzulegen, mit welchem Vorverständnis der Gläubige zur Erkenntnis des Geoffenbarten und zum Verstehen »der geschichtlichen Manifestation des Sinnes der Schrift[35]« gelangt: Soll der Gläubige sich nach der Lehre der Kirche richten oder nach den zeitbedingten Ergebnissen der Exegese? Ist die Lehre der Kirche nach den Verkündigungen des Lehramtes die Prämisse der Exegese oder die philosophische Anschauung der jeweiligen Deutungsmethode? Erstaunen erweckt aus diesem Grund die Warnung einiger Exegeten, überlieferte Formeln nicht nach der Glaubenslehre zu interpretieren, wie zum Beispiel Ignatius von Antiochien in seinem Brief an die Smirnäer tut (1,1), wenn er das Wort Paulus »geboren aus einer Frau« (Gal 4,4) als eine Aussage über die Jungfrau Maria verstehen will. »Dieser Abschnitt zeigt — nach solchen Exegeten — deutlich, was mit solchen überlieferten Formeln geschieht, wenn sie von Interpreten benutzt werden, die an die jungfräuliche Empfängnis glauben[36].«

Nun, heute darf man sich sogar fragen, ob auch nicht der Prolog des Johannesevangeliums zum Teil mariologisch verstanden werden soll. Es gibt wichtige Argumente, um meinen zu können, die Urfassung des Verses 13 war in der Einzahl geschrieben[37]. Wenn es so gewesen ist, dann bezieht sich diese hierin angesprochene Geburt auf Jesus, auf jenen, an die zu Kinder-Gottes-werden-Bemächtigten glauben. Der Übergang zum Vers 14 ist überdies dadurch viel leichter, selbst wenn es nicht der Grund sein darf für die Annahme, der Vers wäre ursprünglich so abgefaßt worden. Man möge auch beachten, wie Pozo es tut, indem er das Verdienst dieser Bemerkung de la Potterie zuschreibt, daß der Geborene, an den geglaubt wird, »nicht aus dem Blut« in der Einzahl, sondern in der Mehrzahl »ex haimáton«, geboren wird, was auf das Blut hinweisen könnte, welches bei der Geburt ausgeschieden wird. Mag die deutsche Übersetzung diesbezüglich umständlich sein, aber das Griechische deutet in dieser Mehrzahlform nicht auf die Verneinung der Blutsverwandtschaft, sondern eher auf die normale Art jeder Geburt. Ist das ein Hinweis auf die jungfräuliche Geburt? Dann könnte man es so besser übertragen: Ohne Blutungen oder »nicht aus Blutungen[38]«. Natürlich ist man hier, bei diesen Überlegungen *voreingenommen;* man weiß schon, daß Maria in jungfräulicher Weise gebar.

Die Heiligkeit Mariens als Gotteswerk

Das lehramtliche Dokument zur Verkündigung der Glaubenswahrheit von der Unbefleckten Empfängnis Mariens sieht schon im Protevangelium die Bestimmung Gottes, Maria »weit mehr als alle Engel und Heiligen mit einer Fülle himmlischer Gnadengaben (zu überhäufen), die er aus der Schatzkammer seiner Gottheit nahm und sie so wunderbar (zu begnaden), daß sie allzeit frei von jeder Makel der Sünde blieb, daß sie ganz schön und vollkommen wurde und eine solche Fülle von Reinheit und Heiligkeit besaß, daß man, außer in Gott, eine größere sich nicht denken kann und daß niemand außer Gott sie begreifen kann[39]«.

Die Interpretation dieser Stelle (Gen 3,15) ist sicherlich nicht eindeutig und auch heute noch nicht frei von Kontroversen. Die oben erwähnte kirchliche Auslegung ist aber zulässig, und schon in der Väterzeit wurde diese Perikope nicht selten in diesem mariologischen Sinne ausgelegt[40]. Doch steht bei allen möglichen Interpretationen — ob man nun das männliche Fürwort zu Beginn des letzten Satzes liest (ipse) oder der alten Vulgata-Übersetzung (ipsa) aus bestimmten Gründen den Vorzug gibt — eindeutig fest, daß es sich bei diesem Text um eine messianische Aussage handelt, die klar die Feindschaft zwischen dem Widersacher Gottes und jener Frau ausdrückt, die den Besieger des Widersachers gebiert.

Es erklärt sich von selbst, daß die erste alttestamentliche Typologie, die auf Maria bezogen wird, immer wieder neue Parallelen zwischen Eva und Maria findet, die bis zu einem Vergleich zwischen der Verführungs- und der Verkündigungsszene führen: »Eva hat der Schlange geglaubt, Maria Gabriel«, und damit auch zu einer Deutung des Wortes des Erzengels, daß Maria die Begnadete und Gottergebene ist[41]. Die Verkündigungsszene des Lukasevangeliums (Lk 1,26—38), wie auch der Gruß Elisabeths (Lk 1,24—45) zwingen beinahe unmißverständlich zu diesen Aussagen, die im Sinne von »heiligkeitsvoll« verstanden werden müssen. Als wichtigster Hinweis auf die Heiligkeit Mariens muß freilich die Bezeichnung »kecharitoméne« gelten. Die eigentlich wörtliche Übertragung wäre zuerst, als passives Partizip Perfekt von »charitoun«, Begnadete. Das Verbum jedoch enthält auch den Sinn von der Gewährung der Fülle der Gnade[42] und erlaubt auch die Übersetzung »Gnadenvolle«, wie in der Vulgata: »gratia plena«, freilich als etwas Passives, als eine empfangene Gabe. Es stellt sich natürlich die Frage, ob Lukas hier allein auf die Bedeutung hinweisen will, die der Empfängnis des Sohnes Gottes zukommt, das heißt, daß dies eine hohe Gunst, eine besonders einzigartige Gnade ist[43]. Auch dies ist eine sicher mögliche Interpretation, die aber in ihrem Kontext nur dann verständlich wird, wenn man annimmt, daß Gott schon bei der Erschaffung Mariens ihre personale Bestimmung zur Gottesmutterschaft und damit auch ihre Gnadenvorzüge gewollt hat.

Es besteht dann allerdings ein gewisser Widerspruch in der Annahme, Lukas möchte mit dem Ausdruck »kecharitoméne« lediglich die besondere Bevorzugung Mariens als Empfängerin des Messias hervorheben, wenn man dann gleichzeitig die Anspielungen des Evangelisten auf alle alttestamentlichen Typen in diesen Berichten anzweifeln will. Wenn man zugibt, daß die leibliche Mutterschaft nicht der einzige Grund für Marias Seligpreisung ist, sondern »daß Gott Maria auserwählt hat und sie seinem Ruf gläubig gefolgt ist[44]«, dann müßte man sich fragen, um welchen Ruf es sich hier handeln könnte, dem Maria »folgt«.

Gewiß, der Grund für Mariens Verehrung ist ihre Heiligkeit und nicht zuerst ihre leibliche Mutterschaft. Ja, es bestand sogar eine gewisse Gefahr in der Urkirche, daß die leibliche Verwandtschaft für den Anspruch auf Vorrechte in der Gemeinde mißbraucht werden könnte, was den Evangelisten dazu bewogen haben dürfte, von der »wahren« Verwandtschaft auf Grund des Glaubens zu reden und sich dabei auf Worte Jesu zu berufen[45] (Mt 12,46—50). Ohne auf das Problem einzugehen, ob Maria aus dem Hause David stammte, und ob die »Brüder« Jesu mit Josef oder Maria verwandt waren, scheint es mir der Erwägung würdig, daß sowohl Matthäus wie Lukas in ihren Stammbäumen die »legale« davidische Abstammung Jesu hervorheben wollten. Es mag sogar der Anspruch der Verwandten Jesu auf eine Sonderstellung in der Gemeinde der Grund dafür gewesen sein, daß die Leugnung der jungfräulichen Geburt Jesu im Kreise der Judenchristen eine starke Verbreitung fand.

Aber kehren wir zurück zur Frage des göttlichen Rufes, dem Maria gefolgt ist, und welcher mit dem Glauben der Gottes-Magd der theologische Grund zur Seligpreisung Mariens darstellt. Jedoch dürfen das »Wenn und Aber« einseitiger exegetischen Überlegungen über die »Brüder« Jesu den Wert der klaren Aussagen Matthäus (Mt 1,23—24) und Lukas (Lk 1,43) über die jungfräuliche Empfängnis des Sohnes Gottes nicht berühren. Die geschichtliche Tatsache, daß Maria ein Kind erwartete und Josef es nicht gezeugt hat, wird von den Evangelisten als Zeugnis für das übernatürliche, und in diesem Sinne überhistorische Faktum der Empfängnis aus dem Heiligen Geist beigefügt, weil es für sicher und wahr gelten muß. Das zwingt uns zudem zu der Annahme, daß Lukas das »kecharitoméne« nicht in Zusammenhang mit dem Ruf zur Gottesmutterschaft bringen will, denn das hieße, daß der Gruß des Engels auch die Antwort auf die Frage Mariens: »Wie soll das geschehen, da ich keinen Mann erkenne?« (Lk 1,34) voraussetzt. Die alttestamentliche Vorlage der Antwort auf diese Frage ist aber offensichtlich. Gewiß, sie bekräftigt die Vermutung, vor allem durch den Ausdruck »die Kraft des Höchsten wird dich überschatten«, daß Lukas Maria mit der Arche des Bundes vergleichen möchte. Mir scheint jedoch, daß Lukas, abgesehen von der Benutzung alttestamentlicher Elemente in seinem Bericht, anders fortfährt und den Gruß des Engels — eher im Bild der Tochter Zion zu verstehen — als eine Bezeichnung für Maria gebraucht, welche sich auf die Auserwählung Mariens bezieht. Das Wort »kecharitoméne«, ohne Artikel, übernimmt die Stelle eines Eigennamens. Es ist die Frage, ob diese Namensänderung im Sinne von Mt 16,18 oder Gen 32,29 bzw. 35,10—12 gedeutet werden soll, als eine Bezeichnung für die der Person gewährten Gnaden oder als ein Hinweis auf die Frucht ihrer Berufung, so wie etwa in Gen 17,5 und 17,15[46]. Ohne Zweifel: Maria ist selig, weil sie geglaubt hat. Doch vor dem Eingreifen Gottes in die Heilsgeschichte durch die Menschwerdung — die ja erst mit der Zustimmung der Angesprochenen »möglich« wurde — kann Maria kaum in der Bezeichnung »Begnadete« die Offenbarung ihrer Sendung als Mutter des Messias verstanden haben. Die Reihen folge des Berichtes legt eine andere Deutung näher. Die Bezeichnung Mariens als »Gnadenvolle« gehört zum Gruß wie das »chaîre«, welches Maria im Sinne von Joel 2,21, Zef 3,14 oder Sach 9,9, hätte verstehen können. Ob hierin, wie schon angedeutet, in der Tat von Lukas ein Hinweis auf die Tochter Zion gedacht war, ist eine andere Frage, die auch bejaht werden kann. Es würde aber zu weit führen, diese Frage mit der Heiligkeit Mariens in Zusammenhang zu bringen. Es darf aber angenommen werden, daß Lukas, der Schüler von Paulus, den Gebrauch des Begriffes »cháris« durch seinen Lehrer kennt; es kann sogar angenommen werden, daß Lukas einige der Briefe des Paulus geschrieben hat, mit jener geistigen Beteiligung, die einem solchen »Sekretär« bei der Verfassung solcher Lehrschreiben zukam[47].

So ist es nicht abwegig, wenn man auch annimmt, daß Lukas in Lk 1,28 einen Zustand wie in Eph 1,16 anzudeuten versucht. Das spätere Wort von »Heiliger Geist wird über dich kommen« kann auch im Sinne von Gen 1,2 gedeutet werden: es handelt sich um eine Bestimmung »vor Grundlegung der Welt«, ja, von einer neuen Schöpfung. Paulus betrachtet sogar seine eigene Auserwählung als eine solche Bestimmung im ewigen Plan Gottes (Gal 1,15 und Röm 6,29, wie bei Jer 1,5 oder Jes 59,5). Auch die Berufung Mariens ist eine Bestimmung im Sinne von Gal 4,4. Hat Lukas beim Schreiben seines Berichtes von alledem abgesehen? Es scheint nicht wahrscheinlich, daß er bei der Wahl des Wortes »kecharitoméne« überhaupt nicht an das Verständnis von »cháris« in seinem Leserkreis gedacht haben soll.

Nun, mit dem Gesagten will ich vor allem Grund- und Zielursache der Begnadung Mariens im Sinne ihrer vollkommenen Heiligkeit unterstreichen. Sie kann und soll im engsten Zusammenhang mit der Gottesmutterschaft betrachtet werden. Die Bejahung derselben ist sicherlich vor allem eine dogmatische Frage, die in den Erklärungen der Unbefleckten Empfängnis Mariens immer die entsprechende theologische Argumentation gefunden hat. Sie bezieht sich immer wieder auf Gen 3,15 wie auf Lk 1,28. So auch in »Ineffabilis Deus«. Diese Art der Argumentation ist keine simple theologische Spekulation, sondern eine Deutung des biblischen Befundes, die festgewurzelt ist in der Tradition und echte exegetische Fundamente aufweisen kann. Trotz des Zusammenhanges zwischen dem göttlichen Ratschluß über die Begnadung Mariens zur Gottesmutterschaft und ihrer Auserwählung in der Fülle der Heiligkeit, als Gnadenvolle, müßte man zuerst annehmen, daß Maria die Ehrenbezeichnung »kecharitoméne« auch als eine Offenbarung über die Gunst Gottes ihrer Person gegenüber verstanden haben könnte, und daß Lukas uns in diesem Wort den Gnadenzustand der Auserwählten beschreiben will. Dies alles als eine überschwengliche Deutung einer späteren Mariologie abzutun[48] ist kein richtiges Argumentieren auf Grund exegetischer Überlegungen. Eine unvoreingenommene Analyse des lukanischen Berichtes erlaubt die Anerkennung des Geschenkes der Fülle der Gnade bei Maria, wie wir es schon sehr früh bei den Kirchenvätern finden[49]. Vor dieser Anrede »erschrak« Maria und mußte »nachdenken« (Lk 1,29), denn sie kannte noch nicht die noch auf sie zukommende Begnadung der Gottesmutterschaft; das Erstaunen darüber kommt erst später, nach Erfahren der Botschaft (Lk 1,34). Damit aber wird das Mitwirken Mariens zu ihrer urtümlichen Bestimmung durch Gott bei ihrer Erschaffung — welche Bestimmung ja die Grund- und Zielursache ihrer Heiligkeit ist — nicht relativiert, und die katholische Gnadenlehre kann ihre Überlegungen über die Freiheit der Auserwählten auch darauf begründen.

Auch die Parallelen zwischen diesen Berichten der Kindheitsgeschichte im Lukasevangelium und dem Wort Jesu über die wahre Seligkeit werden damit nicht aufgehoben. Die wahre Seligkeit Mariens, weil sie geglaubt und den Willen Gottes befolgt hat (Lk 11,28), widerspricht nicht der Auserwählung Gottes von Anfang an.

Hier stehen wir vor dem Mysterium der Heiligkeit, welches keine phatalistische noch eine pelagianische Lösung zuläßt, und zwar aufgrund der biblischen Befunde.

Es gehört ohne Zweifel zum Schema des Kerygmas des Lukasevangeliums, wenn der Hagiograph den Bericht über die Verkündigung mit den Worten Mariens abschließt: »Ich bin die Magd des Herrn, mir geschehe nach deinem Wort« (Lk 1,38), und anschließend im Bericht von der Heimsuchung die ganze Bedeutung jener Botschaft noch einmal bekräftigt. Er geht hier pädagogisch sehr geschickt vor. Der Gruß Elisabeths: »Gesegnet bist du unter den Frauen« (Lk 1,42) ist die Parallele zum Gruß des Engels: »Freu Dich, Gnadenvolle.« Hatte Lukas sich zuerst auf die Ankündigungen des Beginns der Gnadenzeit des Messias berufen, so will er jetzt Maria im Anschluß an Jdt 13,18 und Ri 5,24 als die Mutter des Retters Israels zeigen. Damit fängt Lukas an, das christliche Verständnis des Titels Messias darzulegen: er ist der Heiland der Welt, der Gottessohn. Was schon in der Verkündigung angedeutet wurde, wird hier weiter ausgeführt. »Der Herr ist mit Dir« und der Hinweis auf die Arche des Bundes in Lk 1,35, welcher auch auf die Neuschöpfung sich beziehen kann — man vegleiche den Anfang dieser Stelle mit Gen 1,2 —, verwandelt sich jetzt in das Wort Elisabeths: »Die Mutter meines Herrn« (Lk 1,43). Die Arche bringt das Heil und erweckt Freude — man vergleiche Lk 1,41/43—44 mit 2. Sam 6. Das Magnifikat und das Zeugnis Simeons ergänzen diese Lehre.

Es braucht jetzt nicht über alle möglichen Quellen dieser Berichte spekuliert zu werden. Es ist jedoch nicht abwegig zu meinen, daß sie zum Teil Hymnen der Urkirche waren, und es scheint nicht unwahrscheinlich, daß der Gruß Elisabeths bald zu einer liturgischen Formel unter den Christen zum Lob Mariens geworden ist[50]. Die Etappen jedoch von einer möglichen ersten hebräischen Fassung bis zur literarischen endgültigen Fixierung des Textes bei Lukas, wie auch dementsprechend bei Matthäus, lassen sich nicht mehr rekonstruieren. Man darf annehmen, daß Lukas reflektierend die geschichtlichen Tatsachen mit Hinweisen auf die Offenbarung des AT ergänzt hat, aber ihr Ursprung ist keine Legende. Dies zu behaupten ist reine Voreingenommenheit und »ausgesprochene Abneigung gegen alles Wunderbare und vor allem gegen die übernatürliche Empfängnis Jesu ..., was eine unzulässige Verengung des philosophischen Horizontes bedeutet und zugleich verhindert, daß Literarisches rein literarisch« analysiert wird[51].

Die Aussagen des Lukas über den Heiland zwingen uns jetzt zu einer Analyse des Zusammenhanges zwischen der Gottesmutterschaft Mariens und ihrer Heiligkeit. Man muß hier anknüpfen, um die Heiligkeit Mariens zu betrachten als ihre Mitwirkung am Heilswerk, denn dies war auch schon oben einer der erwähnten Gründe, um Heilige zu verehren.

Die Heiligkeit Mariens und das Werk des Heiles

Wie bekannt, war das Pauluswort: »alle haben gesündigt und die Herrlichkeit Gottes verloren« (Röm 3,23), der Grund, warum Augustinus in seinem Kampf gegen die Pelagianer zu der Aussage gelangte: »Maria unterstand zuerst dem allgemeinen Gesetz, um erst später von der Gnade der Wiedergeburt erreicht zu werden.« Dies war auch jahrhundertelang das entscheidende Argument der Makulisten gegen die Lehre der Unbefleckten Empfängnis Mariens. Erst die subtilen Gedankengänge des Duns Scotus über die Möglichkeit einer Vorauserlösung vor der Existenz Mariens als der vollkommensten Form der Erlösung haben die Widerspruchslosigkeit der beiden Offenbarungswahrheiten aufgezeigt[52]. Doch diese Begnadung Mariens hängt — wie schon wiederholt erwähnt — letzten Endes mit ihrer Auserwählung zur Mutter des Erlösers zusammen. Je nachdem, wie die Kritik Maria betrachten will,— als die Mutter eines Zimmermannes oder als die eines Agitators und Hingerichteten, welcher ein echter Israelit und ein Verachter der etablierten Religion gewesen ist, — Maria wird immer nach den Vorstellungen gezeichnet, die man sich von ihrem Sohn gemacht hat[53]. Nimmt man aber an, entsprechend der Lehre des katholischen Glaubens, daß sie die Mutter des Kyrios war, und das heißt — nach dem biblischen Verständnis des Neuen Testamentes — die Mutter Gottes, dann ist es auch selbstverständlich, daß dies nur möglich ist, wenn man zuerst die Göttlichkeit ihres Sohnes bekennt. Diese Binsenwahrheit wirft vorerst aber eine andere grundsätzliche Frage auf, von deren Lösung das Verständnis jener Stellen des Neuen Testamentes abhängt, in denen von Maria die Rede ist.

Die entscheidende Frage zur biblischen Begründung der Verehrung Mariens ist, ob die Berichte der Kindheit Jesu im Matthäus- und Lukasevangelium das Geheimnis der Jungfräulichkeit und Gottesmutterschaft Mariens offenbaren oder ob dieser Glaube nur ein Theologumenon der Verkündigung nach dem Osterereignis ist, wie schon oben vermerkt wurde.

Alle Überlegungen jedoch, die man darüber anstellt, müssen sich nach den Aussagen richten, die die Heilige Schrift über Maria macht — und so gerät man in einen Kreis, aus dem man ehrlicherweise nur durch das Bekenntnis ausbrechen kann[54]. Dieses Bekenntnis zur traditionsgemäßen Deutung dessen, was die Heilige Schrift von Maria sagt, ist sehr alt und stammt in der uns überlieferten schriftlichen Fassung vielleicht schon aus dem 2. Jahrhundert[55]. Danach »empfing die Jungfrau Maria vom Heiligen Geist«. Was Matthäus hierüber sagt (1,18), ist ganz unmißverständlich, selbst wenn man sicherlich Erwägungen darüber anstellen kann, was der Evangelist mit dem Ausdruck »Heiliger Geist« habe meinen wollen. So ist die endgültige Lösung dieser Frage wiederum dogmatisch, nur sie ist »die Brücke zu dem urkirchlichen Bekenntnis: Jesus ist der Kyrios ... Der Glaube der Kirche gipfelt in (diesem) Bekenntnis, daß Jesus von Nazareth der Kyrios ist, der Sohn Gottes von Ewigkeit her[56]«.

Entsprechend diesem Bekenntnis und der Lehre von Ephesus[57] ist die Gottesmutterschaft Mariens ein Glaubenssatz, der das ganze Verständnis sowohl des Neuen wie des Alten Testamentes bestimmt. Wenn man dennoch weiterhin an den Aussagen des Bekenntnisses über die Apostolizität der Kirche rütteln will, kann man immerhin die Frage stellen, ob die Hagiographen ebenso verstanden haben, was sie mit ihren vom Heiligen Geist inspirierten Schriften verkünden wollten. Will man auf dieser Ebene weiter diskutieren, muß man sich genau an das biblische Zeugnis halten.

Wie Lukas die Verkündigungsszene verstanden wissen will, kann nicht zweifelhaft sein, denn der Evangelist stellt durch das Gespräch zwischen Maria und dem Engel das göttliche Wirken bei der Geburt Christi unmißverständlich heraus; ja, diese Aussagen bestimmen sogar das Verständnis aller darauf noch folgenden Berichte. Das (mögliche) »Verständnis von einer rein natürlichen Empfängnis des Messias wird vom Engel korrigiert und vertieft ... Für Maria, die echte Israelitin und einfache Gottesmagd, genügt diese Antwort. Ihre innere Schwierigkeit ist nun gelöst, da sie jetzt weiß, daß Gott es ist, der das Wunder in ihr vollbringt[58]«.

Lukas entwickelt hier keine einfache Logostheorie; die Gesamtheit des Textes ist ein klares Bekenntnis zur Präexistenz des Sohnes Mariens und erlaubt, seine Aussage mit der Lehre des Johannes-Prologes in Zusammenhang zu bringen. Zugleich stoßen wir damit auf die eigentliche Frage nach der biblischen Grundlage der Marienverehrung: Sind die »Kindheitsgeschichten« Zeugnisse von Marienverehrung in apostolischer Zeit? Wird Maria nur deshalb geehrt, weil sie die Mutter des Kyrios ist?

Die Kindheitsgeschichten bei Lukas und Matthäus sind deutlich Zeugnisse einer besonders hochrangigen Stellung Mariens in der apostolischen Kirche; sie erklären, warum in der Apostelgeschichte auch unterstrichen wird, daß

»alle im Abendmahlssaal einmütig im Gebet zusammen mit Maria, der Mutter Jesu, verharrten« (Apg 1,14), und zwar, weil sie die Mutter des Herrn, des Erlösers, ist. Hier also findet man schon das Fundament und auch den Ursprung der urtümlichsten Mariologie der Kirchenväter. Diese Mariologie kann mit dem Gedanken des Epiphanius so zusammengefaßt werden: »Sie ist es, die vom Engel gegrüßt wird: Chaîre kecharitoméne! Sie ist es, die von Eva vorhergedeutet war, von der Mutter der Lebendigen, die so in ihrem Namen wie in einem geheimnisvollen Rätsel in die Zukunft wies. Von Maria, der Jungfrau, wurde das Leben in Person geboren und Maria ist so zu Mutter der Lebendigen geworden. Von Maria gilt darum, und von der Kirche ist zugleich gemeint, was die Schrift verkündete: Zwei werden ein Fleisch. Der Herr hat sich den Leib aus Maria gebildet; die Kirche hat er aus seiner Seite, als die Lanze ihm die Brust durchbohrte[60].« Der Bericht von der Erschaffung des Menschen und das Werk der Erlösung werden als das Wirken des einen einzigen Gottes dargestellt. Diese Lehre wird im 4. Hochgebet des Meßopfers noch heute verkündet und beruft sich dabei auch vor der Anamnese auf das Wort des Paulus an die Epheser: »ad hoc magnum mysterium celebrandum« (Eph 5,32), um das Wirken Christi durch die Kirche hervorzuheben[61].

Die Typologie, die von Paulus stammt und im Galaterbrief ihre theologische Deutung erfährt, ist auf das Wort begründet: »Als die Zeit erfüllt war, sandte Gott seinen Sohn, geboren von einer Frau und dem Gesetz unterstellt« (Gal 4,4). Aber, wie schon unterstrichen wurde und um es noch einmal mit Johannes von Damaskus zu wiederholen, »der Name Theotókos enthält die gesamte Geschichte der göttlichen Ökonomie in der Welt[62]«; erst wenn Maria klar als Gottesmutter erkannt worden ist, kann sie dann auch mit der Kirche in Verbindung gebracht werden. Die Lehre über die Kirche als Jungfrau und Mutter, welche die paulinische Aussage von einer Kirche »ohne Makel, Flecken oder anderer Fehler«, von einer »heiligen« Kirche (Eph 5,27) widerspiegelt, erfährt sehr bald eine neue Deutung, in der die Kirche indirekt mit Maria verglichen wird. Man kann über den Ursprung der Parallele Eva-Maria noch lange diskutieren, zumal über die Echtheit des Dialogs gegen Trypho noch immer unberechtigte Zweifel erhoben werden[63]. Wenn man aber vom Epilog des Diognet-Briefes absehen will, besteht sicherlich kein Zweifel daran, daß schon bei Irenäus die Typologie Mariens als Urbild der Kirche vollkommen ausgereift ist. Noch wichtiger jedoch ist bei der Untersuchung der Gründe für die Marienverehrung die Tatsache, daß Irenäus das Magnifikat als einen Hymnus an die Kirche interpretiert[64].

Gewiß, es wäre sehr gewagt, bei Matthäus und Lukas — gleich, wann man nun die Entstehung ihrer Evangelien datieren will — schon von einer »Ekklesiologie« in unserem Sinne zu sprechen, welche die Aussagen über Maria geprägt hätte.

Was aber beide Evangelien mit Gewißheit unterstreichen, ist die Brückenstellung der Mutter des Herrn zwischen dem Alten und dem Neuen Bunde, die Verbundenheit Mariens mit ihrer Volksgemeinschaft, sowie ihre selige Zugehörigkeit zur Jüngerschaft Christi, weil sie geglaubt hat (Lk 1,45). Dieser Gedanke durchdringt alle Perikopen der Kindheitsgeschichte, und es ist nicht abwegig, mit Leo dem Großen auch in den Stammbäumen beider Evangelisten einen Hinweis auf die Absicht des Matthäus und des Lukas zu finden, die Stellung Mariens zu unterstreichen: bei Matthäus wird die Abstammung von Abraham, dem Vater des Alten Bundes herausgestellt; bei Lukas der Zusammenhang zwischen dem alten und dem neuen Adam, was sicherlich auch mit der Lehre des Paulus (1 Kor 15,45 und Röm 5,14—15) in Verbindung gebracht werden darf[65]. Lukas stellt den Anbruch der Neuzeit heraus sowohl vor der Geburt des Kindes als auch bei der Geburt selbst. Bei der Anbetung durch die Hirten, bei der Darstellung Jesu im Tempel und beim Gespräch zwischen der Mutter und dem Kind, als Maria den 12jährigen Jesus in Jerusalem wiederfindet, wird darauf hingewiesen, daß es sich hier um die Erfüllung von jenen Verheißungen handelt, die durch Prophetenwort ergangen waren. Was dabei unermüdlich betont wird, ist die Haltung Mariens: die Glaubende erwägt alle diese Ereignisse in ihrem Herzen (Lk 2,19/52), und zwar nach der neuen Lehre, die ihr nach und nach geoffenbart wird.

Auch bei Matthäus finden sich ständig Hinweise auf die Erfüllung ganz bestimmter, den Messias betreffender Prophetien; das macht die Universalität des Reiches Gottes von Anfang an deutlich, da die Botschaft des Menschensohnes in der ganzen Welt verkündet werden soll (Mt 2,1; 10,23; 24,14; 28,19), entsprechend der Vision des Daniel (Dan 7,13ff). »Mit Recht wird Matthäus das ausgeprägt katholische Evangelium genannt, und zwar nicht bloß wegen des weltweiten Horizonts seines Schlusses«, sondern auch weil in ihm das Gepräge der Kirche unmißverständlich dargelegt wird[66].

Welche Rolle aber spielt hierbei Maria? Ich muß es noch einmal wiederholen: die Antwort darauf, auch auf die Frage nach der Geschichtlichkeit dieser Berichte, hängt vom Urteil über die Person Christi ab. Zuerst aber darf man schon feststellen, daß die Berichte über die Kindheit Jesu einen anderen Zweck zu erfüllen versuchen als den der urtümlichsten Predigt gemäß dem apostolischen Kerygma[67], und man darf mit Aldama vermuten, daß dieser Bruch mit dem Urkerygma die Antwort der apostolischen Kirche auf die schon im ersten Jahrhundert erschienenen judenchristlichen Heterodoxen darstellt[68].

Damit wird aber noch ein anderes deutlich. Maria als Modell einer neuen »modernen« Frau oder als Urbild des Aufstandes der Unterdrückten gegen die Mächtigen, wie man dieses letzte Wort heute zu verstehen sucht[69], sind Verzerrungen der Botschaft der lukanischen und Matthäus-Berichte. In der Tat, diese uns geoffenbarten geschichtlichen Gegebenheiten im Leben Jesu sind eine unmißverständliche Ablehnung der Ebioniten, und die Evangelien insgesamt sind nicht zuletzt deswegen auch darum bemüht, das Ideal der christlichen Armut richtig darzustellen[70]. Anstatt den Konflikt zwischen Rom und Juda zu schüren, entschieden sich die Christen für Rom: Weg von Jerusalem![71] (Mt 24,15—16; Lk 21,20—21).

Dies gehört jedoch nicht zum eigentlichen Thema dieser Untersuchung. Festzustellen ist aber, was schon vorhin angedeutet wurde: Die Kindheitsgeschichten wollen die Rolle Mariä und ihre Auserwählung als Jungfrau und Mutter des Erlösers gegen alle schon früh auftretenden entgegengesetzten Irrtümer klar herausstellen. »In allen hier erzählten Einzelgeschichten ist Gott der Handelnde ...; alle darin handelnd und redend auftretenden Personen gehören zu den jüdischen Frommen, die still und gläubig auf den »Trost Israels«, die messianische Zeit, warten[72]«. Maria wird indirekt als der Inbegriff des neuen Volkes, der Kirche, die mit der Ankündigung des Engels schon begann, dargestellt. Das Magnifikat und die Lobgesänge des Zacharias und Simeon sind Lobpreisungen des Messias und zweifellos auch aller jener, die durch ihre Heiligkeit und Treue gegen die Botschaft Christi, wie die Propheten, das Reich Gottes bezeugen; sie sollen singen und jubeln (Mt 5,12) wie Maria im Magnifikat.

Die Tradition der Marienverehrung in ihrem biblischen Bezug

Der Übergang von alttestamentlicher Religiosität zu christlicher Frömmigkeit vollzieht sich — wie hätte es anders sein sollen — parallel zum theologischen Durchbruch, durch den Standpunktwechsel von »metàtoŷ moy Isaak« zum »metá toŷ hyioŷ tês eleytheras[73]«. Im frommen Beten »eröffnet das Pneuma die Herzen der Christen«, damit sie — durch den Geist erleuchtet — die Taten Gottes in Christus zur Aufbauung des Reiches Gottes und zum Heil der Welt verkünden[74]. Die Quintessenz des christlichen Gottesdienstes ist: Deinen Tod, o Herr, verkünden wir, und Deine Auferstehung preisen wir, bis Du kommst in Herrlichkeit[75] (1 Kor 11,26). Dies freilich schließt nicht den Danksagungscharakter des Meßopfers aus, sondern im Gegenteil: er gehört zum wesentlichen Teil derselben Verkündigung. In den Christen »verlängert« sich das Wirken Christi in der Zeit und deswegen handelt der Gläubige immer in seinem Namen (1 Kor 10,17—31) zur Verherrlichung Gottes (1 Kor 1/31).

Im Gegensatz dazu war der Kult des frommen Israeliten immer ein soziales Phänomen, selbst wenn er sich nur im privaten Gebet manifestierte; seine wesentliche Seite bestand darin, durch die Einhaltung der von Gott seinem Volk gegebenen Vorschriften und Gebete den dafür von Gott verheißenen Schutz zu erlangen[76] (Esr 8,22; 9,5—15; Neh 9,6—37). Die Theopanie im Jüdischen bestand im festlichen Begehen der großen Taten Gottes, in denen Er seine Treue zum Bund erwies; die Christophanie jedoch erweist sich als in der Geschichte fortdauernder göttlicher Berufungsakt, der sich stets weiter vollzieht, bis die Auserwählten zum Ziel gelangen und das Böse in der Welt besiegt worden sei[77] (Offb 18 u. 19 bzw. 2,1—3,22, sowie Mt 28,20; Mk 16,15—18; Joh 16,4ff).

»Neben den Indikativen, die das Heilswerk Gottes verkünden, stehen im NT, nicht minder häufig, die Imperative, die den Menschen zur Tat aufrufen ... Der Mensch soll etwas tun, obgleich Gott schon alles getan hat[78].« Hier allerdings scheiden sich die Geister im Christentum. Der protestantische Gläubige betrachtet die Tat des Menschen allein als Anpassung des Menschenwillens zum Heil an der wachsenden Macht des erlösenden Gotteswillens[79]. Für den katholischen Christen muß sich »der Glaube als Glaubensgehorsam gegen die Botschaft Christi in der Kirche freilich in den Werken des Glaubens (zeigen) ... Dem im Glauben anfangenden, in den guten Werken fortschreitenden und im Leidenszeugnis für Christus sich vollendenden Sieg über die Mächte, aber auch schon dem immer gemahnten Widerstand gegen sie kommt nach dem NT eines zur Hilfe: das Gebet[80]«. Diese Werke und das sie begleitende Gebet sind aber nicht nur für den Einzelnen hinsichtlich seines eigenen Heils eine unabdingbare Forderung der heilswirkenden Botschaft und Tat Christi, welche sich in der Heiligkeit des Geretteten offenbart, sondern auch ein Mitwirken mit Christus; ja, in Christus sind die Drangsale jeden Gliedes des Leibes Christi und die Verkündigung des

Evangeliums ein Werk zum Aufbau des Reiches Gottes[81] (Kol 1,24; Eph 1,7ff; 1 Kor 9,16ff).

Unter diesen Voraussetzungen erfährt die Heiligenverehrung in der katholischen Kirche einen neuen Sinn, welcher eine Ergänzung der Haltung des jüdischen Volkes den Gerechten gegenüber darstellt: die Heiligen sind nicht nur Vorbilder des treuen Glaubens, sie sind auch Fürsprecher, sie wirken mit Christus, nicht zuletzt weil sie weiterleben.

Die Frage der Auferstehung spielt freilich eine besondere Rolle, gerade hinsichtlich der Heiligenverehrung. Wäre Christus nicht auferstanden, dann wäre die ganze christliche Verkündigung sinnlos, und würden die Toten nicht auferweckt, dann wäre die Hoffnung, die man auf das Mitwirken mit Christus setzt, inhaltsleer und die Heiligen erbärmliche Menschen (1 Kor 15,14—19). Der Herr aber ist auferstanden, und »so ist zu schließen — und hier darf man jetzt alle weiteren Erklärungen überspringen, die zu diesem Schluß führen — daß die Kirche in der Kraft des Auferstehungsleibes, d.h. in der Kraft des Geistes, in Angleichung an den Auferstandenen ein ‚soma pneumatikon' wird und damit ein ‚kongeniales' Organ des Auferstandenen[82]«.

Gewiß, auch im Volke Israel und insbesondere zur Zeit Jesu ist der Glaube an ein Leben nach dem Tode, im Scheol, sehr verbreitet, vor allem unter den frommen Juden, sowie auch der Glaube an die Auferstehung, wie z.B. das Wort Marthas zeigt: »Ich weiß, daß er bei der Auferstehung am jüngsten Tage auferweckt wird« (Joh 11,24), wenn auch nicht vergessen werden soll, daß die ganze Gruppe der Sadduzäer die Auferstehung leugneten.

Die Etymologie des Wortes Scheol (gleich ob man es von »hohl-sein« oder von »befragen« ableiten will) gibt keine klare Auskunft über die Vorstellung vom Aufenthalt der Person im Reich des Toten[83]. Aber nicht nur in der Wortbedeutung ist unklar, was nach den verschiedenen theologischen Reflexionen über die vielen Texte im AT, die vom Weiterleben nach dem Tode und von der Auferstehung sprechen, als der Glaube der Juden in diesem Punkt bezeichnet werden darf. Dies wiederum hängt auch mit dem Begriff Person zusammen. Die menschliche Person wird nach alttestamentlicher Vorstellung nur dann Wirklichkeit, »wahr« — nach dem Etymon »Treue« —, wenn sie dem Bund treu bleibt und in ihm lebt. Doch besitzt das einzelne Individuum zwei wesentliche Merkmale, die erlauben, auch innerhalb der Anthropologie des Alten Testamentes von »Person« zu sprechen: Vernunft und freier Wille[84].

Doch geht es hier nicht darum, diese Aspekte der Theologie zu erhellen; allerdings muß man sich vor Augen halten, wie die menschliche Person im Alten Testament gesehen wird, wenn man nach einer Typologie der Heiligenverehrungen im Alten Testament fragt. Dann erhält die Typologie Kirche-Maria im Christentum eine ganz andere Dimension als nur die des einfachen Sinnbildes oder des Symbols, wie jene es verstehen, die das NT aus dem Licht des AT interpretieren und nicht umgekehrt.

Die Heiligen als Vorbilder der Nachfolge Christi und also auch Vorbilder des »Kircheseins« sind nicht nur bewunderungswürdige geschichtliche Gestalten, nach denen allein man sich ausrichten soll, sondern sie sind lebendige Personen, die den auf Erden lebenden Gläubigen in der Nachfolge Christi helfen und das Leben der Kirche mitgestalten, weil sie auch deren Fürsprecher sind. Maria als Urbild der Kirche steht dabei in engster Beziehung zum Urbild des Reiches Gottes, zum Gravitationspunkt der Geschichte der erlösten Menschheit, sie wirkt »Christus-zentripetal«, sowohl auf Grund der tatsächlichen personalen Beziehung zu ihrem göttlichen Sohn wie auch als Mutter der angenommenen Kinder Gottes. Die eigentliche Bedeutung dieser Typologie: Maria als Mutter der Kirche könnte man mit dem Beten bei der Eucharistiefeier vergleichen. Das Darbringen des Kreuzopfers ist ja nicht nur Erinnerung an die vergangene Heilstat Christi; die Heilige Messe ist Vergegenwärtigung und immer dauernde »Jetztsetzung« der Heilskraft dieses Opfers durch die bleibende reale Präsenz des Herrn in der Kirche: sie ist wahrhaftig Opfer und Sakrament. Und »mutatis mutandis« könnte man vom marianischen Kult sagen, daß er nicht nur ein Beten und Glauben wie Maria ist, sondern ein wirkliches Gespräch mit der »lebenden« Mutter Gottes, ja, ein Beten zu Maria.

Die biblische christliche Tradition zur Begründung des marianischen Kultes lehnt sich hierin auch an das Prinzip der Kirchenväter an, wonach das Neue Testament im Alten bildhaft angedeutet ist und das Alte im Neuen offenbar wird[85]. Wenn Maria das Magnifikat betet, tut sie es, indem sie den Urtypus jüdischen Gebetes vollzieht und ihre Gefühle in einem Hymnus zum Lobe des Gottes Israels faßt. Wenn Lukas uns aber dieses Gebet Mariens überliefert, will er Maria dadurch ehren, und der Gläubige sieht darin das Mitwirken Mariens in den Taten Gottes im Neuen Bund, ja, er sieht darin sogar die ihr von Gott in seinem erlösenden Ratschluß in alle Ewigkeit vorgesehenen Rolle. Wenn die christliche Tradition in den biblischen Frauengestalten des Alten Bundes[86] Typen der Mutter Gottes sieht, dann deutet sie diese immer, indem sie von Christus her und auf Christus hin bezogen ihre Aussagen mit allen anderen Glaubenswahrheiten verknüpft, mit der Gnadenlehre, mit der Ekklesiologie, mit der Eschatologie, usw.[87].

So kann man, zurückgreifend auf das zuvor Gesagte, das Fundament des marianischen Kultes mit Newman so formulieren: »Ich gebe zu, daß die Verehrung der allerseligsten Jungfrau im Laufe der Jahrhunderte unter den Katholiken zugenommen hat. Aber ich lehne es ab, wenn behauptet wird, daß die Glaubenslehre über Maria einen Zuwachs erhielt[88].« Die neue Lehre der Frohbotschaft drängt zu dieser Verehrung nach der Art, wie sie nach der lehramtlichen Verkündigung immer üblich war. Die Kirche ehrt in Maria nicht nur eine geschichtliche Gestalt der Vergangenheit, der man sozusagen ein Denkmal setzt, weil sie die leibliche Mutter des Messias war, — sie verehrt das freie Wesen, das uns noch heute durch ihr freiwilliges Ja als ihre Kinder versammelt.

Nicht die Gestalt Mariens hat sich im Laufe der Jahrhunderte geändert, sondern nur die Art und Weise, — je nach ihrer Persönlichkeit — in welcher Menschen von und mit ihr sprechen, die sie verehren[89].

Die Entwicklung der Marienverehrung muß man auch aus dieser Perspektive betrachten. Die verschiedenen Formen und Gebete, die Ausdruck der marianischen Frömmigkeit sind, richten sich — sofern sie von der Kirche approbiert wurden — nach dieser Tradition und knüpfen an die Lehre der Kirche über Maria an, und zwar entsprechend der Art und Persönlichkeit der Gestalter oder Verbreiter dieser Übungen. Man betrachte zum Beispiel die unzähligen Hymnen und Antiphonen, Anrufungen und Gebete, die zur Ehre der Gottesmutter verfaßt wurden, den schon erwähnten Akathistos-Hymnus, die bekannte Lauretanische Litanei, das »Unter deinem Schutz und Schirm«, das »Gedenke, o gütigste Jungfrau« und vieles andere, — und man wird leicht feststellen, daß sie zum großen Teil auch in die Liturgie eingegangen sind und sich gerade dadurch bis heute erhalten haben. Sie bestätigen so das schon zitierte Axiom »lex orandi, lex credendi«.

Das wahrscheinlich älteste Gebet zu Maria — abgesehen von den in das neutestamentliche Schrifttum eingegangenen kurzen Lobworten über Maria — ist deutlichstes Beispiel dieses Glaubens, der sich im Beten artikuliert: »Unter deinem Schutz und Schirm, fliehen wir, heilige Gottesgebärerin ...« Das Vertrauen auf ihre Fürsprache und ihren Schutz verbindet sich mit dem Bekenntnis zu ihrer heiligen Gottesmutterschaft, die das Fundament ihrer Anrufung ist, und man grüßt Maria so, wie der Engel und Elisabet es taten; aus diesem biblischen Ursprung entstand auch das spätere Gebet des Ave Maria mit der hinzugefügten Bitte um ihre Fürsprache. Hier wird, um es so auszudrücken, das christologische Bild mit dem ekklesiologischen eng verbunden, das Bild des Protevangelium mit dem der Geheimen Offenbarung, die Lehre über die Gnade mit der der Eschatologie. Und wenn man zudem auch das Rosenkranzgebet von diesem Standpunkt aus betrachtet, dann finden wir darin wiederum diese urtümliche Idee marianischer Verehrung: das Gebet des Herrn leitet die Anrufungen Mariens ein, die von der Betrachtung der Geheimnisse unserer Erlösung begleitet werden.

Natürlich hängt der Zugang zu diesen Gebeten oder Frömmigkeitsübungen wesentlich von der Einstellung dessen ab, der zu solchen Gebeten anleitet oder Betrachtungstexte zu solchen Frömmigkeitsübungen abfaßt. Denn hier teilen diese Texte das Los aller Formulierungen: man kann auf sie hören, sie richtig verstehen oder aber auch sie zerreden. »Jeder Schriftgelehrte also, der ein Jünger des Himmelreiches geworden ist, gleicht einem Hausherrn, der aus seinem Vorrat Neues und Altes hervorholt (Mt 13,53).« Cyrill von Jerusalem ist unter diesem Gesichtspunkt ein Musterbeispiel der christlichen Katechese; stets nimmt er die Beispiele aus der Heiligen Schrift, um die Wahrheiten des christlichen Glaubens zu erklären, ebenso wenn er manichäische Irrtümer entlarvt: »Nicht ist es recht, einen bloßen Menschen anzubeten, aber es frommt auch nicht, Gott zu nennen, ohne seiner Menschheit zu gedenken. Nichts Unreines ist an der Gestalt des Menschen außer er befleckt sie durch Ehebruch und Unzucht ... Welches ist der Mahlschatz der Jungfrau, der heiligen Braut? Ich werde mich dir verloben in Treue (Os 2,20). Ähnlich sagt Elisabet zu ihr: Selig ist, die geglaubt hat; denn es wird in Erfüllung gehen, was der Herr zu ihr gesagt hat[90]« (Lk 1,45).

Lassen sich nicht auch beinahe alle marianischen Frömmigkeitsübungen mit biblischen Beispielen erklären und begründen? Man denke beispielsweise an die Verehrung der Mutter Gottes am Samstag. Sie kann uns an das ruhige Warten der Frommen im Volke Gottes auf die Erfüllung der messianischen Verheißung erinnern; auch ist der Mariensamstag geeignet, vor unserem Auge das Bild der schmerzhaften Mutter erscheinen zu lassen, die an jenem »großen Sabbat«, dem Ruhetag ihres geopferten Sohnes, dem Tag der Auferstehung entgegenwartet. Ähnliches ließe sich beim Betrachten der Wallfahrten des neuen Gottesvolkes zu den Marienheiligtümern erwägen. Sie erinnern uns zunächst an die Pilgernden in Israel, dann aber an die Mutter Gottes selbst, die der Typus der pilgernden Kirche ist; die Wallfahrten selbst sind ja

Sinnbild für das »Unterwegs-sein« der Kirche, die Wallfahrtsorte verdeutlichen den Gedanken des »Zieles«, der Vollendung im Reiche Gottes.

Nehmen wir ein anderes letztes Beispiel: Das Tragen des Skapuliers. Auf den ersten Blick könnte es vielleicht aus der Luft gegriffen sein, wenn man hier auf eine biblische Gegebenheit hinweisen will. Doch wenn man sich an die Bitte Elischas an Elija um zwei Anteile seines Geistes ereinnert, die dem jüngeren Propheten gewährt wurde, als Elija seinem Jünger das zerrissene Gewand hinterließ (2 Kön 2,9—15), dann werden Zusammenhänge sichtbar, die nicht sogleich zu bemerken sind. Immerhin darf daran erinnert werden, daß der Orden der Karmeliten — durch den ja das Tragen des »Skapuliers Unserer Lieben Frau vom Berge Karmel« verbreitet wurde — seine eigene Tradition auf den Propheten Elija und dessen Jünger zurückführt. Man könnte dann das Tragen des Skapuliers mit dem Schutz unter dem Mantel Mariens vergleichen, indem wir ihren Geist und ihren Glauben anstreben.

Vielleicht können diese Überlegungen mit Worten Cyrill's abgeschlossen werden: »Wir, die diese Mahnungen und Lehren geben, sind Menschen. Machet nicht den Bau, den wir errichten aus Heu, Stroh und Spreu, damit nicht das Werk verbrenne und wir den Schaden haben! Bauet vielmehr aus Gold, Silber und wertvollem Gestein (1 Kor 3,12f). Meine Aufgabe ist es, zu reden, die deinige, den Vorsatz zu machen, Gottes Sache aber ist es, zu vollenden[91].«

Anmerkungen

1 Vgl. Paul VI., Rundschreiben »Marialis cultus«, Einleitung. Darüber auch die Erläuterungen von L. Scheffczyk in seiner Übersetzung und in den Kommentaren dazu: »Neue Impulse zur Marienverehrung«, St. Ottilien 1974, S. 126—127.

2 Vgl. z. B. E. Kalt, Kultus, in: »Biblisches Reallexikon« I, Paderborn 1931, Sp. 1046. Darüber auch F. Feldmann, Israels Religion, Sitte und Kultur, in: »Biblische Zeitfragen« 8/11, Münster 1917, S. 28—34.

3 Vgl. z. B. Jos 22,16. Dazu z. B. Power, Josué, in: Verbum Dei, Barcelona 1950, S. 712 oder auch P. Feldmann, Geschichte der Offenbarung des Alten Testamentes, Bonn 1930, S. 87.

4 Vgl. z. B. Rohr, Das Gebet im Neuen Testament in: »Biblische Zeitfragen« 11/9, Münster 1924, S. 7ff, sowie P. Nötscher, Biblische Altertumskunde, Bonn 1940, S. 345ff.

5 Vgl. z. B. Th. Boman, Das hebräische Denken im Vergleich mit dem Griechischen, Göttingen 1959, S. 45—59, sowie P. Gaechter, Maria im Erdenleben, Innsbruck 1953, S. 134ff.

6 Vgl. z. B. 1 Petr 2,1—5, aber auch Röm 12,1; Phil 4,18 und Jak 1,27 u. v. a. Vgl. z. B. Th. Nötscher, a. a. O. S. 331f und E. F. Sutcliffe, La religion de Israel, in: Verbum Dei, a. a. O. S. 356 u. a.

7 Vgl. z. B. Ps 51,19; Mk 12,13; 1 Sam 12,22; Jos 1,11ff; Os 6,1ff, etc. Darüber auch Irenäus, Adversus Hereos, 4,17,4—6, SC 100,590—594.

8 Darüber vgl. z. B. R. Garrigou-Lagrange, Mystik und Christliche Vollendung, Augsburg 1927, S. 107, sowie C. Feckes, Die Lehre vom christlichen Vollkommenheitsstreben, Freiburg 1949, S. 236ff.

[9] Vgl. z. B. B. Poschmann, Die katholische Frömmigkeit, Würzburg 1949, S. 144 ff.

[10] Vgl. z. B. A. G. Martimort, Die Doppelbewegung der Liturgie, in: Martimort, Handbuch der Liturgiewissenschaft I., Freiburg 1963, S. 201—213; O. Lang, Vom Opfer des Lobes, in: J. G. Plöger, Gott feiern, Freiburg 1980, S. 345 und G. Rovira, Die Erhebung des Menschen zu Gott, Salzburg 1979, S. 195 ff. Thomas von Aquin hat diesen Doppelzug des Kultischen immer wieder unterstrichen, vgl. z. B. II-II, 81, 3 ad 2; 91,2; 93,1; 95,2; III 63,2,3,4,6, usw.

[11] Vgl. z. B. Cicero, De natura deorum II,28, 72; Laktanz, Divinarum institutionum IV,28; Augustinus, De civitate Dei X,32, sowie E. F. Sutcliffe, a. a. O. S. 328.

[12] Vgl. R. Guardini, Vom Geist der Liturgie, Freiburg 1949, S. 74 ff.

[13] Vgl. Präfation der Weihnachtszeit III im Römischen Missale.

[14] Vgl. darüber H. Schlier, Die Zeit der Kirche, Freiburg 1956, S. 206—232, sowie J. H. Dalmais, Liturgie und Heilsmysterium, im Handbuch der Liturgiewissenschaft, a. a. O. S. 214 ff.

[15] Über den Begriff »heilig« und »Heiligkeit« vgl. z. B. E. Kalt, Biblische Reallexikon, a. a. O. Sp. 254—760; G. Kittel, Theologisches Wörterbuch zum NT I., Stuttgart 1933, S. 87—116, etc. Über Kult und Heiligkeit, Wetzer und Welte's Kirchenlexikon III, Freiburg 1884, Sp. 1232—1239, sowie V., Freiburg 1888, Sp. 1020—1023, und M. Hagen Lexikon Biblicum I., Paris 1905, Sp. 1020—1023 und III. Sp. 873—875.

[16] Darüber E. F. Sutcliffe, a. a. O. S. 356, sowie L. Scheffczyk — H. Schlier — Th. Schnitzler, Gott der Heilige und das Heil, St. Augustin 1979; K. V. Truhlar in: Sacramentum Mundi II., Freiburg 1968, Sp. 627—634; M. Schmaus, ibidem II., Freiburg 1969, Sp. S. 101—106, wie auch in: Katholische Dogmatik I., München 1960, S. 562—567 und G. Thil, Christliche Heiligkeit, München 1961, S. 3—17.

[17] Vgl. z. B. Th. Boman, a. a. O. S. 34 ff: H. Cazelles, Le Torah au Pentateuque-Aperçus sur le contenu et la théologie du Pentateuque, in: A. Robert — A. Feuillet, Introduction á la Bible I., Tournai 1959, S. 348 ff und G. Rovira, a. a. O. S. 25 ff.

[18] Vgl. Pius XII., Mediator Dei, in: Summa Pontificia II, Abensberg 1978 S. 722; auch II. Vat. Konzil, Sacrosanctum Concilium §§ 7/10.

[19] Dgl. hat Augustinus es in seiner bildhaften Sprache so beschrieben, indem er das Jesuswort: Pater meus agricola (Jo 15,1) paraphrasiert: »Wenn er der Winzer ist, pflegt er das Feld. Nun, welches Feld? Er pflegt (colit) uns«; vgl. Sermo 213,9, PL 38,1065.

[20] Vgl. darüber D. v. Hildebrand, Liturgie und Persönlichkeit, Graz 1955, S. 48 ff.

[21] Darüber vgl. H. Aufderbeck, Von der Weitergabe seiner Gabe, in: Gott feiern, a. a. O. S. 269—274, sowie Th. Maas-Ewerd, Von der Teilnahme an der Feier, ibidem. S. 39 f. oder W. Stockums, Die christliche Tugendlehre, Freiburg 1949, S. 24 ff u. v. a.

[22] Vgl. Denz. 1821 ff bzw. 1867, sowie Thomas v. Aquin, Summa Theologica II-II, 91,2; I-II, 102,4 und III,63, 4 ad 3. Darüber auch H. Frehen, De cultis mariani fundamentis ..., in: De primordiis cultus-mariani — Acta congressus mariologici-mariani 1967, II, Rom 1970. S. 35 f bzw. 47 f; auch P. Strater, Marienverehrung als Hilfsmacht zum christlichen Leben, in: Marienkunde III, Paderborn 1952, S. 13 ff.

[23] Augustinus, De sancta Virginitate 3, PL 40,398.

[24] Johannes Chrysostomus, In Matthaeum homilia 44, PG 57,466.

[25] Vgl. z. B. A. Schäfer, Die Gottesmutter in der Heiligen Schrift, München 1887, S. 119 ff; F. P. Calkins, La plenitud de la gracia de Maria, in: J. B. Carol, Mariologia, S. 682 ff, Madrid 1964; J. A. de Aldama, Maria en la patristica de los soglos I y II, Madrid 1970, S. 318 ff u. v. a. Hinsichtlich der Aussage über die Gnadenfülle Mariens im Lukasevangelium (Lk 1,28) wird später noch die Rede sein. Doch scheint es mir schon jetzt nützlich, sich die Tatsache vor Augen zu halten, daß die Übersetzung von »Kecharitoméne« mit »gratia plena« den Sinn des Verbums, wie es nach Eph 1,6 verstanden werden soll, treffend wiedergibt. Zwar wäre es rein philologisch möglich, »Kecharitoméne« mit »Begnadete« zu übersetzen. Dies würde aber eine dem Geist des Evangeliums fremde Übersetzung sein — wie schon Petrus Canisius gegen eine solche Übertragung durch Erasmus und andere mit Recht eingewendet hat. Die entsprechende lateinische Formulierung »Gratiosa« aber würde auch nicht zur alttestamentlichen Grundlage passen, derer Lukas sich bedient, um die Erfahrung Mariens bei der Verkündigung zu beschreiben (vgl. Petrus Canisius, De Maria Virgine incomparabili III,2 und 10; sowie J. McHugh, The Mother of Je-

sus in the New Testament, London 1974, 1,3; — in der spanischen Übersetzung Madrid 1978, S. 101 f).

[26] Vgl. z. B. A. Müller, Glaubensrede über die Mutter Jesu, Mainz 1980, S. 63ff; P. Schmidt, Maria, Modell der neuen Frau, Kevelaer 1974, S. 21ff; R. E. Brown u. a., Maria im Neuen Testament, Stuttgart 1981, S. 69ff, sowie S. 93ff.

[27] Über die Bedeutung des Midrasch vgl. R. Le Deaut, »A propos d'une definition du midrasch«, in: Biblica 50 (1969) S. 407.

Hinsichtlich der Interpretation der erwähnten Prologe vgl. J. McHugh, La Madre de Jesús en el NT, Bilbao 1978, S. 65ff und 399ff. Wenn aber z. B. A. Vögtle, und zwar auch in diesem im Text dargelegten Sinne, von einem »christologischen Midrasch« spricht, muß man jedoch sagen, daß er die »historischen« Gegebenheiten allzusehr relativiert; seine angefügten »Beweise« widerlegen die Geschichtlichkeit der in den Evangelien beschriebenen Ereignisse nicht (vgl. Was Weihnachten bedeutet, Freiburg 1977, S. 23ff oder Messias und Gottessohn, Düsseldorf 1971). Was Guardini über die Bedeutung der über Maria geoffenbarten Wahrheiten sagt, erklärt die Wichtigkeit der geschichtlichen Tatsachen, von denen die Evangelisten berichten.

Sie sind kein bloßes Gewand, um die Messiasgestalt Jesu verständlich zu machen. »Die Legende kann uns mit ihren lieblichen Bildern erfreuen, aber leben können wir aus ihr nicht; am wenigsten dann, wenn es ums Eigentliche geht. Von uns wird gefordert, daß wir im Glauben mit dem Geheimnis Gottes ringen und mit dem bösen Widerstand der Welt. Kein freundlich dichtendes, sondern ein hartes Glauben ist uns auferlegt — vollends in einer Zeit, da die sänftigenden Zauber von Dingen fallen und überall die Widersprüche aufeinander stoßen. Je reiner wir die Gestalt der Mutter des Herrn aus dem Neuen Testament heraus verstehen, desto Größeres geht uns für unser Christenleben, wie es wirklich ist, auf.« Und Jesus und Maria haben ihre Geschichte: die der Menschwerdung. »Im Erlöser ist aber Gott gekommen, um Geschichte und Schicksal zu haben. Durch die Menschwerdung ist er unter uns eingetreten und hat neue Geschichte begründet. Alles vergangene Geschehen hat er daraufhin bestimmt, daß es vor der Geburt unseres Herrn Jesus Christus liegt, auf sie wartet und sie vorbereitet. Alles folgende hat er darauf bestimmt, daß es sich, annehmend oder widerstehend, an seiner Menschwerdung entscheidet« (R. Guardini, Der Herr, Leipzig 1953, SS. 11 und 2). Die geschichtlichen Fakten muß man festhalten, will man nicht in die Gefahr eines »literarischen Doketismus« geraten, der von Jesus nur das Göttliche oder Seine Messianität unterstreichen will. Die Gegebenheiten der Menschwerdung müssen sicherlich herausgeschält werden, denn sie wurden uns durch die Deutung alttestamentlicher Stellen vorgetragen, aber diese Texte hätten keinen Sinn, wenn sie durch Tatsachen nicht bestätigt werden oder nur durch bloße Zeichen, welche man im alttestamentlichen Sinn verstehen will.

Vielleicht läßt sich das noch deutlicher mit einem anderen Wort von Guardini darlegen: »Will man einen Baum in seiner Art verstehen, dann blickt man in die Erde, in der seine Wurzeln liegen und aus welcher ihm der Saft in Stamm und Geäst, Blüte und Frucht steigt. So ist es wohl gut, in den Boden und Grund zu blicken, aus welchem sich die Gestalt des Herrn erhebt: Maria, seine Mutter« (a. a. O. S. 7). Man kann und darf gewiß die Bedeutung Mariens in der Heilsgeschichte nur christologisch verstehen; doch erfährt man am deutlichsten im Leben und in der Person Mariens, wie das Göttliche in das Menschliche eingeht und darin wirkt. Wenn aber die Gestalt Mariens letzten Endes nicht anders ist als lediglich ein Midrasch im alttestamentlichen Sinn, dann wäre sie nichts als ein Zeichen für die Deutung des christlichen Glaubens, wie die Evangelisten ihn verstehen. Wir würden dann nicht mehr unser Bekenntnis auf *das* gründen, »was sich unter uns ereignet und erfüllt hat« (Lk 1,1), »was Jesus getan und gelehrt hat« (Apg 1,1), sondern nur auf *das,* was die Evangelisten als ihre Deutung uns überliefert hätten, und die tatsächlichen Ereignisse würden letztlich belanglos (etwas, was die Evangelisten in der Tat niemals hätten meinen können, behaupten sie doch das glatte Gegenteil: sie erheben den Anspruch, wirklich Geschehenes und nicht nur Deutungen zu berichten!).

Hier stehen wir vor Fragen der Hermeneutik, die letztlich auf die dahinterliegenden jeweiligen Erkenntnistheorien zurückgehen. Wenn Dogma nicht nur — wie Paul Althaus meint — »die gegenwärtig durch Gottesoffenbarung dem Glauben geschenkte Wahrheitserkenntis ist« (vgl. Die christliche Wahrheit, Gütersloh 1959, S. 243), sondern Wirklichkeitserkenntnis, dann stehen wir vor der ewigen Frage:

»Was ist Wahrheit?« (Joh 18,38). Die auf diese Frage vorangegangene Antwort Jesu ist allen bekannt. Zusammengefaßt: es geht beim Verständnis des Evangeliums letzten Endes nicht um das, woran die Evangelisten glaubten und wie sie es erklären wollten, sondern darum, ob sie »Augenzeugen« (genaueste Beobachter = epóptai) oder treueste Überlieferer des von diesen Zeugen Gesehenen sind; »ihren klug ausgedachten Geschichten« bräuchten wir nicht zu folgen (2 Petr 1,16).

28 II. Vat. Konzil, Dogmatische Konstitution »Verbum Dei« § 19; vgl. auch die Instruktion des päpstlichen Rates zur Förderung der biblischen Studien »Sancta Mater Ecclesia«, AAS (1964) S. 715. Gewiß will ich damit nicht sagen, daß die Verfasser der Heilsgeschichte »Historiker« in unserem heutigen Verständnis dieses Wortes gewesen wären, was für die der Theologie Kundigen eine Selbstverständlichkeit ist. Doch ist es sicher nicht nur für Nicht-Theologen nützlich, festzuhalten, was Pius XII. in seinem Rundschreiben »Divino Afflante Spiritu« von den Grundsätzen gesagt hat, die der katholische Theologe bei seiner Forschungsarbeit berücksichtigen muß: »Die Schrifterklärer mögen sich gegenwärtig halten, daß es ihre erste und angelegentlichste Sorge sein muß, zu erkennen und zu bestimmen, welches der Literalsinn der biblischen Worte ist ... Der Literalsinn einer Stelle liegt indes bei den Worten und Schriften altorientalischer Autoren oft nicht klar zutage wie bei unseren heutigen Schriftstellern. Was die alten Orientalen mit ihren Worten ausdrücken wollen, läßt sich nicht durch die bloßen Regeln der Grammatik oder Philologie oder allein aus dem Zusammenhang bestimmen; der Exeget muß sozusagen im Geist zurückkehren in jene fernen Jahrhunderte des Orients und mit Hilfe der Geschichte, der Archäologie, der Ethnologie und anderer Wissenschaften genau bestimmen, welche literarischen Arten die Schriftsteller jener alten Zeit anwenden wollten und in Wirklichkeit anwandten ... Um den heutigen Erfordernissen der Bibelwissenschaft zu entsprechen, muß deshalb der katholische Exeget bei der Auslegung der Heiligen Schrift und beim Nachweis ihrer Irrtumslosigkeit auch diese Hilfsmittel in kluger Weise benutzen und zusehen, was die sprachliche Form oder literarische Gattung, die der heilige Schriftsteller gebraucht, für die richtige und zutreffende Erklärung bedeutet, und er soll überzeugt sein, daß er diese Seite seiner Aufgabe ohne großen Nachteil für die katholische Exegese nicht vernachlässigen darf« (vgl. DS 3829—3830).

29 Es sei mir gestattet, schon Gesagtes hier noch einmal zu wiederholen: Hinsichtlich der Anfangskapitel bei Matthäus und Lukas sind zwei Prämissen zu beachten: 1. Diese Erzählungen sind wesentlich historisch, wenn sie auch 2. in einer besonderen literarischen Einkleidung vorgetragen werden, die sich vor allem darum bemüht, die Erfüllung des im Alten Testament Angekündigten herauszustellen (vgl. C. Pozo, Maria en la Escritura y en la fé de la Iglesia, Madrid 1981, S. 62 ff). Überdies muß man festhalten, daß die ganze Autorität der Heiligen Schrift darauf beruht, »daß sie von Gott durch die Inspiration der heiligen Schriftsteller ausgegangen ist« (vgl. hierzu M. J. Scheeben, Handbuch der Katholischen Dogmatik, I. Freiburg 1927, S. 113 § 16, II, B, a, dazu auch §§ 18 und 19). Vgl. außerdem J. Michl, Die Evangelien, Geschichte oder Legende, Regensburg 1940, S. 126—129; Darüber auch u.v.a. R. Schnackenburg, Neutestamentliche Theologie, München 1963, S. 76 f; R. Ginns, Evangelio según San Lucas, in: Verbum Dei, a.a.O. S. 571—587; H. Staudinger, Die historische Glaubwürdigkeit der Evangelien, Würzburg 1974, S. 42—49; A. Bea, Die Geschichtlichkeit der Evangelien, Paderborn 1966, S. 36 f bzw. 48 ff; H. Zimmermann, Jesus Christus, Geschichte und Verkündigung, Stuttgart 1973, S. 149 ff; H. Schürmann, Das Lukasevangelium, in: Herders Theologischer Kommentar zum NT, Freiburg 1969, S. 102 ff.

30 Dazu vgl. z. B. A. Steinmann, Die Jungfräuliche Geburt des Herrn, in: Biblische Zeitfragen 8/7—8, Münster 1916; E. Stauffer, Jesus, Bern 1957, S. 21 ff; Phil. J. Donelly, La virginidad perpetua de la Madre de Dios, in: Mariologia, a.a.O. S. 635 ff.

31 Vgl. dazu beispielsweise L. Kösters, Unser Christusglauben, Freiburg 1939, S. 31—46; F. Sawicki, Die Wahrheit des Christentums, Paderborn 1921, S. 289—293 und 317—321; J. Steinman, Die Bibel im Spiegel der Kritik, Aschaffenburg 1957; I. Rohr, Der Vernichtungskampf gegen das biblische Christusbild, in: Biblische Zeitfragen I/3, Münster 1912; P. Heinisch, Griechentum und Judentum, in: Biblische Zeitfragen I/12, Münster 1908, wie auch »Augesteins Jesus«, Hrgb. von R. Pech und G. Stachel, Einsiedeln 1972.

[32] Vgl. hierzu nur beispielsweise L. Scheffczyk, Jungfrauengeburt, in: Internationale Katholische Zeitschrift Communio I/78, S. 11—25; H. Riedlinger, Die Empfängnis des Sohnes Gottes in der Jungfrau Maria, in: Theologisches IV. und V./1981, Sp. 4037—4045 bzw. 4074—4078.

[33] Vgl. 1 Petr 1,2—12. Natürlich will man mit dem Gesagten nicht leugnen, daß die Evangelien »interpretierte« Geschichte enthalten oder daß Matthäus und insbesondere Lukas als die »Geschichtstheologen« unter den Evangelisten betrachtet werden können (vgl. z. B. E. Lohse, Lukas als Theologe der Heilsgeschichte, in: Evangelische Theologie 14 (1954) S. 256—275 oder H. Conzelmann, Die Mitte der Zeit-Studien zur Theologie des Lukas, Tübingen 1960).

Aber selbst, wenn man es annimmt, muß man doch zugleich bekennen, daß ihre Berichte Zeugnis des Geschehenen und Gehörten sind, Glaubenslehre über die wahrhaftig von Christus gesprochenen Worte und seiner Taten. — tò martýrion pîsteos, he akoé pîsteos, didaché — (vgl. H. Schlier, Wort Gottes, Würzburg 1958, S. 35—39). Die von J. A. Robinson, Redating the New Testament, London 1976 (vgl. auch R. T. Hammond, John A. T. Robinsons Redating ..., in: Theologisches II/1980, Sp. 3502 ff) begründeten Zweifel am »vorläufigen« Schema über die Redaktion der verschiedenen Evangelien lassen viele der Thesen über die Interpretation der Evangelisten als sehr relative »Interpretements« der heutigen Exegeten erscheinen. Das am 21. und 22. Mai in Paderborn gehaltene Symposion über die Entstehung der Evangelien brachte vor allem — wie Prof. Staudinger berichtete — (vgl. Deutsche Tagespost Nr. 72 vom 18./19. 6. 1982, S. 6) »weitgehende Übereinstimmung darüber, daß der gesamte Fragenkomplex viel ungeklärter ist, als man bisher weithin angenommen hat«. Die Thesen von J. A. T. Robinson (man vgl. hierzu auch das Diskussionspapier in: Deutsche Tagespost Nr. 58 vom 18. 5. 1982, S. 6) sind sicher auch kein endgültiges Urteil, doch zwingen sie zum Nachdenken über die Hypothesen von der Verfasserschaft der ntl. Schriften, so wie sie heute in einigen Einleitungen zum Neuen Testament dargestellt werden (vgl. z. B. G. Kümmel, Einleitung in das NT, Heidelberg 1980[5]); so müßte auch neu nachgedacht werden über die Methode, welche sich aus jenen Annahmen herausgebildet hat (vgl. G. Kümmel, Das Neue Testament im 20. Jahrhundert, Stuttgart 1972), und sich auf Hypothesen stützte wie jene vom »Frühkatholizismus« (dazu z. B. G. Békés: Das Problem des »Frühkatholizismus«, in: L'Osservatore Romano, deutsche Ausgabe vom 21. 1. 1979, Nr. 2, S. 8), müssen überprüft werden. Schon seit längerer Zeit stellt man die literarische formgeschichtliche Methode, so wie sie noch heute von nicht wenigen Bibellehrern angewandt wird, in Frage. Man stellt fest, daß die biblische Offenbarung etwas Lebendiges ist. Auch hier handelt es sich um ein homogenes Wachstum, das in jedem Augenblick die Gesamtheit der bis dahin gemachten Gottesmitteilungen enthält und schon auf zukünftige hinweist. Man könnte hier das Wort von Leibniz gebrauchen, die Offenbarung wird von der Vergangenheit geboren und ist schon von der Zukunft schwanger. Sie ist wie ein Baum, welcher im Humus wächst, der die Blätter und Früchte derselben Art immer wieder bildet. Man denke zum Beispiel an das Wort Jesu über die Unauflöslichkeit der Ehe, sie wird begründet nach dem, was am Anfang war (Mt 19,4/8); aber auch an das Protevangelium, welches ganz sicher nicht nur von den Christen messianisch verstanden wurde. Die Lehren der Midraschim, wie schon erwähnt, sind dafür ein deutliches Beispiel.

Das Neue Testament bricht mit der Tradition der wahren Israeliten nicht, d. h. mit den eigentlichen biblischen Offenbarungen, aber entfernt sich entschieden von Überlieferungen falscher Ausleger der Heiligen Schrift zur Zeit Jesu und der Apostel (vgl. z. B. Mk 7,1 ff, um nur dieses Beispiel zu zitieren, nebst der ganzen Interpretation des AT im Römer- oder Hebräerbrief und in der Verteidigungsrede des Stephanus). Die Evangelisten hätten sich schon aus diesem Grund auf das AT mit zweifelhaften Erzählungen nie berufen können; weder die Judenchristen noch die Heiden hätten solche »midraschim« akzeptiert, weder als »haggadah«, worum es sich hier hauptsächlich handeln könnte, noch als »halakhah«, welche zu den Streitigkeiten mit den Judenchristen führen mußte, wie wir schon in der Apostelgeschichte erfahren (vgl. Apg 11 und 15). Über die Verwendung der Midrasch im Neuen Testament (vgl. J. McHugh, a. a. O. S. 66 ff). Die Datierung der Evangelien hat insofern auch hierin eine wichtige Bedeutung, weil dadurch viele Fakten, die bei einem dreißigjährigen späteren Datum vergessen sein könnten, bei einer früheren

Redaktion eine ganz andere Bedeutung haben müssen. Man denke z. B. an den Lanzenstich (Joh 19,33—37), häufig als Metapher für eine theologische Deutung angenommen. Dies ist auch ein Beispiel dafür, wie solche Deutungen auch andere Tatsachen verdrängen wollen. Nicht zuletzt deswegen wurde das Turiner Grabtuch manchmal von Exegeten für nicht historisch abgetan, weil es ihren Auslegungen widersprach (vgl. W. Bulst, Das Grabtuch von Turin — Zugang zum historischen Jesus? Karlsruhe 1978, S. 7f, 13 und 101f; über die Geschichte des Grabtuches vgl. auch J. Wilson, Eine Spur von Jesus. Herkunft ..., Freiburg 1981, wo diese Haltung einiger Exegeten auch kritisiert wird, S. 64ff).

34 L. Scheffczyk, Dogma der Kirche, Berlin 1973, S. 107.

35 Vgl. R. Marlé, Das theologische Problem der Hermeneutik, Mainz 1965, S. 126ff.

36 Vgl. R. Brown, Maria im Neuen Testament, a.a.O. S. 48.

37 Zwar bestätigen die Handschriften in der Mehrzahl die Leseart »hoi ... egennéthesan« anstatt »hós ... egennéthe«; doch haben die Zeugnisse von Tertullian, De carne Christi 19,1ff, PL 2, 784f und Irenäus, Adversos haereseos III,17,1 und V,1,2—3, PG 7, 1122ff, sowie die Andeutungen in anderen Kirchenvätern vor dem ersten heute vorhandenen Manuskript des Evangeliums, man vgl. Justin, Apologie I,32 PG 6, 380 und Dialogus cum Tryphone 54,63,75 und 76, PG 6, 593f/620/652 und 653; Hippolytus, Refractationes VI,9 in: Pseudo-Origenes PG 16,3207/3210 und Epistula Apostolorum, in: H. Duensing, Kleine Texte 152, Bonn 1925, S. 6, einen zu berücksichtigenden Wert. Auch Cyrill von Jerusalem, Catechesis XII, 53,4 PG 33, 728—729, scheint die Singular Leseart vorzuziehen, wenn er die häretischen Aussagen über eine Fleischwerdung aus dem Willen des Mannes und der Frau ablehnt und danach die Aufforderung zum Glauben an die Geburt des eingeborenen Gottes aus der Jungfrau mit dem Glauben an das Johannesevangelium verbindet. R. Schnackenburg, Das Johannesevangelium in: Herders Theologischer Kommentar zum NT IV,1, Freiburg 1965, S. 240f weist auch auf lateinische und syrische Codices hin, welche die »hós«-Form enthalten, selbst wenn er sich für die plurale Weise entscheidet. Hierin vgl. auch M. J. Lagrange, Evangile selon Saint Jean, Paris 1936[5], S. 16ff. In dem Indiculum Hieronymi de Haeresibus Judaeorum wird auch die Lehre von Irenäus erwähnt und auf die Änderung des Wörtchens von Seiten der Valentinianer hingewiesen; PG 81, Prolegonmena ad Opera S. Isidori III, 86,24, Sp. 634, sowie in Indiculum selbst §§ 16 und 19, Sp. 639.

38 Vgl. Pozo, Maria en la Escritura, a.a.O. S. 90ff. Er zitiert auch J. de la Poterie, Maria — Virgen en el IV. Evangelio, Madrid 1979. R. Laurentin, Kurzer Traktat der marianischen Theologie, Regensburg 1959, S. 39 und G. Söll, Mariologie, in: Handbuch der Dogmengeschichte III,4, Freiburg 1978, S. 21, sind in dieser Frage unschlüssig. Bultmann (vgl. Bultmann, Das Evangelium des Johannes, Göttingen 1956, S. 37ff) wehrt sich gegen eine solche Interpretation, wie auch gegen die von Bultmann als bloße »Behauptung« abqualifizierte Äußerung Tertullians, »der Plural sei eine Korrektur der Valentinianer«; Bultmanns These jedoch, diese Stelle könne sich (in der von Tertullian und Irenäus bezeugten Singularfassung) nicht auf die Geburt Jesu aus der Jungfrau beziehen, weil das Johannesevangelium ebenso wie Paulus den Gedanken einer jungfräulichen Geburt ausschließe, ist eine unhaltbare Behauptung. Da weder Johannes noch Paulus überhaupt die Geburt Jesu erwähnen, machen sie selbstverständlich auch keine Bemerkung über die Jungfräulichkeit Mariens. Ebensowenig allerdings wird berichtet, Jesus sei Josefs Sohn. Die johanneischen Aussagen erwähnen Josef als Vater Jesu kein einziges Mal, während verschieden formulierten Aussagen über die himmlische Herkunft Jesu das ganze Johannesevangelium von Anfang an durchziehen. Stets wird allein Gott als der Vater Jesu bezeichnet. Die rhetorische Frage in Joh 6,42, (die sich ähnlich in Mt 13,55 findet), wird ja nicht vom Evangelisten gestellt, sondern den Zweiflern in den Mund gelegt. Maria wird zwar selten genannt, dafür aber an so exponierten Stellen, daß schon allein diese ihre Bedeutsamkeit in hellstes Licht rücken. Hier könnten noch mehr Erwägungen angefügt werden; man müßte auch, um die Ansicht Bultmanns als ein Vorurteil zu erweisen, danach fragen, wie bei Johannes und Paulus die Jungfräulichkeit als erstrebenswertes christliches Ideal erscheinen kann, wenn sie die Jungfrauengeburt tatsächlich abgelehnt hätten; denn zumindest von Johannes muß man doch annehmen — gerade, wenn man sein Evangelium so spät ansetzt, wie das heute allgemein geschieht —, daß er die Kindheitsgeschichten gekannt hat. Jedenfalls scheint mir Joh 1,13 die Bewertung einer anderen Geburt als »die nach dem

Fleische« zu sein. J. McHugh, a.a.O., S. 328ff, sowie J. Galot, Etre né de Dieu — Jean 1,13 —, in: analecta Biblica 37, Rom 1969, u.a. entscheiden sich mit treffenden Argumenten für die Leseart der Einzahl.

39 Pius IX., Ineffabilis Deus §1, in: G. Rovira, Im Gewande des Heils, Essen 1980, S. 160.

40 Vgl. T. Gallus, Interpretatio mariologica Protoevangelii tempore postpatristicum usque ad Concillium Tridentinum, Rom 1949, sowie Interpretatio mariologica Protoevangelii posttridentina ... I. u. II., Rom 1953/54; auch M. Gordillo, Mariologia Orientalis, Rom 1954, S. 91, J. A. de Aldama, a. a. O. S. 264ff; F. L. Drewnak, Die mariologische Deutung von G. 3, 15 in der Väterzeit, Breslau 1934.

41 Vgl. z. B. Tertullian, De carne Christi 17, PL 2, 782, Augustinus, Sermo 187, 4, in: Natale Domini, PL 38, 1002s., sowie Sermo 188, 3 (PL 38, 1004); Sermo 189, 3 (1005) und Sermo 192 (1012).

42 Vgl. Conzelmann, in: G. Kittel, Theologisches Wörterbuch zum NT, IX, Stuttgart 1937, S. 357 und 383; sowie J. H. Moulton, Grammar of New Testament Greek II, Edinburg 1910, S. 393—397 und F. Prat, Jesus Christ, Milwaukee 1950, S. 46f.

43 Vgl. Maria im NT, a. a. O. S. 106 und J. Schmid, Das Lukasevangelium, in: Regensburger NT, Regensburg 1955, S. 40f (obwohl hier der Kommentator schon andeutet, daß Maria zuerst den Gruß nicht in diesem Sinne habe verstehen können); sowie P. Dausch, Die drei älteren Evangelien, Bonn 1923, S. 404 u. a.

44 Vgl. wiederum R. Brown, Maria im NT, a. a. O. S. 107—112 und besonders S. 113.

45 Vgl. darüber W. Paschen, Der Sohn von Maria (Mk 6, 3). Tragevermögen und Grenzen von Textauslegung, in: PEK DIN-A-5-Reihe, Köln 1979. Es handelt sich um die Antrittsvorlesung des Verfassers bei seiner Professorenberufung.

46 Vgl. C. Pozo, Maria en la Escritura ..., a. a. O. S. 69ff. Über die alttestamentlichen Vorlagen in diesem Bericht vgl. wiederum Pozo S. 65ff, sowie J. McHugh, a. a. O. S. 111f; S. Lyonnet, Biblica 20 (1939) S. 136ff: H. Cazelles, Fille de Sion et théologie mariale dans la Bible, in: Bulletin de la Société Francaise d'Etudes Mariales 21 (1964), S. 51ff, und S. Sahlin, Der Messias und das Gottesvolk, Upsala 1945, S. 99ff.

47 Vgl. J. McHugh, a. a. O. S. 428ff.

48 Vgl. Maria im NT, a. a. O. S. 107. Über die theologische Argumentation anhand des biblischen Befunds vgl. G. Rovira, Unversehrte Heiligkeit, in: Im Gewande des Heils, a. a. O. S. 49ff.

49 Vgl. J. A. Aldama, a. a. O. S. 318ff. Der als alter Mann bekehrte Jude Paulus de Heredia, welcher sich selbst gern mit Saulus verglich, weil er häufig und kräftig gegen die Christen polemisiert hatte, interpretiert auch die erwähnten Stellen immer wieder in diesem Sinne und dabei betont er immer wieder die Berechtigung dieser Typologie. Es fiel ihm das sozusagen nicht schwer; als Jude hatte er vor allem gegen die thomistischen Lehren und insbesondere gegen den Dominikaner Juan Gattus disputiert; als Konvertit wandte er sich auch mit aller Entschiedenheit gegen die Makulisten und traf auf die gleichen Gegner. Vgl. Paulus de Heredia, Corona Regia, Hrgb. von J. Polo, Zaragoza 1980, S. 10, sowie S. 82, 138 und 218ff.

50 Vgl. u. v. a. A. Leaney, The Gospel according to St. Luke, London 1958, S. 86, und J. McHugh, a. a. O. S. 125ff, über die Quellen der Kindheitsgeschichte bei Lukas auch R. Ginns, Evangelio Según San Lucas, in: Verbum Dei III, Barcelona 1960, S. 562f und 574; K. H. Schelkle, Das Neue Testament, Kevelaer 1963, S. 67ff und H. Staudinger, Die Historische Glaubwürdigkeit der Evangelien, Würzburg 1974, S. 42ff.

51 P. Gaechter, a. a. O. S. 9, vgl. auch S. 55—77, sowie J. McHugh a. a. O. S. 62ff bzw. S. 184ff und C. Pozo, Maria en la Escrituras, a. a. O. S. 63.

52 Vgl. G. Rovira, Im Gewande des Heils, a. a. O. S. 13.

53 Vgl. J. M. Cabodevilla, Nuestra Señora, Madrid 1965, S. 289f, sowie E. C. Messenger, La Santisima Virgen en las Sagradas Escrituras, in: Verbum Dei I., a. a. O. S. 279—288.

54 Über die »Unerfindbarkeit als Überschreitung der Grenzen auf das Unendliche, auf das Geheimnis Gottes hin« vgl. G. Vobbe, Jesus Christus, Paderborn 1976, insbesondere S. 138ff bzw. 223ff.

55 Denz-Schm. 11, vgl. auch J. A. Aldama, a. a. O. S. 966.

56 J. Schumacher, Jesus und sein Anspruch in fundamentaltheologischer Sicht, in: Münchener Theologische Zeitschrift 2/1978, S. 133 bzw. 113, vgl. auch Mk

16,19—20 bzw. Mt 18,16, Joh 21,7 und Apg 8,37, auch wenn dieser Vers vielleicht nicht zum ursprünglichen Text gehört hat und sich nur in dem sog. westlichen Text (schon von Irenäus und Cyprian bezeugt) findet. »Er ist aber sehr lehrreich, weil er das Glaubensbekenntnis in kürzester Fassung enthält, das man schon sehr früh von den zur Taufe sich Meldenden verlangte«, vgl. A. Wikenhauser, Die Apostelgeschichte, in: Regensburger NT, Regensburg 1956, S. 106.

57 Denz. 252. Darüber z.B. H.J. Vogt, Die Gottesmutterschaft auf dem Konzil von Ephesus, in: G. Rovira, Zeichen des Allmächtigen, Würzburg 1981, S. 81f.

58 D. Haugg, Das erste biblische Marienwort, Stuttgart 1938, S. 72.

59 Vgl. J. McHugh, a.a.O. S. 115ff, sowie C. Pozo, Maria en la Obra de la Salvación, Madrid 1974, S. 228. Pozo selbst jedoch verteidigt die seit Gregor von Nyssa (PG 46,11—40) traditionelle Lehre von der Verkündigung und einem möglichen Gelübde Mariens, und meint, daß die Qumran Entdeckungen diese These bekräftigen (vgl. Ss. 217—225). Aber diese Diskussion über Lk 1,34 hinsichtlich dieser Frage ist für unser Vorhaben unerheblich.

60 Haereses 78,18, PG 42, 728; vgl. auch Irenäus, Adv. Haereses III,22 bzw. V. 19, PG 7/958/1175.

61 Th. Schnitzler, Die drei neuen eucharistischen Hochgebete, Freiburg 1968, S. 91ff, sowie G. Schnückler, Maria im Geheimnis der Kirche, Köln 1955, S. 10ff. Auch die mozarabische Liturgie bedient sich im Hochgebet am Feste der Geburt des Herrn dieser Typologie in aller Ausführlichkeit und mit herrlichen Bildern und Vergleichen; vgl. P. Dietz, Gebetsklänge aus Altspanien, Bonn 1947, S. 124f.

62 De fide orthodoxa 3,12; PG 94, 1029; vgl. auch Tertullian, De carne Christi 17; PL 2, 827; Cyrill von Jerusalem, Katechesen, PG 33,741; Petrus Chrysologus, Sermo 140, PL 52, 576f u.v.a. Man könnte das Gleiche auch mit Newman so darlegen: »Eine Zeit der Gnade und der Wunder begann, und diese wurde an der Person Seiner Mutter sichtbar«, J.H. Newman, Maria im Heilsplan, Freiburg 1953, S. 21.

63 Vgl. J.A. Aldama, a.a.O. S. 264ff.

64 Vgl. M. Schmaus, Katholische Dogmatik V, München 1961, S. 195f und 279 u.a.

65 Vgl. Leo I., Brief 31, PL 54, 791,793.

66 Vgl. J. Schmid, Das Matthäusevangelium, in: Regensburger NT, Regensburg 1956, Ss. 29ff.

67 Vgl. J. Schmid, Das Lukasevangelium, a.a.O. S. 86f.

68 Vgl. J.A. Aldama, a.a.O. S. 33ff.

69 Man vergleiche nur beispielsweise P. Schmidt, a.a.O. oder H. Goldstein, Anwältin der Befreiung, in: Diakonie November 1981, S. 396ff, sowie Radforth-Reuther, Maria, Kirche in weiblicher Gestalt, München 1980, und das von C. Halkes und D. Buddingh herausgegebene Buch »Wenn Frauen ans Wort kommen«, Gelnhausen 1979.

70 Vgl. a.v.a. L. Goppelt, Christentum und Judentum im 1. und 2. Jahrhundert, Gütersloh 1954; H.J. Schoeps, Urgemeinde-Judenchristentum-Gnosis, Tübingen 1955; dgl. Ebionites, in: Dictionaire d'histoire et de géographie ecclesiastiques 14, Paris 1960, Sp. 1314—1319; J. Daniélou, Theologie du Judeo-christianisme, Paris 1958; dgl. Judentum und die Anfänge der Kirche, Köln 1964; K. Schubert, Die Jüdischen und Judenchristlichen Sekten im Lichte des Handschriftfundes von EnFescha, in: Zeitschrift für Katholische Theologie 74 (1952), S. 1—62; G. Bareille, Ebionisme, in: Dictionnaire de Théologie Catholique IV, Paris 1924, Sp. 1987—1995; H. Leclercq, in: Dictionnaire d'archeologie chrétienne et liturgie IV, Paris 1921, Sp. 1703—1709, und J. Schmid, Das Lukasevangelium, a.a.O. S. 20ff.

71 Vgl. z.B. E. Stauffer, Die Theologie des NT, Stuttgart 1947, S. 167ff. sowie u.a. M.J. Lagrange, Das Evangelium Jesus Christus, Heidelberg 1949, S. 500ff; E.J. Hodous, Doctrina del NT sobre la segunde venida, in: Verbum Dei III, a.a.O. S. 300ff, und A. Jones, Evangelio según San Mateo, auch in: Verbum Dei III, S. 452ff. Über dieses Thema ist auch das Buch von E. Stauffer, Jerusalem und Rom, Bern 1957, höchst aufschlußreich. Über die Frage der Datierung der synoptischen Evangelien und in concreto über den Lukastext von der Zerstörung Jerusalems wurde schon gesprochen (vgl. Anm. 33). An den Glauben, daß »die Zeit Israels durch eine nachfolgende Zeitepoche, die den Heidenvölkern zugeordnet werden muß, abgelöst wird, müssen sogar die Judenchristen in Palästina schon vor der Zerstörung Jerusalems gehalten haben« (vgl. z.B. Dausch, Die drei älteren Evangelien,

Bonn 1918, S. 507 ff), und so muß man auch schon die im Matthäusevangelium uns überlieferte Begebenheit der Anbetung der Magier ansehen (vgl. J. Schmid, Das Matthäusevangelium, a. a. O. S. 47). Hinsichtlich der Erwartungen der Juden auf die neue Zeit sind auch interessant J. Pickl, Messiaskönig, München 1934 und J. Blinzler, Der Prozess Jesu, Regensburg 1955.

72 J. Schmid, Das Lukasevangelium, a. a. O. S. 87.

73 Vgl. H. Schlier, Brief an die Galater, Göttingen 1962, S. 227 ff.

74 Vgl. H. Schlier, Die Zeit der Kirche, Freiburg 1956, S. 255 bzw. 264; auch R. Schnackenburg, Die Kirche im NT, Freiburg 1961, S. 169 f, sowie Th. Soiron, Die Kirche als der Leib Christi, Düsseldorf 1952, S. 181 f.

75 Vgl. Missale Romanum, Rom 1975, Acclamationes post Consecrationem, S. 452 bzw. 492, sowie Prex Eucharistica IV, S. 467.

76 Vgl. z. B. Sh. Safrai, Das jüdische Volk im Zeitalter des zweiten Tempels, Neukirchen 1978, insbesondere das 7. Kap.; auch R. de Vaux, Les institutions de l'Ancien Testament II, Paris 1969, S. 89 ff; sowie E. Stauffer, Jerusalem und Rom, a. a. O. S. 103 ff; I. Rohr, Das Gebet im NT, a.a.O. S. 7 ff und A. Eberharter, Sünde und Buße im AT, in: Biblische Zeitfragen 11, 10—12, Münster 1924, S. 56 f.

77 Vgl. E. Stauffer, Jesus Gestalt und Geschichte, Bern 1957, S. 130 ff bzw. 111 ff.

78 E. Stauffer, Die Theologie des NT, a. a. O. S. 160.

79 Ebenda. S. 164; vgl. auch R. Schnackenburg, Neutestamentliche Theologie, München 1963.

80 H. Schlier, Mächte und Gewalten im NT, Freiburg 1958, S. 55 bzw. 59 f; vgl. auch K. Prümm, Theologie des 2. Korintherbriefes I., Rom 1960, S. 491 ff.

81 Vgl. dazu K. Staab, Die Gefangenschaftsbriefe, in: Regensburger NT, Regensburg 1959, S. 84 ff; sowie D. J. Leany, Epistola a los Colosenses, in: Verbum Dei IV, Barcelona 1962, S. 309 f und Thomas von Aquin, Super Epistolam ad Colosenses, Caput I., Lectio VI.

82 L. Scheffczyk, Auferstehung, Einsiedeln 1976, S. 259.

83 Vgl. darüber z. B. P. Heinisch, Theologie des AT, Bonn 1949, Ss. 244 ff, in: Biblische Zeitfragen 11, 12, S. 41 ff, ders., Griechentum und Judentum im ersten Jahrhundert vor Christus; E. F. Sutcliffe, La Religion de Israel, in: Verbum Dei I., Barcelona 1960, S. 361 f; A. Eberharter, a. a. O. S. 42 ff u. v. a.

84 Auch hierin vgl. u. v. a. P. Heinisch, Theologie des AT, a. a. O. S. 129 ff; ders., Das Wort im AT und im alten Orient, in: Biblische Zeitfragen 10, 7/8, Münster 1922; ders., Personifikationen und Hypostasen im AT, und im alten Orient, in: Biblische Zeitfragen 9, 10/12, Münster 1921, ders., Griechische Philosophie und AT, in: Biblische Zeitfragen 7, 3 S. 24 f; ders., Die persönliche Weisheit im AT, in: Biblische Zeitfragen 11, 1/2, S. 6 ff; J. Göttsberger, Die Göttliche Weisheit als Persönlichkeit im AT, in: Biblische Zeitfragen 9, 1/2, S. 64 ff. Diesbezüglich interessant sind auch die von R. Geist gesammelten Texte »Vom unbekannten Judentum«, Freiburg 1961 sowie die Ausführungen M. Bubers, »Logos«, Heidelberg 1962.

85 »Novum Testamentum in Veteri est figuratum et Vetus in Novo est revelatum«, Augustinus, Contra adversario de lege et de prophetis 17, 35, PL 42, 623. Vgl. auch Pseudo-Chrysostomus, in: Lucas homilia, PG 50, 796; Ambrosius, in: Psalmum 43, Enarratio 56, PL 14, 1115; Dyonisius, De hierarchia ecclesiastica 3, 5 PG 3, 432, etc. Darüber auch H. de Lubac, Der geistige Sinn der Schrift, Einsiedeln 1952, S. 94 ff; sowie J. H. Newman, a. a. O. S. 31 ff.

86 Vgl. z. B. H. Ischokke, Die biblischen Frauen im AT, Freiburg 1882 und J. Döller, Das Weib im AT, in: Biblische Zeitfragen 9, 7—9, Münster 1920, S. 83.

87 Vgl. C. Feckes, Marienverehrung, Bonn 1947, S. 7.

88 J. H. Newman, a. a. O. S. 27.

89 Vgl. Johannes Paul II., Apostolisches Schreiben »Familiaris Consortio« § 61 f.

90 Cyrill von Jerusalem, Katechese XII, 1/26, PG 33, 1148.

91 Ebenda, Einleitung Katechese, PG 33, 1132.

Anton Ziegenaus

Die Gestalt Mariens im Glaubensleben der Kirche

In ehrfürchtiger Liebe gedenkt die Kirche der Mutter Jesu. In den offiziellen Texten der Liturgie wird ihr Name an zentralen Stellen — z. B. im Glaubensbekenntnis oder in den Hochgebeten der Messe — genannt. Nicht wenige Feste und zwei Monate des Jahres gelten in besonderer Weise ihrer Person. In allen auf die Inkarnation bezogenen Christusfesten wie beim Fest der »Verkündigung des Herrn« und in den Wochen um Weihnachten wird auch die Mutter Christi hervorgehoben. Diese Achtung, welche die Kirche in ihrer Liturgie der Gottesmutter zuerkennt, findet in der Volksfrömmigkeit farbigen Ausdruck: Namhafte Künstler haben sich seit Jahrhunderten bemüht, in Wort und Bild der Mutter des Herrn ihre Verehrung zu bekunden. Viele populäre Gebete und Lieder wenden sich an sie, Marienwallfahrtsorte werden als Stätten gläubigen Gebets in Freud und Leid aufgesucht, einzelne Menschen, Pfarreien, Orden oder Völker haben sich ihr geweiht.

Dieser zweifellos exponierten Verehrung Mariens im Glaubensleben der Kirche steht allerdings oft eine gewisse Distanzierung bei einzelnen, bei Priestern und Laien, gegenüber. Mehrere Gründe lassen sich für die Zurückhaltung angeben: Als erstes ist wohl eine christologische Unsicherheit zu nennen: Wenn die ewige Gottessohnschaft und damit seine Menschwerdung in Frage gestellt wird und der Name »Vater« im Munde Jesu nicht in einmaliger und ausschließlicher Weise Gott vorbehalten bleibt, verlieren Mariens Gottesmutterschaft und Jungfräulichkeit ihre theologische Grundlage. Ferner gelingt vielen wegen der Unsicherheit bei der Auslegung der Kindheitsgeschichte nicht mehr ein unbeschwerter Zugang zur Gestalt der jungfräulichen Mutter. Empfiehlt schließlich nicht eine ökumenische Rücksicht ein gewisses marianisches »Leisetreten«, das nicht wenigen insofern gerechtfertigt erscheint, als auch nicht alle neutestamentlichen Autoren die Mutter Jesu hervorheben? Ist daher eine neutrale Einstellung zur Gestalt Mariens nicht ebenso legitim, so daß marianische Spiritualität der individuellen Beliebigkeit überlassen bleibt?

Dieser Zurückhaltung steht allerdings eine durch alle Jahrhunderte kräftige Glaubensüberzeugung der Kirche entgegen. In ihrer, die einzelnen Aussagen der Schrift wertenden und ordnenden Schau erkannte sie klar, daß das Geheimnis der Inkarnation ohne die Mutter des Erlösers nicht erfaßt werden kann, sondern dauernd gefährdet erscheint. Die menschliche Mutter ist gegen jede doketistische Verflüchtigung Gewähr für das wahre Menschsein des Gottessohnes. In diesem Sinn findet sich schon bei Ignatius von Antiochien am Ende der biblischen Zeit die Formulierung: »Einer ist Arzt ... aus Maria sowohl wie aus Gott« (Eph 7,2). In Fortführung dieses Ansatzes spricht das Konzil von Chalcedon (451) von »ein und demselben Sohn, derselbe vollkommen in der Gottheit, derselbe vollkommen in der Menschheit, wahrhaft Gott und wahrhaft Mensch ... vor den Zeiten aus dem Vater geboren der

Gottheit nach, am Ende der Tage ... aus Maria der Jungfrau, der Gottesgebärerin, der Menschheit nach, ein und derselbe Christus, Sohn, Herr, Eingeborener in zwei Naturen« (DS 301). Wenn der ewige, aus dem Vater geborene Sohn und der aus Maria geborene Mensch ein und derselbe ist, ist die Mutter dieses Menschen zugleich jungfräuliche Gottesmutter.

Wegen dieser zentralen Stellung der Mutter Jesu in der Heilsgeschichte kann das Wort des 2. Vaticanums von der Hierarchie der Wahrheiten nicht als Stütze zur Zurückstufung Mariens dienen: Wenn Jesus Christus — um ein Bild zu gebrauchen — die Brücke zwischen Gott und Menschheit ist, dann ruht sein gott-menschliches Sein den genannten Texten zufolge auf den beiden Pfeilern seiner Herkunft aus dem ewigen Vater und aus Maria. Sie steht deshalb der Mitte der Theologie und des Glaubens, der Gestalt des Gott-Menschen, sehr nahe und kann nicht zu einer Randwahrheit herabgemindert werden. Wie wenig das Konzil mit der Formel von der Hierarchie der Wahrheiten an Maria gedacht hat, zeigt der Satz aus der Kirchenkonstitution (65), der den engen Bezug Mariens zur Mitte betont: »Maria vereinigt, da sie zuinnerst in die Heilsgeschichte eingegangen ist, gewissermaßen die größten Glaubensgeheimnisse in sich und strahlt sie wieder.« Marianische Frömmigkeit kann deshalb nicht der Beliebigkeit zur Disposition gestellt werden.

Immerhin gibt in Hinblick auf die nicht seltene geistliche Verarmung das Wort Hans Urs von Balthasars[1] zu denken: »Ohne Mariologie droht das Christentum unter der Hand unmenschlich zu werden. Die Kirche wird funktionalistisch, seellos, ein hektischer Betrieb ohne Ruhepunkt, in lauter Verplanung hinein verfremdet. Und weil in dieser mann-männlichen Welt nur immer neue Ideologien einander ablösen, wird alles polemisch, kritisch, bitter, humorlos und schließlich langweilig, und die Menschen laufen in Massen aus einer solchen Kirche davon.« Nicht in dieser deutlichen Formulierung, wohl aber in der Form der bekümmerten Verwunderung ahnte diese Entwicklung auch Martin Luther[2], der erkannte, daß eine Einschränkung der Marienfrömmigkeit nicht zu einer vertieften Christusgläubigkeit führte.

Diese kurzen Überlegungen sollten zeigen, daß der Gestalt Mariens im kirchlichen Glaubensleben ein großes Gewicht zukommt. Sie ist keine Randfigur, sondern Exponent für das wahre Mensch-sein des Sohnes Gottes und insofern eine konstitutive Größe innerhalb der Kernwahrheiten des Glaubens. Diese Stellung zeigt zugleich die Berechtigung und die Grenze die Marienverehrung: Da der Mensch Jesus zugleich Gottes Sohn ist, gebührt ihr die Ehre der Gottesmutter, aber trotz dieser gnadenhaften Erwählung bleibt sie voll und ganz auf der Seite des Geschöpfs. Sie erhält nie göttliche Verehrung, sondern ihre Verehrung strahlt zurück auf das Heilshandeln Gottes in Christus. In diesem Rahmen soll nun die Gestalt Mariens und ihre Bedeutung im Glaubensleben der Kirche aufgezeigt werden.

I. Die Mutter des Herrn im Zeugnis der Bibel

In dieser kurzen Darlegung können nicht alle exegetischen Fragen — z. B. die nach der vaterlosen Empfängnis Jesu — aufgegriffen werden. Der Schwerpunkt des Interesses liegt auf der Frage nach der Stellung Mariens im Glaubensvollzug der Kirche.

1. Paulinische Aussagen

Wer den ältesten neutestamentlischen Schriftenkomplex, die Paulusbriefe durchforscht, wird überrascht sein, daß darin die Mutter Jesu nur einmal genannt wird, und zwar in Gal 4,4f: »Als die Fülle der Zeit kam, sandte Gott seinen Sohn, geboren von einer Frau, geboren unter der Ordnung des Gesetzes, damit er die unter dem Gesetze loskaufte und wir die Annahme zu Söhnen empfingen.« Bei näherer Hinsicht erweist sich diese Stelle als im hohen Maße fündig. Der Text bringt einmal alle Inhalte der Gottesmutterschaft, ohne diesen Namen zu verwenden: Der präexistente Sohn Gottes — die Sendeformel impliziert die Präexistenz[3] — ist von »einer Frau geboren« worden, die daher Gottesmutter ist. Die Nennung der Frau soll ferner die volle menschliche Daseinsweise des Sohnes unterstreichen. Schließlich fällt auf, daß der Text (zusammen mit V 6) eine knappe Zusammenfassung des Heilshandeln Gottes ist, eine Art Kurzformel des Glaubens. Das zweimalige »geboren« weist in seiner Rhythmik auf einen vorpaulinischen Ursprung, etwa auf einen Hymnus aus der Liturgie, hin. Die Vermutung liegt also nahe, daß schon vor der Abfassung des Galaterbriefes in der Liturgie die Frau hervorgehoben wurde, die Mutter des Sohnes Gottes war.

Die Bedeutung dieses vorpaulinischen Zeugnisses kann nicht mit dem Hinweis geschmälert werden, daß Paulus nur einmal von dieser Frau spricht und im übrigen weder den Namen der Mutter Jesu noch ihre Jungfräulichkeit erwähnt. In Anbetracht der Eigenart paulinischer Theologie, die wenig am historischen Jesus interessiert ist und sich auf Tod und Auferstehung Jesu konzentriert, wäre es eher überraschend, wenn Paulus nähere Angaben über die Geburt Jesu und in diesem Zusammenhang über seine Mutter machte.

2. Die herausgehobene Gestalt Mariens bei Matthäus

Der Evangelist Matthäus stellt die Kindheitsgeschichte aus der Perspektive Josefs dar. Ihm erscheint der Engel im Traum und fordert ihn auf, seine Braut nicht zu entlassen. Maria wird durch diese Darstellungsweise mit einer geheimnisvollen Scheu umgeben. Subtil unterscheidet Matthäus zwischen den drei Personen der Heiligen Familie: Josef wird geschildert als der vorbehaltlos Glaubende, der seine persönlichen Wünsche zurückstellt und sich ohne Wenn und Aber in den Dienst des göttlichen Heilsplanes stellt. Ihm stehen gegenüber »das Kind und seine Mutter«, eine fünfmal (Mt 2,11.13.14.20.21) gebrauchte stereotype Bezeichnung. In der Mitte steht natürlich das Kind, das als erstes genannt wird, dem die Weisen huldigen, dessen Geburt aber auch ganz Jerusalem erschreckt und vor allem Herodes. Maria steht auf der Seite des Kindes und wird mit ihm genannt. Der dem Kind geltende Dienst Josefs und die Huldigung der Weisen gilt — wie es auf den Gemälden von ihrer Huldigung dargestellt wird — auch ihr. In scheuer Ehrfurcht schildert Matthäus das, was an Maria geschehen ist, und sehr fein zeigt er Berechtigung und Grenzen der Marienverehrung.

3. Die vielen Aspekte des lukanischen Marienbildes

Lukas berichtet aus dem Blickwinkel Mariens. Seine Schilderung ist nicht nur länger als die des Matthäus, sondern kompositorisch großartiger und reich an alttestamentlichen Typologien. Maria ist die jungfräuliche Mutter des Messias, die ihr Kind vom Heiligen Geist empfängt, und die Magd des Herrn, die durch ihr Ja an der Menschwerdung des »Sohnes des Allerhöchsten« (1,32) entscheidenden Anteil hat. Der Bericht über die Geburt Jesu (zusammen mit der Verkündigungsszene) zeigt die Überlegenheit Jesu und des Glaubens Mariens durch den Kontrast zur Verkündigungs- und Geburtsgeschichte des Johannes. Schon im Vergleich zum Zweifel und zur Stummheit des Zacharias erscheint Maria in hellem Licht.

Darüber hinaus wird im Lukasevangelium die Verehrung Mariens deutlich ausgesprochen. Einmal schon im Engelsgruß (1,28), vor allem aber in den Worten Elisabeths (1,42ff): »Du bist die Gesegnetste unter den Frauen und gesegnet ist die Frucht deines Leibes. Woher geschieht mir dies, daß die Mutter meines Herrn zu mir kommt? Denn siehe, als der Klang deines Grußes an meine Ohren kam, hüpfte das Kind in meinem Leibe frohlockend. Selig, die geglaubt hat, daß in Erfüllung gehen wird, was ihr gesagt worden ist vom Herrn.« Obwohl der Lobpreis Elisabeths und ihres Kindes letztlich der »Frucht des Leibes«, dem Herrn und der Erfüllung langer Erwartung gilt, nimmt Maria an diesem freudigen Lob über die Erlösung teil: Sie wird in persönlicher Anrede »die Gesegnetste unter den Frauen« genannt und wegen ihres Glaubens »selig« gepriesen. Bei allem Unterschied zwischen der Mutter und ihrem Kind wird die Einheit und Zusammengehörigkeit beider auffällig betont: Elisabeth fühlt sich durch den Besuch der Mutter geehrt, deren Auszeichnung darin liegt, »Mutter meines Herrn« zu sein, und der Gruß Marias löst eine freudige Bewegung bei Johannes aus, die natürlich dem kommenden Erlöser gilt. Für den Vorläufer Jesu ist Maria ein Zeichen für das Kommen des Herrn. Maria weist das Lob Elisabeths nicht zurück; sie erkennt seine Berechtigung an und gibt es im Magnifikat an Gott weiter, der »hingesehen hat auf die Niedrigkeit seiner Magd. Und siehe, von nun an werden mich seligpreisen alle Geschlechter«. Darf deshalb das Marienlob, in dessen Zentrum natürlich das Heilshandeln Gottes steht, in der Kirche jemals verstummen[4]?

Die enge Verbindung zwischen Mutter und Sohn besteht nicht nur für die Anfangszeit des Lebens Jesu auf Erden. Maria wird nach dem Wort Simeons (2,34f) auch an dem Widerspruch teilnehmen, auf den Jesus stoßen wird: »Auch durch deine Seele wird ein Schwert hindurchgehen.«

Diese ausdrückliche Verehrung der Mutter im lukanischen Kindheitsevangelium wird noch durch viele, mehr oder weniger deutliche typologische Hinweise ausgeweitet. Was in und durch Maria geschieht, ist im Alten Bund häufig gleichnishaft vorbezeichnet: Die Ähnlichkeit im Ausdruck zwischen 2 Sam 6,9 und 6,11 einerseits und Lk 1,43 und 1,56 andererseits erinnert an die Bundeslade. Lk 1,28, auf dem Hintergrund von Ri 6,12 interpretiert, läßt in Maria eine überbietende Parallele zu Gideon sehen, den »starken Helden«, der in der Kraft Jahwes Israel errettet. Eine sprachliche Ähnlichkeit (die natürlich weniger in Übersetzungen als im griechischen Urtext aufscheint) zwischen Jdt 13,18 und Lk 1,42 läßt sich kaum leugnen: Damit erklingt wiederum das Motiv der Errettung des Volkes, die Gott durch einen Menschen bewirkt. Die Darstellung im Tempel, die an 1 Sam 1,11.21—28 erinnert, soll Jesus als den Erfüller des priesterlichen Dienstes zeigen[5]. Auffällig sind die vielen Anklänge zwischen Soph 3,14ff und Lk 1,28ff[6]. Auf diesem Hintergrund wird Maria als Tochter Sion, als Tochter Jerusalems und als Israel geschildert, das sich freuen soll, Maria »ist in Person das wahre Sion, auf das sich die Hoffnungen in allen Verwüstungen der Geschichte gerichtet haben. Sie ist das wahre Israel, in dem Alter und Neuer Bund, Israel und Kirche, trennungslos eins sind[7]«. Neben anderen Parallelen (vgl. Lk 1,35 — Ex 40,35; Lk 1,37 — Gen 18,14) sei noch auf den auch von Matthäus gemachten Verweis auf Is 7,14 erinnert: Gott wirkt durch die Niederkunft der Jungfrau ein Zeichen, wobei die Anspielung von Lk 1,37 auf Gen 18,14 wiederum als überbietender Verweis auf das Heilshandeln des allmächtigen Gottes verstanden werden darf.

Wie aussagekräftig sind nun solche Typologien? Solchen Bildvergleichen mangelt es naturgemäß an begrifflicher Schärfe. Deshalb besteht die Gefahr von Überinterpretationen. Doch darf man grundsätzlich sagen: Wie Jesus Worte und Taten der großen Gestalten des Alten Bundes überbot, so übertrifft das, was an und durch Maria geschieht, alle alttestamentlichen Ereignisse. Gerade durch diese Überbietungstopoi, durch dieses Mehr Mariens im Vergleich zur Mutter Samuels, zu Judith, Gideon usw. erscheint die jungfräuliche Mutter Jesu in hellem Licht. Verehrung, Hilfe gegen den Feind, Zeichen für die huldvoll bergende Nähe Gottes und für vertrauensvolle Hoffnung: Diese und ähnliche Züge werden an Maria, der »Gesegnetsten unter den Frauen«, hervorgehoben. Wie prachtvoll und wunderbar muß einem Gläubigen, der voll Ehrfurcht auf die großen Gestalten in der Geschichte des jüdischen Volkes schaute und sie ständig betrachtete, dieses Marienbild vorgekommen sein, das alles Großartige dieser Geschichte zusammenfaßt. Die Kunst hat diese Zusammenhänge gesehen, wenn sie Judith als alttestamentliche Typos für Maria darstellte, ebenso die gläubige Meditation, die z. B. in der Lauretanischen Litanei Maria als »Bundeslade« oder als »Hilfe der Christen« verehrt.

Das Magnifikat (1,46ff) kann als Zusammenfassung des gesamten lukanischen Marienbildes gelten. Dieser Hymnus ist ein meditatives Loblied auf das Geheimnis des Handeln Gottes. Maria hört die Seligpreisung Elisabeths, erwidert aber nicht ihr, sondern lobt und preist Gott in Freude über die endgültige Rettung. In diesem Hymnus wird die enge Verwobenheit von Maria persönlich, dem Restisrael und der Kirche deutlich. Maria erfährt Gottes Handeln zunächst als persönliche Erwählung: »Meine Seele ... mein Geist jubelt über Gott, meinen Retter, er hat auf die Niedrigkeit seiner Magd geschaut ... mich werden seligpreisen alle Geschlechter. Denn es hat an mir Großes getan der Mächtige.« Aber mit und in Maria werden zugleich alle Geschlechter erhoben (vgl. V 50), in ihr erfüllt sich die Erwartung der Mutter Samuels (vgl. 1 Sam 2,1ff), der Väter, Abrahams und seiner Nachkommen in Ewigkeit (vgl. V 55). Der Knecht Israel (Tochter-Sion-Motiv! Vgl. oben) ist in Erbarmen angenommen (V 54). Mariens Jawort ist die Zusammenfassung des Glaubens Abrahams und seiner Nachkommen, zugleich aber seine Überbietung: Gott schaut auf die Demut (nicht auf die Schmach, wie bei Anna: vgl. 1 Sam 2,1ff) seiner Magd (vgl. V 38 mit 48), die sich erhoben und gepriesen weiß. Wie Maria sind aber alle Hungernden, Demütigen, Unfruchtbaren (wie Anna), Gottesfürchtigen erhoben, während die Stolzen, Mächtigen und Reichen gestürzt werden. Hier kündigt sich das Knecht-Gottes-Motiv (vgl. Is 53,1ff) an: »Als ‚Knecht Gottes' ist dieses ‚wahre Israel' mißhandelt und verachtet unter den Völkern; nun aber zieht es Gottes Erbarmen aus dem Staub und erhöht es[8].« Zugleich läßt sich das Geheimnis des Kreuzes ahnen: »Größe« in den Augen der Welt zählt nicht vor Gott, Erfolglosigkeit und Unfruchtbarkeit in den Augen der Welt sind die neue Form für Fruchtbarkeit. Zweifellos kündigt sich hier etwas Revolutionäres an, aber nicht im Sinn irdischen Umsturzes, sondern im Sinn der Torheit des Kreuzes Christi als »Erweis von Geist und Kraft, damit euer Glaube sich nicht gründe auf Weisheit von Menschen, sondern auf Kraft von Gott« (1 Kor 2,4f).

4. Die Nachfolge als wahre Verwandtschaft

Dieses leuchtende Marienbild scheinen nun in gewisser Hinsicht jene Stellen zu trüben, aus denen immer wieder eine Zurückweisung der Mutter durch Jesus herausgelesen wird. Es handelt sich um die Perikopen von der »wahren Verwandtschaft (vgl. Mk 3,21; 3,31ff; Mt 12,46ff; Lk 8,19; 11,27) und die reservierte Reaktion Jesu auf den Hinweis der Mutter auf der Hochzeit zu Kana (Joh 2,4). Ohne auf Einzelheiten einzugehen, läßt sich bei näherer Hinsicht folgende Gemeinsamkeit als Aussageabsicht feststellen: Ein rein menschliches oder verwandtschaftliches Verhältnis zu Jesus hat noch keine Bedeutung für das Heil und die Verwirklichung des Heilsplanes. Entscheidend ist die wahre Verwandtschaft, nämlich die Jüngerschaft. Diese verlangt die Aufgabe der leiblichen Bindungen, das Verlassen von Vater, Mutter, Frau und Kinder (vgl. Mk 10,28ff; Lk 14,26), das Bekenntnis zu Jesus vor den Menschen, auch wenn er abgelehnt wird (vgl. Lk 12,8f; Mk 8,34ff). Alle diese Nachfolgeworte Jesu klingen radikal und geradezu unerbittlich (vgl. Lk 9,57ff). Wie schwer es Maria fiel, ihre mütterliche Sorge und Liebe hinter Gottes Willen zurückzustellen, zeigen ihre Frage an den jungen Jesus im Tempel und dessen Antwort, die das »Muß« des Sohnesgehorsams betont. So kann man verstehen, daß Maria immer mehr ihre menschlich-mütterlichen Gefühle zurückstellen und auf Jesu Heilssendung eingehen mußte. Auch Maria wurde von Jesus in die harte Nachfolge gerufen; sie wurde die erste und vollkommene Jüngerin und Nachfolgerin des Sohnes, die sich zu ihm auch unter dem Kreuz bekennt. In diesem Sinn kann trotz des reservierten Verhaltens Jesu ein Lobpreis der Mutter (vgl. Lk 11,27f) »die geglaubt hat« (Lk 1,45) herausgesehen werden. Denn wer hat sich mehr dem Wort Gottes unterstellt als sie?

5. Die Mutter Jesu im Johannesevangelium

Beim Johannesevangelium taucht in mariologischer Hinsicht zunächst immer die Frage nach der richtigen Lesart von Joh 1,13 auf[9]. Der Frage kann nicht ausführlich nachgegangen werden, doch scheint die singuläre Variante die ursprüngliche zu sein. In diesem Fall ist schon im Johannesprolog die Menschwerdung des Logos, der »im Anfang bei Gott und Gott« war, so präzisiert, daß er »nicht aus dem Blut, nicht aus dem Wollen des Fleisches und nicht aus dem Wollen des Mannes, sondern aus Gott geboren ist«. Hier wird also die Geburt Jesu aus Gott (Lk und Mt sprechen: vom Heiligen Geist) und ohne Mitwirkung eines menschlichen Vaters ausgesagt.

Mariologisch bedeutsam erscheint auch Joh 6,42: In der vorausgehenden Verkündigung spricht Jesus von seinem Vater und vom Brot des Lebens, das vom Himmel herabgekommen und das er selber ist. Die Juden murrten darüber: »Ist dieser nicht Jesus, der Sohn Josefs, dessen Vater und Mutter wir kennen? Wie sagt er nun: Ich bin vom Himmel herabgekommen?« Aus dieser Benennung: »Sohn Josefs« wird nicht selten der Schluß gezogen, ein unbefangener Leser, der nur Johannes kennt und ihn nicht aus der Perspektive der Evangelisten Matthäus und Lukas interpretiert, habe Josef als Vater Jesu verstehen müssen; Johannes sei also kein Zeuge für die Jungfrauengeburt. Eine genauere Analyse des Textes ergibt jedoch, daß nicht Johannes, sondern die ungläubigen Juden, die das Persongeheimnis Jesu nicht kennen, Josef für Jesu Vater halten; das ist aus ihrer Sicht voll verständlich. Sie bestreiten den Anspruch Jesu, daß Gott sein Vater und er vom Himmel herabgekommen sei, mit dem Hinweis, daß doch Josef sein Vater sei. Angesichts dieser Alternative: Entweder ist Josef der Vater (Juden) oder Gott (Johannes), unterstreicht Jesus in den folgenden Versen seine Gottessohnschaft[10]. Jesu Vater ist also für den Gläubigen Gott, nicht Josef; dagegen spricht Johannes klar von der Mutter Jesu.

Die Mutter Jesu tritt im Johannesevangelium zwar nur zweimal auf, nämlich auf der Hochzeit zu Kana (2,1ff) und bei der Kreuzigung (19,25ff), aber dafür an kompositorisch bedeutungsvoller Stelle, nämlich am Anfang und am Ende des Wirkens Jesu. Maria wird dabei nie mit Namen genannt (wie auch der Jünger nicht, den Jesus liebte): Die Mutter Jesu wird weniger in ihrer persönlichen Individualität, sondern in ihrer heilsgeschichtlichen Rolle herausgestellt. In Kana weist Jesus die natürliche Mutterrolle Mariens zurück; seine Stunde sei ferner noch nicht gekommen. Wenn aber diese gekommen ist, werde er ihr den Sohn zeigen, dem ihre Sorge gelten soll. Dieser ist der Jünger, den Jesus liebte, d.h. letztlich alle Jünger Jesu. Von der physischen Mutterschaft über Jesus wird Maria zur Gnadenmutterschaft über Christi Glieder, nämlich über die gesamte Kirche hinübergeführt. Die Anrede »Frau« will vielleicht eine Erinnerung an Gen 3,15 werden. Beim Wort Jesu am Kreuz handelt es sich um mehr als um pietätsvolle Fürsorge um die Mutter: Das bei der Verkündigung gläubig gesprochene Ja, ein Ja zur Mutterschaft des Erlösers und damit letztlich ein Ja zur Erlösungstat am Kreuz, d.h. ein Ja zur Annahme der Erlösten, für die Jesus das Kreuz erlitt, mußte bis zur äußersten Konsequenz durchgehalten werden. Die natürliche Mutterschaft wird entäußert zur universalen Mutterschaft über alle Erlösten. Maria wird zur Mutter der Kirche berufen.

6. Das große Zeichen in der Apokalypse

Das große Zeichen von Apokalypse 12, umkleidet mit der Sonne, den Mond zu ihren Füßen und den Kranz von zwölf Sternen über ihrem Haupt, ist sicher zunächst auf das neue Israel hin, die Kirche, zu deuten. Sie hat viele Kinder (vgl. 12,17). Doch erinnert V 5 klar an die Messiasmutter. Schon fürs 4. Jh. ist diese Interpretation in den nicht häufigen Apokalypsenkommentaren nachweisbar. Offensichtlich fallen hier beide Bilder ineinander[11].

Rein vom äußeren Umfang her spricht das Neue Testament nicht allzu häufig von Maria. Der Name Petrus begegnet vergleichsweise viel häufiger. Doch steht Maria immer an exponierter Stelle: Das zeigt schon ihre Repräsentativität als Gegensatz zum Zeichen des Drachen in der Apokalypse, das zeigt Johannes, der die Mutter Jesu in der Anlage eines Evangeliums hervorhebt, das zeigt die Tatsache, daß schon vor der Abfassung des Galaterbriefes die Bedeutung der »Frau« im Erlösungsgeschehen erkannt wurde. Wenn Markus das Erlösungsgeschehen mit der Geburt Jesu beginnt und deshalb auch die Bedeutung seiner Mutter unerwähnt läßt, so bezeugt er damit keineswegs den Glaubensstand um das Jahr 70, der Abfassungszeit dieses Evangeliums, denn schon aus Gal 4,4 geht die Wichtigkeit der »Frau« hervor und ebenfalls aus den früheren Traditionsschichten der beiden Kindheitsevangelien. Diese zeichnen mit Liebe und Verehrung ein Bild von der Mutter Jesu[12].

II. Grundformen der Marienverehrung

Marianische Frömmigkeit ist nicht lösbar von der Mariologie, d.h. von den biblisch-theologischen Aussagen der Offenbarung über die Mutter Jesu. Geschieht eine solche Entflechtung, besteht die Gefahr fremdartiger Einflüsse und theologisch bedenklicher Überwucherungen. Die Frömmigkeit mag sich dann noch so inbrünstig geben: sie gründet nur zum Schein auf der Offenbarung; der Glaube kreist letztlich um die eigene religiöse Empfindungswelt, statt auf Gottes Wort zu hören.

Trotz der Notwendigkeit der theologischen Fundierung der Marienfrömmigkeit kann hier nicht jedes Dogma im einzelnen aufgewiesen werden. Doch sei ein mariologischer Aufriß der folgenden Entfaltung marianischer Spiritualität vorausgeschickt.

Eine entfaltete Mariologie muß aus dem Kerngeheimnis ihrer besonderen Mutterschaft entwickelt werden. Maria wird in der Hl. Schrift primär in ihrer Mutterrolle auf Jesus hin vorgestellt. Diese Mutterschaft muß zwei Bedingungen erfüllen: Einmal darf Maria nicht als Mutter eines Privatmannes betrachtet werden, der erst später — etwa im Sinn eines Adoptianismus — Christus, Erlöser oder Sohn Gottes wurde, sondern Mutter dessen, der von Anfang seines menschlichen Werdens an Gottes Sohn ist. Deshalb hat bereits die Menschwerdung eine erlösende, Gott und Mensch verbindende Funktion. Nicht erst die späteren Schriften des Neuen Testaments, sondern die vor der Abfassung des Galaterbriefes geprägte Formel »geboren von einer Frau« zeigt, welche Bedeutung im Heilsgeschehen bereits der Geburt des Sohnes beigemessen wurde. Deshalb wirkt Maria durch ihre Mutterschaft bereits zur Erlösung mit. Zweitens darf Mutterschaft nicht nur als instrumentale Beteiligung oder als biologisches Widerfahrnis verstanden werden, sondern als gesamtmenschliches personales Mitwirken. Maria hat in personaler Freiheit ihre Zustimmung zum Erlösungsgeschehen der Menschwerdung gegeben. Bekanntlich wird bei den Reformatoren aus der Angst, die Alleinerlösung durch Christus zu schmälern, der (gnadenhaft bereitete) menschliche Beitrag der Mutter zur Erlösung nicht voll gewürdigt.

Aus einer so verstandenen personal angenommenen Bereitschaft zur heilshaften Mutterschaft des Erlösers lassen sich alle wesentlichen Momente des Mariengeheimnisses herleiten. Die Gottesmutterschaft impliziert die jungfräuliche (vaterlose) Empfängnis Jesu, denn der Vatername (im physischen Sinn) bleibt in seinem Munde Gott vorbehalten. Aufgrund ihrer Mitwirkung zur Überwindung von Sünde und Tod nennt schon Irenäus (+ 202) Maria »Ursache des Heils« und »neue Eva«. Sie stellt somit als neuer Anfang nach einer Unheilskette einen Wendepunkt in der Heilsgeschichte dar. Maria ist eine Gestalt der Heilsgeschichte, denn sie wurde, von Ewigkeit her zusammen mit der Menschwerdung des göttlichen Wortes als Mutter Gottes vorherbestimmt (vgl. Lumen gentium 61). Die neue Eva mußte aber selber von der Sünde und ihren Folgen, dem Tod, frei sein. Die Entfaltung dieses Gedankens weist in die Richtung der Unbefleckten Empfängnis und der Leiblichen Aufnahme. Ohne die Bewahrung von der Erbschuld wäre die heilsgeschichtliche Gestalt Mariens auf einem unsicheren Grund gestanden und der Heilsdialog zwischen Gott und Mensch gefährdet gewesen. Aber die Vor- und Vollerlöste steht nicht außerhalb der Kirche als der Gemeinschaft der Erlösten, sondern in ihr, wenn auch als hervorgehobenes Glied. Damit eignet ihr etwas Urbildliches für das Sein und Tun der Kirche.

1. Verehrung als Betrachten des Urbildlichen — Die Gottesmutter als personales Symbol

Maria ist mehr als eine Privatperson oder — genauer formuliert — das Besondere ihres Personalcharakters liegt in ihrer heilsgeschichtlich universalen Sinnbildlichkeit und Zeichenhaftigkeit. Die »neue Eva« ist seinsmäßiges Zeichen für den Neuanfang in Jesus Christus. Nach der Kirchenkonstitution des Zweiten Vaticanums (65) »vereinigt Maria ... gewissermaßen die größten Glaubensgeheimnisse in sich und strahlt sie wieder«.

Die Apokalypse spricht deshalb ausdrücklich vom »großen Zeichen«, das am Himmel erschien. Ebenso stellt Johannes die Mutter Jesu weniger in ihren individuellen Zügen dar, sondern in ihrer bleibenden heilsgeschichtlichen Rolle. Matthäus und noch mehr Lukas zeichnen Maria als Konvergenz- und Zielpunkt der alttestamentlichen Heilsgeschichte. Sie überbietet Judith, Gideon, die Mutter Samuels, sie ist das wahre Israel, die Tochter Sion, die wahre Bundeslade, Zusammenfassung und Brennpunkt des Glaubens Abrahams und seiner Nachkommen, Inbegriff des neuen Grundgesetzes, daß geistliche Fruchtbarkeit nur in der Form des Kreuzes gegeben wird.

In ihrem Sein ist Maria mehr als eine Idee oder eine einsichtige Wahrheit. Sie ist aufgerichtetes und aufrichtendes Zeichen. Eine Idee kann nämlich eine beglückende Wahrheit in der Form der Verheißung, der Hoffnung und des Glaubens ausdrücken. Z.B. künden die Märchen etwas von den alten Menschheitsträumen, daß der Gute, der Ehrliche und Unschuldige siegen und der Böse bestraft werden möge. Aber gerade dieser Sieg des Guten ist und bleibt letztlich Utopie; das Märchen wird nie Wirklichkeit. Diese steht vielmehr meistens im Gegensatz zu den Inhalten menschlicher Träume. Der Hoffnung und Verheißung als Idee eignet daher der Charakter des Ambivalenten, des Zweideutigen: Zunächst kann sie durchaus menschliches Denken und Handeln beleben und beflügeln, aber wenn das Utopische, d.h. die Unerreichbarkeit und Irrealität dieses Hoffnungszieles, erkannt ist, wird eine solche Idee deprimieren und alle Schaffensfreude lähmen.

Ohne Maria wäre die Erlösung nirgends leibhaft und konkret verwirklicht und bliebe daher immer Utopie oder wenigstens bis zur Neuschaffung der Welt bei der Wiederkunft Christi eine reine Verheißung. Dieser These könnte allerdings entgegengehalten werden, daß bereits in der Inkarnation, in Tod und Auferstehung Jesu Christi die für die übrige Menschheit noch ausstehende Erlösung Wirklichkeit geworden sei. Auch ohne Maria wäre die Erlösung schon geschehen und deshalb nie mehr reine Verheißung. Doch sticht dieser Einwand nicht. Eine genauere Überlegung macht nämlich klar, daß Jesus Christus der Erlöser ist und nicht ein Erlöster. Deshalb war tatsächlich ohne Maria die durch Inkarnation und Kreuzestod gewirkte Erlösung nie angekommen oder durchgedrungen. Der Erlöser und sein Werk wären nie angenommen worden. Er bliebe letztlich immer isoliert, gleichsam ein Ereignis, das über der Erde schwebt und nirgends landen kann, oder er müßte sich gewaltsam einen Zugang verschaffen. Unwillkürlich fragt man nach dem Sinn von Inkarnation und Kreuzestod, wenn das Erlösungswerk, nämlich die Überwindung von Sünde und Tod, in keinem einzigen Fall Erfolg aufweisen kann und der Mensch in der gleichen sündigen Verschlossenheit bleibt. Eine strenge Durchführung der reformatorischen Auffasung von der »sola fides«, die jedes menschliche Mitwirken ausschalten will, erschwert tatsächlich schon das Verständnis der Menschwerdung, denn Mutterschaft ist mehr als eine instrumentale oder biologische Beteiligung; sie verlangt eine personale Zustimmung. An Maria, der Sündelosen und leiblich Aufgenommenen, der Vor- und Vollerlösten, wird deutlich, daß die Erlösung nicht nur Verheißung, sondern konkrete leibhafte Realität geworden ist. Jesus Christus bleibt nicht isoliert, sondern sein Geheimnis strahlt in Maria wider.

Was besagt nun dieses Zeichen-Sein Mariens im einzelnen? Maria ist Personalsymbol für die Inkarnation und für die gott-menschliche Einheit Jesu Christi. Der Jungfrau-Mutter entspricht das gott-menschliche Sein Jesu. Die Gottesmutterschaft muß immer als jungfräuliche verstanden werden, weil der Vatername bei Jesus Gott vorbehalten bleibt. Athanasius († 373) stellt deshalb fest[13]: »Die Geburt aus der Jungfrau ist der sichtbarste Beweis für die Gottheit des Sohnes.«

Die Betonung der Inkarnation hat in der Hl. Schrift, besonders bei Johannes und in den ersten christlichen Jahrhunderten, meistens eine antignostische und antidoketische Stoßrichtung. Gottes Sohn hat wahrhaft Fleisch angenommen, nicht nur einen Scheinleib. Die materielle Wirklichkeit ist nicht schlecht und gottwidrig, sondern sichtbares Ausdrucksmittel geistiger Wirklichkeit. Im Leiblichen kann sogar Gott selber aufleuchten. Die Inkarnation bedeutet also die höchste Würdigung der Schöpfung, und zwar gerade des häufig abgewerteten Leibes, innerhalb der gesamten Geschichte. Die Wiederspiegelung des gott-menschlichen Seins Jesu in der Jungfrau-Mutter unterstreicht einmal diese Achtung vor dem Leib. Die Jungfrauengeburt, die im Zusammenhang mit der Inkarnation gesehen werden muß, ist keineswegs Ausdruck für Ehe-, Leib- und Sexualfeindlichkeit, wie nicht selten vermutet wird. Interessant sind dabei jene Belege aus der Geschichte, denen zufolge gerade die leibfeindlichen Gnostiker Josefs Vaterschaft behaupteten. Wegen des von ihnen gelehrten seinsmäßigen Gegensatzes zwischen Leib und Geist, zwischen Materie und Gott, konnten sie den Leib nicht als Ort der Epiphanie Gottes anerkennen und leugneten Inkarnation und Jungfrauengeburt. Die Wiederspiegelung des gott-menschlichen Seins Jesu in Maria verlangt ferner, daß die Jungfräulichkeit, analog zur Inkarnation, auch und gerade den Leib erfaßt. Im Falle einer nur geistigen Interpretation von Jungfräulichkeit (wie sie heute nicht selten vorgenommen wird, obwohl sie dem Sprachgebrauch und der gesamten kirchlichen Tradition zuwiderläuft), etwa im Sinn von gläubiger Ganzhingabe, kann der Leib nicht als Symbol verstanden werden.

Wird durch Inkarnation und jungfräuliche Mutterschaft gegen die Gnosis die gute Qualität der Schöpfung hervorgehoben, so ist die Unbefleckte Empfängnis Zeichen ursprünglicher Schönheit. In Maria fallen Schöpfung und Erlösung zusammen. In Maria sieht das gläubige Auge den ursprünglichen, von der Sünde nicht berührten Menschen. Diese gehört nicht, gleichsam als notwendiger negativer Hintergrund, zum Menschen, sie erbringt aus sich keinen positiven Erfahrungswert. Das Dogma von der Immaculata Conceptio gründet letztlich in der Gottesmutterschaft: Da sie mehr ist als ein biologisches Geschehen, verlangt sie, wie bereits gezeigt wurde, die Bereitschaft des ganzen Menschen und dient vom Anfang an der Erlösung. Insofern darf die neue Eva nicht in der Unheilskette stehen.

Wenn der Sünde der Tod folgt (vgl. Gen 3,3; Weish 2,24; 1 Kor 15,21ff; Röm 5,12ff; Jak 1,15), läßt sich verstehen, daß die Sündelose und der Leib der neuen Eva und der Mutter des Erlösers, die zur Überwindung von Sünde und Tod beigetragen hat, nicht der Macht des Todes überlassen bleibt. Seit dem 6. Jh. verbreitete sich immer mehr der Gedanke und das Fest: Maria ist nicht wie die übrigen Heiligen bei Gott, sondern nach dem Tod ganz, mit Leib und Seele, in die Herrlichkeit aufgenommen werden.

So ist Maria, die Vorerlöste (Unbefleckte Empfängnis) und Vollerlöste (Leibliche Aufnahme) aufgerichtet als Sonderfall und Modellfall für die Erlösung. Sie bedeutet nicht primär Erlösung aus sozialer Not, sondern Entmachtung der Sünde und Durchbruch des göttlichen Lebens durch alle Dimensionen der geschaffenen Wirklichkeit, auch der des Leibes, ihre Verklärung und damit Überwindung des Todes in jedweder Form. In einer Zeit der Mißachtung des Leibes (einseitige sexuelle Betrachtung, Leib als Maschine) muß gerade seine Würde verkündet werden.

Maria, die Sündelose, ist das Bild für die wieder hergestellte Schöpfung. Diese erlangt nur ihr Heil in der Haltung der Offenheit, Empfänglichkeit und Hingabe, wenn sie anerkennt, von Gott her und auf ihn hin zu sein; die Schöpfung verliert aber ihr Heil, wenn sie in selbstherrlicher Überheblichkeit nicht mehr empfangen, sondern Gott gleich sein will.

Maria als Urbild ist mehr als ein Imperativ, mehr als eine Aufforderung, etwa an die Verheißungen Gottes oder an die Güte seiner Schöpfung zu glauben. Sie ist ein seinsmäßiges Zeichen für die Annahme des Menschen durch Gott, Zeichen für die ursprüngliche Ordnung und für bereits realisiertes Heil. In Maria, der Vor- und Vollerlösten, wird dieses allgemein noch ausstehende Heil ontische Gegenwart, es bleibt nicht nur eine herrliche Idee oder ein utopischer Traum. So kann man verstehen, daß ein immer neues Betrachten dieses Zeichens den von leiblicher oder seelischer Not geplagten Menschen aufrichtet und in ihm Hoffnung und Zuversicht weckt. Es bewirkt eine Katharsis, eine Reinigung und Abklärung, inmitten leidvoller Verwirrungen in Richtung gläubiger Hoffnung. Ein solches Aufschauen zum Bild des wieder hergestellten Ursprungs ist eine der Formen der Marienverehrung. Sie zielt letztlich auf den Erlöser Jesus Christus, aber doch so, daß seine Mutter nicht wie ein lebloser Spiegel die Geheimnisse der Erlösung widerstrahlt, sondern wie ein mit allen menschlichen Kräften beteiligtes und — sonst wäre es kein Symbol — Leib und Seele erfassendes Zeichen, ein Personalsymbol.

Wer in Maria das Bild der Vollerlösten erblickt, kann verstehen, daß der Marienverehrung der die leidvollen Themen des Lebens nicht fremd sind, im Grunde immer etwas Zuversichtliches und Glaubensfrohes eignet. Sie könnte helfen, die Haltung kritischer, letztlich im Glauben verunsicherter Anklägerei zu überwinden und zu gläubiger Gelassenheit verhelfen. Marianische Frömmigkeit weckt das Vertrauen auf die heilenden Kräfte.

2. Verehrung als Betrachten des Vorbilds — Das ethische Marienbild

Maria ist nicht nur Urbild für konkretes Heil und konkretisierte Erlösung, sondern zugleich Vorbild für rechtes Leben aus dem Glauben. Bei näherer Hinsicht scheint in der Schrift das Interesse am Vorbildlichen im Leben Mariens nicht besonders ausgeprägt. Matthäus hebt den Glaubensgehorsam Josefs hervor, der den selbstlosen Dienst für das Kind und seine jungfräuliche Mutter übernimmt; sie selbst wird nicht als Handelnde vorgestellt. Auch bei Johannes treten die individuellen Züge fast völlig hinter ihrer heilsgeschichtlichen Rolle zurück. Darauf legte ebenfalls die Theologie des zweiten Jahrhunderts den Akzent, wie aus den Schriften des Ignatius von Antiochien, des Märtyrers Justins und des Irenäus hervorgeht.

Die individuellen Züge werden jedoch im Lukasevangelium und an den Stellen hervorgehoben, wo von der wahren Verwandtschaft Jesu gesprochen wird. Wenn man von den Apokryphen absieht, wird erst im dritten Jahrhundert, etwa bei Origenes, und im vierten, etwa bei Ambrosius, stärker auf die Vorbildlichkeit Mariens verwiesen[14]. Diese heilsindividualistische Sicht, derzufolge der einzelne Gläubige das Verhalten Mariens in bestimmten Situationen betrachtet, führt dann in der Karolingerzeit zu einer starken affektiven und gefühlsmäßigen Verinnerlichung, etwa zu einer Versenkung in das Leid Mariens.

Wer heute marianische Predigten, Gebete und Meditationen analysiert, kann feststellen, daß diese ethische Verehrung Mariens vorherrscht und ihre seinsmäßige Zeichenhaftigkeit nicht selten völlig vergessen zu sein scheint. Das ist eine Einseitigkeit, da die in Bibel und Patristik dominierende heilsgeschichtliche Schau vernachlässigt wird. Zudem läuft eine solche individualistische, die heilsgeschichtliche Stellung der Gottesmutter ignorierende Betrachtungsweise Gefahr, in Maria prinzipiell einen »ganz normalen Menschen wie dich und mich« zu sehen, der allerdings exemplarisch menschliche Existenz vor Gott vorgelebt hat. Wie Maria, so heißt es dann, auf Gottes Wort gehört oder zur Errettung der Welt beigetragen hat, wie sie auf Gottes oft unverständliche Ratschlüsse gläubig eingegangen ist oder unter dem Kreuz standhaft ausgehalten hat, so soll es jeder Christ in ähnlichen Situationen machen. Maria wird zum allgemeinen Ideal und Typos für gelungenes Christsein. Das Individuelle, Besondere und Einmalige der Gottesmutter, etwa ihre Freiheit von der Erbsünde, wird außer Acht gelassen.

Wer so das allgemein Exemplarische betont und das personal Einmalige übersieht (wobei Maria als Person gerade durch ihre heilsgeschichtliche Rolle bestimmt ist), kann im Grunde keinen Unterschied mehr zu anderen Glaubensgestalten, etwa zu Abraham oder einem hl. Franziskus, angeben, ja sogar die Differenz zu Jesus wird verwischt, dessen Bedeutung gelegentlich ebenfalls auf seine Beispielhaftigkeit festgelegt wird. Jesus sei »der exemplarische Mensch«.

Wenn die heilsgeschichtliche Stellung Mariens nicht nur ignoriert wird, sondern die exemplarische Deutung zur ausschließlichen Geltung aufrückt, werden die besondere heilsgeschichtliche Rolle und die zeichenhaft-seinsmäßige Urbildlichkeit geleugnet. Diese gründet, wie schon dargelegt wurde, in der Gottesmutterschaft, die die Jungfräulichkeit der Mutter einschließt. Wenn aber ihre Jungfräulichkeit — entgegen den klaren Aussagen von Matthäus und Lukas und ähnlichen Hinweisen von Johannes und Markus und entgegen dem Glauben der Kirche — nicht im Sinn der vaterlosen Empfängnis Jesu verstanden wird, gilt »Jungfräulichkeit« nur als Umschreibung für vorbehaltlose Hingabe an Gott. Bei einem solchen Verständnis müßte man aber auch die große biblische Glaubensgestalt Abrahams »jungfräulich« nennen (was bezeichnenderweise allerdings nie getan wurde). Die Vorbildlichkeit Mariens kann daher von einer Auflösung ins Allgemein-Ideale und -Nachzueifernde nur bewahrt werden, wenn das Einmalige ihrer Gestalt und ihrer Erwählung im Bewußtsein gehalten wird und das Leben, für das Maria Vorbild bleibt, als ein zwar jedem Menschen aufgegebenes, aber als ein nur gnadenhaft und erst eschatologisch erreichbares erkannt wird. Maria als Erst- und Vollerlöste ist aufgerichtetes Zeichen und Garant für das sicher kommende, in dieser Zeit noch ausstehende Heil, und überschreitet somit den Rahmen des nur Vorbildlichen.

Unter diesen Voraussetzungen kann man dann aber doch in vielerlei Hinsicht von Mariens Vorbildlichkeit sprechen. Einmal ist hier ihr Glaubensgehorsam zu nennen. Wegen ihres Glaubens wird sie von Elisabeth seliggepriesen (vgl. Lk 1,45). Das im Glauben gegebene Jawort der Magd des Herrn wurde im äußersten Leid, als ein Schwert ihre Seele durchdrang (vgl. Lk 2,35), nicht zurückgenommen. Dieser ständige Glaubensgehorsam Mariens kann auch »Treue« genannt werden. Da ist einmal ihre Bereitschaft hervorzuheben, ihre natürlich mütterlichen Ansprüche und Bindungen zurückzustellen und Jüngerin und Nachfolgerin ihres Sohnes zu werden. Die biblischen Kennzeichen des Jüngers, etwa die Höherstellung der Nachfolge gegenüber verwandtschaftlichen Bindungen oder das Aufsichnehmen des Kreuzes, treffen gerade auf Maria zu.

Die Haltung der Treue scheint ferner in Mariens immerwährender Jungfräulichkeit auf. Damit können allerdings viele Gläubige heute nichts mehr anfangen. Die Ursache für dieses mangelnde Verständnis dürfte einmal darin liegen, daß vielen die Jungfräulichkeit vor der Geburt, d.h. die vaterlose Empfängnis Jesu, zweifelhaft erscheint und dann die Ansicht vorherrscht, nach der Geburt Jesu hätte es für Maria doch keinen vernünftigen Grund mehr gegeben, mit Josef eine leibliche Ehegemeinschaft aufzunehmen; schließlich spricht doch das Neue Testament von »Brüdern und Schwestern Jesu«. Im Rahmen dieser Ausführungen soll nicht der ganze Diskussions- und Argumentationsstand rekapituliert, sondern der Glaube an die immerwährende Jungfräulichkeit vorausgesetzt und ihre Bedeutung für das Glaubensleben der Kirche eingehender dargelegt werden. Die bleibende Jungfräulichkeit folgt aus der jungfräulichen Gottesmutterschaft. Diese bestimmt den Personalcharakter Mariens. Deshalb kann sie nicht in die Ordnung anderer Mütter zurückgestuft werden. Auch die Symbolik für das gott-menschliche Sein Jesu Christi, von der im letzten Abschnitt gehandelt wurde, wäre verwischt. So würde eine Leugnung der immerwährenden Jungfräulichkeit letztlich schon die Gottesmutterschaft in Frage stellen[15]. Darüber hinaus muß die bleibende Jungfräulichkeit Mariens im Zusammenhang mit ihrer Christusnachfolge gesehen werden: Wenn diese eine Lösung der verwandtschaftlichen Bindungen (vgl. Mk 10,29 u.a.: Das Verlassen von Geschwistern, Eltern und Kindern) verlangt, wäre damit ein gleichzeitiges Hineinwachsen in Ehe und Familie schwer vereinbar. Zudem bedeutet diese Lösung für Maria nach dem Johannesevangelium ein Hineinreifen in die Aufgabe der »Mutter der Kirche«. Die natürliche Mutterschaft wird dabei entäußert zu einer universalen Mutterschaft über alle Erlösten. Dem widerspricht die Aufnahme einer natürlichen Frau- und Mutterrolle nach der Geburt Jesu.

In ihrer immerwährenden Jungfräulichkeit ist somit Maria ein Vorbild für bleibende totale Beanspruchbarkeit des Menschen durch Gott und für die völlige Preisgabe der Selbstverfügung und Selbstplanung des Lebens. Man kann verstehen, daß eine Zeit, die zwar gern das Wort vom »radikalen Glauben« in den Mund nimmt, aber letztlich doch die autonome und freie Selbstbestimmung als Ideal anpreist und deshalb endgültigen Bindungen ausweicht, für die Aussagekraft der immerwährenden Jungfräulichkeit keine Antenne besitzt. Doch verlangen christlicher Glaube und menschliches Leben, sollen sie gelingen, mehr als nur einen zeitlich begrenzten Einsatz: Ehe und Familie und religiöse Berufung setzen die Bereitschaft zu endgültiger Bindung und zur Ganzhingabe voraus. Maria hat ihr Ja in einmaliger Entscheidung gesprochen, mußte sie aber von Tag zu Tag erneuern, sogar unter dem Kreuz. Maria ist somit ein Vorbild für treues Ausharren und für totale Beanspruchbarkeit durch Gott.

In dieser Weise ist Maria ein Bild für geistliche Fruchtbarkeit. Deren Grundgesetz ist im Magnifikat ausgedrückt: Die Reichen, Stolzen und Mächtigen im irdischen Sinn werden gestürzt, erhoben aber die Hungernden, Demütigen, Unfruchtbaren. Wahre Fruchtbarkeit entspringt nicht menschlicher Klugheit und Aktivität, nicht »geschicktem geistlichen Management«, sondern vorbehaltloser Bereitschaft zur Nachfolge und Beanspruchbarkeit durch Gott. Die irdisch unfruchtbare Jungfrau wird durch Gottes Auserwählung und ihr Ja Mutter seines Sohnes und Mutter aller Gläubigen. Wahre Fruchtbarkeit gibt nur Gott.

Die Demut, die Niedrigkeit der Magd wird ebenfalls im Magnifikat gepriesen. Was ist Demut? Sie bedeutet nicht »Bravheit«, nicht Zurückstehen aus Unselbständigkeit oder Minderwertigkeitsgefühl, nicht Servilität. Demut ist nach Max Scheler[16] »die Tugend der Reichen«, ein Bewußtsein um den eigenen Wert. Deshalb konnte Maria von sich sagen, daß sie »von nun alle Geschlechter selig preisen werden«. Die Demut verträgt sich mit einem Selbstwertgefühl, aber nicht mit Stolz. Der Tugendstolz will nicht anerkennen, daß er beschenkt ist. »Aller Stolz ist Bettelstolz« (M. Scheler). Die demütige Magd des Herrn preist dagegen Gott, der auf sie herabgeschaut hat; sie läßt sich beschenken. Diese Demut läßt Maria sich verströmen auf Gott hin und zum Nächsten hin. In dieser Haltung der Demut kann Maria in der Darstellung im Tempel Gott ihr Kind zurückgeben — eine symbolische Tat, die sie unter dem Kreuz in leidvoller Wirklichkeit wiederholen wird — und zur Mutter aller Erlösten werden. Wie wenig Demut mit geistiger Unselbständigkeit verwechselt werden darf, zeigt die Kühnheit Mariens bei der Verkündigung des neuen Grundgesetzes: Gott wird die Mächtigen und Stolzen stürzen, die Demütigen aber erhöhen.

Wer diese kühne Verkündigung der neuen Grundordnung durch Maria, ferner ihre Kraft im Dulden und schließlich ihre sie für die spätere Aufgabe als Mutter der Kirche prädestinierende Offenheit für fremde Not bedenkt, muß in der demütigen Magd alles andere als einen scheuen oder schwächlich zurückgezogenen Menschen vermuten. Maria wird wohl ein klarsichtiger, zielstrebiger und entschlossener Charakter gewesen sein. Trotzdem wird sie als komtemplative Frau geschildert (vgl. Lk 2,19.51). Anders kann man sich Maria nicht vorstellen: Sie muß viel über Gottes Ratschläge nachgesonnen haben.

Wer so die Gestalt Mariens betrachtet, wird verstehen, daß sie in der Lauretanischen Litanei als die »Königin aller Heiligen« gepriesen wird. Zwar wurden die oben (I.4) besprochenen Texte von einigen Kirchenvätern im Sinne eines leichten Schwankens im Glauben interpretiert, aber schon im Altertum preist die Ostkirche die Gottesgebärerin als die Panagia (= Ganzheilige) und im Westen setzte sich immer mehr die Glaubensüberzeugung von der Freiheit der neuen Eva von der Erbsünde durch.

Ist diese Gestalt der Gottesmutter auch ein Vorbild für die Frau von heute? Papst Paul VI. schreibt in seinem Apostolischen Schreiben über »die rechte Pflege und Entfaltung der Marienverehrung« (Nr. 37):

»Das Lesen der göttlichen Schriften, das vom Geist geleitet ist und so geschieht, daß man sich dabei die Ergebnisse der Humanwissenschaften und die verschiedenen Situationen der heutigen Welt vor Augen hält, wird entdecken helfen, wie Maria als Spiegel der Erwartungen der Menschen unserer Zeit angesehen werden kann. So wird, um ein Beispiel anzuführen, die heutige Frau, die danach strebt, mit Entscheidungsvollmacht an den zu treffenden Wahlen der Gemeinschaft teilzunehmen, mit inniger Freude Maria betrachten, die, da sie in den Dialog mit Gott aufgenommen wird, ihre aktive und verantwortungsbewußte Zustimmung gibt, nicht zur Lösung eines zufälligen Problems, sondern zum ‚saeculorum negotium' (Ereignis der Jahrhunderte), wie die Inkarnation des Wortes zurecht genannt worden ist. Sie wird erkennen, daß die Wahl des jungfräulichen Standes von seiten Mariens, der sie im Plan Gottes auf das Geheimnis der Menschwerdung vorbereitete, kein Sich-Verschließen gegenüber irgendwelchen Werten des Ehestandes bedeutete, sondern eine mutige Entscheidung war, die getroffen wurde, um sich vorbehaltlos der Liebe Gottes zu überantworten; sie wird mit freudiger Überraschung feststellen, daß Maria von Nazareth, obwohl sie sich vollkommen dem Willen des Herrn überließ, alles andere war, als eine passiv unterwürfige oder von einer befremdenden Religiosität geprägte Frau, sondern eine Frau, die nicht zögerte, zu verkünden, daß Gott der Rächer der Niedrigen und Bedrückten ist und die Mächtigen dieser Welt von ihren Thronen stürzt.«

Wer diese Züge im Marienleben mit starken Strömungen im heutigen Geistesleben (Selbstbestimmung, Säkularismus!) vergleicht, wird verstehen, daß für viele die Gottesmutter an Vorbildlichkeit eingebüßt hat. Eine solche Gegenüberstellung läßt allerdings auch jene besser verstehen, die sich eine Heilung der menschlichen Nöte und der Glaubensschwierigkeiten der Zeit, also des Christusglaubens, gerade von einer Erneuerung marianischer Frömmigkeit versprechen.

3. Maria als Fürsprecherin

In ihrer Not haben sich die Gläubigen über alle Jahrhunderte an Maria als Fürsprecherin gewandt. In einer geradezu unüberschaubaren Zahl geben Lieder und Gebete von dem Vertrauen der Gläubigen zur Gottesmutter Ausdruck. Viele Wallfahrtskirchen werden in Stunden der Not und zum Dank für erfahrene Hilfe aufgesucht.

So tief verwurzelt im Volk diese Anrufung Mariens um ihre Fürbitte sein mag: gerade sie stößt auf häufigen Widerspruch. Dieser wurzelt in der Theologie der Reformatoren, wird aber häufig im katholischen Raum nachgesprochen. Ein häufiges Argument lautet, die Katholiken würden Maria gleichsam als Göttin verehren. Dieser Vorwurf ist nicht auszumerzen, obwohl schon ein flüchtiger Blick auf Mariengebete, etwa aufs Ave Maria oder auf die Lauretanische Litanei, zeigt, daß nie Maria als Quelle des Heils angefleht wird, sondern nur als jene, die bei Gott Fürsprache einlegt. Damit tut sie prinzipiell nichts anderes als Menschen, die füreinander beten.

Die Ablehnung der Marienverehrung hängt bei den Reformatoren grundsätzlich mit der Verwerfung der Heiligenverehrung zusammen. Man fürchtet, dadurch könnten die Ehre und die Fürsprache Christi eine Einbuße erleiden. Zudem muß man die protestantische Lehre vom Seelenschlaf, d.h. letztlich vom Ganztod, berücksichtigen[17]. Danach schläft der Verstorbene bzw. ist ganz tot, bis Gott ihn am Jüngsten Tag auferweckt. Deshalb ist auch Maria bis dahin tot, zumal der Glaube an ihre leibliche Aufnahme in den Himmel verworfen wird. Insofern muß eine Anrufung Mariens ins Leere gehen. Die Situation, auf die hier nicht näher eingegangen werden kann, ändert sich natürlich völlig, wenn man das Weiterleben der Seele zwischen Tod und Auferstehung annimmt, mit Paulus (vgl. Phil 1,23) glaubt, nach dem Tod »mit Christus zu sein«, und vor allem, wenn man an der leiblichen Aufnahme Mariens im Sinn der Vollerlösung festhält. Wenn nun die Fürbitte der Christen auf Erden zu den Selbstverständlichkeiten gehört, läßt sich nicht einsehen, warum jene, die bereits bei Christus sind, nicht der Nöte der hier noch Lebenden vor Gott gedenken sollen. M.a.W.: Wenn schon auf Erde eine — biblisch gut bezeugte — menschliche Fürbitte der Fürsprache Jesu Christi beim Vater keinen Abbruch tut (was die reformatorischen Theologen befürchten), weshalb sollte man nicht die Heiligen um ihre Fürbitte anflehen dürfen?

Vom Bittgebet um den Heiligen Geist (vgl. Lk 11,13) handelt Apg 1,14: Die Elf »verharrten einmütig im Gebet mit den Frauen und Maria, der Mutter Jesu ...« Bei dieser Stelle läßt sich fragen, ob der Vf. der Apostelgeschichte nur ein Interesse an einer historischen Beschreibung hatte oder nicht vielmehr eine bleibende Gültigkeit anfänglicher Strukturen aussagen wollte. Im Fall eines mehr theologisch-kerygmatischen Interesses hätte die Verbindung mit Maria nicht nur eine zufällige oder gelegentliche Bedeutung im Gebetsleben der Kirche. Das Hilf- und Siegreiche Mariens wird im Lukasevangelium mehrmals ausgesprochen: Sie wird von Elisabeth als die neue Judith gepriesen, durch die Gott sein Volk errettet hat. Der Engelsgruß (1,28), auf den Hintergrund von Ri 6,12 gelesen, erinnert an Gideon, den starken Helden. Auch das Motiv der Bundeslade als Zeichen für die schützende Nähe Gottes ist hier zu nennen. Das Magnifikat schildert die neue Ordnung der Erhebung der Hungernden, Demütigen und Unfruchtbaren an Maria als Inbegriff von Israel und Kirche. Maria erweist sich nicht nur solidarisch mit den Armen, sondern ist personales Zeichen für die Solidarität. Natürlich ist Jesus Christus der Erlöser, aber die Erlösung setzt das personale Ja Mariens voraus, die deshalb auch als Person gepriesen wird (vgl. 1,28.42—45.48). Auch die kurzen Angaben des Johannesevangeliums sind in diesem Zusammenhang sehr aussagekräftig: Die sorgende Mutter in Kana wird vom Kreuz herab zur Mutter aller Erlösten berufen. Wiederum ist Joh 19,25ff mehr als nur eine Schilderung eines »zufälligen« Vorgangs: Die bleibende Mutterschaft der Mutter Jesu wird verkündet.

Die Gläubigen haben deshalb immer Zuflucht zu ihr genommen. Gibt es nun bestimmte Nöte, in denen besonders Mariens Fürbitte gesucht wird, analog zu vielen Heiligen, die als Schutzpatron oder Helfer in bestimmten Anliegen verehrt werden? Die vielen Votivtafeln in Wallfahrtskirchen zeigen, daß Maria in allen Nöten angerufen wird. Wer aber die in der Kirche verbreiteten Mariengebete bzw. -Lieder oder die Texte der liturgischen Fest untersucht, wird eine theologisch geläuterte, tiefe Spiritualität entdecken: In der Mitte oder im Zielpunkt eines Gebetes steht Jesus Christus (Ave Maria: »die Frucht deines Leibes«; Salve Regina: »Nach diesem Elend zeige uns Jesus«) oder ein zentrales Geschehen der Heilsgeschichte (vgl. Rosenkranzgeheimnisse; den »Engel des Herrn«; Marienfeste), wie Menschwerdung, Tod und Auferstehung Jesu Christi. Maria wird als Person angesprochen oder genannt, aber immer in Zuordnung zu der von ihrem Sohn bewirkten und geschenkten Erlösung. Ziel der »Fürbitt-Bitte« ist nicht die Überwindung irgendeiner Not, sondern der geistlichen Nöte: die Überwindung von Schuld und Sünde und deren Folge, dem Tode, und gläubige Bewältigung von Schmerz und Leid, etwa einer Krankheit, des Todes eines Angehörigen (Thematik: Schmerzensmutter, Pietà, Vesperbild) oder sogar eines Kindes. Im Grunde läßt sich sagen: Wie die jungfräuliche Mutter Zeichen und Personalsymbol und zwar wirksames Zeichen ist, das durch ihr personales Ja zur Menschwerdung Gottes und zur Erlösung mitwirkt, so wirkt sie weiter fürbittend mit, daß der Glaube und die Liebe zu Christus in den Herzen der Menschen wachsen, Sünde und Tod und alle Nöte des Lebens in gläubiger Haltung überwunden werden. Das Geschehen der Erlösung, bei dem Maria als Mutter des Erlösers mitwirkte, möge — darauf zielen die Mariengebete — in der Kirche und im Herzen des einzelnen wirksam werden. In diesem Sinn sind die meisten Mariengebete aufgebaut: Die »Mutter der Barmherzigkeit« (Barmherzigkeit = Jesus Christus) möge helfen, daß alle Evaskinder nach diesem Elend Jesus schauen dürfen, die »gebenedeite Frucht deines Leibes« (Salve Regina). — Als weiteres Beispiel diene das »Ave Maria«: Maria, mit der der Herr ist (wie mit Gideon, dem Erretter Israels von seinen Feinden) wird gepriesen, vor allem aber die Frucht ihres Leibes. Diese Gottesmutter möge für die »armen Sünder jetzt und in der Stunde des Todes« Fürbitte einlegen.

Zum Schluß sei noch auf die häufig aufgestellte These eingegangen, die Verehrung Mariens erschwere die Vereinigung der getrennten Christen. Wenn man das Problem in der angemessenen breiten Perspektive betrachtet, muß man zunächst bedenken, daß die Achtung vor der Gottesmutter die katholische und die orientalischen Kirchen verbindet; eine Einschränkung der Marienverehrung würde also auch einen konfessionellen Graben aufreißen. Dasselbe gilt, wenn auch in einem geringeren Grade, in Hinblick auf die Anglikaner. Was jedoch die Protestanten betrifft, kann auch umgekehrt argumentiert[18] werden: Maria wirkt mit, daß Christus immer mehr geglaubt und geliebt und die Sünde überwunden wird. Marianische Zeiten waren immer Zeiten tiefer Christusliebe. Daher sollte sich die ökumenische Bewegung mehr der mütterlichen Sorge und Fürbitte Mariens anvertrauen. Die Einheit der Kirche muß doch das Anliegen der Frau sein, der Jesus seine Jünger anvertraut hat.

Nicht alle Themen der Marienverehrung konnten hier aufgegriffen werden. Um dem gelegentlichen Extrem einer theologisch nicht abgeklärten, auf Maria fixierten Frömmigkeit (der allerdings das andere Extrem einer nicht seltenen marianischen Gleichgültigkeit gegenübersteht) Maßstäbe aufzuzeichnen, hätte noch auf die Normativität der Liturgie verwiesen werden können. Doch würde damit inhaltlich wenig Neues zur Marienverehrung erbracht. Die drei Teile dieses Abschnitts, nämlich die Verehrung als Betrachten des Urbildlichen, als Betrachten des Vorbildlichen und als Anrufen der Fürsprecherin, können bewußt machen, daß Gott von den Menschen nicht nur ein Leben aus dem Glauben verlangt, sondern die Kraft dazu gibt: Die Gottesmutter, die Vor- und Vollerlöste, ist für jeden Gläubigen ein Zeichen für realisierte und daher realisierbare, nicht nur utopische Hoffnung und zugleich wirksames, fürbittendes Zeichen.

In Maria erblickt die Kirche ihr herausgehobenes Glied, durch das ihr eigenes Wesen sichtbar wird. Sie ist durch Jesus Christus erlöst, aber ohne Maria bliebe ihre Heiligkeit, ihre vorbehaltlose Beanspruchbarkeit durch Gottes Wort, ihre Demut als Wissen um die Auserwählung und den eigenen Wert, ihre Liebe zu Gott und den Menschen, ihr Leben immer etwas Gebrochenes, Fragmentarisches, Unvollendetes. In Maria wird das Vollendungsziel der Kirche gegenwärtig und die Gegenwart zuversichtlicher.

Anmerkungen

1 in: Klarstellungen, Freiburg-Basel-Wien ^{2}1971, 72.

2 WA 36, 152.

3 Vgl. R. Schnackenburg, Christologie des Neuen Testamentes, in: Mysterium Salutis, Bd. III, 1, Einsiedeln 1970, 327.

4 H. Schürmann (Das Lukasevangelium, Freiburg ^{2}1982, 68) schreibt zu Lk 1,42: »Damit beginnt die Preisung Mariens, die der Engel 1,28 auf die Erde gebracht hat, auch unter den Menschen. Die Marienverehrung der urchristlichen Gemeinden und des Lukas, die diese Erzählung tradierten, spricht sich mit diesen Worten aus. Es ist wichtig, zu beobachten, daß diese im NT zunächst in der Redeform der Doxologie begegnet, bevor die Homologese dann die dogmatische Aussage entläßt.«

5 Vgl. Ebd. 122.

6 Vgl. R. Laurentin, Struktur und Theologie der lukanischen Kindheitsgeschichte, Stuttgart 1967, 77 f. — Schürmann etwas zurückhaltender: a.a.O. 43 f.

7 J. Ratzinger, Tochter Sion, Einsiedeln 1977, 41.

8 Schürmann, a.a.O. 77.

[9] Die Mehrzahl der Handschriften spricht natürlich für den Plural. Aber dieses Argument besagt wenig, da sie frühestens aus dem 4. Jh. stammen, aber um 200 die singuläre Lesart vorherrschte. In Bezug auf Johannes vgl. die wichtige Untersuchung von I. de la Potterie, La Mère de Jésus et la conception virginale du Fils de Dieu. Étude de théologie johannique, in: Marianum XL (1978) 41—90 (S. 59ff zu Joh 1,13ff).

[10] Auf Joh 1,45 sei hier nicht näher eingegangen; vgl. de la Potterie, a.a.O. 50ff. Die Stelle steht im Kontext einer fortschreitenden Offenbarung des Geheimnisses Jesu mit dem Nathanaelbekenntnis (»du bist der Sohn Gottes«) als Höhepunkt.

[11] Der Vollständigkeit halber sei noch auf Apg 1,14, eine später (II.3) zu besprechende Stelle, verwiesen.

[12] Allerdings ginge die Behauptung, Markus kenne keine Überlieferung über Maria, zu weit. Er hat über Jesu Geburt nicht geschrieben, so daß ihm die Gelegenheit zu Aussagen über die Mutter fehlte. Doch fällt auf, daß entgegen der historisch wahrscheinlicheren Wiedergabe der Volksmeinung, Jesus sei Josefs Sohn (Mk 13,55; Lk 4,22; Joh 6,4) der frühere Markus (Mk 6,3) vom »Sohn der Maria« spricht. Will Markus wenigstens dem Mißverständnis der Josefsvaterschaft keinen Anlaß geben?

[13] De incarnatione, c. 18.

[14] Vgl. G. Söll, Mariologie, in: Hdb. d. Dogmengeschichte III, 4, Freiburg-Basel-Wien 1978, 47f; 63ff.

[15] Vgl. Origenes, in: Mt. Comm. X 17: »Diejenigen, die das sagen, möchten die Wertschätzung Mariens wahren, die darin liegt, daß sie bis zum Ende in Jungfräulichkeit verharrte, damit jener Leib, der dazu bestimmt war, dem Wort zu dienen, das da lautete: ‚Heiliger Geist wird über dich kommen und die Kraft des Allerhöchsten wird dich überschatten', keinen Geschlechtsverkehr mit einem Manne kenne, nachdem über sie Heiliger Geist und sie überschattende Kraft des Allerhöchsten gekommen war.«

[16] Vom Umsturz der Werte, Bern ^{4}1955, 22.

[17] Vgl. A. Ziegenaus, Auferstehung im Tod: Das geeignetere Denkmodell? in: MThZ 28 (1977) 109ff.

[18] So Leo XIII. und Paul VI.; vgl. Paul VI., Die rechte Pflege und Entfaltung der Marienverehrung, Nr. 33.

Wilhelm Havers

Maria de Guadalupe

— Die Aktualität des Guadalupe-Ereignisses für Gegenwart und Zukunft Mexikos —

Vor seinem Abflug nach Mexiko erklärte Papst Johannes Paul II. am 25. Januar 1979 auf dem römischen Flughafen Fiumicino, daß er seine Reise als Pilgerfahrt des Glaubens betrachtet, um sich vor dem Gnadenbild der Madonna von Guadalupe auf die Knie zu werfen, um seine Person, sein Pontifikat und die Zukunft der Evangelisierung Lateinamerikas unter ihren Schutz zu stellen[1].

Auch bei fast allen Ansprachen in Mexiko empfiehlt der Papst die Gläubigen der verschiedenen Sozial- und Altersstufen dem Schutz der Jungfrau von Guadalupe. Mit der Überreichung eines Diadems bestätigt er am Schluß der feierlichen Homilie am Hochaltar der Gnadenstätte die von den Päpsten Benedikt XIV. und Pius X. verliehenen Titel »Patronin Mexikos und ganz Latein*amerikas*[2]«.

Für die »Puebla-Konferenz« sieht der Papst »in der geistigen Gegenwart unserer Lieben Frau von Guadalupe, die in Mexiko und in allen anderen Ländern des Kontinents als die ‚Mutter der Kirche von Lateinamerika' verehrt wird, einen Grund zur Freude und einen Quell der Hoffnung. Sie, der ‚Stern der Evangelisierung'«, sagt er zu den Bischöfen, »möge eure Führerin sein bei den kommenden Überlegungen und Entscheidungen[3]«.

Nach der Rückkehr von seiner siebentägigen Reise spricht der Papst in Rom wiederum mehrmals von der »Lieben Frau von Guadalupe« und dem Dank, den er ihr und ihrem göttlichen Sohn schuldet[4]. Aus welchem Grund stellt der Heilige Vater gerade diese Gnadenstätte so sehr in den Mittelpunkt seiner Lateinamerika-Pilgerfahrt? Warum glaubt er, daß dieses historische Nationalheiligtum der Mexikaner für ganz Lateinamerika eine große Bedeutung hat? Was hat es überhaupt für eine Bewandtnis mit dem, was die mexikanische Kirche »El Hecho Guadalupano«, d.h. das »Guadalupe-Ereignis« nennt[5]?

Gewiß handelt es sich nicht um eine »Legende«, wie die gegen jede Marienverehrung polemisierenden Sekten behaupten. Es handelt sich auch nicht einfach um ein historisches Wunder, eine von der Kirche als glaubwürdig anerkannte Privatoffenbarung, sondern tatsächlich um ein *Ereignis*, das bis heute fortwirkt und den Katholizismus des Kontinents maßgeblich beeinflußt.

Am Karfreitag, dem 22. April 1519, landete Hernán Cortes bei der Stadt Veracruz und begann mit etwa 500 Söldnern, 14 Geschützen und indianischen Hilfstruppen die Eroberung Mexikos, dessen Bevölkerung damals ungefähr acht Millionen Menschen betrug. Nach über zwei Jahren mutiger, aber auch sehr blutiger Kämpfe ergaben sich die Azteken den Spaniern und den mit diesen inzwischen verbündeten Indianerstämmen. In einem Gefühl hoffnungsloser Unterlegenheit brach für sie eine bisher bestens geordnete Welt zusammen. Aufgrund hervorragender astronomischer und mathematischer Kenntnisse hatte die Priesterkaste einen Zyklus von heidnischen Riten entwickelt, in dem einer großen Zahl von Naturgöttern regelmäßig Dank- und Bittopfer dargebracht wurden[6]. Im Durchschnitt wurden 20 000 Menschen jährlich geopfert, nicht nur Gefangene, sondern je nach der Gottheit, die verehrt wurde, oder der Notlage, die eintrat, wurden auch eigene Männer, Frauen und sogar Kinder hingeschlachtet[7].

Cortes kam trotz negativer Züge in seinem ehrgeizigen Charakter mit der sicher ehrlichen Absicht, »allen Götzendienst auszurotten, um den Einwohnern den Glauben an den einzigen wahren Gott zu bringen und die Verbreitung der katholischen Religion zu fördern[8]«.

Cortes hatte in seinem Gefolge aber nur zwei Priester. 1523 kamen die ersten drei Franziskaner aus Gent, von denen der uns bekannte Fray Pedro über die Schwierigkeiten der Missionsarbeit Aufzeichnungen hinterlassen hat. Die wenigen Mönche konnten rein physisch die auf Hunderte von Kilometern verstreuten Siedlungen der Indianer nicht erreichen; sie kannten deren Sprache und Kultur nicht[9]. Die meisten Indianer konnten weder schreiben noch lesen. Auch die Ankunft von zwölf weiteren Franziskanern 1524 und einer Gruppe Dominikaner 1526 brachte dem Missionswerk keinen wesentlichen Erfolg. Die weißen Prediger waren Fremde, deren Sprache und deren Botschaft fremd blieben. Die Kinder verstanden noch am ehesten die Zeichensprache und wurden auch die ersten Sprachlehrer für die Mönche. Sie halfen als Katecheten in ihren Familien und Dörfern, um die Grundwahrheiten zu erklären, die jeder für die Spendung der Taufe wissen sollte.

Schwerer Schaden wurden dem nur mühsam voranschreitenden Missionswerk schließlich durch Nuño de Guzmán und andere führende Beamte der spanischen Besatzungsmacht zugefügt, die, im Gegensatz zu den Anweisungen des Kaisers, die Indianer wie Sklaven behandelten und sie zur persönlichen Bereicherung bis aufs Blut erpreßten und sie sogar verkauften.

Eine Änderung trat erst ein, als Ende 1528 der erste von Rom für die Stadt Mexiko ernannte Bischof, Fray Joan de Zumárraga O.F.M., eintraf. Kaiser Karl V. hatte ihn vorgeschlagen und ihm vor der Abreise den Titel »Beschützer der Indianer« verliehen, dem er alle Ehre machte. Er gehörte zu den großen Gestalten der Evangelisierung in Lateinamerika. Gleich nach seiner Ankunft informierte er den Kaiser über die Verbrechen seiner Beamten und scheute sich nicht, über diese die damals auch für den zivilen Bereich folgenschwere Strafe der Exkommunikation zu verhängen[10].

Mit diesem Bischof und der Ernennung weiterer Bischöfe für die inzwischen eroberten Gebiete wurde eine wichtige Voraussetzung für das Gelingen des Missionswerkes geschaffen, zumal sowohl die Mönche wie die Bischöfe von Anfang an die Verkündigung des Evangeliums mit der kulturellen Bildung und dem sozialen Schutz der Indianer verbanden[11].

Daß die Frohbotschaft als solche von den Indianern erkannt und in ihren Herzen aufgenommen wurde, verdankt Mexiko dem Ereignis, das am 9. Dezember 1531 seinen Anfang nahm und das in dem Hirtenbrief der mexikanischen Bischofskonferenz vom 15.8.1978 folgendermaßen beschrieben wird:

Das Guadalupe-Ereignis bedeutet aufgrund der Tradition und der beglaubigten Zeugnisse, die wir besitzen, ein Dreifaches:

Die Erscheinungen der Jungfrau Maria vor dem Indianer Juan Diego,
die Botschaft, die sie für alle Bewohner dieses Kontinents verkündet,
das Bild, das sie uns als Zeichen der Glaubwürdigkeit hinterläßt[12].

Das Guadalupe-Ereignis: Die Erscheinung

Von dem 20 km von der Stadt Mexiko entfernten Dorf Tulpetlác ging der 57jährige Indianer Juan Diego zu der Franziskanerkirche in Tlatelolco (am damaligen Rand der Hauptstadt), um an der Samstagfrühmesse zu Ehren der Mutter Gottes teilzunehmen. Er lief am Fuß des etwa 40 Meter hohen Tepeyac-Hügels vorbei, auf dem und in dessen Umgebung bis zur Eroberung Mexikos sich Heiligtümer aztekischer Göttinnen befanden, von denen vor allem die Göttin der Fruchtbarkeit, Tonantzin, und die Erdgöttin Coatlicue eine große Rolle spielten[13].

Von dieser früheren Stätte heidnischer Kulte hörte Juan Diego an diesem Morgen eine wunderbare Melodie von einer Vielzahl miteinander harmonisierender Vogelstimmen. Erstaunt stieg er den Hügel hinauf und wurde nun plötzlich in *seiner* Náhuatl-Sprache und mit seinem Namen angerufen. Er sah eine Frau mit dem jugendlichen Gesicht einer dunkelhäutigen Indianerin. Sie selbst, ihr Gewand, ihre Füße und die Gräser, über denen ihre Füße schwebten, waren in ein überirdisches, regenbogenähnliches Licht getaucht. Ihre Augen blickten ihn liebevoll an. Ihre Hände aber waren zum Zeichen der Anbetung gefaltet[14].

Die Botschaft

Der Wortlaut des nun folgenden Dialogs in der Náhuatl-Sprache wurde uns von einem der ersten Indianerprofessoren des von Bischof Zumárraga gegründeten »Colegio Tlatelolco« namens Antonio Valeriano aufgezeichnet. Er lernte Spanisch und Latein, war einer der intelligentesten Gehilfen des Paters Bernardino Sahagún für die Quellensammlung seines Geschichtswerkes und hat uns das ohne Zweifel wichtigste Dokument überr das Guadalupe-Ereignis hinterlassen[15].

Der Originaltext beginnt mit den Worten: »Nican Mopohua Motecpana...«, d.h. »Hier wird der Reihe nach berichtet ...« Der hier in deutscher Sprache zitierte Text beruht auf der spanischen Übersetzung eines der besten Kenner der Náhuatl-Sprache, Don Primo Feliciano Velázques[16].

Zunächst stellte sich die Erscheinung dem zwar armen, aber doch bei seinen Stammesgenossen angesehenen Juan Diego mit folgenden Worten vor: »*... Du bist mir besonders anempfohlen und sollst wissen, daß ich die immerwährende heilige Jungfrau Maria bin, die Mutter des wahren Gottes, von dem alles Leben kommt. Er ist der Schöpfer des Himmel und der Erde ...*«

Der mexikanische Theologe José Luis Guerrero hat 1979 ein Buch mit dem Titel »Blumen und Gesang — Die Geburt von Mexiko« veröffentlicht, in dem er auf die Tendenz der Náhuatl-Philosophie hinweist, die letzten Grundlagen des Seins in einer dualistischen Form zu sehen. Auch das höchste göttliche Wesen Ometeotl (Herr) öffnet sich der Zweiheit, der Ometecutli (Herrin). Diesem gemeinsamen Lebensprinzip ist alles nahe, und ihm waren nach Meinung der Azteken eine große Zahl anderer Zwischenwesen untergeordnet.

»Zehn Jahre nach dem Fall von Tenochtitlán, als die spanische Eroberung abgeschlossen war und der Untergang der Indianerwelt in einem Meer von Traurigkeit beschlossen schien, geschah das völlig Unerwartete«, so schreibt Luis Guerrero. »Ometeotl nimmt auf dem Tepeyac-Hügel wieder Verbindung mit seinen Indianern auf ...[17]«.

Einen Tag nach dem Fest der Unbefleckten Empfängnis erfährt Juan Diego in der Ausdrucksweise seines Volkes von den außerordentlichen Privilegien der Frau, die von dem einzig wahren Gott auserwählt wurde.

Die in den Azteken noch vorhandenen Einflüsse der heidnischen Naturreligion werden geläutert. Die volle Wahrheit leuchtet auf: Es gibt keine dualistische, polytheistische Götterwelt, sondern nur den einen Gott, der die Quelle allen natürlichen und übernatürlichen Lebens ist.

Mit dem Lobpreis des einen Gottes gibt Maria ihre in der Offenbarung enthaltenen Gnadenvorzüge bekannt, die zugleich das tiefste Geheimnis des Christentums — das der heiligsten Dreifaltigkeit — andeuten. *»Du sollst wissen, daß ich die immerwährende heilige Jungfrau Maria bin ...*[18]«, so stellt sich Maria am Morgen des 9. Dezember vor und betont bei der zweiten Erscheinung am Abend desselben Tages mit aller Deutlichkeit: *»Gib dem Bischof bekannt, daß ... ich in Person, die immerwährende Jungfrau Maria und Mutter Gottes, dich geschickt habe ...*[19]«. Die wichtigsten mariologischen Aussagen des Evangeliums, der Ökumenischen Konzilien bis zur »Lumen Gentium« des II. Vatikanischen Konzils werden in die Botschaft von Tepeyac integriert[20]. Die immerwährende, von Gottes Heiligkeit ganz durchstrahlte Jungfrau ist *»Theotókos«*.

Dann gibt Maria an der früheren Kultstätte des Heidentums den zweiten Teil ihrer Botschaft bekannt: *»Ich habe den Wunsch, daß hier ein Gotteshaus zu meiner Ehre errichtet wird. In ihm will ich dir und allen Bewohnern des Landes, aber auch allen, die mich vertrauensvoll anrufen, meine Liebe, mein Mitleid und meine Hilfe erweisen, denn ich bin eure gütige Mutter...*[21]«.

Was diese Worte bedeuten, kann man nur ermessen, wenn man die ständige Angst vor Augen hat, die das Grundelement der heidnischen Riten war, und die dann noch durch den Zusammenbruch des Aztekenreiches und den anfänglichen Mißbrauch der Macht auf seiten der Besatzungsmacht gesteigert wurde[22].

Maria wird Juan Diego und alle Indianer unter ihren mütterlichen Schutz nehmen. Ihre Mutterschaft in der Ordnung der Gnade wird feierlich bestätigt! Bei allen vier Erscheinungen wird Juan Diego angeredet: »Juanito, mein Sohn«, »mein kleinster Sohn«, »Dein Herz lasse sich nicht verwirren«, »Bin ich nicht deine Mutter? Stehst du nicht unter meinem Schutz? Was brauchst du mehr?[23]«

Die mütterliche Liebe Gottes[24] leuchtet in dem Antlitz der Mutter Gottes von Guadalupe auf. So wie der Evangelist Johannes unter dem Kreuz der mütterlichen Sorge Mariens anvertraut wurde, so wird nun in der geschichtlichen Stunde der christlichen Neugeburt eines Volkes und Kontinents wiederum ein Johannes unter den Schutz der Mutter Christi gestellt.

Papst Johannes Paul II. hat besonders diesen Aspekt des Guadalupe-Ereignisses herausgestellt, wenn er sagt: »Seitdem der Indio Juan Diego von der Lieben Frau von Tepeyac kündete, trittst du, Mutter von Guadalupe, in entscheidender Weise in das christliche Leben des Volkes von Mexiko ein. Ebenso bedeutend ist deine Gegenwart an anderen Orten geworden, wo die Gläubigen dich unter verschiedenen Namen liebevoll verehren ... und wo du sie beschützt auf ihrer gläubigen Pilgerfahrt[25]. ... Dieses Volk — und mit ihm dieser riesige Kontinent — lebt in einer geistlichen Einheit dank der Tatsache, daß du Mutter bist. Eine Mutter, die mit ihrer Liebe wirkt, bewahrt und ihren Söhnen und Töchtern immer wieder Gelegenheit gibt, sich nähern zu können[26].«

Der Kirchbau aber soll sichtbares Zeichen für diese Nähe der Mutter sein. Maria braucht kein steinernes Gebäude, um sich uns zu nähern, aber wir brauchen das Gotteshaus, um dem »Gott, von dem alles Leben kommt«, unseren gemeinschaftlichen Kult des Neuen Bundes zu erweisen und die Frau zu loben, die uns den einzigen Hohenpriester dieses Bundes geschenkt hat. Vor allem aber will Maria als Mutter der Gnade helfen, daß jeder einzelne — Indianer und Spanier, Mestize und Kreole — innerlich frei wird von allem Bösen und selbst zu einem »Tempel Gottes« wird durch die Taufgnade und nach dem Beispiel derer, die der vorzüglichste Tempel des Heiligen Geistes ist.

Die Chronik berichtet uns den Schluß der himmlischen Botschaft mit dem ganz konkreten Auftrag Mariens: »*Geh nun zum Wohnsitz des Bischofs von Mexiko und sage ihm, daß ich dich sende, um ihm meinen innigen Wunsch zu offenbaren, nämlich, daß hier am Fuße des Hügels zu meiner Ehre ein Gotteshaus erbaut werden möge. ... Sei versichert, daß ich dich für die Arbeit und Mühe dieses Auftrags belohnen werde ...* [27].«

In Richtung der heutigen »Calzada de los Misterios«, d.h. der Straße, die man im 17. Jahrhundert zu Ehren der Rosenkranzgeheimnisse von der Basilika bis an den Rand des Stadtzentrums gezogen hat, begab sich Juan Diego zur Residenz des Bischofs Zumárraga O.F.M. Nach langer Wartezeit konnte er ihm berichten, was er gesehen und gehört hatte. Aber der Bischof glaubte ihm nicht und verabschiedete ihn mit den freundlichen Worten: »Geh mit Gott und komm ein andermal wieder.« Bei Sonnenuntergang desselben Tages kam Juan Diego auf dem Heimweg an den Tepeyac-Hügel und sah auf der Spitze, wo jetzt die »Capilla del Cerrito« steht, wiederum dieselbe Erscheinung. Er sagte ihr u.a., daß er den Auftrag ausgeführt habe, der Bischof ihm aber offensichtlich keinen Glauben schenke. »Schicke doch einen angesehenen, vornehmen Mann zu ihm, denn ich bin ja einer der geringsten, ich bin wie ein weggeworfenes Stück Seil, ein morsches Traggestell, einer der Allerletzten, ein weggewehtes Blatt, einer, der zu nichts mehr taugt ... Schicke mich doch nicht zu einem Palast, wo ich sonst nicht hingehe und mich nie aufhalte ...«

Als Antwort hörte er: »*Sicher habe ich viele Boten, die ich erwählen könnte ... Aber in diesem Falle soll durch deine Vermittlung mein Wille ausgeführt werden*[28].«

Juan wird zum Botschafter der Mutter Gottes erwählt, obwohl er sich für diese Sendung für unfähig und unwürdig hält. Man denkt unwillkürlich an die Berufung des Propheten Jeremias[29]. So wie dieser gehorcht er und führt seinen Auftrag auch in den folgenden schwierigen Situationen mit bewundernswerter Treue aus.

Am Sonntag, dem 10. Dezember, muß er wiederum lange warten, bis er zum Bischof vorgelassen wird und ihn dann kniefällig bitten kann, dem Wunsch der Mutter Gottes zu entsprechen.

Der Bischof verlangt ein wunderbares Zeichen, um Juan Diego Glauben schenken zu können.

Bei der Betrachtung des Guadalupe-Ereignisses ist auch die ekklesiale Dimension des Geschehens beachtenswert. Die bischöfliche Autorität ist in der neu gebildeten Ortskirche die letzte Instanz, um über die Echtheit des übernatürlichen Eingreifens urteilen zu können. Es gibt eine legitime »Theologie des Zeichens«. Der Bischof hat das Recht, ein für den *Verstand* einsichtiges Kriterium der Prüfung zu verlangen, um dann auf der Ebene des *Glaubens* seine Zustimmung zu geben.

Juan Diego überbringt Maria die Forderung des Bischofs und erhält die Antwort: »Mein Sohn, komm' morgen wieder hierher, damit du dem Bischof das *Zeichen* bringst, das er verlangt hat, dann wird er dir *glauben* ...[30].«

Ein dreifaches wunderbares Zeichen wird dann bei der vierten Mutter-Gottes-Erscheinung am 12. Dezember 1531 gewirkt. Zunächst ist es das bekannte Rosenwunder. Gehorsam holt Juan Diego von dem sonst kahlen Tepeyac-Hügel eine Fülle herrlicher Rosen, hüllt sie in seine Tilma (ein dem Meßgewand ähnliches Obergewand) und bringt sie als »Zeichen« Mariens dem Bischof. Diesmal muß er zwei Stunden warten, bis er vorgelassen wird. In der Wartezeit macht ihm die Neugier und Zudringlichkeit des bischöflichen Hauspersonals schwer zu schaffen. Schließlich kann er vor dem Bischof die Blumen ausbreiten.

In diesem Augenblick prägt sich seiner aus rohen Agavenfasern gewebten Tilma das bis heute unversehrt erhalten gebliebene Bild der Mutter Gottes von Gudadalupe ein[31].

Das dritte Zeichen war die Heilung des totkranken Onkels Bernardino an demselben Morgen des 12. Dezember in Tulpetlác. Beim späteren Verhör vor dem Bischof erklärte Bernardino, daß ihm *in der Morgenfrühe des 12. Dezember* eine vornehm gekleidete junge Frau erschienen sei, ihn geheilt und ihm mitgeteilt habe, daß sie unter dem Titel

»Santa Maria Virgen de Guadalupe«

angerufen werden wolle. Im Oratorium des Bischofs erkannte der geheilte Onkel des Juan Diego in dem Gnadenbild dieselbe Frau, die ihm erschienen war[32].

Über den Ursprung des Namens »Guadalupe« gibt es verschiedene Meinungen, die nur darin übereinstimmen, daß er nichts mit dem gleichlautenden arabischen Wort zu tun hat, mit dem die in Estremadura (Südspanien) verehrte Mutter Gottes bezeichnet wird. Wenn man »Guadalupe« aus der Náhuatl-Sprache ableitet, kann man es auf den Ausdruck »Catlaxópeuh« zurückführen. Das würde bedeuten: »Ich habe die Schlange zertreten.« Da der Name von Anfang an erwähnt wird, also nicht aus spanischem Mund nach der Erscheinung gewählt wurde, ist es durchaus möglich, daß die heilige Jungfrau selbst dieses Wort dem von ihr wunderbar gewirkten Bilde zugeteilt hat, um damit zum Ausdruck zu bringen, daß sie für die Indianer und die

Spanier sowie für das aus beiden sich bildende mexikanische Volk in gleicher Weise einen besonderen Schutz ausüben will[33].

Nach Errichtung der ersten Erscheinungskapelle wohnte Juan Diego in einem Zimmer neben dem Heiligtum und diente ihm 17 Jahre als Küster. Mit 74 Jahren starb er in demselben Jahr wie der erste Bischof von Mexiko: 1548[34].

Das Gnadenbild — Zeichen für die Generationen

Im Schlußdokument von Puebla »Die Evangelisierung Lateinamerikas in Gegenwart und Zukunft« heißt es in dem Abschnitt »Evangelisierung und Volksreligiosität« (Nummer 446): »Das Evangelium, das in unseren Völkern Gestalt annahm, faßt diese in einer einmaligen historischen Kultur zusammen, die wir Lateinamerika nennen.«

Strahlendes Symbol dieser Identität ist das Mestizenantlitz der Maria von Guadalupe, das am Beginn der Evangelisierung gestaltet wurde[35].

Der deutsche Übersetzer des wichtigen Dokumentes hat den von den lateinamerikanischen Bischöfen gut formulierten Text entstellt. Denn im Originaltext weisen die Bischöfe auf das bleibende Wunder hin, das uns Maria in dem bis heute erhaltenen »Selbstporträt« geschenkt hat. Die Bischöfe schreiben: » ... el rostro mestizo de Maria de Guadalupe *se yergue* ...«, d.h. *es richtet sich auf,* es wird eben nicht von Menschenhand gestaltet.

Im Jahre 1531 konnte dieses Bild nach menschlichen Maßstäben weder technisch noch kunsthistorisch angefertigt werden, schon gar nicht in einer kurzen Zeitspanne. Import aus Spanien ist sowohl wegen des verwendeten Materials als auch wegen der Art der Darstellung ausgeschlossen. *Ebenso wunderbar ist aber auch die Erhaltung des Gemäldes* bis auf den heutigen Tag, ohne daß die Farben und der Untergrund gelitten haben.

116 Jahre lang war das Gnadenbild unverglast bei Tag und Nacht von Kerzen und Votivlampen beleuchtet. Täglich wurde die »Morenita« von armen und kranken Indianern berührt, ja sogar Kranke mit offenen Wunden wurden an das Bild gehalten. Staub und Feuchtigkeit der in der Nähe gelegenen Salzlagune von Texcoco haben andere Bilder aus früherer Zeit schwer beeinträchtigt — dieses jedoch nicht[35].

Aufgrund aller schriftlichen und mündlich vermittelten Zeugnisse über die Erscheinungen und die wunderbare Entstehung des Bildes auf der Tilma des Juan Diego wurde vom Erzbistum Mexiko 1666 ein historischer Prozeß geführt, bei dem zwanzig Zeugen vernommen wurden: geistliche Professoren des Erzbistums und Indianer aus Tulpetlác und Cuautitlán, der Heimat des Juan Diego. Diese Unterlagen führten dann schrittweise zur Anerkennung der Glaubwürdigkeit des »Guadalupe-Ereignisses« durch die kirchlichen Stellen in Mexiko und Rom. Eine sorgfältige Klärung war notwendig, denn innerhalb der Kirche gab es seit dem 16. Jahrhundert sowohl beim Klerus wie bei Laien »Antiguadalupanos«, d.h. Personen, welche die Echtheit des Wunders bestritten, meistens mit dem Hinweis, daß dieses Marienbild, ebenso wie alle anderen Marienbilder der Welt, ehrwürdig sei, jedoch keinen wunderbaren Ursprung habe[37].

Eine gründliche kunsttechnische Untersuchung des Selbstporträts Mariens unternahm im Auftrag der Kirche 1756 der bekannte Maler Miguel Cabrera. Das Ergebnis wurde in dem Buche »Maravilla Americana« (»Wunder Amerikas«) veröffentlicht: Das 143 cm hohe und 55 cm breite Gnadenbild ist der rauhen, von handgewebten Agavenfasern gebildeten Fläche ohne Grundierung *so eingepreßt worden, daß ein solches Bild natürlicherweise nie hätte entstehen können*. Bei den Farben handelt es sich um eine Mischung von Öl-, Tempera- und Wasserfarben[38].

Als man Papst Benedikt XIV. eine von Miguel Cabrera hergestellte Kopie des Gnadenbildes überreichte, zitierte er den Vers des Psalmes 147: »Non fecit taliter omni natione.« (»Nicht jedem Volke wurde solche Gunst erwiesen.«) Im Jahre 1754 wurde von demselben Papst das Fest der Mutter Gottes von Guadalupe auf den 12. Dezember gelegt mit eigenem Meßformular als »Schutzpatronin der mexikanischen Nation«[39].

Die feierliche Krönung des Gnadenbildes erfolgte am 12. Oktober 1895 im Auftrag des Papstes Leo XIII. durch den Erzbischof und Apostolischen Delegaten von Mexiko, Dr. Próspero M. Alarcón.

In einer Rundfunkansprache anläßlich der 50. Wiederkehr des Tages der Krönung des Gnadenbildes erklärte Papst Pius XII. am 12. Oktober 1945: »An den Ufern des Texcocosees geschah das Wunder. Auf der Tilma des Indianers Juan Diego wurde von Künstlerhand, die nicht von dieser Welt stammen kann, ein Bild gemalt, das dem Zerstörungsprozeß der folgenden Jahrhunderte wunderbarerweise standgehalten hat ...[40]« Als größter Schatz des mexikanischen Volkes wurde das Gnadenbild allerdings auch voller Liebe behütet und besucht. In der von der Gottesmutter gewünschten Kirche hatte es immer den Ehrenplatz, angefangen von der einfachen Pilgerkapelle des Jahres 1531, in der kaum 50 Personen Platz hatten, bis zu der am 12. Oktober 1976 eingeweihten modernen Basilika, in der 10 000 Pilger zugleich an den hohen Fest- und Wallfahrtstagen der einzelnen mexikanischen Diözesen ihr Loblied erschallen lassen.

Im Mittelpunkt des nach den liturgischen Richtlinien des II. Vatikanischen Konzils erbauten Gotteshauses befindet sich ein hohes Kreuz. Es soll darauf hinweisen, daß auch Maria alle Gnaden durch die unendlichen Verdienste des Kreuzesopfers Christi erhielt und weitervermitteln kann. Ihr wunderbares Bild befindet sich rechts unterhalb des Kreuzes. »Weit entfernt davon, die unersetzliche und einzige Mittlerschaft Christi zu beeinträchtigen, stellt die von der Volksfrömmigkeit hervorgehobene Rolle Mariens sie vielmehr neu ins Licht und weist ihre Macht auf, wie das II. Vatikanische Konzil lehrt (Lumen Gentium Nr. 60), denn alles, was sie hat und ist, kommt ihr zu von der Überfülle der Verdienste Christi, stützt sich auf seine Mittlerschaft und führt zu dieser hin«, so spricht der Papst über das Verhältnis marianischer Frömmigkeit zu Christus, dem Quell aller Gnade (Zapopan, 30. Januar 1979)[41]. Deshalb hat sie auch auf dem Gnadenbild die Hände zum Zeichen der Anbetung gefaltet, als ob in jedem Augenblick neu von ihren Lippen der Jubelruf ertönt: »Hoch preiset meine Seele den Herrn ...« Der goldumrandete, von 46 Sternen übersäte Schutzmantel wird von einer schwarzen Brosche in Kreuzesform zusammengehalten. Die ganze Gestalt ist von hundert Sonnenstrahlen umgeben. Unter ihren Füßen befindet sich ein nach oben gebogener Halbmond und ein Engel, der den Saum ihres Gewandes hält. In königlicher Pracht, zugleich aber mit demütig geneigtem Haupt und zärtlichem, mütterlichem Blick schaut Maria auf das ihr anvertraute Gottesvolk. Die Gestalt Mariens erinnert an die Vision der Apokalypse: »Und ein großes Zeichen erschien am Himmel, eine Frau, mit der Sonne umhüllt und den Mond zu ihren Füßen[42] ...« Mit dem Hinweis auf den Schutz Mariens, den das polnische Volk immer wieder erfahren hat, sagt Johannes Paul II.: »Der Papst hat ein besonderes Empfinden für dieses Zeichen Deiner Gegenwart hier im Leben des Gottesvolkes von Mexiko, in seiner Geschichte, die auch nicht leicht und manchmal sogar dramatisch war[43].«

Nicht leicht war in Mexiko seit dem Beginn der Evangelisierung das Verhältnis zwischen Kirche und Staat. Durch das System des Staatspatronats übte die spanische Krone eine fast schrankenlose Kontrolle über die Kirche aus, vor allem, als im 17. Jahrhundert die Fürstbischöfe des Weltklerus die Missionsbischöfe der Orden ersetzten, die im 16. Jahrhundert segensreich wirkten.

Dramatisch wurde die Situation durch den Mißbrauch der Staatsmacht unter Karl III. und den anderen Bourbonenherrschern, die in Madrid die Habsburger abgelöst hatten.

Die 1776 verfügte und mit großer Grausamkeit durchgeführte Ausweisung der etwa 500 Jesuiten aus Mexiko verletzte das religiöse Empfinden des Volkes und besonders der Indianer in den nördlichen Missionsgebieten, wo die Jesuiten das soziale, kulturelle und geistliche Wohl der Allerärmsten in bewundernswerter Ausdauer aufgebaut und gefördert hatten[44]. Das Volk und der niedere Klerus sahen in dem spanischen König nicht mehr den Vertreter ihrer Interessen, zumal in Madrid auch die Aufhebung der Immunität der Priester verordnet wurde. Die Geistlichen hatten beim einfachen Volk großes Ansehen, so daß die Verhaftung von Geistlichen durch die Zivilbehörden — meist aus politischen Gründen — auf den Widerstand der Gläubigen stieß.

Religiöse Motive spielten eine große Rolle für den Freiheitskampf der Mexikaner, der unter dem Fahnenzeichen der Jungfrau von Guadalupe 1810 seinen Anfang nehmen sollte.

Die Bevölkerung von Indianern, Mestizen und Kreolen war inzwischen auf 6 Millionen angewachsen. Alle führenden Stellen in der kirchlichen, staatlichen und militärischen Verwaltung ruhten in den Händen der 60 000 Spanier des Mutterlandes. Der von Kreolen abstammende Pfarrer Miguel Hidalgo rief 1810 am 16. September, dem heutigen Nationalfeiertag Mexikos, mit dem Schlachtruf »Es lebe die Jungfrau von Guadalupe! Weg mit der schlechten Regierung!« zum Befreiungskrieg auf. Immerhin bestand die Regierung in diesem Befreiungsjahr aus dem Erzbischof Javier Lizana von Mexiko-Stadt, der zugleich, was gelegentlich vorkam, spanischer Vizekönig war.

Der zweite Geistliche, der in Mexiko als Nationalheld verehrt wird, ist José Maria Morelos, der seine Soldaten schwören ließ, daß sie mit ihm in den Kampf ziehen *für die Verteidigung der Religion, des Kultes der Mutter Gottes von Guadalupe und des Vaterlandes gegen die perversen Ideen der Französischen Revolution und der liberalen Spanier.* An ihren Uniformen trugen die Soldaten das Bild ihrer Schutzpatronin!

Ebenso waren es nationale und religiöse Gründe, die Agustin de Iturbide veranlaßten, sich 1821 mit einem kleinen Heer gegen den letzten spanischen Vizekönig zu erheben. Der neuen, in Cadiz beschlossenen antireligiösen Konstitution wurde der erste Artikel des neuen unabhängigen mexikanischen Verfassung von Iguala gegenübergestellt: »Die Religion von ‚Nueva España' (= Mexiko) wird ausschließlich die römisch-katholische sein.« Iturbide bestimmte, daß bei den drei Farben der mexikanischen Flagge *Weiß das Einstehen der Mexikaner für ihren katholischen Glauben*, Rot die brüderliche Einheit aller in dem einen Volk und Vaterland, Grün aber das Einstehen für die Unabhängigkeit von allen äußeren Feinden bedeutet. Aus diesem Grund wurde und wird auch heute noch die mexikanische Flagge mit dem Bild der Mutter Gottes von Guadalupe geschmückt[49].

Mit der Abdankung und späteren Erschießung von Iturbide begann für Mexiko eine Zeit dramatischer Bruderkämpfe, die sich über das ganze 19. Jahrhundert dahinzogen.

Der erste Präsident der Mexikanischen Republik nahm zwar zu Ehren der Nationalpatronin den Namen »Guadalupe« an[50]. Guadalupe Victoria hat aber dem Vaterland und der Kirche schweren Schaden zugefügt, einmal durch die unterschiedslose Ausweisung aller Spanier im Jahre 1827, auch der Missionare und Ordensleute, und zum andern durch das Paktieren mit dem ersten US-Botschafter Poinsett und seinen Logenbrüdern. Nach einem Dokument der Loge »Junta Anphictónica« in New Orleans am 6. September 1835 schloß der mexikanische Vizepräsident Gómez Farías ein geheimes Abkommen mit der Großen Loge von Louisiana, wonach eine »liberale« Regierung in Mexiko den Einfluß der Kirche völlig ausschalten sollte, u.a. durch Beschlagnahme sämtlichen Eigentums der Kirche[51].

Adolf W. Ziegler schreibt: »Die ersten schweren Angriffe auf die Kirche hatten schon 1833 eingesetzt mit der Verstaatlichung des Schulwesens. Die Ideen der Französischen Revolution verbreiteten sich hauptsächlich in den Städten, beim Mittelstand und bei den Intellektuellen, sie brachten eine neue philosophische Weltanschauung, den Positivismus, zur Herrschaft und entfachten den Kirchenkampf mit Abschaffung des besonderen Gerichtsstandes der Klerus (Immunität) und Aufteilung der Kirchengüter[52].

Für den Zeitraum von über hundert Jahren geriet die Kirche Mexikos in eine schwere innere und äußere Krise, so daß ihr Überleben mit Recht dem besonderen Schutz der Mutter Gottes von Guadalupe zugeschrieben wird. Die innerkirchliche Situation ist durch die Probleme des Klerus belastet. Innerhalb der Geistlichkeit bestanden nicht nur politische, rassische und wirtschaftliche Differenzen, es fehlte auch geistliche Führung durch die Bischöfe. 1829 war von den zehn bestehenden Bischofssitzen kein einziger besetzt! Erst Papst Gregor XVI. gelang es nach und nach, Pastoren für die etwa 4 000 Kleriker zu finden. In den Reihen des besser gebildeten und besoldeten Klerus und in den Köpfen einiger Seminarprofessoren entwickelte sich unter dem Einfluß der verbotenen Bücher von Rousseau, Voltaire, Diderot und der Enzyklopedisten eine Art damaliger »Befreiungstheologie«.

Im Namen der Menschenrechte wurden die Ordensgelübde und andere kirchliche Traditionen als überholt angesehen, die übernatürliche Struktur der Kirche und ihrer Sakramente verschwindet im Blickfeld, während der Vernunft, dem irdischen Fortschritt und der Religion als »moralische« Kraft zum Aufbau der neuen Gesellschaft eine übersteigerte Bedeutung zugemessen wird. Es kam zu massenhaften Anzeigen bei den Inquisitionsgerichten, so daß die dort angestellten Geistlichen Gehaltserhöhung forderten infolge der bisher für sie unbekannten Überstunden[53].

Reichtum und Disziplinlosigkeit hatten das Ordensleben stark beeinträchtigt. Im Jahre 1850 gab es in der ganzen Republik 1 484 Klosterfrauen, denen

1 266 Dienstboten zur Verfügung standen, von denen sie sich, zum Teil ohne Kommunitätsleben, zu Hause bedienen ließen[54].

Im Schlußdokument von Puebla stellen die Bischöfe fest: »Nicht alle haben wir uns in der Kirche Lateinamerikas in ausreichendem Maße für die Armen engagiert; nicht immer sorgen wir uns um sie und nicht immer sind wir solidarisch mit ihnen. Der Dienst an den Armen erfordert in der Tat eine ständige Umkehr und Läuterung aller Christen, damit eine immer vollständigere Identifizierung mit Christus, der arm war, und mit den Armen verwirklicht wird[55].«

Mit der Veröffentlichung der »Reformgesetze« begann für die Kirche die Zeit der Läuterung. Artikel 27 der liberalen Konstitution vom Jahre 1857 enteignet allen Besitz der Kirche.

Über die Durchführung des Artikels liegt folgender Augenzeugenbericht vor: »Die Agenten der Juarez-Regierung drangen in Schulen, Klöstern, Waisenhäusern und Hospitälern ein, Ordensleute, Priester und Schwestern wurden vertrieben. Die Insassen, Kinder, Alte und Kranke blieben ohne Betreuung ... Bibliotheken von großem Wert fielen in die Hand des Pöbels ... Die Statuen in den Kirchen wurden geraubt, zerstört, verkauft oder als Heizmaterial benutzt ... Hundert Tage genügten, Schätze von Kunst und Wissenschaft, die in drei Jahrhunderten entstanden waren, zu vernichten[56] ...«

Die Kirchen wurden im ganzen Land nicht nur ausgeplündert, sondern auch zu zweckfremden Bestimmungen profaniert oder ganz abgerissen. Ein großer Teil des kirchlichen Vermögens wurde von den Politikern und Revolutionsgenerälen gestohlen und verkauft. Die Reichen wurden noch reicher, die Armen erhielten nichts; die von der Kirche bisher unterstützten Armen wurden noch ärmer[57].

Maria von Guadalupe war einem der armen Indianer erschienen. Damals wie heute gehört der Norden der Stadt zu den Wohngebieten der niederen Klassen. Im Zentrum der Stadt war man 1531 bereits damit beschäftigt, neue Prachtbauten zur Ehre Gottes und zum Ruhme Spaniens zu errichten. Der erste Erzbischof wird durch den Boten Marias zum Umdenken aufgerufen. Er stellt sich auf die Seite der Unterworfenen.

Viele Bischöfe und Ordensoberen des 19. Jahrhunderts hatten die »Zeichen der Zeit« nicht rechtzeitig erkannt, sonst hätten sie, wie Laurentius, die Schätze der Kirche rechtzeitig dem Zugriff habgieriger Verfolger entzogen.

Unter dem in der Kirchengeschichte oft mißbrauchten Schlagwort der »Trennung von Kirche und Politik« wurde mit den Reformgesetzen nicht eine loyale Trennung von Kirche und Staat durchgeführt, sondern eine totale Unterwerfung der Kirche unter den Staat und ihre völlige Ausschaltung aus dem öffentlichen Leben, vor allem aus dem Erziehungswesen[58].

Ein pseudoreligiöser Staatskult wurde errichtet, dem sich jeder Regierungsangestellte mit einem Eid verschreiben mußte. Begriffe wie »Konstitution«, »Gesetz«, »Staatspräsident«, »Vaterland« erhielten einen kultischen Nimbus, der noch heute in den Staatsschulen verbreitet wird, allerdings mit schwindendem Einfluß.

Einer der Gründe, warum der erste Bischof der Diözese Ciudad, Obregón, im Staat Sonora am 5. März 1967 von den Freimaurern ermordet wurde, ist die falsche Beschuldigung, er sei in die »Profanierung« einer Statue von Staatspräsident Benito Juarez durch Studenten mit verwickelt gewesen[59]. Noch heute wird bei allen Ziviltrauungen die »Epistel« von Melchior Ocampo wie ein liturgischer Text verlesen. Gegen diese dem Volk ohne Abstimmung aufgezwungene Konstitution kam es zu blutigen Unruhen, zunächst in einem dreijährigen Krieg, und dann, von 1874—1876, in dem Aufstand von 5 000 Männern, die vor allem im Staat Michoacan operierten und »Religioneros« genannt wurden[60].

Die Diskriminierung der Kirche und des Klerus hatte zur Folge, daß sich die Geistlichen wieder mit dem verarmten Volk solidarisch fühlten und besonders nach der Veröffentlichung der Enzyklika »Rerum Novarum« (1891) versuchten, die sozialen Weisungen von Papst Leo XIII. im Rahmen des Möglichen in Mexiko durchzuführen.

Jean Meyer schreibt über diese Zeit: »Die Anwendung christlicher Prinzipien in der Beziehung zwischen Arbeitgebern und Arbeitnehmern, zwischen Eigentümern und Bauern, Kapital und Arbeit war die hauptsächtliche Sorge der (mexikanischen) Bischöfe von 1900 an. Freilich bedeutete es auch eine Annäherung an die politische Herrschaft, die den Katholiken absolut entzogen war[61].« 1906 wurden in Guadalajara von Dr. Refugio Galindo die *»Operarios Guadalupanos«* gegründet, eine katholische Arbeiterbewegung, die sich unter den Schutz der Gottesmutter von Guadalupe stellte. Von dieser Bewegung wurde auch das von Friedrich Raiffeisen entwickelte System der Kooperation zum Schutz und Ausbau kleiner landwirtschaftlicher Parzellen übernommen. Vor allem war man bestrebt, dem Indianer zu helfen, der »in einer Insel von Elend und Unwissenheit lebt, und der sich selbst für unfähig hält, aus diesem Kreislauf moralischen und intellektuellen Elends auszubrechen[62]«. Aus diesem Blickwinkel muß auch das anhaltend schwere Problem des Alkoholismus gesehen werden.

In Oaxaca fand 1909 der vierte Kongreß zur Förderung der katholischen Soziallehre statt. Gerade im Raum Oaxaca, wo auch Papst Johannes Paul II. auf die »soziale Hypothek« jedes Eigentums hingewiesen hat und wo er »... die Stimme derer sein wollte, die nicht sprechen können oder zum Schweigen gebracht werden[63]...«, war damals »Proletarier und Indianer« ein und dasselbe. Diese Kongresse sind relativ wenig bekannt. Sie beweisen die Sorge der Kirche für die Lösung der sozialen Frage am Vorabend der Revolution. Im Gegensatz zu dieser Sorge steht die Interesselosigkeit der herrschenden Schichten zur Arbeiterfrage[64]. Das erste wirkliche Syndikat im modernen Sinne des Wortes wurde 1913 von P. Méndez Medina SJ gegründet, das den Namen »Confederación Católica del Trabajo« (CNCT) erhielt und das bald 100 000 Anhänger aufweisen konnte. Die Schulung der Arbeiter durch die CNCT und die Bildung des kleinen Landbesitzes nach dem genossenschaftlichen System wurde später durch den Leiter der staatlichen Einheitsgewerkschaft, Morones, im Auftrag von Präsident Obregón mit blutigen Methoden verhindert. »Die Regierungspropaganda, die Kirche sei im Bunde mit dem Großgrundbesitz, war schlicht unwahr. Die militanten Katholiken, die vom politischen Leben ausgeschlossen waren, bedrohten die Revolutionäre auf ihrem ureigensten Gebiet, dem der städtischen und ländlischen Arbeiter[65].«

Da »Rerum Novarum« die katholischen Laien aufruft, sich auch politisch zu betätigen, wollte die Bewegung der »Guadalupe-Arbeiter« nach dem Beispiel des »Zentrum« in Deutschland eine politische Partei gründen, um ihren sozialen Forderungen Nachdruck zu verleihen.

Durch den Sturz des Diktators Porfiro Diaz im Jahre 1911 schien sich in Mexiko tatsächlich ein demokratischer Durchbruch anzubahnen. Die vom Volk sofort gutgeheißene »Katholische Nationalpartei« bildete sich unter dem Leitwort: »Für Gott, Vaterland und Freiheit.«

In einem in Guadalajara im August 1911 verteilten Aufruf wurde u.a das Wort zitiert, das Windthorst im deutschen Wahlkampf benutzte: »Im öffentlichen Leben erreichen wir nichts ohne politische Aktivität ... Laßt uns alle an die Arbeit gehen, damit Christus in der Öffentlichkeit herrschen möge durch die Verbreitung sozialer Gerechtigkeit[66].«

Bei den wirklich freien und ohne Betrug durchgeführten Wahlen von 1912 errang die P.C.N. (Partido Católico Nacional) einen überwältigenden Erfolg. In den großen Bundesstaaten Jalisco und Zacatecas errang die Partei auf Anhieb die absolute Mehrheit. Gerade in diesen Staaten erhob sich dann auch die katholische Bevölkerung gegen die Freimaurerdiktatur von Calles! In Jalisco zählte man zugunsten der neuen Partei 43 000 Stimmen gegenüber 12 000 Stimmen aller anderen Parteien. Die Mehrheit der Stimmen errangen die Katholiken in Méxiko, D.F., Michoacan, Guanajuato, Queretaro, Puebla, Colima und Chiapas[67]. Das katholische Volk konnte zum ersten Mal seine politische Willensbildung öffentlich zum Ausdruck bringen. Was das Volk wirklich denkt und fühlt, kam dann zum zweiten Mal zu einem öffentlichen spontanen Durchbruch, als der Papst im Januar 1979 Mexiko besuchte.

Präsident Francisco Madero hat nach seiner Ernennung zum Staatspräsidenten im November 1911 diese demokratischen Wahlen und ihr Resultat gut geheißen. Am 23.2.1913 wurden er und sein Vizepräsident ermordet.

In dem ausgewogenen Urteil von Jean Meyer über den Mord und seine Folgen heißt es: »Der Sturz von Madero war ein fürchterlicher Schlag für die Kirche und den Katholizismus. In der ganzen Geschichte von Mexiko gab es keine freieren Wahlen als die von 1911 und 1912, die eben den Aufstieg des P.C.N. ermöglichten. Von der Demokratisierung des politischen Lebens hatte gerade die Kirche großen Nutzen[68] ...«

Was nun über die Kirche hereinbrach, bringen am besten die Klageworte des Psalmes 74 über den verwüsteten Tempel zum Ausdruck: »... Sie legten an dein Heiligtum Feuer, entweihten die Wohnung deines Namens bis auf den Grund. Sie sagten in ihrem Herzen: Wir zerstören alles[69] ...« Der protestantische Verfasser der »Geschichte des Christentums in Lateinamerika«, Hans Jürgen Prien, urteilt folgendermaßen: »Priestermorde, Kirchenschändungen, Vergewaltigungen von Nonnen, Vertreibung des Klerus, Plünderungen waren die äußeren Begleiterscheinungen eines Feldzuges gegen die römische Kirche, der gleichzeitig ein Feldzug gegen den christlichen Glauben war, wenn auch die Protestanten dabei ausgespart blieben[70] ...« Durch eine neue, dem Volk wiederum ohne Abstimmung aufgezwungene »Konstitution« wollte man der Kirche auch legal das Daseinsrecht absprechen. Für die *noch heute gültige Verfassung von Mexiko* waren nur die Anhänger der Revolutionspartei wählbar. Die P.C.N. und andere gemäßigte Parteien waren von der Wahl ausgeschlossen. Die Wahlbeteiligung lag bei etwa 5%. »Alle Deputierten waren ... radikal und antiklerikal ... Von Liberalität konnte in Wirklichkeit, was ihr Verhältnis zum Komplex Kirche und Staat betraf, nicht gesprochen werden. Vielmehr waren die Abgeordneten weder willig noch fähig, diese Schicksalsfrage Mexikos kühl abwägend zu betrachten[71].« Die am 5.Februar 1917 verkündete Verfassung spricht der Kirche die Rechtspersönlichkeit ab und entzieht ihr jede Möglichkeit, sich organisatorisch zu behaupten und zu entfalten (Artikel 130). Die totale Oberhoheit des Staates über die Kirche wird sanktioniert. Dem Staat gehören die Kirchengebäude, Seminarien, Ordenshäuser und Wohlfahrtseinrichtungen (Artikel 27). Der Staat bestimmt, welche und wie viele Priester eingesetzt werden dürfen, aber auch diese werden seit der Priesterweihe ihrer bürgerlichen Ehrenrechte beraubt (Artikel 130). Ordens- und Religionsgemeinschaften mit ewigen Gelübden werden lt. Artikel 5 ganz verboten[72]. Das gesamte Unterrichtswesen untersteht allein dem Staat; selbst in den von Eltern finanzierten Privatschulen darf im Namen der »Freiheit« kein Religionsunterricht erteilt werden[73].

Den besten Kommentar zu dieser »Verfassung« finden wir in der Enzyklika »Redemptor Hominis« in dem Kapitel »Menschenrechte: Buchstabe oder Geist«. Dort heißt es: »Schon seit der ersten Hälfte dieses Jahrhunderts, als sich verschiedene totalitäre Staatssysteme entwickelten ..., hat die Kirche ihre Haltung gegenüber diesen Regimen klar umrissen; denn diese handelten nur scheinbar im Interesse eines hohen Gutes, nämlich für das Wohl des Staates, während die Geschichte dagegen zeigen sollte, daß dies nur das Wohl einer bestimmten Partei war, die sich mit dem Staat identifizierte. In Wirklichkeit haben diese Regime die Rechte der Bürger eingeschränkt, indem sie ihnen die Anerkennung gerade jener unverletzlichen Bürgerrechte versagten, die um die Mitte unserer Jahrhunderts auf internationaler Ebene offiziell festgelegt und anerkannt worden sind ... Die Einschränkung der religiösen Freiheit von Personen und Gemeinschaften ... trifft vor allem die Würde des Menschen, unabhängig von der Religion, die einer bekennt[74].«

Aufgrund der schweren Verletzungen der Grundfreiheiten und der Menschenrechte in der Verfassung von 1917 wurde Mexiko nach dem Ersten Weltkrieg nicht in den Völkerbund aufgenommen[75].

Das katholische Volk und seine Bischöfe nahmen die vom Haß diktierte Intoleranz nicht hin. Mit Billigung des Papstes Pius X. weihte der Erzbischof Ruiz y Flores von Mexiko-Stadt am 6. Januar 1914 seine Erzdiözese und das ganze Land Christus, dem König. Die mit dem Bild der Mutter Gottes von Guadalupe geschmückte Landesfahne wurde mit Zepter und Krone zu Füßen einer Christkönigsstatue niedergelegt. Ähnliche Feierlichkeiten fanden in allen Diözesen Mexikos statt. Pius XI. hat 1925 für die ganze Weltkirche das Christkönigsfest aufgrund der beispielhaften Haltung der mexikanischen Kirche eingeführt[76]. Mit der Weihe an Christkönig nahm auch die Verehrung der Mutter Gottes von Guadalupe als »Hilfe der Christen« einen neuen Aufschwung. Bereits 1887 hatten durch die Initiative des Bischofs von Puebla einige Diözesen beschlossen, jährlich das Guadalupe-Heiligtum zu besuchen. Tausende von Katholiken kommen mit ihren Priestern Jahr für Jahr zu Fuß von Diözesen, die bis zu 200 Kilometer entfernt sind (Toluca, Puebla, Queretaro). In der Gesinnung der Buße ziehen sie betend und singend über die Straßen, auf denen die Revolutionstruppen plündernd und mordend einherzogen. Man schätzt die Gesamtzahl der monatlichen Pilger zum Heiligtum auf über 600 000, jedoch allein in den Tagen um den 12. Dezember steigt die Zahl auf vier Millionen Gläubige aus Stadt und Land.

Es ist heute einwandfrei nachgewiesen, daß die Bombe, die am 14. November 1921 in einem Blumenbukett vor dem Gnadenbild niedergelegt wurde und bei der Explosion ungefähr alles zerstörte, was sich in der Nähe des Gnadenbildes befand, auf Anordnung des Staatspräsidenten Obregón überbracht wurde[77]. In der neuen Basilika ist das von der Wucht der Explosion verbogene Bronzekreuz des Hochaltars ausgestellt. Wenn es Obregón auch sonst gelang, seine wirklichen und vermeintlichen Gegner durch heimtückische Gewaltakte zu beseitigen, so erreichte er in diesem Fall sein Ziel nicht. Das Selbstportät der Mutter Gottes erlitt nicht den geringsten Schaden, ja nicht einmal der Rahmen oder das Glas wurden beschädigt.

Über den blutigen Kampf, den Calles von 1926—1929 gegen die Kirche in Mexiko geführt hat, unterrichtet am besten das bereits mehrfach zitierte dreibändige Werk von Jean Meyer »La Cristiada«. Es zeigt u.a. den großen Einfluß der Freimaurerei, zu der alle kirchenfeindlichen Staatspräsidenten Mexikos gehörten. Unter der Parole »Defanatisierung« sollte die katholische Kirche Mexikos vernichtet werden. Von Präsident Portes Gil stammt das Wort: »In Mexiko sind der Staat und die Freimaurerei seit einigen Jahren ein und dieselbe Sache[78].«

In Erinnerung an seine Ausbildungszeit in Barcelona schreibt der mexikanische Jesuit Rafael Ramirez Torres: »Am 10.Oktober 1924 besuchte uns Pater General W. Ledochowski. Er sagte uns u.a. in aller Offenheit: ‚Die Kirche in Mexiko wird ohne ein Wunder nicht gerettet werden können. Die Internationale Freimaurerei hat ihre Zerstörung beschlossen.‘[79]« Der eigentliche Grund für den Aufstand der »Cristeros« muß in der Gläubigkeit der Landbevölkerung, vor allem von Zentralmexiko, gesucht werden. Diese Katholiken waren von der Volksfrömmigkeit und der Achtung vor dem geistlichen Stand geprägt. Treue zu Christus, der Kirche, ihren Traditionen und Festen war Wesensbestandteil ihres Lebens. Das 1926 erlassene Gesetz des Diktators, »Ley Calles« genannt, wollte die strikte Anwendung der antikirchlichen Gesetze von 1917 erzwingen und ihre Nichtbefolgung als kriminelles Delikt bestrafen. Durch Artikel 19 sollten die Geistlichen derart der Oberhoheit des Staates ausgeliefert werden, daß sie der Führung der Bischöfe, die zum größten Teil nach USA deportiert wurden, praktisch entzogen blieben. Maßnahmen zur Gründung einer schismatischen Nationalkirche hatte Calles bereits 1925 getroffen[80].

Gegen die »Ley Calles« wurden drei verschiedene Eingaben an die für den Einspruch zuständige Abgeordnetenkammer gemacht, eine von den mexikanischen Bischöfen. Die Antwort lautete, sie hätten kein Recht zum Einspruch, weil sie durch ihre Weihe (wie auch die Geistlichen) die bürgerlichen Ehrenrechte verloren hätten und zu »Untertanen des Vatikans« geworden wären. Unter den etwa sieben Millionen erwachsenen Katholiken, von denen die Mehrzahl in entlegenen Landgebieten nicht erreichbar war, wurden zwei Millionen Unterschriften gesammelt, um gegen das »Gesetz« zu protestieren. Zwar wurde der umfangreiche Unterschriftenband im Abgeordnetenhaus angenommen, der Empfang auch schriftlich bestätigt. Trotzdem wurde kurz danach behauptet, das Abgeordnetenhaus hätte diese schriftliche Willensäußerung nie erhalten. Mit derselben infamen Lüge wurde der Eingang eines dritten schriftlichen Protestes — diesmal von Professoren und Lehrern — geleugnet[81].

Als die Bischöfe ab 1.August 1926 im Einverständnis mit dem Vatikan alle Kulthandlungen in den total von Calles kontrollierten Kirchengebäuden einstellten, kam es bald zum Aufstand des katholischen Volkes. Die meisten mexikanischen Bischöfe haben 1926 und 1927 das Recht der Laien anerkannt, ihrer Gewissensentscheidung zu folgen, um sich gegen die ihnen vorenthaltenen Grundrechte zu wehren. Den Geistlichen wurde strickt verboten, an dem bewaffneten Aufstand teilzunehmen. »Die Fahnen der katholischen Notwehr ... zeigten überall das Bild der Königin. Sie wehte auf Bergen, in Schluchten, in geheimen Feldlagern und Nothospitälern. Zur Mutter Gottes stiegen täglich Gebete auf, damit sie durch ihre Hände zu Christkönig gelangen mögen. Das Rosenkranzgebet ging den Gefechten voraus und wurde nach dem Kampf verrichtet[82].«

Der großen Mehrheit der Cristeros kann man nicht absprechen, daß sie, aufgrund ihrer religiösen Überzeugung, wie die Makkabäer eher zu sterben bereit waren, als das Joch einer gottlosen Sklaverei anzunehmen. Die Soldaten kämpften und starben mit dem Ruf: »Viva Cristo Rey! Viva la Virgen de Guadalupe!«

Einige Bischöfe waren der Meinung, man hätte den bewaffneten Widerstand vermeiden sollen. Er brach einfach aus aufgrund der Volksfrömmigkeit, von der es im Dokument von Puebla heißt: »Die katholische Volksweisheit hat eine große Fähigkeit zur Lebenssynthese. So führt sie in schöpferischer Weise Göttliches und Menschliches, Christus und Maria, Geist und Leib, Gemeinschaft und Institution, Glauben und Vaterland, Verstand und Gefühl zusammen[83].«

Als die Hierarchie im Juli 1929 die »Cristeros« aufforderte, aufgrund der vom Staatspräsidenten feierlich zugesicherten Generalamnestie die Waffen niederzulegen, haben die meisten Offiziere und Soldaten sofort gehorcht, obwohl sie ahnten — was die Weltgeschichte immer wieder bestätigt hat —, daß das »Ehrenwort« eines gottlosen Führers nichts wert ist. Bis September 1929 hatten alle die Waffen niedergelegt. »Es kam zu einer wahren Mordorgie. 1929—1935 wurden 5 000 Cristeros gejagt und umgebracht, davon 500 Führer vom Leutnant bis zum General. Große Bitterkeit erfaßte die Herzen der ‚Cristeros', die den Sieg vor Augen zu haben glaubten, um den sie sich dann durch die Bischöfe betrogen fühlten[84].« In dem durch die Schuld von Calles entfesselten Bürgerkrieg sind nach Schätzung von Meyer ungefähr 100 000 Menschen auf beiden Seiten der kämpfenden Truppe ums Leben gekommen. Die Verluste unter der Zivilbevölkerung durch Hunger und Epidemien sind nicht abzuschätzen. Viele Priester und Laien, die mit der kämpfenden Truppe nichts zu tun hatten, wurden um ihres Glaubens willen ermordet[85]. Einige Seligsprechungsprozesse, wie der von P. Miguel A. Pro SJ, sind eingeleitet worden.

Auf der Ehrentafel des mexikanischen Abgeordnetenhauses prangt in goldenen Buchstaben der Name: Plutarco Elias Calles! Hans Jürgen Prien, gewiß ein unparteiischer Zeuge, schreibt: »Die Rebellion der Cristeros ist das in der lateinamerikanischen Geschichte einmalige Beispiel, daß sich die christlichen Volksmassen gegen den totalitären Anspruch einer Revolution erheben, die nur vorgibt, den Willen des Volkes zu verkörpern[86].«

Das Jahr 1931 war für den mexikanischen Katholizismus von großer Bedeutung. Vor 400 Jahren war Maria Juan Diego erschienen mit der Verheißung: »Ich will allen, die sich vertrauensvoll an mich wenden, meine Liebe, mein Mitleid und meine Hilfe erweisen.« Über eine Million Gläubige versammelte sich am 12. Dezember vor dem Heiligtum. Viele lateinamerikanische Staaten hatten Delegationen geschickt. Gleich nach den Jubiläumsfeierlichkeiten brach, entgegen dem feierlichen Versprechen der Regierung, eine neue Verfolgungswelle in den Bundesstaaten Veracruz, Tabasco, Chiapas und Yucatán aus. In Veracruz wurde ein Priester für hunderttausend Katholiken zugelassen. Gerade die Aufhebung der Kontrolle über den Einsatz der Priester durch den Staat und die Festlegung der Zahl der Priester, die in einem Regierungsbezirk arbeiten durften, war einer der Hauptpunkte für die Anerkennung des »Modus Vivendi« durch die Kirche.

In der Hauptstadt selbst wurde 1931 verordnet, daß nur 25 Priester in 25 geöffneten Kirchen für die damalige Gesamtzahl von einer Million Katholiken arbeiten dürften. Diese und andere Schikanen waren der Grund, daß Papst Pius XI. am 29. September 1932 an die Bischöfe von Mexiko das Rundschreiben »Acerba Animi« (»Mit bitterem Herzen«) schickte, in dem er seine ganze Enttäuschung über den Wortbruch der Regierung zum Ausdruck bringt, die, entgegen ihrem ausdrücklichen und feierlichen Versprechen vom Juni 1929, weder den freien Einsatz der Priester der Kirche überließ, noch in vollem Umfang die Kirchen, Seminarien und sonstige Gebäude zurückerstattet hatte.

Marienverehrung ist eine lebendige Erfahrung in der Geschichte von Lateinamerika, eine Erfahrung, wie es Papst Johannes Paul II. in Zapopan ausdrückt, die zu der diesen Völkern eigenen Identität gehört[86a]. Das katholische Volk weiß darum! In der katholischen Kirche findet es Maria. Die Marienfrömmigkeit war oft genug das unzerstörbare Band, welches solche Gemeinschaften fest mit der Kirche verband, die keine seelsorgliche Betreuung mehr erhalten konnten[86b]. Im Staate Tabasco hatte der atheistische Gouverneur Thomas Garrido Canabal vierzehn Jahre lang so gewütet, daß sämtliche Priester und Bischöfe ausgewiesen wurden, daß von den Kirchen und Altären kein Stein auf dem anderen blieb. Alles, was an heiligen Gebäuden bestand, wurde in Sportplätze umgewandelt. Es ist der Staat, von dem Graham Greene in seinem Roman »Die Kraft und die Herrlichkeit« berichtet.

Die Feinde der Kirche in Mexiko hatten und haben ein oberflächliches, von reinem Machtdenken geprägtes Bild der Kirche. Die Kirche als »Familie[86c]«, die geistige Mutterschaft der Kirche[87] ist ihnen ebenso fremd wie wahre Marienfrömmigkeit und die Ehrfurcht vor der Frau[88]. Am 30. Dezember 1934 schossen die Rothemden von Garrido auf dem Hauptplatz von Coyoacán auf Männer und Frauen, die aus der hl. Messe kamen. Vier Personen wurden getötet, darunter die 27jährige Katechetin Maria de la Luz Camacho.

Durch obligatorische atheistische Erziehung wurde eine sexuelle Verwilderung eingeleitet, die wohl der Hauptgrund für die hohe Zahl der unehelichen Geburten und Abtreibungen in Mexiko ist — mit all den daraus folgenden sozialen und wirtschaftlichen Problemen. Schnell ist man dann mit der plumpen Propaganda zur Stelle, die Kirche sei schuld an dem hohen Bevölkerungszuwachs. Tatsache ist, daß die geringe Zahl der religiös gefestigten und fleißigen Familien fast die ganzen Lasten für die Asozialen tragen müssen, die dann oft noch als »Arme« abgestempelt werden, für die sich die Kirche angeblich nicht genug einsetzt. Ohne Zweifel zählen die Asozialen zu den Armen. Die Frage ist nur, wer an ihrem Elend die Schuld trägt und wer der Erstverantwortliche ist, um unter Berücksichtigung der Grundrechte des Menschen und des Elternrechts eine Änderung der Verhältnisse einzuleiten.

Am 23. Januar 1935 erließ der damalige Erziehungsminister García Téllez eine Verordnung für alle Lehrer in Mexiko, die aus 6 Punkten bestand. Punkt 4 lautet: »Ich erkläre hiermit, daß ich weder die katholische Religion noch irgendeine andere praktiziere.« In Punkt 5 heißt es: »Ich verpflichte mich hierdurch, mit allen Mitteln die Glaubenslehren des katholischen Klerus und anderer Religionsgemeinschaften zu bekämpfen[86].« Den Kult von Rasse, Blut und Boden mit entsprechenden Angriffen gegen »artfremde« Elemente hat es nicht nur im Dritten Reich des Nazismus gegeben. Auf der Wand der Haupttreppe des Nationalpalastes von Mexika-Stadt werden in einem Gemälde von Diego Rivera die »Laster des Klerus« angeprangert und zugleich Hakenkreuz und Sowjetstern, brüderlich vereint, als Wahrzeichen für die kommende Größe des von allem religiösen Fanatismus befreiten Mexiko dargestellt.

Gewiß kann man davon ausgehen, daß seit 1945 mit Präsident Avila Camacho die systematische und blutige Verfolgung der Kirche in Mexiko ihr Ende fand. Aber das »Guadalupe-Ereignis« als ständiges Schenken wunderbarer Hilfe in Schwierigkeiten, die nach menschlichen Maßstäben unüberwindlich scheinen, bleibt aktuell. Einmal, weil die Kirche weiterhin ohne Rechtsschutz der Willkür einer Staatspartei unterworfen ist, die alle Machtstrukturen fest in der Hand hält und streng darüber wacht, daß besonders in dem sozialistisch ausgerichteten Erziehungssystem und in den Massenmedien keine freiheitlichen Kräfte zum Zug kommen[90]; zum andern, weil es in Mexiko nach der II. Lateinamerikanischen Bischofskonferenz von Medellin durch einseitig und ideologisch verfälschte Deutung der Texte zu innerkirchlichen Auseinandersetzungen kam, die der Kirche wahrscheinlich mehr geschadet haben als alle Angriffe der äußeren Feinde[91].

Vor allem unter einigen Ordenspriestern und den von ihnen betreuten Schwesternkongregationen kam es zu einer Identitätskrise, die zwar nachgelassen hat, aber noch nicht abgeschlossen ist[92].

Mit Recht heißt es in dem Dokument von Puebla: »Durch Maria hat Gott Gestalt angenommen, er begann, Angehöriger eines Volkes zu werden, er wurde zum Mittelpunkt der Geschichte. Maria ist das Verbindungsglied zwischen Himmel und Erde. Ohne Maria verliert das Evangelium seine Gestalt, wird es verzerrt und in eine Ideologie, in einen spiritualistischen Rationalismus verwandelt« (Nr. 301).

In seinem Artikel über »Puebla — Die Bedeutung der Konferenz für die Zukunft der lateinamerikanischen Völker« weist Joaquín Alliende Luco darauf hin, daß die 16 Dokumente von Medellin trotz vieler wertvoller Aussagen über die ganzheitliche Befreiung des Menschen Maria keinen eigenen Abschnitt gewidmet haben. Und doch sollten diese Aussagen einem Kontinent helfen, der vom Wesen her als marianisch bezeichnet werden kann. »Puebla hingegen bietet uns, gerade weil es die katholische Identität und die lateinamerikanische kulturelle Identität bestimmt, eine weite, reiche Reflexion über die Jungfrau Maria[93].«

Papst Johannes Paul II. wußte, warum er die dritte Vollversammlung der lateinamerikanischen Bischöfe mit dem Thema »Die Evangelisation in der Gegenwart und für die Zukunft Lateinamerikas« unter den Schutz der Jungfrau von Guadalupe stellte. Die wesentlichen Gedanken der Puebla-Konferenz sind im Guadalupe-Ereignis grundgelegt. »Comunión y Participación« — »Gemeinschaft und verantwortliche Mitwirkung« ist das Schlüsselwort für die meisten Dokumente. Gemeinschaft mit dem Gott der Offenbarung und den Spaniern konnten die Azteken nicht durch die gewaltsame Änderung der Lebensstrukturen finden. Das tiefe Gefühl für die Transzendenz, die natürliche Ehrfurcht vor dem Wirken göttlicher Kräfte, öffnete sich erst durch die mütterliche Hilfe Mariens für die Wahrheit der Frohbotschaft. Diese Wahrheit über Christus, über die Kirche und den Menschen wurde zur Quelle der lateinamerikanischen Volksfrömmigkeit, die Grundlage für die lateinamerikanische Kultur und deren echtes katholisches Substrat[94].

»Befreiende Evangelisierung für ein menschliches Zusammenleben, das der Kinder Gottes würdig ist«, entfaltete sich in Mexiko trotz mancherlei Versagens, während die weißen Einwanderer in USA die Indianer zunächst einfach ausrotteten[95].

Juan Diego, der unbekannte Laie aus dem neuen Volk Gottes, wurde von Maria zu verantwortlicher Mitwirkung erwählt. Apathie, Schweigen oder Flucht wäre Verrat an seiner Sendung gewesen. Er mußte vor dem Bischof seinen Mann stehen und durch das Vertrauen des Bischofs seinen Dienst an der Gnadenkapelle übernehmen.

Das Wunder und *seine Botschaft zeigen* in dem armen Indianer Juan Diego *den Wert des Einzelnen,* der vor Gott eben kein »weggeworfenes Stück Seil« und kein »weggewehtes Blatt« ist, sondern ein Bruder Christi, der, wie der erste »Juan« unter dem Kreuz, der Mutter anvertraut wurde. Die Mißachtung der Menschenwürde, der Würde der Frau, des Kindes, Zwangs-, Vettern- und Mißwirtschaft durch korrupte Politiker sind der Hauptgrund des Elends in Lateinamerika. Eine Kirche, die mit diesen Mächten paktieren würde, damit die Menschen in einem vom Einheitsstaat kontrollierten System »nur noch vom Brot allein« leben sollen, würde sich selbst aufgeben.

Das Gnadenbild Mariens zeigt beispielhaft die höchste Entfaltung der Einzelpersönlichkeit: die zum Lobpreis Gottes gefalteten Hände des Menschen, der für eine Ewigkeit in Liebe erwählt wurde.

Zugleich aber fordert Maria die *Eingliederung in die wahre Gemeinschaft*, die Gemeinschaft im Gotteshaus, im Gebet, die Gemeinschaft, die, wie beim ersten Pfingstfest, von oben aus der Kraft des Gottesgeistes gebildet wird. Durch diese Gemeinschaft wird der atheistische Liberalismus und Kapitalismus, der Götzendienst des Mammon überwunden.

Durch diese Gemeinschaft muß die »*Zivilisation der Liebe*[96]« entstehen, von der die lateinamerikanischen Bischöfe in ihrer Botschaft an die Völker Lateinamerikas sprechen (Puebla-Konferenz). Das von Papst Paul VI. geprägte Leitwort ist schon in dem Glückwunsch zu spüren, den dieser Papst 1970 den mexikanischen Bischöfen aus Anlaß des 75. Jahrestages der Krönung der Mutter Gottes von Guadalupe sandte: »Wir müssen unserem christlichen Leben eine fühlbare soziale Prägung geben. Niemand kann ruhig dahinleben, solange einer unserer Brüder leidet, Unrecht erduldet und nicht über das zum Leben Notwendige verfügt[97].« Dieser fast paradiesische Zustand wird freilich in dieser Weltzeit kaum eintreten, aber was der große soziale Papst richtig gesehen hat, ist die Gefahr einer allzu individualistischen, rein gefühlsmäßigen Marienfrömmigkeit, die sich nicht im Alltag bewährt.

Soziale Verantwortungslosigkeit ist in Lateinamerika nicht nur auf seiten der Politiker und Reichen zu finden, sondern es gibt auch eine tägliche Ausbeutung der Armen durch ihre eigenen Schicksalsgenossen, ganz zu schweigen von dem Elend des Alkoholismus, der mißbrauchten, ausgebeuteten Frauen, der von ihren Vätern verlassenen Kinder.

In seinem Glückwunschschreiben zum 450jährigen Jubiläum des Guadalupe-Ereignisses an die mexikanischen Bischöfe und Gläubigen vom 8. Dezember 1980 schreibt Papst Johannes Paul II.: »... Die Begegnung zwischen Maria und einem jeden von euch muß euch zu einer hochherzigen Nachfolge Christi aneifern, zur Annahme seiner ganzen Botschaft und zur Bereitschaft, authentische Zeugen seiner Liebe zu sein. Diese Liebe sieht in jedem Bruder, besonders in dem allerärmsten, in dem seiner Rechte beraubten und in dem an den Rand gestoßenen Mitmenschen wahrhaft das Antlitz Christi[98].«

Die Puebla-Konferenz begann mit der Eucharistiefeier in der Gnadenbasilika — sie wurde beendet mit der Eucharistiefeier am Abend des 13. Februar auf dem Sportfeld des Seminars von Puebla. Bischöfe, Klerus und Volk trugen Kerzen in der Hand und wurden zu Trägern und Zeugen einer der erhabensten Feierlichkeiten echter Volksfrömmigkeit in der Geschichte des Kontinents. Als Vertreter des Papstes legte Kardinal Sebastian Baggio den vorläufigen Schlußtext der Bischofskonferenz vor einem Gnadenbild der Jungfrau von Guadalupe nieder, die von ihm als *»Patronin von ganz Lateinamerika«* angerufen wurde. Der Jubel des Volkes wurde vom Kardinal mit der Begeisterung verglichen, die im Jahre 431 alle Teilnehmer des Konzils von Ephesus erfaßte, als sie, bei nächtlicher Feier mit Fackeln in der Hand, die Proklamierung der Konzilsväter des von Gott gewirkten Privilegs Mariens als »Mutter Gottes« vernahmen.

Nun wurde jeder einzelne Bischof aufgerufen, der als Vertreter der 22 lateinamerikanischen Bischofskonferenzen nach Puebla gekommen war. Einem jeden von ihnen wurde das Schlußdokument von Puebla ausgehändigt mit der Bitte, es in seinem Heimatland an der Maria geweihten Gnadenstätte darzubringen. Zweiundzwanzigmal wurde dieselbe Mutter des Herrn mit dem jeweils verschiedenen Namen des einzelnen Nationalheiligtums angerufen, und das ganze Volk antwortete, brüderlich vereint mit seinen Bischöfen, »Bitte für uns«, besonders inständig bei der Anrufung »Nuestra Señora del Cobre«, »Patronin von Kuba«. Daß die Zukunft, vor allem im zentralamerikanischen Raum, nicht leicht sein wird, war allen klar. Aber Lateinamerika hat für die Gegenwart und Zukunft sein Vertrauen auf die Hilfe derer gesetzt, die als »Hoffnungsstern der Evangelisierung« angerufen wird. Maria gibt uns die Verheißung: »ER wird die Mächtigen vom Throne stürzen.« Wer in der Gesinnung des »Magnificat« das Erbarmen Gottes preist und die Frohbotschaft in der Tiefe des Herzens aufnimmt, wird weder zum Handlanger und Folterknecht der Besitzenden, noch wird er die Hand zur Faust geballt erheben, um am Klassenkampf teilzunehmen.

Bei aller Notwendigkeit der prophetischen Anklage im rechten Augenblick lernt der Jünger Jesu von Maria, daß die betenden und selbstlos dienenden Hände den Sieg des Herrn vorbereiten, der die Seinen wie Schafe unter die Wölfe sendet (Lk 10,3).

Die Aussagen des Dokumentes von Puebla über die Rolle Mariens, daß das

»Evangelium stärker Gestalt annehme und mehr zum Herzstück Lateinamerikas werde«, schließen mit der zuversichtlichen Feststellung:

»Dies ist die Stunde Mariens, die Zeit eines neuen Pfingstfestes, an dem ihr mit ihrem Gebet die führende Rolle gebührt, zu einem Zeitpunkt, wo die Kirche unter dem Einfluß des Heiligen Geistes einen neuen Abschnitt ihrer Pilgerfahrt beginnt ...[99]«

Anmerkungen:

1 Verlautbarungen des Apostolischen Stuhls 5, »Predigten und Ansprachen von Papst Johannes Paul II. bei seiner Reise in die Dominikanische Republik und nach Mexiko« (Sekretariat der Deutschen Bischofskonferenz); S. 9 (wird auf den folgenden Seiten zitiert: »Joh. Paul II. in Mexiko«).

2 Ebda. S. 37.

3 Ebda. S. 67.

4 L'Osservatore Romano — Deutsche Wochenausgabe Nr. 6/7 S. 3.

5 Hirtenbrief der mexikanischen Bischofskonferenz vom 15.8.1978, »La presencia de Santa Maria de Guadalupe y el compromiso evangelizador de nuestra fe«, Ediciones Paulinas S.A. 1978, S. 10.

»Das Guadalupe-Ereignis kann und muß unserem Volk und dem Vaterland als wesentliche Grundlage der Evangelisation dienen, damit wir eine nationale und kirchliche Gemeinschaft aufbauen, die mehr dem Evangelium, der Gerechtigkeit und der Brüderlichkeit entspricht.«

6 Joseph Höffner, »Kolonialismus und Evangelium«, Paulinus Verlag Trier, 1972, S. 125.

»Der aztekische Götterkult, der ungefähr 260 Götter kannte, hängt in seinem Ursprung als Agrarritualismus mit der Verehrung der Naturkräfte zusammen. Sonne, Wind und Regen spielten eine bedeutende Rolle. Oberster Gott war der Sonnen- und Kriegsgott Uitzilopochtli, dem wohl die meisten Menschenopfer dargebracht wurden.«

7 Bernardino de Sahagún, »Historia General de las cosas de Nueva España«, »Codice Florentino«, Libro II, Capitulo I, hoja 3.

Am Frühlingsfest zu Ehren der Regengötter wurden Kinder auf dem Adlerberg bei Tlatelolco und auf dem »Nächtlichen Berg« bei Guadalupe geopfert, indem man ihnen die Brust aufschnitt.

8 Mariano Cuevas, »Historia de la Iglesia en México«, I, 110.

9 Den Widerstand der Aztekenpriester gegen die neue Religion charakterisierte Bernardino de Sahagún mit folgendem Ausspruch eines derselben: »Es genügt, daß ihr uns die politische und jurisdiktionelle Oberhoheit genommen habt. Was aber unsere Götter angeht, so sind wir bereit, zu sterben, ehe wir ihre Anbetung und den Dienst für sie aufgeben.« Vgl. »Coloquios de los Doce Primeros Misioneros de México«, Libro X, Capitula XXIX in »La Evangelización de los Indios« von Ezequiel A. Chávez, Editorial Jus, S. 22.

10 »Das Werk des großen Bischofs in den Jahren 1527—1531 ... kann man zusammenfassend charakterisieren als die Befriedung von zwei gegensätzlichen und sich feindlich gegenüberstehenden Rassen ... Zumárraga hat der Grausamkeit und der Habsucht der Konquistadoren Einhalt geboten, er hat die Zuneigung der Indianer gewonnen, er hat dem Mißbrauch der Kolonialverwaltung selbst unter Lebensgefahr Widerstand geleistet ...«

Alfonso Trueba, »Zumárraga«, 3. Ausgabe, Verlag Jus, México, 1960, S. 28. A. Trueba zitiert auch Joaquin Izazbalceta, »Fray Juan de Zumárraga«, cap. 8: »Nur die Kirche konnte damals die Stimme für den versklavten Indianer erheben, nur die Kirche konnte sie vor der Ausrottung bewahren, die sie bedrohte ...« Ebda. S. 28/29.

[11] Mit Empfehlung von Bischof Zumárraga konnte der Dominikaner Las Casas Karl V. persönlich von den Untaten der Spanier gegen die Eingeborenen berichten, besonders durch den Mißbrauch der »Encomiendas«. Der Kaiser ließ den Indienrat revidieren und die »Leyes Nuevas« herausgeben, die jede Art der Versklavung von Indianern für die Zukunft verhinderten.

Vgl. Richard Konetzke/Fischer, »Weltgeschichte«, Band 22, S. 189—191.

[12] S. 13, Abschn. 20.

[13] »Die Azteken brachten bei ihrer Einwanderung eine ... Erdgöttin mit, die Coatlicue (,Die mit dem Schlangenrock') hieß und die verderbenbringende Seite der Erde verkörperte, die alle Lebewesen beim Tode und alle Gestirne beim Untergang verschlingt.« W. Krickeberg u.a., »Die Religionen des alten Amerika«, S. 44, Kohlhammer Stuttgart 1961.

[14] »Maria vermittelt Juan Diego ihre Botschaft unter Anpassung an seine Umwelt, sein Denken und Sprechen ... Der ,einzig wahre Gott ist der Gott der großen Wahrheit', er ist auch ,der Eigentümer dessen, was sich nahe und ringsherum befindet'.

Die Erzählung beginnt mit dem lieblichen Gesang verschiedener Vögel und findet ihren Abschluß mit einer Fülle ausgesuchter Rosen. *,Blumen und Gesang'* aber sind für die Náhuatl-Welt Symbole dessen, was *sicher und wahr* ist.

Dazu kommt die Tatsache, daß die Sonne, Symbol Gottes, Maria in der ganzen Zeit umstrahlt, während sie ihre Botschaft bekannt gibt.« Hirtenbrief der mexikanischen Bischofskonferenz vom 15.8.1978, Abschn. 42.

[15] Documentario Guadalupano (Monumenta Historica Guadalupanensia num. 3) — México 1980, S. 23.

[16] Ebda. S. 29.

[17] José Luis Guerrero, »Flor y Canto del Nacimiento de México«, 2.Aufl., S. 246 (Fernando Fernández, México 1980).

[18] Doc. Guad., S. 31.

[19] Doc. Guad., S. 33.

[20] Mt 1,18—25; Lk 1,26—38; »Lumen Gentium« nn. 61, 63.

[21] Doc. Guad., S. 31.

[22] »So lastete denn auf dem altmexikanischen Menschen der Druck einer furchtbar ernsten, dunklen Religion. Er hat auch auf die Volkspsyche deutlich spürbar eingewirkt. Der altmexikanische Mensch offenbarte in seinem Familienleben ein edles, fast weiches Gemüt. Seine Religion hat ihm jedoch die fröhliche Sorglosigkeit genommen. Ein furchtbarer religiöser Ernst und ein tiefer pessimistischer Fatalismus ergriffen Besitz von ihm ...« Josef Höffner, »Kolonialismus und Evangelium«, S. 130.

[23] Doc. Guad., S. 36.

[24] Os 11,4; Is 49,15; Lk 13,34.

[25] Joh. Paul II. in Mexiko, S. 21, Nummer 8.

[26] Joh. Paul II. in Mexiko, S. 21, Nummer 9.

[27] Doc. Guad., S. 31.

[28] Doc. Guad., S. 33.

[29] Jer 1,4—10.

[30] Doc. Guad., S. 35. Für die Anerkennung der Echtheit von Privatoffenbarungen bleibt ihre Prüfung durch die zuständige kirchliche Instanz ein wichtiges Kriterium. Für das »Guadalupe-Wunder« gilt, was die Kirche für alle als glaubwürdig anerkannten Privatoffenbarungen festgestellt hat: Sie gehören nicht zu der mit dem Tode der Apostel abgeschlossenen endgültigen und öffentlichen Offenbarung. Deshalb kann kein Katholik zum Glauben an sie verpflichtet werden. Andererseits ist mit dem christlichen Gottesbegriff die Möglichkeit des Wunders gegeben. Der Bischof mußte prüfen, ob Maria durch die Vermittlung von Juan Diego in die Heilsgeschichte Mexikos eingreifen wollte. Juan de Zumárraga war sich darüber im klaren, daß in der Zeit großer Umbrüche auch die Gefahr von Halluzinationen und Visionen besteht. Das ganze Leben der Indianer stand ja unter dem Eindruck einer ständigen Kontrolle und plötzlichen Eingreifens übermenschlicher Mächte. Auch nach ihrer Taufe besuchten einige Indianer noch heimlich die früheren Kultstätten, ihre Wahrsager und Medizinmänner, und sie hatten zu Hause kleine »idolos«, d.h. Götzenbilder aus Ton und Stein, versteckt.

[31] Doc. Guad., S. 40.

[32] Doc. Guad., S. 41.

33 Lauro López Beltrán, »La Protohistoria Guadalupana«, Ed. Jus, S. 85/86.
34 Monumenta Historica Guadalupanensia, num. 2, »Juan Diego, el vidente del Tepeyac«, México 1979, S. 34.
35 »Stimmen der Weltkirche«, 8; herausgegeben vom Sekretariat der Deutschen Bischofskonferenz.
36 José Bravo Ugarte, »Cuestiones Históricos Guadalupanas«, Ed. Jus 1966, S. 100.
37 Fidel Chauvet O.F.M., »El Culto Guadalupano del Tepeyac«, Ed. Tradición 1978 México, D.F., S. 31—39 und S. 94.
38 An dem geheimnisvollen Gnadenbild wurden in den letzten 50 Jahren viele Untersuchungen vorgenommen. 1979 hat der bei der NASA angestellte Physiker Phillip Callahan das Bild mit infraroten Strahlen untersucht. Er kam zu dem Ergebnis, daß sich weder die Herstellung des Bildes noch seine Erhaltung physisch erklären läßt. Die Farbstoffe des Bildes sind so frisch, als ob es gerade erst gemalt worden wäre. Die aus Agavenfasern gewebte Oberfläche befindet sich in einwandfreiem Zustand, obwohl dieses Material normalerweise für die Erhaltung eines Gemäldes nur eine Lebensdauer von 20—30 Jahren hat. Ein schützender Lack wurde dem Bild niemals zugefügt. »Jueves de Excelsior« Año 57, Nummer 3046 vom 4. Dezember 1980, S. 10—11.

1976 wurde eine Schrift veröffentlicht von Carlos Salinas mit dem Titel »Descubrimiento de un Busto Humano en los ojos de la Virgen de Guadalupe« (Ed. Tradición 1976), in der behauptet wird, daß die Figur von Juan Diego in der Pupille des rechten Auges der Mutter Gottes sichtbar sei, wenn man die einer Augenuntersuchung entsprechenden optischen Geräte anwenden würde. Dieses Ergebnis muß als subjektiv angesehen werden. Ein einwandfreies wissenschaftliches Ergebnis liegt diesbezüglich nicht vor.

Ausführlich wird der ganze Fragenkomplex behandelt in dem Buch von Rafael Ramirez Torres SJ, »El Milagro«, Ed. Tradición 1980.
39 Antonio Pompa Y P., »El Gran Acontecimiento Guadalupano«, Ed. Jus 1967, México, D.F., S. 105—106.
40 Lauro López B., Album del LXXV Aniversario de la Coronación Guadalupana, Ed. Jus 1973, México, D.F., S. 390.
41 Joh. Paul II. in Mexiko, S. 93/94.
42 Apok 12,1.
43 Joh. Paul II. in Mexiko, S. 34.
44 Stehle, »Zeugen des Glaubens in Lateinamerika«, Grünewald, S. 68.
49 B. Bergöend SJ, »La Nacionalidad Mexicana y la Virgen de Guadalupe«, México, Jus 1968, S. 154—164.
50 Seit der zweiten Hälfte des 18. Jahrhunderts bestand der Brauch, den Namen »Guadalupe« für Jungen und Mädchen als Taufnamen auszuwählen. Nach Rettung von der Pestepidemie wurde Maria von Guadalupe zur Patronin der Stadt Mexiko erwählt. Die Kinder wurden ihrem Schutz anvertraut, und zwar im Sinne der Marienverehrung des hl. Luis Maria Grignon de Montfort: sich wie ein Sklave ganz Maria schenken und durch sie sich Jesus übereignen.

Siehe auch J. Lafaye, »Quetzalcóatl y Guadalupe«, México, Ed. España, S.A. 1977, S.383—392.
51 Mariano Cuevas, »Historia de la Iglesia en México«, Band V, S. 210ff.
52 Adolf W. Ziegler, »Das Verhältnis von Kirche und Staat in Amerika«, Mauz Verlag, München 1974, Band III, S. 77.
53 F. R. Planchet, »La Cuestión Religiosa en México«, México 1956, S. 66.
54 F. R. Planchet, ebda., S. 209.
55 »Stimmen der Weltkirche«, N. 8, Arbeitsdokument N. 1125; wird zitiert als »Pueblo-Dok.«.
56 Carlos Sánchez Navarro, »Miramón«, México 1945, S. 149—153.
57 José Gutierrez Casillas SJ, »Historia de la Iglesia en México«, S. 301.
58 Jean Meyer, »La Cristiada«, Siglo Veintuno Ed., S.A. México 1974, Band II, S. 27.
59 Wie Ziegler richtig erwähnt, ist der Hauptgrund der Ermordung in der Tatsache zu suchen, daß der Bischof im Staat Sonora, aus dem Calles und Obregón stammen, mutig für die Rechte Gottes, der Kirche und des einzelnen Menschen gegen die Staatswillkür eintrat. Die bezahlten Mörder wurden nach kurzen Haftstrafen wieder auf freien Fuß gesetzt. — Adolf W. Ziegler, ebda., S. 88.

[60] J. Meyer, ebda., S. 27.
[61] J. Meyer, ebda., S. 46.
[62] J. Meyer, ebda., S. 49.
[63] Joh. Paul II. in Mexiko, S. 72.
[64] J. Meyer, ebda., S. 51.
[65] Hans Jürgen Prien, »Die Geschichte des Christentums in Latein-Amerika«, Vanderhoeck und Ruprecht, Göttingen 1978, S. 955.
[66] J. Meyer, ebda., S. 59 — siehe auch »Puebla-Dok.« N. 507—530.
[67] J. Meyer, ebda., S. 61.
[68] J. Meyer, ebda., S. 66.
[69] Ps 74,7—8.
[70] Hans Jürgen Prien, ebda., S. 948.
[71] Peer C. Stanchina, »Das Verhältnis von Staat und Kirche in Mexiko«, Münchener Universitätsschriften Band 38, S. 11.
[72] Constitución Política de los Estados Unidos Mexicanos, Ediciones Botas, México 1964.
[73] Adolfo Christlieb I., »Monopolio Educativo o Unidad Nacional«, Editorial Jus, México 1962.
[74] »Verlautbarungen des Apostolischen Stuhles N. 6, Enzyklika ‚Redemptor Hominis'«, Sekretariat der Deutschen Bischofskonferenz, S. 39 und 41.
[75] J. Meyer, ebda., S. 108.
[76] J. Meyer, ebda., S. 92.
[77] José Gutierrez C., ebda., S. 389.
[78] J. Meyer, ebda, S. 373.
Wie unter dem Einfluß der Freimaurerei »Gesetze« in Mexiko fabriziert und dem Volk aufgezwungen wurden, zeigt auch das Buch von Félix Navarrete, »La Masonería en la Historia y en las Leyes de México«, Ed. Jus, S.A., México 1962.
[79] Rafael Ramirez Torres SJ, »Un Milagro«, Edit. Tradición, S.A. México 1980, S. 250.
[80] Joseph H.L. Schlarmann, »México, Tierra de Volcanes«, Ed. Porrua S.A., México 1969, S. 592.
[81] José Gutierrez C., ebda., S. 396.
[82] Rafael Ramirez T., ebda., S. 256.
[83] »Puebla-Dok.«, N. 448.
[84] H. Jürgen Prien, ebda., S. 961.
[85] Emil L. Stehle, »Zeugen des Glaubens in Lateinamerika«, ebda., S. 67.
[86] H. Jürgen Prien, ebda., S. 971.
[86a] »Puebla-Dok.«, Nr. 283.
[86b] »Puebla-Dok.«, N. 284.
[86c] »Puebla-Dok.«, N. 238.
[87] »Puebla-Dok.«, N. 288.
[88] »Puebla-Dok.«, N. 849.
[89] José Gutierrez C., ebda., S. 425.
[90] Peter H. Smith, »Los Laborintos del Poder«, El Colegio de México (Princeton University Press), 1981.
[91] B. Kloppenburg O.F.M., »Informe sobre la Iglesia Popular«, Ediciones Conferencia Episcopal Mexicana, México 1978.
[92] José Gutierrez Casillas, »Jesuitas en México durante el Siglo XX«, Ed. Porrua, S.A., 1981.
Vgl. auch François Françou SJ, »L'Evangele d'abord«, Editions du Centurion, Paris 1980.
[93] Internationale Katholische Zeitschrift Nr. 3/1980 (Mai/Juni).
[94] Siehe auch »Puebla-Dok.«, Nr. 412—414.
[95] Joseph Höffner, »Kolonialismus und Evangelium«, S. 178ff.
[96] »Dok. von Puebla«, S. 11—13.
[97] AAS LXII (1920), 682.
[98] Revista »Tepeyac«, Año VI, N. 120/121, vom 1. Januar 1981.
[99] »Puebla-Dok.«, N. 303.

Jerzy Likierski

Die »Schwarze Madonna« von Czestochowa (Tschenstochau)

— die Schutzpatronin und Königin Polens —

Der Katholizismus ist überall derselbe, wenn es um das Dogma, die Doktrin, die Struktur der Kirche und nicht zuletzt in gewissem Maße auch um die Liturgie geht.

In dem einen Katholizismus gibt es jedoch in den Lokalkirchen verschiedener Länder mannigfaltige, durch ihre geschichtliche und kulturelle Entwicklung bedingte Formen und Typen der Frömmigkeit.

Zu den Eigenarten des polnischen Katholizismus, der viel emotionaler und glaubenskräftiger ist als »die vom rationalistischen Denken geschwächte Kirchlichkeit des Westens[1]«, gehört eine subtile Gefühlsinnigkeit, die ihr Apogäum in der marianischen Frömmigkeit findet. Sie ist keine Apotheose eines Menschen. Die polnische marianische Religiosität führt durch Maria zu Christus und zeigt, daß »das volle katholische Leben seine Kraft aus Maria schöpfen muß, die im Mysterium Christi und der Kirche anwesend ist[2]«.

Der Mittelpunkt des polnischen Marienkultes ist das alte, ehrwürdige Bild, in aller Welt als das Bild der »Schwarzen Madonna« bekannt.

»Fundamenta eius in montibus sanctis.
Diligit Dominus portas Sion
magis quam omnia tabernacula Jacob.
Gloriosa dicta sunt de te, civitas Dei.«

Dieser Vers aus dem Psalm 87,1—3 eröffnet die heilige Messe zu Ehren der heiligen Jungfrau und Mutter Maria von Czestochowa an ihrem Fest am 26. August.

Czestochowa (Tschenstochau)! Gerade in dieser Stadt Polens hebt sich ein Hügel empor, »Jasna Góra« — der »Helle Berg« genannt. Es ist ein kleiner Hügel, aber zugleich der höchste Gipfel Polens, auf dem in einem Paulinerkloster seit 600 Jahren die »Schwarze Madonna« — die Königin Polens — thront. Dieser Berg begann im 14. Jahrhundert in einem Lande zu leuchten, das sich 966 durch die Taufe, zuerst des Herzogs Mieszko und seines Hofes und dann der ganzen Nation, dem Christentum öffnete.

Diese Nation fühlte sich von Anbeginn mit der Mutter des neuen Gottes verbunden. Ihr weihte sie die ersten Kirchen, zu ihr rief sie in ihrem berühmten, dem heiligen Wojciech — Adalbert — zugeschriebenen Marienlied »Bogurodzica«, das als erste polnische Nationalhymne gilt:

»Gottesgebärerin, Jungfrau,
von Gott verherrlichte Maria.
Wunderbare Mutter,
erflehe uns die Gnade deines Sohnes, des Herrn.
Kyrie eleison.«

Den Grundstein zu einem Zentralpunkt des marianischen Kultes legte der schlesische Fürst aus der polnischen Dynastie der Piasten, Wladyslaw Opolczyk (Ladislaus von Oppeln), der 1382 in Czestochowa ein Kloster für den Paulinerorden stiftete[3] und ihm eine alte, aus Ruthenien gebrachte Ikone der Mutter Gottes mit dem Kinde Jesu schenkte[4].

Das Kloster, das schon 1388 Jasna Góra — der »Helle Berg« — genannt wurde[5] und sich rasch zum geistigen Zentrum Polens entwickelte, verdankt seinen Ruhm gerade diesem Bild, das sich auf dem »Hellen Berg« wahrscheinlich seit seinen Anfängen, nachweislich jedoch erst seit dem 31.1.1384 befindet[6].

Die Geschichte dieses Bildes ist ungewöhnlich und mysteriös. Trotz seiner enormen Popularität und vieler ihm gewidmeter Forschungen bleibt seine genaue Herkunft und Entstehungszeit bis heute unklar. Es ist bestimmt nicht von der Hand des heiligen Lukas auf der Platte des Tisches Mariä gemalt worden, wie es die in der »Translatio tabulae Beatae Virginis, quam sanctus Lucas depinxit propriis manibus[7]« überlieferte Legende will.

Dieser Legende nach wurde die Ikone von Jerusalem nach Konstantinopel gebracht und dort vom Kaiser Konstantin einem ruthenischen Fürsten namens Lew geschenkt. In Ruthenien mit Gold und Edelsteinen geschmückt, wurde sie bald durch zahlreiche Wunder berühmt.

Die während des Krieges in der Burg Belz (in der heutigen Ukraine) versteckte Ikone fand der Piastenfürst Wladyslaw Opolczyk, und nach weiteren Wundern schenkte dieser sie dem von ihm gestifteten Paulinerkloster in Czestochowa. Das einzige historisch Beweisbare an dieser Geschichte ist die Person des Fürsten und seine Stiftung. Trotzdem ist sie ein Zeugnis für die sehr frühe Verehrung des Bildes der »Schwarzen Madonna« durch die zahlreichen Pilger, die nicht nur aus dem damaligen Polen, sondern auch aus dem benachbarten Ausland kamen.

Die Historiker sind der Meinung, daß der Urtext der »Translatio« sicherlich bis zum Jahre 1430, aber nicht vor dem 24.2.1393 niedergeschrieben wurde[8].

Die verschiedenen, in ihr enthaltenen Zeugenaussagen sind ein wichtiger Hinweis, daß man schon damals das Geheimnis der Geschichte der wunderbaren Ikone zu erklären versuchte.

Auch die modernen Kunsthistoriker können das Rätsel der Ikone nicht eindeutig lösen. Weder die stilistische noch die ikonographische Analyse können dabei helfen.

Die stilistische Analyse ist hilflos, weil das Bild im Jahre 1434 übermalt wurde. Die ikonographische, unter der fast sicheren Voraussetzung, daß die Übermalung getreu nach dem Original vorgenommen wurde, kann nur zu der Feststellung führen, daß sein Prototyp die byzantinische Ikone war, die man seit dem 5. Jahrhundert in Konstantinopel, im Stadtteil ton hodegon, verehrte, wo die Schiffslotsen und Hafenarbeiter wohnten[9].

Diesen Typ der Madonna mit dem Kind, das in der linken Hand eine Schriftrolle bzw. ein Buch hält, hat man deswegen Hodegetria genannt.

Der konstantinopolitanische Prototyp der Hodegetria wurde 1453 während der Eroberung der Stadt durch die Türken zerstört. Es bleiben jedoch verschiedene Versionen und Kopien, deren berühmteste in der christlichen Welt die Madonna Salus Populi Romani in der Capella Paolina der römischen Basilika Santa Maria Maggiore und die Mutter Gottes von Tschenstochau sind. Die letzte konnte in der langen Periode zwischen dem 6. und 14. Jahrhundert entstanden sein. Ungeklärt bleibt auch, wo das Bild gemalt wurde. Manche Kunsthistoriker sehen seinen Entstehungsort im Osten, die anderen erklären sich für Italien, Ungarn oder die Tschechei.

Sicher ist, daß sich die »Schwarze Madonna« mindestens seit 1384 auf Jasna Góra befindet, und daß dort im Jahre 1430 ein Ereignis stattfand, das über ihre heutige Gestalt entschied.

Nach der »Historia Polonica« des polnischen Chronisten und Historikers aus dem 15. Jahrhundert, Jan Dlugosz, überfiel 1430 eine Schar von Räubern, die mit der hussitischen Bewegung verbunden war, das Kloster auf Jasna Góra, raubte seine Schätze und beschädigte die Ikone. Sie wurde auf den Boden geworfen und zerbrochen; das Gesicht der Mutter Gottes wurde mit dem Schwert durchstochen[10].

Die Paulinermönche brachten 1433 das beschädigte und profanierte Bild nach Krakau, um es dem König Wladyslaw Jagiello zu zeigen[11], [12].

Die Hofmaler des Monarchen, der die byzantinische Malerei favorisierte, versuchten, die Ikone more graeco zu restaurieren. Der Versuch scheiterte. Erst danach anvertraute man die Ikone den westeuropäischen — »Kaiserlichen«, wie man damals zu sagen pflegte — Malern. Nach dem ersten mißglückten Vorhaben gelang ihnen die Restaurierung beim nächsten Versuch.

Auf den Brettern des alten Bildes — überzeugt, daß sie aus dem Tische der Heiligen Familie aus Nazareth stammen — wiederholten die Künstler die Malerei der Gesichter der Madonna und des Kindes Jesu nach dem zerstörten Original. Übrigens sind die drei Bretter nicht — wie die Legende überliefert — aus Zypressen-, sondern aus Lindenholz. Ikonographisch gesehen war es weiterhin die Hodegetria, aber mit stilistischen Mitteln der westeuropäischen Kunst der ersten Hälfte des 15. Jahrhunderts dargestellt.

Weil sich aber die Gläubigen in den drei Jahren, die die Renovierung von der Zerstörung des Bildes trennten, an die Narben auf dem Gesicht Mariä gewöhnt hatten, erhielten die Künstler diese Narben durch neugemalte zinnoberfarbene Striche auf der rechten Wange und dem Hals. So entstand ein Bildnis, das so symptomatisch ist für die polnische Kultur und Geschichte. Sein Gehalt ist byzantinisch, seine Form westeuropäisch[13]. Habent sua fata verbi, habent sua fata imagines.

Im Lichte des Glaubens an die göttliche Vorsehung ist es anzunehmen, daß ein Land, das wegen seiner geopolitischen Lage zur Drehscheibe zwischen dem Osten und dem Westen wurde, nicht zufällig eine solche Königin und Mutter bekommen hat.

Die Tschenstochauer Ikone hat das Maß von 82,2x122,2 cm[14] und stellt Maria mit dem Kind Jesu auf dem linken Arm dar. Auf dem Gesicht und am Hals haben tiefe Narben ihre Spuren hinterlassen. Die Karnation des Gesichtes ist braun und vergleichbar mit der Färbung eines gebrannten Weizenkorns. Der dunkelblaue Mantel und das Kleid der Muttergottes sind mit goldenen stilisierten Lilien verziert. Über der Stirn schmückt ein Stern den in Falten gelegten Schleier. Das Kleid des Kindes Jesu ist karminrot und mit goldenen Motiven der stilisierten aufgeblühten Lilie geschmückt. In seiner linken Hand hält das Kind Jesu ein reich verziertes Buch; die rechte erhebt es zum Segnen. Die Häupter der Mutter und des Kindes sind von goldenen Aureolen, die in die vertiefte Oberfläche des Holzes hineingemalt wurden, umrahmt.

Die länglichen Augen der Mutter Gottes blicken stets direkt auf den Beschauer, ganz gleich, aus welcher Perspektive er sie ansieht.

Diese Augen sind traurig, aber zugleich liebevoll — die Augen der Mutter. So empfindet das gläubige Volk Polens, das in seiner ganzen Geschichte in Mariä seine Mutter, Schutzpatronin und Königin sah. Zu ihr pilgerten Tausende und Abertausende: Adelige, Bauern und Bürger.

Von ihrem Bild aus zogen die Heerführer auf die Schlachtfelder, besonders, wenn es um die Verteidigung Polens und Europas gegen die Türken und Tataren ging (Polonia — antemurale Christianitatis). So zum Beispiel bat König Jan III. Sobieski um ihre Hilfe, bevor er 1683 bei Wien die Armee des türkischen Wezyren Kara Mustafa besiegte. Ein Zeichen des Dankes für die empfangenen Gnaden sind die zahlreichen, verschiedenen Vota, die sich auf dem Altar der Gnadenkapelle und in den Schatzkammern befinden. Ein besonderer Ausdruck der Dankbarkeit und Liebe sind die prächtigen Kleider, mit denen das Bild immer wieder zu verschiedenen Anlässen geschmückt wird. Das sogenannte Diamantenkleid aus der ersten Hälfte des 16. Jahrhunderts oder das Rubinkleid aus derselben Zeit sind echte Kunstwerke und Sammlung der Juwelen vom 15. bis 20. Jahrhundert.

Ein epochales Ereignis in der Geschichte des Jasna Góra und des ganzen Polens ist die heroische Verteidigung des Klosters in der Zeit der schwedischen »Sintflut«.

Die Armeen des Königs Carl X. Gustav, der durch die Eroberung des katholischen Polens ein imperium balticum protestanticum errichten wollte, besetzten in kurzer Zeit das ganze Land. Posen, Warschau, Krakau fielen in die Hände der Aggressoren. Nur ein Kloster widersetzte sich der fremden Macht. Über 3 000 erfahrene Söldner, unter General Burchard Müller, standen vor Jasna Góra, den sie Hühnerstall nannten. 160 Männer aus der Umgebung, überwiegend direkt vom Pflug gekommen, 20 Adelige mit ihren Dienern, eine kleine Schar von Frauen und 70 Mönche verteidigten im Kloster unter der Führung des Priors Augustyn Kordecki die Freiheit der Religion und des Landes.

Die Belagerung, von Kordecki in »Nowa Gigantomachia« (Neue Gigantomachia) beschrieben, dauerte vom 18. 11. bis zum 26. 12. 1655 und endete mit der Niederlage und dem Rückzug der Schweden. Der Sieg wurde dem besonderen Schutze der »Schwarzen Madonna« zugeschrieben und bewirkte einen allgemeinen Aufstand des ganzen Volkes gegen die Schweden, die seine Mutter entehren wollten. Infolgedessen wählte der polnische König Jan Kazimierz am 1.4.1656 in Lwów (Lemberg) in feierlichem Gelübde Maria zu seiner Patronin und zur Königin Polens. Er versprach zugleich, nach Beendigung des Krieges alle Kräfte zu verwenden, um das Volk von den ungerechten Lasten und der Unterdrückung zu befreien.

Seit dieser Zeit nennt man Maria die Königin Polens.

Am 8.9. 1717 wurde die Tschenstochauer Ikone als eine der ersten Marienbilder der Welt mit den päpstlichen Kronen gekrönt.

Die religiöse Bedeutung der Mutter wurde mit der politischen — der Königin — zusammengeknüpft. Das erwies sich als besonders wichtig in der Zeit, als Polen zwischen Preußen, Rußland und Österreich geteilt und von der Karte Europas ausradiert wurde. Sie, und nicht die fremden Herrscher, blieb die Königin der ganzen Nation. Ihr Kloster wurde zur geistigen Hauptstadt aller getrennten und geknechteten Polen. Mit ihr lebten sie. Ihr Gesicht leuchtete auf den Bannern der Freiheitskämpfer. Ihr Bild wurde als die größte Heiligkeit in die sibirische Verbannung mitgenommen. Sie wurde von allen Okkupanten als ihre gefährlichste Gegnerin und als größte Revolutionärin bekämpft.

Ihre Rolle in der Geschichte der polnischen Nation kommt nicht nur im Lob der dankbaren Polen zum Ausdruck. Wenn man ihrer, wie man öfter sagt, exaltierten Frömmigkeit mißtraut, wird man mit der Aussage jenes nüchternen Mannes, der von Hitler noch in das besiegte und besetzte Polen als Generalgouverneur gesandt wurde, konfrontiert. Hans Frank schrieb in seinem Tagebuch unter dem Datum 2.03.1940: »Als alle Lichter für die Polen schon erloschen waren, blieb noch die Heilige von Tschenstochau und die Kirche.«

Eines besonderen Studiums verlangt die Geschichte des polnischen Millenniums und ihres Initiators, des vor einem Jahre verstorbenen Kardinals Wyszynski.

Nach einer neunjährigen Vorbereitung, am 26.8.1956 auf Jasna Góra, erneuerten der polnische Episkopat und das Volk das Gelübde des Königs Jan Kazimierz. Eine Million Pilger aus ganz Polen wiederholte die Erwählung Mariä zur Mutter und Königin Polens, schwor ihr die Treue und betete für den Autor des Textes — den Kardinal Wyszynski, der, zu der Zeit interniert, die Früchte seiner heroischen Liebe und Arbeit nicht erleben konnte.

Sofort nach den Feierlichkeiten begann die Kopie des Gnadenbildes durch das Land zu pilgern, um jede Pfarrei zu besuchen, das Volk religiös und moralisch zu erneuern und so in das zweite Jahrtausend zu führen.

»Der Sieg, wenn er kommt, wird Ihr Sieg sein«, prophezeite 1948 der sterbende Kardinal August Hlond.

Kardinal Wyszynski sagte: »Alles habe ich auf Maria gesetzt.«

Hodegetria — die Wegweisende! Welche andere Madonna könnte die Mutter und Königin jenes Volkes sein, das, von den einen Mächten bedrängt und von den anderen verlassen, ständig neue Wege suchen muß, um seine nationale und religiöse Identität nicht zu verlieren?

Jedes Jahr, am 3.Mai, dem Fest der Königin Polens, das die Polen seit 1920 in Freude und Dankbarkeit feiern dürfen, betet das Marienvolk:

»Allmächtiger und barmherziger Gott!
Zur Verteidigung unserer Nation
hast du uns in der heiligen Jungfrau Maria
eine wunderbare Hilfe gegeben.

Gib, daß wir unter solchem Schutz
in diesem Leben kämpfend, in der Todesstunde
einen Sieg über den arglistigen Feind erringen.«

Anmerkungen

[1] Walter Nigg, Maximilian Kolbe, Herder, Freiburg-Basel-Wien, S. 9.
[2] Aus der Rede von Stefan Kardinal Wyszynski an den Heiligen Vater bei der Audienz für die Polen am 18.10.1971, anläßlich der Seligsprechung Pater Kolbes.
[3] Czerwień Henryk, Fundacja Klasztoru Jasnogórskiego, in: Panno Swieta co jasnej bronisz Czestochowy, S. 64f, Paris 1981.
[4] »Praefatus quoque dux Opoliensis imaginem Beatae Mariae Virginis, quam in Russia casualiter absconditam reperierat, eidem loco donat« — Dlugosz Jan, Catalogus episcoporum Cracoviensium in Opera omnia, Bd. 1, S. 419, hrsg. von Przezdziecki A., Kraków 1887.
[5] Jabloński Zachariasz, Kalendarium Jasnogórskie, in: Panno Swieta, S. 8, Paris 1981.
[6] Jabloński Zachariasz, ebda., S. 8.
[7] Manuscript II 19 im Archiv von Jasna Góra, publiziert von Szafraniec Sykstus in der Zeitschrift Archiwa, Biblioteki i Muzea Koscielne, T. 1, 1960, S. 196—204.
[8] Czerwien Henryk, Obraz Matki Boskiej Czestochowskiej, in: Panno Swieta, S. 52.
[9] Pasierb Janusz, Skarby Jasnej Góry, Warszawa, S. 6.
[10] Mikolaj z Wilkowiecka, Historya o Obrazie w Czestochowie Panny Maryey, Kraków, circa 1568.
[11] Rysiński Piotr. Historia pulchra et stupendis miraculis referta imaginis Mariae, Kraków 1523 oder 1524.
[12] Goldonowski Andrzej, Diva Claromontana, Kraków 1642.
[13] Pasierb Janusz, Skarby Jasnej Góry, Warszawa, S. 8.
[14] Kozlowski Rudolf, Historia Obrazu Jasnogórskiego w swietle badan technologicznych i artystyczno — formalnych in: Roczniki Humanistyczne 20: 1972, Heft 5, S. 5—46.

Leo Scheffczyk

Marienlehre und Marienfrömmigkeit bei Petrus Canisius als Beispiel nachreformatorischer Marienverehrung in Deutschland

Petrus Canisius († 1597), »der zweite Apostel Deutschlands«, der nach der Reformation zur Wiederbelebung von Glauben und Kirche in einer über drei Jahrzehnte währenden Tätigkeit Entscheidendes beitrug, darf auch in der Entwicklung der Marienlehre wie der Marienfrömmigkeit Deutschlands einen hervorragenden Platz beanspruchen. In einem Zeitalter, das nicht ohne Berechtigung als »mariologisch im ganzen armes Jahrhundert[1]« ausgegeben wird und von dem es heißt, daß sich die in ihm betriebene Mariologie »nicht von der voraufgegangener Jahrhunderte unterscheidet[2]«, bedeutet das Werk des Canisius »De Maria Virgine incomparabili[3]« »den einzige(n) bedeutende(n) mariologische(n) Impuls[4]«.

Dies erscheint freilich in mancher Hinsicht verwunderlich; denn der Gefährte des hl. Ignatius von Loyola, der unverbrüchlich an der Tradition festhielt und keinerlei Originalität anstrebte, der in dem genannten Hauptwerk zunächst nur eine apologetische Bewahrung des überlieferten Marienglaubens intendierte[5], schien von diesen Voraussetzungen her nicht sonderlich geeignet, einen zeitenüberdauernden Ausdruck mariologischen Denkens und marianischer Frömmigkeit zu kreieren. Aber ähnlich wie bei seinen Katechismen, war es gerade die relative Einfachheit der Darstellung, die Schlichtheit und doch von einem Ton der Wärme getragene Sprache und der mit einer gewissen Nüchternheit auf das bleibend Katholische dringende Sinn[6], der dem mariologischen Werk des Canisius den Charakter einer besonderen Eigenständigkeit verlieh, so daß es die Zeiten überdauerte und einen besonderen Typ marianischen Denkens im Ursprungsland der Reformation ausbildete.

Dem ist hinzuzufügen, daß der apologetisch-antireformatorische Zug, der dem Werk als Zeiterscheinung selbstverständlich eignete, sein Überdauern deshalb nicht hinderte, weil die Haltung der Verteidigung nicht einseitig polemisch und eristisch bestimmt, sondern mit einer positiven Ausrichtung verbunden war, so daß auch bei der Zurückweisung der antikatholischen Positionen weniger die rechthaberiche Überwindung des Gegners den Ton bestimmte als vielmehr die Erkenntnis und Darstellung der Wahrheit. Für den Charakter dieser Auseinandersetzung ist es nicht untypisch, daß Canisius in seiner Argumentation auch positive Beweisstellen aus den Werken der Reformatoren und reformatorischer Theologen heranzieht[7], was erstlich freilich auf den Erweis ihrer nicht ganz eindeutigen Haltung gegenüber dem Mariendogma zielt, andererseits aber auch als Feststellung eines immer noch vorhandenen Konsenses angesehen werden darf.

In diesem Zusammenhang verdient auch ein biographischer und religiös-charakterologischer Zug Beachtung, der die Person, aber daraufhin auch das Werk des Heiligen bestimmte: seine in einer Vision (in der er den Segen Marias empfing) erfahrene besondere Sendung[8] für die Kirche Deutschlands prägte in ihm eine besondere Art apostolisch gewendeter Frömmigkeit aus, die alles Eigene und Subjektive zugunsten der Sache des Glaubens, der Kirche und der Ehre Gottes zurücktreten ließ. Diese grundsätzliche Vorentscheidung durchdrang auch den Geist seines Werkes, dessen unprätentiöse Art auf Dauer mehr überzeugen mußte als der Glanz wissenschaftlicher Erudition und sprachlicher Eloquenz (die übrigens das Werk des humanistisch gebildeten Heiligen gelegentlich auch erreichte).

I. Der allgemeine Charakter des mariologischen Denkens auf dem Hintergrund der Zeit

Das Werk des Petrus Canisius »De Maria Virgine incomparabili et Dei Genetrice sacrosancta« war zunächst als eine im päpstlichen Auftrag zu verfassende Gegenschtrift gegen die Magdeburger Centuriatoren gedacht, die freilich, nach einem bestimmten Auswahlprinzip vorgehend, nur der Darstellung der Hauptpersonen der biblischen Geschichte gewidmet sein sollte (Johannes der Täufer, Maria, Petrus, Paulus, die Apostel Johannes und Jakobus), um sie der protestantischen Kritik zu entziehen und ihr das wahre Gesicht dieser Zeugen des Glaubens und der Bedeutung ihres Werkes gegenüberzustellen. Dieser ursprünglich gehegte weiträumige Plan mußte zwar von dem immer wieder über die Schwierigkeiten der gedeihlichen Verbindung von Seelsorge und wissenschaftlicher Arbeit klagenden Autor aufgegeben[9] und auf die ersten beiden Teile begrenzt werden.

Von der ursprünglich festgelegten Struktur her blieb aber dem mariologischen Werk der geschichtlich-biographische Zuschnitt erhalten, der eigentlich nach Art eines »Marienlebens« gestaltet war, in welches freilich alle wichtigen dogmatischen Gehalte und marianischen Wahrheiten Aufnahme fanden. Das läßt auch die Abfolge der fünf Bücher deutlich erkennen, die grundsätzlich dem geschichtlichen Leitfaden des Marienlebens folgen und, mit Mariens Abstammung (hier schon die Unbefleckte Empfängnis einbeziehend) und ihrem Jugendleben beginnend, nacheinander ihre Jungfräulichkeit, ihre Gottesmutterschaft, ihr Auftreten in den Evangelien und ihr Fortleben im Himmel wie in der Verehrung der Kirche behandeln.

Aus dieser Zusammenführung der Perspektiven ergibt sich ein Geflecht von geschichtlicher Darstellung und theologisch-systematischer Erklärung, das in dieser Weise kein genaues Vorbild in der Vergangenheit besaß. Mit Recht konnte deshalb der Autor in einem Brief[10] die Behauptung aufstellen, daß die von ihm gewählte Behandlung der Mariologie (die natürlich in Bezug auf den inneren Zusammenhang der Inhalte, in Bezug auf den Fluß der Darstellung und auf die gewünschte Konzentration auch ihre nachteiligen Folgen zeitigte) keine namhaften Vorgänger und Vorbereitungen besitze. Unter dieser Rücksicht darf dem Autor und seinem Werk sogar eine gewisse Originalität zugesprochen werden, die dadurch näher gekennzeichnet ist, daß die marianische Wahrheit in einen Geschichtsverlauf eingefügt ist, der ihr den Anschein theoretischer Abstraktheit nimmt und sie an dem lebendigen Charakter einer heilsbedeutsamen Geschichte teilnehmen läßt.

Diese innere Lebendigkeit, die gelegentlich auch den warmen, gehobenen Ausdruck der Sprache durchstimmt[11] (die sich freilich bis zu glühender Verteidigungsrede steigern kann), wird durch ein anderes, noch wesentlicheres Moment maßgeblich bestimmt, welches in der persönlichen Ergriffenheit des Autors von seinem Gegenstand gelegen ist, wie auch in der verehrungsvollen Grundhaltung ihm gegenüber, d.h. in dem Grundton der marianischen Frömmigkeit, der das Ganze wie eine innere Form beseelt. Wie stets im Umkreis dieser Zeit, sind hier Marienlehre und Marienfrömmigkeit noch nicht voneinander getrennt. Deshalb läuft das fünfteilige Werk, das H. Grisar in seinen Ausmaßen als »gigantisch« bezeichnet hat[12], nicht nur in die Erörterung der Marienverehrung aus, sondern es ist durchgehend auf diesen Ton gestimmt, was etwa der bekenntnishafte Satz ausweist: »Ich würde mich gern den Gegnern hingeben, auch für Maria erwürgt zu werden[13].« Zutreffend bemerkt dazu ein protestantischer Dogmenhistoriker: »So zeigt das Wort, wie er sein Leben und Schaffen ganz der Jungfrau geweiht hatte[14].«

Aus der Marienlehre des Canisius bestätigt sich so eine für die nachreformatorische Epoche charakteristische Eigenheit, die man ihren »homologetischen« Zug nennen kann. Dies besagt, daß hier die wissenschaftlich-lehrhafte Aussage mit dem Bekenntnis des Glaubens eng verbunden auftritt und daß der Autor eine Art von »knieender Theologie« betreibt, in welcher die Glaubenserkenntnis mit der Verehrung und Hingabe gänzlich in Einklang steht und die Theologie mit der Frömmigkeit zusammenklingt. Diese nachreformatorische Mariologie wollte nicht nur die theoretische Marienlehre verteidigen und konsolidieren, sondern darüber hinaus auch die marianische Frömmigkeit wiederbeleben[15]. So eignet ihr ein gewisser affektiver Zug, der auch das Gemüt des Lesers ansprechen und das Herz ergreifen möchte.

Mit der Bezugnahme auf die zeitnahe gegenreformatorische Situation und auf die persönliche Betroffenheit des Autors von dem einzigartigen »Gegenstand« stellt sich auch ein Moment ein, das dieser marianischen Frömmigkeit eine gewisse »deutsche« Tönung und Einfärbung verleiht. Zunächst ist schon nicht zu übersehen, daß dem Autor das Schicksal der Kirche und in Sonderheit des Marienglaubens in Deutschland, im Ursprungsland der Reformation, vor allem am Herzen liegt (trotz grundsätzlicher Einsicht in die fundamentale Bedeutung der Marienwahrheit für Kirche und Glauben überhaupt). Aus dieser Grundeinstellung heraus ist die Klage zu verstehen, in die der Heilige mitten in der theologischen Erörterung ausbricht: »Verum o ter miseram Germaniam nostram, quae densis ex tenebris ad lucem Evangelicam emergere, et divinitus tandem illustrari non potuit, nisi Luthero apostolo restituenda servaretur, atque conmitteretur[16].« Mit dieser Intention verbindet sich auch eine gewisse Aufmerksamkeit für die großen Traditionszeugen der Mariologie in deutschen Landen, so für Rupert von Deutz (+ 1130[17]), Albert d. Gr. (den Canisius als »Germaniae lumen« hervorhebt[18]) und für Nikolaus von Kues (+ 1469[19]). Aber das Werk bringt unmerklich auch gewisse Töne der germanisch-deutschen Marienfrömmigkeit zum Anklang[20].

Obgleich es nicht leicht ist, dieses Moment zu isolieren und es aus dem Zusammenhang distinkt herauszuheben, dringt es doch bei Canisius an einigen Stellen anläßlich der Zeichnung der Mariengestalt fühlbar hervor, etwa bei der Einlassung auf den Titel »vser liebe Fraw«, von dem Canisius eigens vermerkt, daß er »nostris maioribus[21]« besonders wert war, oder bei der Hervorhebung der adligen Abstammung Mariens, die Canisius gegen die Auffassung der Reformation von dem ganz unbedeutenden Judenmädchen Maria angelegentlich verteidigt[22]. Die edle Abstammung bedeutet ihm eine Entsprechung zum edlen Wesen Marias, das auch am Maßstab des Ideals edler Weiblichkeit gemessen wird und dies sogar unter Hinzunahme von Gedanken über die leibliche Schönheit Mariens[23], aber auch unter Berücksichtigung des menschlich-mütterlichen Affektlebens und seiner Beherrschung durch die Jungfrau-Mutter[24]. Für Canisius war die leibliche Schönheit ein Reflex der vollkommenen geistigen Integrität, die ihren Grund in der hingabevollen Gottesliebe Mariens und damit in ihrer Begnadung hatte. Bezeichnenderweise zitiert der Autor in solchen Zusammenhängen das Werk der deutschen Mystikerin Mechthild von Magdeburg (+ nach 1282), die die innere Schönheit Mariens als Redundanz ihrer Gnadenfülle beschreibt[25]. Von der Innigkeit Mechthilds ist auch die Darstellung Mariens unter dem Kreuz beeinflußt, über die Canisius ausführt: »Es stand die Mutter Christi neben dem Kreuze, einesteils sich freuend über den glorreichen Kampf und herrlichen Sieg ihres Sohnes, andererseits aufgelöst in Traurigkeit darüber, daß er so ganz allein die Kelter treten mußte ohne jede menschliche, ja sogar ohne alle göttliche Hilfe, bis er endlich, übergossen mit seinem Blute, die letzten Atemzüge tat und seine Mutter, ihres einzigen Glückes beraubt, zurückließ[26].« Das Hervortreten der menschlich-mütterlichen Züge in einem durchaus temperierten Gefühlsausdruck ist hier genauso wenig zu übersehen wie die mystische Verinnerung des Mutter-Sohn-Verhältnisses, wie sie bei Mechthild paradigmatisch vorgebildet erscheint.

Schließlich dringt das germanisch-deutsche Kolorit auch an solchen Stellen hervor, an denen Canisius bestimmte marianische Wahrheiten mit Bildern aus dem sozial-feudalen Milieu zu illustrieren versucht, etwa bei der theologisch gewichtigen (von der reformatorischen Theologie häufig bei den Katholiken vermißten) Unterscheidung zwischen Gottes- und Heiligenverehrung: »So viel Unterschied ist zwischen dem befehlenden Herrn und dem bittenden Freund, zwischen der Ehre des Kaisers und eines Hofmannes, so viel und noch mehr ist nach der Ansicht der Katholiken Unterschied zwischen Gott und den Heiligen, zwischen Gottesverehrung und Heiligenverehrung[27].«

Mögen solche Elemente auch nur spurenhaften Charakter zeigen, so sind sie doch für die literarische Eigenheit des Werkes und seine zeitliche Situierung nicht ohne jegliche Bedeutung. Das gilt ähnlich von den im ganzen noch stärker entwickelten Zügen, die von einer humanistischen Geistigkeit zeugen, welche heute im Zusammenhang mit der Marienlehre dem modernen Betrachter unvermutet vorkommt[28]. Daß Canisius seinem Werke auch Gedichte aus der altchristlichen Zeit einfügt, erscheint dabei weniger ungewöhnlich als die vielfältigen Vergleiche der Gottesmutter mit den Frauengestalten der antiken Sage. So wird von der Bedeutung Mariens gesagt, sie sei höher zu schätzen als die der Minerva, der Penthesilea und der Isis; an Schönheit übertreffe sie Kleopatra und Helena, ihr Ruhm übersteige den der Lukretia und der Amazonen; sie sei die eigentliche Erfüllung der von Platon und Cicero erkannten Weisheitsidee. Darum wird umgekehrt die Antike als Vorläuferin des Christentums anerkannt, so besonders die Bedeutung der Sibyllen, aber auch der alten Philosophen, deren Grenzen aber dabei deutlich markiert werden, so mit dem in das mariologische Thema hineingehörenden Hinweis, daß sie die Erbsünde nicht gekannt hätten. Mit all dem bezeugt Canisius eine Offenheit gegenüber der Zeit und ihrer Geistesverfassung, die aber dem marianischen Gedanken durchaus nicht abträglich ist, weil die theologischen Gründe, auf denen dieser Gedanke bei Canisius aufruht, stärker sind als das der Zeit entnommene stilistische Beiwerk.

II. Die theologischen Grundlagen

Auch wenn der Darstellung des mariologischen Hauptwerkes des Canisius ein geschichtlicher oder biographischer Rahmen zugrundeliegt, so ist doch nicht zu verkennen, daß in diesen Rahmen die ganze Marienlehre eingefügt ist und daß von daher der systematische Charakter der Arbeit überwiegt. Was die theologische Gründlichkeit, die Argumentationskraft und die Eindringungstiefe der mariologischen Gedanken angeht, so kann Canisius zwar mit der kurz danach entstandenen Mariologie seines Ordensbruders Franziskus Suaréz († 1617[29]) und ihrer systematischen Stringenz nicht ganz mithalten. Darum ist dem Werk des Canisius die theologische Gründlichkeit und die lehrhafte Bedeutung, am Maßstab des damaligen Standes der Theologie gemessen, aber nicht abzusprechen.

Die der ursprünglichen Intention nach geforderte Auseinandersetzung mit den Magdeburger Centuriatoren und den theologischen Kritikern aus den Reihen des Protestantismus (die freilich zum Glück bei der Ausarbeitung des Werkes zurücktrat und jedenfalls nicht beherrschend wurde) verpflichtete den Verfasser zu einer gediegenen theologischen Grundlegung, von der aus den reformatorischen Bestreitungen des Mariendogmas mit wesentlichen Argumenten zu begegnen und nicht nur fallweise mit kurzatmigen apologetischen Entgegensetzungen zu antworten war. Für die Erkenntnis dieser Notwendigkeit und für ihre praktische Umsetzung spricht gleich zu Beginn die einläßliche Befassung mit dem katholischen Lehrprinzip und die Behandlung der Loci theologici der Mariologie. So nimmt Canisius bezüglich der Fragen, die an die Hl. Schrift gestellt werden und von ihr beantwortet werden können, eine Dreiteilung vor und unterscheidet die von der Schrift formell und direkt beantworteten Fragen (wie die nach den Eigenschaften Gottes, nach der Mittlerschaft Christi und den ausdrücklichen göttlichen Geboten für die Menschen) von solchen, die von der Lehrautorität der Kirche zu entscheiden sind (wie die Zwei-Naturen-Lehre der Christologie oder die Lehre vom Ausgang des Heiligen Geistes aus dem Vater und dem Sohne) und schließlich auch von solchen Problem- und Fragestellungen, deren Beantwortung der theologischen Erklärung und der freien Diskussion überlassen bleibt (zu welchen Themen der Autor u.a. die Frage nach dem Zeitpunkt der Begnadung der himmlischen Geister rechnet, aber auch — auf mariologischem Gebiet — die Frage nach der Unbefleckten Empfängnis der Gottesmutter[30]). Wenn man auch nicht wird sagen können, daß mit solchen Einlassungen alle Fragen der theologischen Prinzipienlehre vollauf gelöst sind und das dogmatische Begründungsverfahren vollständig zur Einsicht gebracht ist, so ist doch das sich hier ausdrückende Problembewußtsein anzuerkennen, das gerade im Hinblick auf die marianischen Dogmen die Tatsache des verschiedenartigen Enthaltenseins der Glaubenswahrheiten in der Hl. Schrift artikuliert. Hier erfolgt auch bereits die Festlegung der dogmatischen Position der Kirche (bzw. des kirchlichen Lehramts), dessen Vollmacht gerade in der Entwicklung der Marienlehre hoch zu veranschlagen ist, in Abhebung von dem doch wesentlich anders gearteten protestantischen Lehrprinzip (mit dem sich der Autor freilich nicht ausführlich auseinandersetzt).

In die Richtung dieser methodologischen Fundamentierung der Marienlehre weisen auch die am Anfang entwickelten Gedanken über Schrift und Tradition, bei denen nicht unklar bleibt, daß die Hl. Schrift die erste Quelle zur Erhebung der Glaubenswahrheiten darstellt. Von ihr her können speziell in der Mariologie solche Fragen beantwortet und entschieden werden wie die nach der jungfräulichen Empfängnis Mariens, nach ihrer Gottesmutterschaft oder nach ihrer Verehrungswürdigkeit[31]. Dabei weiß Canisius auch um den mehrfachen Schriftsinn und um die Grenzen seiner Auswertung durch die Dogmatik, die den förmlichen Schriftbeweis nur dem Literalsinn entnehmen kann. Zwar behält der allegorische (oder mystische) Sinn seine Bedeutung, aber unter Maßgabe der Einschränkung: »Fatendum est interim, sensum mysticum longe quam literalem, ut voceant, imbecilliorem esse, quod hic veluti basin ac fundamentum allegoriae tribuat ad dogmatum authoritatem: ille vero in seria contentione neque convincat, neque placet adversarium, ut certi ac solidi aliquid de veritate fidei constituatur, nissi fortasse Scriptura ipsa sensum mysticum diserte porrigat explicetque[32].« So kommt auch das hermeneutische Problem der genauen Sinnbestimmung der Hl. Schrift für Canisius schon in Sicht, welches durch den geschichtlichen Tatbestand bestätigt wird, daß sich auch die Irrlehrer (die reformatorischen Theologen nicht ausgeschlossen) stets auf die Schrift berufen. Aus der Anerkennung dieses Sachverhaltes resultiert für Canisius die Erkenntnis, daß die Hl. Schrift nicht die einzige Quelle des Glaubens sein könne, weshalb er denen widerspricht (»non possumus plerisque novatoribus assentiri, qui ... omne quaestionum genus ad solas Scripturas revocant[33]«), die für alles einen förmlichen Schriftbeweis verlangen, was offenbar gerade auf dem Felde des Marienglaubens nicht möglich ist. So fällt der Blick des Autors folgerichtig auf die im katholischen Lehrprinzip verankerte Bedeutung der Tradition, von der Canisius feststellt, daß sie eine notwendige Glaubensquelle sei[34]. Deshalb erklärt er schon am Beginn des Werkes seine Absicht, niemals »a patrum vestigiis discedere ...[35]«.

Freilich sind mit dieser grundsätzlichen Anerkennung der zwei Glaubensquellen nicht alle theologischen Fundamentalprobleme bezüglich des Verhältnisses beider zueinander beantwortet, obgleich sich Canisius hier in der Richtung jener nachtridentinischen Theologen zu bewegen scheint, welche die innere Einheit beider Glaubensquellen weniger betonen als ihre Aufteilung in zwei Bereiche[36]. Aber auch bei der praktischen Anwendung des Schrift- wie des Traditionsprinzips auf einzelne mariologische Wahrheiten tritt manche Unzulänglichkeit in Erscheinung. So fällt auf, daß Canisius, obgleich er vom Fundament der Schrift her argumentieren will und sich deshalb von den Übertreibungen der Apokryphen distanziert[37], bei der Darstellung der Kindheit Mariens vieles aus apokryphen Schriften schöpft, zuletzt aus dem Protoevangelium Jacobi[38].

Bei der Deutung des Namens »Maria« möchte Canisius zwar philologische Gründe ins Feld führen, welche die Interpretation als »stella maris« oder als »illuminatrix« favorisieren[39], endet schließlich aber bei der Empfehlung der Deutung »domina«, weil diese der Stellung Marias als Mutter Christi wie auch als unserer Mutter und Herrin am besten entspricht. Bei der bis heute exegetisch nicht einhellig beantworteten Frage nach der Bedeutung des »gratia plena« im Engelsgruß (Lk 1,28), das von den Reformatoren nur als »gratiosa« oder als »gratificata« gedeutet wurde (von Luther selbst als »holdselig« interpretiert), beharrt Canisius bei der Auffassung »Fülle der Gnade«, dies aber nicht mit förmlich exegetischer Begründung, sondern aus dogmatischen Gründen (die an ihrem Platz ihre Bedeutung haben), näherhin aus dem Gegensatz zur reformatorischen Lehre von der imputativen Gerechtigkeit und ihrer Leugnung der Gnade als inhärierender Qualität. Konsequenterweise folgt dieser Interpretation sofort die Unterscheidung zwischen der Gnadenfülle Christi und der Marias, ein an sich berechtigtes Verfahren, das jedoch ein Überwiegen der »dogmatischen« Schriftinterpretation zeigt, was freilich nach den Möglichkeiten und Grenzen der damaligen Exegese beurteilt werden muß. Canisius treibt in dieser Hinsicht, wie seine ganze Zeit, eine »vorkritische Exegese«, die dann auch vielfach vom Literalsinn abgeht und (besonders in den Vorbedeutungen Marias im Alten Testament) den typologischen und geistigen Schriftsinn bevorzugt. Das kann zwar vom Standpunkt der modernen kritischen Exegese als unzureichend erkannt werden. Diese muß sich aber umgekehrt darüber belehren lassen, daß die historisch-kritische Methode ihre Grenze hat, wo sie zum Erweis übernatürlicher Wahrheit und übernatürlichen Geschehens herangezogen wird.

Bei einer solchen Handhabung des Schrifterweises muß verständlicherweise die Tradition ein neues Gewicht erhalten, ja das Übergewicht empfangen. Tatsächlich übertrifft in diesem Werk der Traditionsbeweis für die marianischen Wahrheiten den Schriftbeweis an Umfang und Intensität um ein Erhebliches. So wird etwa für den Erweis der Jungfräulichkeit Mariens ante partum (neben der Heranführung nur in weiterem Zusammenhang verwertbarer alttestamentlicher Aussagen wie Gn 3,15; Ex 13,2; Lev 12,2; Jes 7,14) nur das Matthäusevangelium berücksichtigt, während der Autor die hierfür viel ergiebigere lukanische Kindheitsgeschichte vernachlässigt. Dafür ist aber der Traditionsbeweis in ausführlicher Weise entwickelt[40]. Er reicht von Origenes bis hin zu Rupert v. Deutz und Bernhard v. Clairvaux. Zur Anlage und Stringenz dieses Beweises erklärt ein moderner Autor einschränkend: »So bietet dieses Kapitel eine reiche Sammlung schöner Väterzitate, die allerdings nach dem heutigen Stande der Kritik sehr der kritischen Sonde bedarf[41].«

Diese Kritik, die nicht auf ein individuelles wissenschaftliches Versagen abhebt, sondern auf die historischen Verhältnisse und den damaligen wissenschaftlichen Stand, kann auch generell am Traditionsbegriff des um die Heranziehung der Dokumente der Vergangenheit rührig bemühten Autors ansetzen. Es zeigt sich nämlich, daß Canisius bei seiner Hochschätzung der alten Tradition (oder auch Traditionen!) den Unterschied zwischen verbindlicher Glaubenstradition und den zahlreich umlaufenden historischen Traditionen nicht kennt, wie er auch zu wenig beachtet, daß die einzelnen Aussagen der Kirchenväter nicht als solche schon als verbindliches Traditionsgut angesprochen werden können, sondern diesen Charakter erst durch den Konsens und die Anerkennung der Kirche erhalten. Deshalb kann z.B. das, was der Autor an Berichten der Tradition über die Eltern Marias, Joachim und Anna, anführt, nicht als gleichberechtigt neben die Vätertradition über die Jungfräulichkeit Marias gestellt werden.

Trotz dieser von einem späteren Standpunkt theologischer Grundlagenerkenntnis notwendig werdenden Kritik (die dennoch den in einer anderen Situation stehenden Autor nicht am eigenen Maßstab messen und verurteilen darf), ist festzuhalten, daß gewisse Unvollkommenheiten in der theologischen Methode das theologische Zeugnis eines Autors nicht grundsätzlich schmälern, wenn dieses sich am Dogma der Kirche ausweisen kann (das selbst — bezeichnenderweise — auch nicht mit seinen Begründungen steht oder fällt). Das ist aber bei Canisius durchaus der Fall. Die Verankerung seiner Darstellung im kirchlichen Glauben und die starke Betonung der Bedeutung der Kirche für die Vorlage des Glaubens verleihen seiner Argumentation für die Mariendogmen den sicheren Gang, von dem man höchstens fragen könnte, ob er inhaltlich über den bisherigen Stand hinausführt oder nicht vielmehr nur eine neuerliche, vielleicht breiter angelegte Empfehlung der alten Glaubenserkenntnis darstellt.

Tatsächlich ist über den Inhalt und die geistige Substanz des Werkes zu sagen, daß es sich in seiner weitläufigen Wiedergabe der Tradition dem Hauptstrom der damals katholischerseits vertretenen Marienlehre anschließt, die von den Dogmen der Jungfräulichkeit Mariens und ihrer Gottesmutterschaft bestimmt war. Dagegen befanden sich die »neuen« marianischen Dogmen der Unbefleckten Empfängnis und der Assumptio Corporalis erst im Stadium ihrer theologischen Entwicklung.

Was die beiden ersten mariologischen Grunddogmen angeht, so tradierte sie Canisius nicht nur, sondern versucht, sie in ihrer zentralen Bedeutung für den Christusglauben insgesamt (und nicht nur für den Marienglauben) theologisch zu begründen. Als welch außergewöhnliches Geschehen ihm das erste Dogma erscheint, zeigt die Behauptung, daß die jungfräuliche Geburt ein größeres Wunder sei als eine Totenauferweckung, weil Berichte über Totenerweckungen häufiger seien, während die jungfräuliche Geburt sich nur ein einziges Mal ereignet habe[45]. Neben der heilsgeschichtlichen Parallele zum ersten Adam (der aus der jungfräulichen Erde gekommen war) spielt das (schon von Tertullian her bekannte) christologische Argument eine führende Rolle: Christus sollte ohne menschlichen Vater geboren werden, damit er die einzige Vaterschaft Gottes ungeschmälert auch seiner Menschheit nach bekunde[44]. Tatsächlich wird man, entgegen heutigen Erwägungen, die (theoretisch nicht unzutreffend) behaupten, daß eine mögliche menschliche Vaterschaft in bezug auf Christus mit der göttlichen Vaterschaft nicht konkurrieren würde, betonen, daß jedenfalls der Ausschluß einer menschlichen Vaterschaft die Einzigkeit des Vater- und Sohnverhältnisses Jesu Christi leuchtender zum Ausdruck bringt.

Die auf Maria selbst bezogene Argumentation hebt vor allem den Gedanken von Maria als dem Vorbild der Kirche hervor: die jungfräuliche Mutter bildet die Kirche in ihrer Geisterfülltheit und ihrer reinen Christushingabe ab. Wie wichtig dem Autor die Jungfräulichkeit Marias erscheint, zeigt sich auch an seiner realistischen Fassung der virginitas in partu, die er (vor allem gegen die Calviner) wegen ihrer christologischen Konsequenz verteidigt: die Leugnung der Geburt Jesu ohne Schmerzen und ohne Verletzung der Mutter würde nicht nur den von der Liturgie bezeugten Glanz der Jungfräulichkeit mindern, sie müßte auch zu der (bei den Calvinern vorfindlichen) Ablehnung des Durchganges Jesu durch den Felsen bei der Auferstehung wie auch der Wunderkraft Gottes bei der Vergegenwärtigung Christi in der Eucharistie führen. Man mag über diese Argumente im einzelnen kritisch urteilen: das hier erkennbar werdende Bemühen um die Verbindung der marianischen Wahrheiten mit dem ganzen Christusgeheimnis ist als legitim zu bezeichnen.

Dennoch isoliert Canisius das materiell-leibliche Moment der Jungfräulichkeit der Gottesmutter nicht, sondern integriert dieses durch Hinzunahme des geistigen Elementes der Enthaltsamkeit um Gottes willen. Er steigert dieses Element aber durch die Annahme eines Vorsatzes der Jungfräulichkeit bei Maria, der von den Centuriatoren und von Calvin abgelehnt wurde. Für Canisius wäre die Frage Marias (Lk 1,34) anders nicht sinnvoll. So übernimmt er die von Augustinus bis zu Bernhard und Ps.-Albert u.a. reichende Tradition, welche für die Annahme eines Gelübdes spricht[46]. Wie öfter zieht er auch hier das beifällige Zeugnis reformatorischer Theologen wie Bullinger heran. Aber die Begründung liefert letztlich nicht der Lukastext, sondern eine geistig-verinnerlichte Schau der Mariengestalt, die Maria als Lehrerin der Jungfräulichkeit und als Anführerin der großen Schar der jungfräulichen Menschen erkennen läßt. Daß hierbei auch ein religiös-asketisches Interesse mitschwingt, zeigt der spätere Zusatz, daß Christus sich mit jungfräulichen Seelen umgeben und sich mit ihnen verbinden wollte, weshalb im gleichen Zusammenhang die fornicatio sacerdotis als besonders verwerflich bezeichnet wird[47].

Die in all diesen Fällen bei Canisius zu beobachtende Tendenz, das aus der Tradition übernommene theologische Marienbild zu bewahren und es womöglich in seiner Schönheit noch zu erhöhen (gelegentlich auch unter Aufnahme legendärer Züge in der Kindheitsgeschichte Mariens, die jedoch im Vergleich zu anderen Autoren [etwa Ps.-Albert und seiner Übersteigerung des Wissens Marias] maßvoll gehalten sind), vermag auch die Einstellung zu erklären, die Canisius den zwei zu seiner Zeit noch in der dogmatischen Bildung begriffenen Wahrheiten bezeugt: der Unbefleckten Empfängnis und der leiblichen Aufnahme in den Himmel. Was die erstgenannte, damals theologisch noch diskutierte Wahrheit betrifft, so wahrt Canisius anläßlich ihrer Erörterung recht gut die Stringenz seiner theologischen Prinzipien: da die Frage von der Kirche noch nicht entschieden ist, fällt sie grundsätzlich in den Bereich der theologischen Meinungen, aber doch nicht so, daß der Theologe das Gewicht der bisherigen Lehrentwicklung völlig außer acht lassen dürfte[48].

Nach dem Urteil des Canisius neigt sich dieses Gewicht auf die Seite der Befürwortung dieses Vorzugs der Gottesmutter, weshalb die katholischen Bestreiter dieses marianischen Privilegs kritisch beurteilt werden und ihre Berufung auf bestimmte Schriftaussagen, welche die ausnahmslose Geltung der Sündenverfallenheit nahezulegen scheinen, abgewiesen wird. Was Canisius ihnen entgegenzusetzen hat, ist für ihn erstlich kein Schriftbeweis, sondern wiederum eine typologische Interpretation der Hl. Schrift und ihrer Vorbilder wie Eva, das Paradies oder die Bundeslade[49]. Die theologische Begründung der Wahrheit bietet Canisius mit Argumenten des hl. Thomas für die persönliche Sündenfreiheit Mariens. Obgleich er dabei zugibt, daß der Bezugspunkt bei Thomas ein anderer ist, hält er diese Argumente (mit manchen Vorgängern) doch auch zum Beweis der Unbefleckten Empfängnis für geeignet und ausreichend[50]. So kann er denn auch, an dieser Stelle wiederum seine theologische Nüchternheit bezeugend, auf die noch von Trithemius herangezogenen Wundergeschichten verzichten, welche die Unbefleckte Empfängnis stützen oder ihre Leugnung unter den göttlichen Zorn stellen[51].

Diesen Grundsätzen folgt auch die positive Stellungnahme zur damals ebenfalls theologisch noch diskutierten Assumptio Corporalis, für die Canisius wiederum eine respektable Reihe von Traditionszeugnissen aufführt, aber ebenfalls den protestantischen Theologen Bullinger zitiert[52]. Neben dem typologischen Schriftargument aus dem Alten Testament (Ps 44; Ps 131) bietet Canisius auch theologische Gründe für die höchste Angemessenheit der leiblichen Aufnahme Mariens. Dazu gehören die Konkordanz dieser Auszeichnung mit den anderen marianischen Privilegien, die höchste Lohnwürdigkeit der Gottesmutter, die vollkommenste Erfüllung der Kindesliebe Christi (welche die Erhöhung Mariens an die Seite Christi konkludent erscheinen läßt), vor allem aber die Freiheit Marias vom über Eva ergangenen Fluch[53]. Bei der Berufung auf das ähnliche Schicksal anderer Heiliger[54] ist Canisius allerdings nicht konsequent, insofern er an anderer Stelle diese Auszeichnung nur Christus und Maria zuerkennt (wie ihm zu seiner Zeit schon vorgehalten wurde)[55].

Wenn sich so auch bei der Begründung dieser »neueren« Privilegien durch Canisius zeigt, daß er die sich bildende Tradition weiterträgt und empfiehlt, sie aber nicht eigentlich mit eigenständigen Gedanken und spekulativer Vertiefung fördert, so entfaltet sich gerade an diesen von der Kirche noch nicht entschiedenen mariologischen Lehrpunkten die die Marienlehre des Canisius vor allem bestimmende und sein marianisches Denken leitende Kraft: der gelebte Marienglaube, der sich vor allem in der Verehrung des Geheimnisses der Jungfrau-Mutter ergeht und aus dem liebenden Blick eine mehr intuitive Erkenntnis der Zusammenhänge gewinnt, die auch für die sich weiterentwickelnde Wahrheitsfrage von Belang ist. Darum weist Canisius gerade im Punkte der Assumptio Corporalis auf die Bedeutung des Festtags selbst hin, der den katholischen Christen zum eigentlichen Ehrentag Mariens geworden ist und als höchster marianischer Festtag gilt[56]. So wehrt sich Canisius hier schärfer als sonst gegen Luther, der die farbigen Schilderungen der Aufnahme Marias in den Himmel beargwöhnte. Er und die »Neuerer«, die dieses Fest abschaffen möchten, vergessen, daß durch die Verehrung Marias im Zenit ihrer Lebensgeschichte nicht nur der Glaube bezeugt, sondern auch die Liebe entflammt werden solle[57]. Es ist nicht zu verkennen, daß die Entfachung dieser Liebe das tiefste Motiv der Canisianischen Mariologie darstellt, weshalb sie auch in einer ausführlichen Darstellung der Marienverehrung ausklingt.

III. Das Anliegen der Förderung der Marienfrömmigkeit

Es darf zunächst als Charakteristikum hervorgehoben werden, daß Canisius die ausführlich gehaltenen Kapitel über die Marienverehrung (4—11) nicht als bloßen Annex an die theoretische Marienlehre anfügt, sondern daß er den Marienkult in dem konsequent eingehaltenen Schema des »Marienlebens« als Ausdruck des »Nachlebens Marias in der Verehrung« der Kirche versteht. Dies hat die bedeutsame Folge, daß die Marienverehrung nicht zuerst subjektiv aus einem Bedürfnis oder einer religiösen Neigung der Gläubigen erklärt wird, sondern objektiv mit der Fortexistenz und dem Fortwirken Marias als der »verherrlichten Gottesmutter und Himmelskönigin« bei ihrem Sohne begründet wird. Der dahinter verborgene theologische Gedanke tritt klarer hervor, wo Canisius auf die letztlich auch die Marienverehrung tragende Wahrheit von der Gemeinschaft der Heiligen zu sprechen kommt, die ihm als eine wesentliche Unterscheidungslehre gegenüber dem Protestantismus gilt.

Nach Canisius verkennen die reformatorischen Theologen die Wahrheit, daß die Heiligen, welche in der Gottschau leben, mit den Gläubigen auf Erden in Verbindung und in einem Austausch stehen, der nicht wirkungslos bleiben kann[57]. Canisius tastet sich hier an den Gedanken vom mystischen Leib Christi heran, nach dem die triumphierende Kirche in dem von Christus belebten Organismus mit der streitenden Kirche Gemeinschaft hält. Das gilt vor allem für Maria, die als Vorbild der Gottes- und Nächstenliebe, das sie schon während ihres irdischen Lebens darstellte, diese ihre mütterliche Liebe im Himmel nicht verleugnen kann, sondern sie im Gegenteil aufs Höchste steigern muß, was natürlich auf seiten der irdischen Menschen die Pflicht zur Verehrung der Heiligen und in Sonderheit Mariens erforderlich macht.

Aber der hier besonders stark mit der reformatorischen Geistigkeit ringende Autor verkennt nicht die Bedeutung der Einwände, die seitens der Reformation gegen die Heiligen- und Marienverehrung aus Besorgnis um die Wahrung der größeren Ehre Gottes erhoben werden. Der Vorwurf der Idololatrie gilt ihm dabei (mit Recht) als nicht besonders tiefgehend, weil dem katholischen Gottesglauben evident widersprechend und nicht einmal originell (insofern schon von den Juden und Heiden erhoben[58]). Er hebt deshalb hervor, die scholastische Gliederung von cultus latriae, duliae und hyperduliae aufnehmend, daß der Gottesverehrung in der Kirche fraglos der Vorrang zukomme[59], ja daß die Heiligenverehrung eine indirekte Verehrung Gottes sei[60]. Daß dabei Maria die »Hyperdulie« zukommt, ergibt sich für Canisius aus ihrer innigen Verbindung mit Christus (wofür der von ihm zitierte Petrus Damiani die starke Bezeichnung der »identitas unius naturae« verwendet[61]) und aus der daraus resultierenden Heilsstellung, in der Maria Ursache unseres Heiles und Mittlerin ist.

So mündet die Begründung der Hyperdulie Marias schließlich im Gedanken ihrer Mittlerschaft aus. Canisius übernimmt hier die Bezeichnung des hl. Bernhard von Clairvaux, der Maria den aquaeductus aller Gnaden nannte[62]. Aber diese Vorstellung ist bei ihm noch nicht in Richtung der modernen Auffassung entwickelt, nach der alle Gnaden den Menschen durch die Vermittlung Marias zufließen. Der Gedanke verbleibt vielmehr in einer allgemeineren Fassung und meint nur, daß Maria kraft ihrer Gottesmutterschaft eine besonders wirkmächtige Fürsprecherin der Menschen bei Christus ist.

Wie eng Canisius aber die Verbundenheit der Mutter mit dem Sohne in dieser ihrer mittlerischen Fürbittstellung sieht und als wie gewichtig er sie erkennt, zeigen die vom Autor der verherrlichten Gottesmutter beigegebenen Titel, deren Anspruch dann besonders herausfordernd wirkt, wenn sie (in anderen Zusammenhängen) auch von Christus ausgesagt werden und so den Eindruck hervorrufen, als ob der Unterschied zwischen dem Mittlertum Christi und Marias Mittlerdienst verwischt würde. Canisius nimmt das Anspruchsvolle und Herausfordernde solcher marianischer Beiwörter (wie »regina«, »mater misericordiae«, »spes«, »servatrix«) nicht zurück, erklärt aber ihren besonderen Sinn bei ihrer Übertragung auf Maria. So führt er aus, daß der Titel »unsere Hoffnung« primär Gott zustehe als der Wirkursache des Heiles, daß er aber Maria in abhängiger Weise zugebilligt werden dürfe wegen ihrer einzigartigen Fürbittstellung im Himmel[63]. So werde durch solche der Gottesmutter aufgetragene Hoheitsbezeichnungen die Ehre Gottes und Jesu Christi, des eigentlichen Gnadenspenders, nicht geschmälert, sondern unterstrichen, daß Maria als Gottesmutter auch Ursache unseres Heiles war.

Um die aktuelle Problematik und Herausforderung solcher Marienverehrung im Hinblick auf den reformatorischen Gegensatz wissend, unternimmt es Canisius, für die Praxis der Marienverehrung einen (damals neuartigen) Tatsachen- und Traditionsbeweis aus dem Leben der Kirche zu führen und damit die Verbindung von Marienlehre und Traditionsprinzip aufs neue zu demonstrieren. Die Darstellung der Geschichte des Marienkultes mit seinen Gebeten, mit Marienbildern, Marienwallfahrten, Marienkirchen[64] dient dem Nachweis, daß dieser Kult zum Wesen der katholischen Religiosität gehört, ungeachtet der Tatsache, die Canisius objektiverweise nicht übergeht, daß sich nämlich in diesen Kult auch Mißstände und mißbräuchliche Formen einschlichen, die auf den Unverstand der Menschen zurückzuführen sind. Demselben Beweisziel ist auch die Darstellung der Marienwunder und Marienerscheinungen unterstellt, bei der Canisius freilich mit einem nicht durch die moderne Kritik geschärften Sinn vorgeht.

Die ausführliche Einlassung auf die Geschichte und die Form des Marienkultes, in welche das Werk wie in eine Spitze ausgeht, erlaubt noch einmal, gleichsam aus der Überschau, eine Charakterisierung seines mariologisch-marianischen Anliegens im Zeitalter nach der Reformation. Es ist nicht zu verkennen, daß die betont hervorgekehrte Marien- und Heiligenverehrung nicht die Empfehlung einer katholischen Einzelwahrheit darstellt, sondern eine Apologie des katholischen Christentums und der Kirche im ganzen ist. Sie ist ebenso von der Absicht getragen, den Irrtum des reformatorischen Denkens, so wie es Canisius verstand, im ganzen zu korrigieren. Das aber sollte nicht nur auf der Ebene der theoretischen Lehre geschehen, sondern noch mehr auf der Ebene des gelebten Glaubens, der religiösen Lebenspraxis, d.h. konkret mit Hilfe der Marienverehrung. Canisius macht wiederholt deutlich, daß er die Marienverehrung als das geeignete Mittel nicht nur zur Überwindung des Irrtums versteht, sondern auch zur Stärkung des Gottesglaubens, des Christusglaubens wie des Glaubens an die Kirche. Die Verehrung Mariens zu hintertreiben, heißt für ihn, Gott die schuldige Ehre zu entziehen und den Menschen wesentliche religiöse Lebenskräfte vorzuenthalten[65].

So ist in dem Werk das Bemühen zu spüren, die katholische Wahrheit und Lebenspraxis im ganzen durch das Medium der Marienlehre und der Marienverehrung zu erhellen, sie bekenntnismäßig zu empfehlen und ihre Fruchtbarkeit zu bezeugen. Diese auf die Frömmigkeit ausgerichtete »Summa Mariana« unternimmt den Versuch, nicht eine isolierte Lehre zu verteidigen, sondern an dieser Wahrheit etwas vom dem Wesen des Katholischen aufleuchten zu lassen. Unter dieser Rücksicht darf das Werk auch heute noch als Konzept einer Marienlehre verstanden und anerkannt werden, das, trotz vieler einzelner zeitgeschichtlicher Mängel, eine organische, mit dem Ganzen des Kirchenglaubens verbundene Marienwarheit verkündet und empfiehlt.

Freilich geschieht diese Empfehlung, wie vom apologetischen Ursprung (gegen die Magdeburger Centuriatoren gerichtet) und von der kirchengeschichtlichen Situation her nicht anders zu erwarten, in antireformatorischer Tendenz und kämpferischer Ausrichtung. Trotzdem ist die Polemik (von Ausnahmen abgesehen) nicht scharf oder verletzend. Auch wenn man nicht sagen kann, daß Canisius sich förmlich bemüht, das tiefere Anliegen der reformatorischen Religiosität zu verstehen, so ist doch zuzugeben, daß er eine umfassendere Erkenntnis der reformatorischen Positionen erstrebt, d.h. daß er nicht nur ihre andersgeartete Mariologie diskutiert, sondern auf entscheidende Grundsätze des reformatorischen Denkens eingeht, so u.a. auf das andersgeartete Verhältnis zur Schrift und Tradition[66], auf die Verdienstlehre[67] der Reformatoren, ihre Wertung des »Glaubens allein[68]«, sogar auf ihre Eucharistielehre[69]. So ist auch hier (ähnlich wie bei der Darstellung der katholischen Wahrheit) wenigstens der Absicht nach eine gewisse Ganzheitsauffassung zu erkennen, die das Unterschiedliche im ganzen und im Wesentlichen feststellen möchte. Für dieses Bemühen spricht auch die Tatsache, daß Canisius die Schriften der Reformatoren kennt und zitiert (über 140 Zitate aus Luthers Schriften, mehr als hundert von Calvin[70]). Dazu kommt, daß er bei keiner Gelegenheit verfehlt, auch die positiven Aussagen der reformatorischen Marienauffassung heranzuführen (wenn auch meistens mit dem Hinweis auf die im ganzen vorherrschende Inkonsequenz) und selbst ihre Empfehlungen der Marienverehrung[71] zu vermerken. Freilich sind diese positiven Vermerke nicht mit dem Ziel einer Vereinheitlichung der Standpunkte oder eines möglichen Brückenschlages gemacht wie sie auch in ihren Konsequenzen nicht ausgewertet sind, was am Ende besonders an der Behauptung aufgeht, nach der Luther ein prinzipieller Gegner der Marienverehrung gewesen wäre[72]. Die Betonung des Trennenden ist so bei Canisius immer stärker entwickelt als das Interesse an dem Gemeinsamen.

Aber es wäre ungeschichtlich geurteilt, wenn man, mit dem Maßstab heutigen ökumenischen Denkens messend, das mariologische Werk des Canisius gänzlich der Kritik preisgeben würde. Es bleibt auch im Blick auf seine von der historischen Situation gesetzten Grenzen ein beispielhafter Ausdruck der katholischen Marienwahrheit im Ursprungsland der Reformation. Auch die Grundsätze, auf denen es beruht, sind nicht ohne jede Bedeutung für die Begründung und die Vermittlung der Marienwahrheit in einer Situation der Trennung. Dazu gehören vor allem: die Darstellung der Marienwahrheit aus dem Ganzen des christlichen Glaubens, die Ausrichtung der Lehre auf den lebendigen Vollzug in der religiösen Praxis und die hochgemute Überzeugung von der Wirksamkeit Marias in der Kirche, die auch (noch besser als es bei Canisius geschieht) für den ökumenischen Gedanken fruchtbar gemacht werden könnte.

Anmerkungen:

[1] H. M. Köster, Die Frau, die Christi Mutter war I, Aschaffenburg 1961, 152.
[2] So W. Delius, Geschichte der Marienverehrung, München 1963, 235.
[3] Das Werk erschien erstmals in Ingolstadt 1577, mit Erweiterungen in der Ausgabe von 1583. Eine zusammenfassende Darstellung der Mariologie bietet das leider ungedruckt gebliebene umfangreiche Werk von Anton Troll, Studien zur Mariologie des hl. Petrus Canisius, dessen Manuskript der verstorbene Verfasser dem Bearbeiter dieses Beitrags verehrte. Der vorliegende Artikel weiß sich diesem Werk verpflichtet. Vgl. auch die deutsche Übersetzung von K. Telch, Warnsdorf 1933; J. Jordans (Hrsg.), Kath. Marienverehrung und lauteres Christentum, Paderborn 1934.
[4] H. M. Köster, a.a.O., 1952.
[4] Doch erscheint die Charakterisierung des Werkes als »apologetische Kontroversschrift« einseitig. So H. Graef, Maria — eine Geschichte der Lehre und Verehrung, Freiburg 1964, 335. Positiver urteilt O. Stegmüller: Lexikon der Marienkunde (hrsg. von K. Algermissen u.a.). Nach dem protestantischen Dogmenhistoriker W. Delius ist das Werk »weit über eine Apologetik und Polemik hinausgewachsen«. W. Delius, Geschichte der Marienverehrung, München 1963, 249f.
[6] So wird allgemein zugegeben, daß sich Canisius weithin von Übertreibungen freihielt; vgl. H. Graef, a.a.O., 332.
[7] So u.a. in De Maria Virgine incomparabili (MV) I 15, 57 u.ö.
[8] O. Stegmüller, a.a.O., 1052.
[9] Vgl. u.a. den Brief vom 24.7.1567 an Franciscus Borgia: Epistolae (ed. O. Braunsberger) V, 522ff.
[10] Ebda., VII, 3.
[11] So spricht H. Graef von einer »glühenden Verteidigung der katholischen Marienlehre«: a.a.O., 332.
[12] H. Grisar, Marienblüten, Innsbruck 1930 (Vorwort).
[13] W. Delius, a.a.O., 240.
[14] W. Delius, a.a.O., 240.
[15] Deshalb setzte sich Canisius auch für die Verbreitung des Rosenkranzgebetes und für die Förderung der marianischen Kongregationen wie der Rosenkranzbruderschaften ein: O. Stegmüller, a.a.O., 1054.
[16] MV I, 188.
[17] MV I, 129.
[18] MV I, 207.
[19] MV I, 50.
[20] Vgl. zur Charakterisierung des germanisch-deutschen Kolorits der Marienverehrung K. Algermissen: Lexikon der Marienkunde I, 1304 (Art. Deutschland).
[21] MV I, 3.
[22] MV I, 21.
[23] MV I, 91.
[24] MV I, 424ff.
[25] MV I, 91.
[26] Vgl. dazu K. Algermissen, a.a.O., 1309f.
[27] MV V, 627.
[28] Vgl. dazu A. Troll, a.a.O., 92f.
[29] De mysterius vitae Christi (Pariser Ausgabe Bd. 19).
[30] MV I, 33f.
[31] MV I, 33.
[32] MV I, 138.
[33] MV I, 34.
[34] MV I, 26.
[35] Ebda., praefatio.
[36] Zur nachtridentinischen Entwicklung dieser Problematik vgl. J. Beumer, Die mündliche Überlieferung als Glaubensquelle: Hdb. d. Dogmengesch. II 4 (hrsg. von M. Schmaus und A. Grillmeier), Freiburg 1962, 96.
[37] MV I, 31.
[38] MV I, 82f.
[39] MV I, 3.

[40] MV II, 124ff.
[41] A.Troll, a.a.O., 268.
[42] MV I, 26ff.
[43] MV II, 109.
[44] MV II, 116.
[45] MV II, 160ff.
[46] MV II, 201.
[47] Ausgabe von 1583, 208b.
[48] MV I, 34.
[49] MV I, 41f.
[50] MV I, 39f.
[51] MV I, 42.
[52] MV V, 564ff.
[53] MV V, 568f.
[54] MV V, 569.
[55] Bei A. Troll, 607.
[56] MV V, 574.
[57] MV V, 624.
[58] MV V, 629.
[59] MV V, 636.
[60] MV V, 637.
[61] MV V, 639.
[62] MV V, 612.
[63] MV V, 621.
[64] MV V, 640ff.
[65] MV V, 577.
[66] MV I, 224.
[67] MV I, 222.
[68] MV IV, 379.
[69] MV V, 632.
[70] J. Bruhin (Hrsg.), Petrus Canisius, Freiburg (Schweiz) 1980, 52.
[71] MV I, 15.
[72] MV V, 606.

Ekkart Sauser

Die Verehrung Mariens bei den östlichen Christen

1. Die ersten Anfänge

Sicher hat es vor dem Jahre 431, in welchem das Konzil von Ephesus tagte, auch schon eine Marienverehrung gegeben. Als eindrucksvollstes Zeugnis dafür kann das auf einem in Ägypten gefundenen Papyrusstreifen aus dem vierten Jahrhundert stehende Gebet: »Unter den Schutz deiner Barmherzigkeit fliehen wir, o heilige Gottesmutter« gelten, das in erstaunlicher Form die Bitte direkt an Maria und nicht an den Vater im Himmel durch seinen Sohn Jesus Christus richtet[1]. Es fehlt in dieser frühen Zeit auch nicht an Väteraussagen über Maria, ja man hört vereinzelt bereits Stimmen, die vor einer falschen, übertriebenen Verehrung Mariens warnen und darauf hinweisen, daß Maria keine »Göttin[2]« sei. Aber im großen und ganzen kann doch erst nach 431 von einer ausgebreiteten Marienverehrung gesprochen werden. Zeichen dafür sind die Marienfeste im Osten. Bis Justinian gab es im Osten nur ein Marienfest, die sog. »Gedächtnisfeier der Gottesmutter«, das in enger Verbindung stand mit dem Feste der Erscheinung des Herrn[3]. Im sechsten Jahrhundert wurden nun andere Muttergottesfeste eingeführt, die einerseits noch einen engen Bezug zum Heilsgeschehen aufwiesen, Maria Verkündigung und Hypapante (= Begegnung), andererseits aber bereits zugleich auch ein steigendes Interesse am Leben der Gottesgebärerin aufzeigten, indem sie die Geburt, den Tempelgang und ihre Entschlafung feierten. Als Orte besonders intensiver Verehrung seien die »Marienstadt« Konstantinopel mit ihren vielen Marienikonen und Reliquien[4] sowie Palästina genannt, wo bald Wallfahrten zu jenen Stätten einsetzten, die Maria während ihres Erdenlebens betreten haben soll[5].

2. Marienfeiertage — einst und heute

Unter den *zwölf Hauptfesten* des östlichen Kirchenjahres sind drei Marienfeste: »Geburt unserer allheiligen Herrin, der Gottesgebärerin und immerwährenden Jungfrau Maria« (8. September), »Eintritt unserer allheiligen Herrin, der Gottesgebärerin und immerwährenden Jungfrau Maria in den Tempel« (21. November), »Entschlafung unserer allheiligen Herrin, der Gottesgebärerin und immerwährenden Jungfrau Maria« (15. August). Dazu kommen noch zwei Tage, die sowohl Christus- wie Marienfeste sind: »Hypapante unseres Herrn, Gottes und Erlösers Jesus Christus« (2. Februar) und »Verkündigung unserer allheiligen Gottesgebärerin und immerwährenden Jungfrau Maria« (25. März). Dazu kommen noch: »Synaxe der allheiligen Mutter Gottes« (26. Dezember), Feste, die an jene Reliquien erinnern, die in

Konstantinopel verehrt wurden: »Niederlegung des kostbaren Gewandes unserer Herrin, der allheiligen Gottesgebärerin im Blachernenpalast« (2. Juli), »Niederlegung des kostbaren Gürtels der allheiligen Mutter Gottes in Chalkoprateia« (31. August), sowie der Gedenktag »Mariä Schutz« (Niederlegung des Schleiers der Gottesmutter, 1. Oktober) und »Maria, die lebenspendende Quelle« (Freitag der Osterwoche). In der Fastenzeit — und zwar am Samstag vor dem 5. Fastensonntag — wird der »Samstag des Akathistos-Hymnus zu Ehren der allheiligen Gottesgebärerin« bedacht.

Diese Feste, die zum größten Teil dem byzantinischen Liturgiegebiet angehören, fanden dann z.T. auch jenseits der Grenzen dieses Bereiches Aufnahme. So übernahm der armenische Ritus die Feste des 2. Juli und des 31. August; der westsyrische und der maronitische nur das des 31. August. Auch die »Synaxe der allheiligen Mutter Gottes« vom 26. Dezember fand Eingang bei den Westsyrern, Ostsyrern und Maroniten. Bei den Ostsyrern heißt es sogar: »Glückwunsch an Maria.« Allerdings: Etwas zurückhaltender sind die Ostsyrer in der Feier von Marienfesten. Das Fest vom 21. November, »Eintritt Mariens in den Tempel«, fehlt hier[6]. H. Engberding berichtet dann noch von weiteren Feiertagen bei den Syrern. Er stellt fest: »Allen drei syrischen Riten ist in besonderer Weise eigen ein Marienfest am 15. Mai. Die Ostsyrer, die diesen Tag obendrein noch als hohen Festtag begehen, nennen das Fest »Maria von den Saaten«. Bei den Westsyrern und Maroniten, die ein Marienfest des gleichen Namens bereits am 15. Januar feiern, heißt das Fest des 15. Mai jedoch »Maria von den Ähren[7]«.

Für die russischen Christen sind von besonderer Wichtigkeit die *Tage für ganz bestimmte, sehr verbreitete Marienikonen:* Das Fest der Muttergottes von Kazan (23. Oktober), »Fest der Allheiligen Gottesgebärerin des Zeichens von Novgorod« (27. November), »Erscheinung der Ikone der Allheiligen Gottesgebärerin von Tichvin« (26. Juni), »Fest der Ikone der Allheiligen Gottesgebärerin von Vladimir« (21. Mai, 23. Juni, 26. August). Weiter sind folgende Formen von rhythmisch wiederkehrender Marienverehrung zu nennen: Zunächst die *Marien-Monatstage:* Die Kopten und Äthiopier, die allmonatlich das Fest der Geburt Christi begehen, feiern auch jeden Monat einmal ein »Gedächtnis der Jungfrau Maria«. Als Tag wird der 21. des Monates genommen. Daran schließen sich die *Marien-Wochentage*, und zwar Sonntag, Mittwoch und Freitag. Engberding erklärt dazu: »Indessen handelt es sich da in keinem Falle um ausschließliches Mariengedächtnis. Nein, Maria, tritt in sehr sinnvoller Weise nur an die Seite ihres Sohnes, dem an jedem dieser Tage die erste Rolle zukommt: Am Sonntag als dem Auferstandenen, am Mittwoch und Freitag als dem leidenden Heiland[8].«

Besonderer Berücksichtigung wert erscheint weiter der Brauch eines *Marienoffiziums an jedem Tage.* Hier sind vor allem die Kopten und Äthiopier zu erwähnen, die lange Gesänge verfaßten und diese dann nach Art und Weise eines marianischen Offiziums auf die einzelnen Tage der Woche verteilten[9]. In diesen Rahmen gehört noch hinein das sog. *Jungfrauenfasten.* Dieses Fasten umfaßt die vierzehn Tage vor dem Feste der Entschlafung am 15. August. Die Dauer ist jedoch nicht überall auf vierzehn Tage bemessen. So finden wir bei den Kopten und Äthiopiern fünfzehn Tage, bei den Westsyrern und Maroniten acht Tage, bei den Armeniern sechs Tage, bei den Ostsyrers fünf Tage[10].

3. Marienverehrung und Mariensymbolik im östlichen Kirchenbau

Viele Texte der Liturgie bringen Gotteshaus und Maria zusammen. Die Kirche ist so Sinnbild der Gottesmutter. Das nun, was beide Größen verbindet, ist die Anwesenheit Gottes sowohl in Maria wie im Gotteshaus.

Diese Symbolik wird schon dadurch eingeleitet, daß immer wieder die Vorstellung zu finden ist: Stiftshütte und Tempel sind als Stätten der Gegenwart Gottes Bild »der Gottesgebärerin als Gefäß des unbegrenzten Gottes[11]«. A. Smeman hat die Dichte dieser Aussage in die Worte gefaßt: »Wen Gott von da an (d.i. die Inkarnation) zu seinem Tempel erwählt hat, so ist im ganz besonderen und wörtlichen Sinne ein solcher Tempel die Jungfrau Maria gewesen. Ihr Körper ist eben der vom Alten Bunde, der von seiner ganzen Heiligkeit, seiner Heilserwartung, seiner Treue zu Gott errichtete Tempel, wodurch die Vereinigung Gottes mit dem Menschen möglich wurde. In diesem Sinne ist sie Frucht des alttestamentlichen Tempels, jener Beziehung zu Gott, die sich dort erfüllte[12].« Von daher kommt es nun, daß bei der Grundsteinlegung wie bei der Weihe einer Kirche in vielfältiger Weise auf Maria Bezug genommen wird. So betet der Priester bei der Grundsteinlegung: »Herr Jesus Christus, du unerschütterlicher Grundstein deiner Kirche, von dem allerreinsten jungfräulichen Berge ohne die Hand männlichen Samens abgeschlagen[13].« Wenn dann das Öl auf den Grundstein gegossen wird, wird vom Priester Vers 6 aus dem 45. Psalm zitiert: »Der Höchste hat diese Kirche gegründet, in ihr ist Gott, und sie kann nicht wanken, beisteht ihr Gott von Tag zu Tag.« L. Ouspensky bemerkt zur Rezitation dieser Stelle: »Dieser Text ... bezieht sich auf das Gebäude, auf die Kirche und ... auch auf die Mutter Gottes. Durch diese Übereinstimmung wird die Unzertrennlichkeit der Gottesmutterschaft von der Kirche und dadurch auch vom Kirchengebäude unterstrichen. Der neutestamentliche Tempel ist nicht bloß die Stätte der Anwesenheit Gottes, wie es der alttestamentliche Tempel war, sondern die Stätte der Vereinigung Gottes mit dem Menschen[14].« Diese Grundgedanken finden sich in variierter Form in weiteren Texten zur Kirchweihe wieder. So etwa, wenn der Priester das Baugelände der Kirche segnet: »Herr Jesus Christus, unser Gott, der du vom Süden zu unserer Erlösung gekommen und von dem schattigen jungfräulichen Berge als der Heilige erschienen bist und mit den Menschen gelebt hast[15]«, oder wenn es in einem Gesang dieser Liturgie heißt: »Reine Jungfrau, erschienen bist du als geweihter Tempel Gottes, der in dir wohnte über die Vernunft. Ihn bitte abzuwaschen den Schmutz der Sünde von uns, auf daß erkannt wir werden als Haus und Wohnstätte des göttlichen Geistes[16].«

All diese Texte, die ja nur einen kümmerlichen Ausschnitt aus der Fülle bieten, bilden nun gleichsam den Hintergrund für die Ausstattung einer byzantinischen Kirche, die ihrerseits wiederum durch und durch geprägt ist von Anspielungen auf Maria und der Verehrung ihrer Person. — Schon im Vorraum des Narthex, der die eigentliche Schwelle zum Kirchenraum bildet, findet sich unter den Themen der malerischen Ausstattung die eine oder andere Darstellung, Illustration zum Hymnos Akathistos, dem berühmtesten aller östlichen Hymnen auf Maria[17]. Dazu kommt des öfteren eine Darstellung Mariens über dem Eingang zum Schiff der Kirche. Ganz gezielt wird hier Bezug genommen zu einer Anrufung im Akathistoshymnos: »Freue dich des ehrwürdigen Geheimnisses Tor ... Freue dich, du, durch welche das Paradies geöffnet wird.« — Betritt man nun das Innere des Gotteshauses, dann ist, jetzt einmal abgesehen von der Fülle der angebrachten und verehrten Marienikonen, an ganz bestimmten Punkten des Raumes Maria herausgehoben und als solche verehrt. — Ich zähle einmal einfach auf: An der westlichen Wand des Inneren ist manchmal das Bild des Jüngsten Gerichtes ersetzt durch die Darstellung der Entschlafung der Gottesmutter. — Auf der Ikonostase ist sie des öfteren zu finden: In der Mitte der zweiten Reihe von oben erscheint sie als Muttergottes des Zeichens nach Jesaja 7,14, umgeben von Propheten, die sich ihr zuneigen. — Auf der wichtigsten Reihe, dem sog. Cin, »Ordnung« genannt, nähert sie sich mit Johannes dem Täufer und anderen Heiligen Christus, um Fürbitte bei ihm für die Welt einzulegen (Deesis). — Zu beiden Seiten der Zentraltüre der Ikonostase, der sog. königlichen Türe, finden wir wieder ihr Bild, zusammen mit dem Christi. Auf den Flügeln der Türe selbst ist neben den Evangelisten auch die Verkündigungsszene angebracht. — In den beiden Apsiden, die die Altarapsis einfassen, dem Diakonikon und der Prothesis, erinnert in Darstellung und liturgischem Geschehen sehr viel an Maria, vorab in ihrer Verbindung mit dem Geheimnis der Menschwerdung. Was das Diakonikon betrifft, so sind hier erwähnenswert die Bilder von der Bundeslade, dem hl. Zelt, der Jakobsleiter und dem brennenden Dornbusch, alle symbolische Hinweise auf die Inkarnation. — In der Prothesis kommt es bei der Bereitung der Opfergaben zu einem ganz eigenartigen Hinweis auf Maria in einer ebenso einprägsamen Verbindung von Menschwerdung und Leiden Christi. Der Priester zerteilt mit der »hl. Lanze« das Brot. Das größere Stück bedeutet Christus, »Lamm« genannt. Das Stück Brot, das er links vom »Lamm« hinlegt, versinnbildet Maria. Rechts kommen neun Brotstückchen zu liegen, die die Engel und Heiligen symbolisieren. Drei Reihen von Brotteilchen unter dem »Lamm« sind dem Gedenken an die Lebenden und Verstorbenen gewidmet. Über diesem Geschehen sind manchmal Ikonen von der Geburt und vom Leiden Christi angebracht. Daß in diesem »Gemenge« von Symbolik Maria eine zentrale Rolle spielt, dürfte klar sein. Im Grunde läuft alles in bildhaftem Reichtum auf die Aussage des Symeon von Thessalonich hinaus: Sie, Maria, ist die »Werkstätte unserer Vereinigung mit Gott«. — Von besonderer Wichtigkeit in dieser Thematik ist aber das Bild Mariens in Form der Gottesmutter des Zeichens an der Wand hinter dem Altar, in der Altarapsis.

Versuchen wir nun, zentrale Aussagen, die immer zugleich auch in Verehrung übergehen — eine abstrakte theologische Aussage ohne Verehrung gibt es nicht bei den Ostchristen — aus den angeführten Bildern herauszulesen und darin Formen der Verehrung Mariens zu finden, so erscheint, der Reihe der angeführten Beispiele nach, das Bild von der Entschlafung der Gottesmutter sowohl eine Verehrung Mariens als des Menschen zu beinhalten, der ganz in die Verklärung aufgenommen ist — zugleich aber blickt die Kirche in diesem Bild glaubend in ihre eigene Zukunft hinein. Somit kommt es, daß diese Darstellung vom Leben Mariens zugleich eine Darstellung vom künftigen Leben der Kirche ist. Maria wird hier als Vorbild der Kirche geehrt. — Die Ikone der Muttergottes des Zeichens auf der Ikonostase bringt die Hinordnung Mariens auf das Geheimnis der Menschwerdung zum Ausdruck, während Maria in der Deesis auf derselben Ikonostase sowohl Fürbitte als auch Stellvertretung der Menschheit vor Christus zeigen will. Maria in ihrer Funktion als Tor zum Heil wird deutlich gemacht durch ihr Bild neben der königlichen Tür. Intensiviert erscheint es noch durch die Verkündigungsszene auf der königlichen Türe selbst. W. Schulten hat die ausgesprochene Symbolik so zum Ausdruck gebracht: »Die zumeist verschlossene königliche Türe in der unteren Ikonenreihe ist eingefaßt von den Bildern Christi und Mariens. Christus ist die Tür zum Himmel, aber auch Maria wird Pforte genannt, weil durch sie Christus in die Welt schritt. Auf den Flügeln der Tür sieht man die vier Evangelisten und damit verbunden die Verkündigungsszene. Maria ist durch ihr entscheidendes Jawort gleichsam das Tor, das sich öffnete, damit die Frohbotschaft hineingelange in die Welt. Die königliche Pforte, eine der wichtigsten Stellen im Verlauf des Gottesdienstes, ist damit ein Symbol Christi und Mariens. Alles, was in ihr, vor und hinter ihr geschieht, erhält eine klare Beziehung zur Gottesmutter. Vor der Tür trägt der Diakon die Fürbitten vor, die fast immer mit einer Anrufung Mariens schließen, das Evangelium wird durch die Tür hinein- und herausgetragen, Brot und Wein werden durch sie zum Altare gebracht. Hier wird die Kommunion den Gläubigen gereicht. Diese wichtigen liturgischen Handlungen werden durch die Symbolik der königlichen Tür in eine deutliche Beziehung gesetzt zum Geheimnis der Inkarnation. Klar wird diese Beziehung beim Kleinen Einzug der Sonntagsvesper. Der Einzug wird immer begleitet vom Theotokion, einem Gesang, der die Menschwerdung Christi aus Maria besingt. ‚Ihr, die den Herrn geboren hat, der himmlischen Pforte, lobsingen wir ...‘, singt man am Sonntag des ersten Tones. — Beim Morgenlob an Sonn- und Festtagen öffnet der Priester vor der großen Doxologie (Gloria) die Mitteltür. Das geschieht bei dem Gesang: ‚Hochgelobt bist du Gottesgebärerin, Jungfrau! Denn durch den aus dir Fleisch Gewordenen ist der Hades gefangen genommen, Adam wiedergerufen, der Fluch getilgt, Eva befreit, der Tod getötet und wir wieder lebendig geworden ...‘ Dann ruft der Priester zum Preise Gottes: ‚Ehre sei dir, der du uns das Licht gezeigt!‘ Beim Öffnen der Tür fällt das Licht des Altarraumes ins Kirchenschiff. Das alles geschieht zur Ehre der Gottesgebärerin, denn sie ist die königliche Tür, durch welche das Licht vom Himmel auf die Erde kam[18].«

Das eigentliche Zentrum von Marienverehrung und Mariensymbolik in den Darstellungen des Kircheninnenraumes ist das Bild in der Apsis. Hans Joachim Schulz deutet diese Darstellung so: »Der zweite Ehrenplatz der Kirche ist die Apsis. Als Abschluß des Altarraumes, dem Naos näher als der Kuppel, fordert sie eine Darstellung, die in besonderer Beziehung zum konkreten, auf Erden gewirkten Vollzug unserer Erlösung steht. Kommen nur Darstellungen von Einzelpersonen in Frage, hat ferner unter diesen das Christusbild schon seinen bevorzugten Platz in der Kuppel, so steht kaum ein anderes als das Bild der Theotokos zur Wahl. Von der Inkarnation im Mutterschoße Mariens, dargestellt in der Apsis, nimmt das Erlösungsgeschehen, dessen liturgische Vergegenwärtigung auf dem nahen Altar vollzogen wird, seinen Ausgang. Die ausdrucksvollste Darstellung dieses Zusammenhanges ist der spätbyzantinische Bildtyp des Platytera, der Theotokos in Orantenstellung, vor deren Brust der inkarnierte Logos in einer Aureole schwebt[19].«

Nicht nur Ikonen und Wandmalereien, die aber auch in die Aussagewelt der Ikonen hineingehören und somit auch Ikonen sind, stellen Maria als Größe der Verehrung und zur Verehrung dar. Schulten meint zu Recht: »Selbst viele Kultgegenstände besitzen eine symbolische Beziehung zu Maria. Die Art, wie der Gottesmutter gedacht wird, können wir vielleicht mit dem Wort symbolischer Realismus umschreiben. Er gründet auf geistiger Schau und Erfahrung. Das typologische Denken spielt dabei eine große Rolle[20].« Zu diesen »Kultgegenständen« gehört an erster Stelle der Altar mit dem Iliton, das der Priester vor der Gabenübertragung auf ihm ausgebreitet hat. Dazu kommt noch das Antimension, das ebenfalls auf dem Altar vom Priester entfaltet wird. Wiederum umschreibt Schulten die Symbolik des Antimensions im Zusammenhang mit Maria: »Das Antimension ist mit einem Bild der Grablegung Christi oder der Kreuzabnahme geschmückt. Mit den eingenähten Reliquien ist dieses Tuch eigentlich ein Altar im Kleinen. Es wird auch Thron genannt, da auf ihm nach der Wandlung die geheiligten Gaben stehen. Maria ist auf den Bildern des Antimensions immer besonders hervorgehoben. Sie umfängt ihren toten Sohn bei der Kreuzabnahme oder der Grablegung. Auf syrischen Antimensien steht sie wie eine Orans mit erhobenen Händen hinter dem Leichnam Jesu. So bringt das Antimension durch diese Bilder zum Ausdruck, daß Maria der Altar des fleischgewordenen Wortes ist. Deshalb hat der Altar auch eine marianische Bedeutung. Der Altar ist wie Maria Tisch des Brotes und Tisch des Wortes[21].« — Das Iliton wird in der Weiheformel in Verbindung gebracht mit den Erinnerungen, daß Christus aus Maria Mensch geworden ist, daß er in Windeln gewickelt und in eine Krippe gelegt und daß er nach seinem Kreuzestode wiederum mit reiner Leinwand und Schweißtuch umwickelt und in das Grab gelegt worden ist. Maria erscheint hier also mit Krippe und Grab zusammengeschaut und wie einst Maria, Krippe und Grab Christus aufgenommen haben, so möge auch dieses Tuch nun Christus unter den Zeichen von Brot und Wein aufnehmen. — Der Kibotos, das Tabernakel, das meist auf dem Altar zu stehen kommt, wird schließlich auch noch auf Maria hin gedeutet. Im Weihegebet über ihn spricht der Priester: »Du hast geruht, in den Schoß der Jungfrau in unaussprechlicher Weise dich aufnehmen zu lassen ... heilige dieses Gefäß, auf daß es werden möge ein würdiges Behältnis, ein neues Grab und eine Bewahrungsstätte ... deines hl. Leibes und kostbaren Blutes[22].« — Nochmals wird Maria mit dem Grab, dem Paradies, dem hl. Zelt in Verbindung gebracht, während der Priester beim Gesang des cherubinischen Hymnus den Altar beräuchert: »Im Grabe warst du mit dem Leibe ... lebenbringend, wahrhaft schöner denn das Paradies ... Du, des Höchsten geheiligstes göttliches Zelt, freue dich, denn durch dich ward gegeben die Freude, o Gottesgebärerin[23].«

4. Marienverehrung in der byzantinischen Hymnodie

a) Maria und die alttestamentlichen Vorbilder

Zunächst sei ein Überblick vermittelt über die zahlreichen Bilder und Namen, in denen und mit denen Maria zum Ausdruck gebracht wird. Sie ist das lebendige Paradies, der Paradiesquell, der Lebensbaum, die Taube mit dem Ölzweig, Abrahams Gezelt, der Stern, der einmal hervorgehen soll aus Jakob, die Himmelsleiter der Patriarchen, der brennende Dornbusch, das Rote

Meer, das den Israeliten das Heil brachte, die Königin des Hochzeitspsalmes, der Sionsberg, der Basanberg, der schattige Berg des Habakuk, die Feuerkohle der Seraphim, die den Propheten Isaias reinigte, der Zweig aus der Wurzel Jesse, der cherubinische Wagen, die ezechielische Pforte, die Lilie der Täler, die Lilie unter den Dornen, die Sänfte Salomos, die Rose Jerichos, der Feuerthron, den Daniel schaute, das heilige.Land, die heilige Stadt, die Wolke der Herrlichkeit, der Palast des Königs, der Fels, der in der Wüste Wasser spendete, der Tempel des Herrn, Jerusalems Mauern, das Vlies Gedeons, die lichte Wolke, die Elias sah, der feurige Wagen des Propheten[24].

Der theologische Hintergrund dieser üppigen Vorbildhaftigkeit aus dem Alten Bund wird von E. Jungclaussen darin gesehen, daß diese Maria in die heilsgeschichtlichen Zusammenhänge stellt und »die Geschichte als Geschichte auf Maria hin und Maria als Gestaltwerdung der Weisheit Gottes, die von Anbeginn in der Schöpfung am Werk ist[25]«, deutet.

Besonders eindrucksvoll zeigt sich dies an zwei Texten, die sich an Exodus 14,21 und an Ezechiel 44,2 anschließen.

Der eine Text ist das Theotokion vom Abend des Mittwochs der Osterwoche: »Im Roten Meer ward dargestellt einst das Bild der jungfräulichen Braut. Dort spaltete Moses das Wasser, des Wunders waltet Gabriel hier. Israel hat einst unbenetzt trockenen Fußes die Tiefe durchquert. Unverletzt hat jetzt die Jungfrau den Christus geboren. Das Meer blieb ungangbar nach Israels Durchzug. Nach der Geburt des Emanuel ist unversehrt geblieben die Reine. Der du bist und warst und erscheinen als Mensch wirst, Gott, erbarme dich unser[26].« — Der andere Text ist das Theotokion nach Psalm 140ff, am Vorabend zur kleinen Vesper vom zweiten Sonntag nach Ostern, dem Sonntag der Salbentragenden Frauen und des Joseph von Arimathaia: »O des größten Mysteriums. Schauend die Wunder, künd' ich die Gottheit, nicht leugne ich die Menschheit. Denn der Emanuel hat als Menschenfreund aufgetan die Tore der Natur. Nicht zerbrach er als Gott der Jungfräulichkeit Schrein. Nein, so trat er hervor aus dem Schoß, wie er eintrat beim Gruß. So ward er Fleisch, wie er ward empfangen. Ohne Leid trat er ein, unsagbar trat er hervor nach dem Worte des Propheten: Sie wird sein die geschlossene Pforte, durch die niemand eintritt als allein der Herr, Israels Gott, der hinhält das große Erbarmen[26a].« — Was in der verehrenden Betrachtung solcher Texte dem Gläubigen widerfährt, das könnte man unter dem Bild vom »Emporleiten« ausdrücken. Jungclaussen gibt dazu die wertvolle Gedankenanregung: »Wir gewinnen also aus den Dogmen keine Vernunft-Erkenntnis, keine Begriffe, die unserem Denkvermögen positives Wissen über die Natur Gottes vermitteln, sondern vielmehr Bilder, Vorstellungen, die uns emporleiten, die unsere inneren Fähigkeiten formen und zur Kontemplation dessen führen können, was jedes Erkennen übersteigt. Dieses ‚Emporleiten' gehört nun eben auch zur Aufgabe der alttestamentlichen Vor-Bilder in ihrer Anwendung auf Maria[27].«

b) Maria und Menschwerdung

J. Tyciac hat einmal gesagt: »Im Inkarnationsgeheimnis ruht für den Osten alle Gnade der Menschheit. Sie nimmt teil an der Inkarnation der Gottheit[28].« Von daher ist einleuchtend, daß der Mensch, der diesem Geheimnis zuinnerst verbunden ist, Maria, in den Hymnen und Liedern gerade im Hinblick darauf so oft Erwähnung findet. Dafür nun einige Beispiele: Im 6. Stichiron vom Vorabend des Akathistos-Samstags finden sich die Lobpreisungen: »Das Mysterium von Urbeginn, heute wird es enthüllt. Und Gottes Sohn wird eines Menschen Kind, um, teilnehmend an unserer Blöße, uns mitzuteilen seine Größe. Einst ward Adam betört. Obwohl er es begehrt, ward er nicht Gott. Gott wird Mensch, daß er Adam mache zu Gott. Frohlocken soll die Schöpfung, die Natur soll tanzen im Chor, weil der Erzengel in Scheu erscheint vor der Jungfrau und ihr das ‚Freude dir' bringt, das aufhebt die Trauer. Der du aus innerstem Mitleid, unser Gott, im Menschenkleid erschienen, Ehre sei dir[29].« — Im Theotokion vom Abend des Dienstags der Osterwoche heißt es: »Der Prophet David, durch dich Gottes Ahnherr, hat im Lied über dich vorher gesprochen zu dem, der große Dinge wirkte an dir: Es stand zu deiner Rechten die Königin. Denn dich, die Mutter, zeigte als des Lebens Mittlerin Gott, dem es gefiel, ohne Vater als Mensch geboren zu werden aus dir, damit er wieder erneure sein Bild, das durch die Leidenschaften verderbt war, und das verirrte Schaf, das er auf Bergen umherirrend fand, auf seine Schultern nehme und vorführe dem Vater und nach eigenem Beschluß den himmlischen Mächten vereine, und rette, Gottesmutter, die Welt: Christus, der hinhält das große und reiche Erbarmen[30].«

Wichtig erscheint zur Kennzeichnung der Bedeutung all dieser Aussagen über Maria die Feststellung von Jungclaussen: »Aus der innigen Verbundenheit Mariens mit dem Christusmysterium vermag auch der Reichtum marianischer Hymnodie verständlich zu werden ... In Maria nun sammelt sich die Fülle des Mysteriums, wie Lichtstrahlen im Spiegel ...: Was Offenbarung des Mysteriums einbeschließt, sagt die Gestalt Mariens als der jungfräulichen Gottesgebärerin. Darum wird der Beter in Byzanz nicht müde, sie zu kontemplieren. Die beständige Variation und Wiederholung sind dabei nur Mittel zur Vergegenwärtigung. Sie bekunden im letzten nur das Unaussprechliche des Geheimnisses: Die Vielgestalt des sprachlichen Ausdrucks ist eigentlich Apophatismus! Dabei erscheint unausgesprochen im Text — aber die orthodoxe Theologie wird nicht müde, es zu betonen — Maria selbst als Mysterium: nämlich in der Frage, wie sich in ihrem Fiat göttliche Gnade und menschliche Freiheit einander zuordnen. Die orthodoxe Theologie zögert nicht, hier das Wort Synergismus (Mitwirkung, Zusammenwirken) zu gebrauchen, ohne aber das Wie dieses Synergismus erhellen zu wollen ... Wichtiger als jeder Versuch rationaler Erhellung des Mysteriums ... ist die Frage, wie wohl der Sinn für das Mysterium geweckt werden könne. Der Sinn für das Geheimnis ist gebunden an die Dimension des Fraulichen im Menschen überhaupt. Marienverehrung als Entfaltung der anima gegenüber einem selbstherrlichen animus und als kultisches Einüben in die Grundverhaltensweisen angesichts des Mysteriums — nach dem Vorbilde Marias — wäre also zugleich Weckung des Sinnes für das Geheimnis und damit Bereitung zur stufenweisen Einweihung in das Mysterium der Offenbarung der Weisheit Gottes[31].«

c) Maria und Passion

Wie in den Ikonen auch, wie später noch zu zeigen sein wird, ist in den Hymnen das Bild Mariens unter dem Kreuze, ihr banges Fragen nach dem

Sinn von Leiden und Tod ihres Sohnes eine ganz zentrale Aussage. Dies deshalb, weil hier in einem Menschen die Paradoxie von Leiden und Gott voll ausgetragen werden muß — oder, wie es Jungclaussen treffend formuliert: »Wie aber Gottes ewige Weisheit im Mysterium des Kreuzes ihre reichste und tiefste Manifestation findet, so erweist sich dieses Kreuz auch als zeichengebendes Ereignis im schärfsten Paradox, an dem der Mensch scheitert, oder der Durchbruch gelingt zur Erfahrung der letzten Einheit aller antinomischen Wirklichkeit. Die byzantinische Hymnodie weiß diesem Paradox keinen tieferen Ausdruck zu verleihen als in der Gestalt Mariens unter dem Kreuz[32].«

Ergreifend treffen wir auf diese Gestalt Mariens in den sog. Kreuzestheotokia. So heißt es am Morgen des Mittwochs vor dem Palmsonntag: »Als deine Mutter, die Jungfrau, die Reine, o Christus, tot am Holze hangen dich sah, da klagte sie mütterlich, sagte sie: ‚Wie vergalt dir der Hebräer gesetzloses, undankbares Volk, das deiner vielen und großen Geschenke, mein Sohn, erfreuen sich durfte? Deine göttliche Herablassung will ich besingen in Hymnen[33]‘.« — Am eindrucksvollsten jedoch erleben wir Maria im Stundengebet des Karsamstags, da in einem Tetraodion des Kosmas ein Zwiegespräch zwischen dem im Grabe ruhenden Christus und Maria vorgestellt wird. Christus beginnt mit einem Trost: »Wehklage mir nicht, Mutter, die du im Grabe den Sohn schaust, den du jungfräulich empfangen im Schoß. Denn ich werde auferstehen und werde verherrlicht werden. Und in Herrlichkeit ohne Ende werde als Gott ich jene erhöhen, die im Glauben, die in Liebe dich preisen.« Darauf Maria: »Bei deiner wunderbaren Geburt entging ich den Wehen und ward in Wundern selig gepriesen, Sohn ohne Anfang. Nun aber schaue ich dich, mein Gott, tot, ohne Odem, und furchtbar werde ich vom Schwerte der Schmerzen zerrissen. Doch, damit verherrlicht ich werde, erstehe.« Die Antwort Christi: »Es birgt mich die Erde, und ich lasse es mir willig gefallen. Doch es erbeben die Wächter des Hades, da sie bekleidet mich sehen mit dem Blutgewand der Rache, o Mutter. Denn am Kreuz habe als Gott ich die Feinde getötet. Erstehen werde ich wieder und ich verherrliche dich. — Es soll frohlocken die Schöpfung, alle Erdgeborenen jauchzen. Denn Hades, der Feind, ist der Rüstung beraubt. Mit Salben sollen zu mir kommen die Frauen, Adam kaufe ich los und Eva und ihr ganzes Geschlecht, und ich werde am dritten Tage erstehen[34].«

In diesem Gespräch wird Maria verehrt als die Leidende an Tod und Grab ihres Sohnes, zugleich aber auch als die, die verherrlicht werden wird in der Auferstehung ihres Sohnes. — Aber nicht nur sie. In ihrer Nachfolge wird das ganze Geschlecht der Menschen losgekauft werden.

d) Die Anrufung Mariens

Immer wieder erklingt in den Hymnen der Satz: »Allheilige Gottesgebärerin, rette uns.« Die Ausfaltung dieser kurz gefaßten Bitte bewirkt eine Vielzahl von Bildern und Aussagen über Maria. Würde man nun hergehen, und diese Worte streng theologisch zu deuten versuchen, wäre man auf dem Holzwege. Jungclaussen bemerkt daher mit vollem Recht: »All diese Wendungen dürfen natürlich nicht abstrakt doktrinär genommen werden, sondern nur als Lobpreis, als Doxologie werden sie recht erfaßt[35].« Dafür nun einige Beispiele: Im Kanon des Johannes von Damaskus auf die Gottesmutter vom Mittwoch der sechsten Woche fleht der Heilige zum Schluß: »Heile meines Herzens gefährliche Leidenschaften, Gottesgebärerin. Beschwichtige die furchtbare Brandung der unsteten Gedanken durch deine Mittlerschaft bei Gott, o Herrin[36].« — Im selben Kanon heißt es: »Hilf mir, o Herrin. Du auserwähltes Brautgemach des Herrn, laß mich des Himmelsgemaches Erbe sein, mich, der unter deinem heiligen Schutze wie in heiligem Brautgemache dir Tag um Tag in Liebe Lieder weiht[36a].« Im Kanon des Theophanes auf die Gottesmutter vom Freitag der sechsten Woche lesen wir: »Denn durch dich hat Gott in Wahrheit in göttlicher Herablassung sich uns vereint, zurückgeführt uns zum Leben. Erlöset durch dich, Gottesmutter, von der Trauer der Mutter, wurden wir mit Herzensfreude erfüllt. Denn du hast allen die Freude, der ganzen Welt Wonne, geboren. Drum, in Hymnen Allgefeierte, die Hymnen dir singen, vor Gefahren durch deine Bitten bewahre[37].« — Bei all diesen Anrufungen ist jedoch zu beachten, daß, direkt oder indirekt, der vermittelnde Charakter ihrer Fürbittätigkeit bedacht erscheint. — Besonders aufschlußreich ist diesbezüglich eine Stelle aus dem Kanon des Theophanes auf die Gottesmutter vom Freitag der achten Woche: »Da du als Gottes Mutter darfst offen reden mit dem, der aus dir ward geboren, dem eingeborenen Wort, das gleich anfangslos wie der Vater und von gleicher Wesenheit wie der Geist: so höre nicht auf zu flehen, daß er von Gefahren errette, über allen Tadel Erhabene, die dich als Gottesgebärerin preisen. Wenn wir dich, Gottesmutter, zur Helferin haben, werden wir nicht fürchten die Rotte der Feinde, die kämpft wider die, welche den Gott und Herrn des Alls, der aus dir im Fleische hervorging, gläubig preisen. Zu ihm denn flehe für uns[38].«

5. Christus und Maria in der Feier der Marienfeste

Es ist für den Ostchristen unmöglich, Maria getrennt von Christus zu sehen, sie ohne Verbindung mit Christus zu verehren. Dies zeigt sich z.B. schon in der Tatsache, daß, wie Jungclaussen nachgewiesen hat, Maria nie als »Unsere Mutter«, »Meine Mutter«, oder »Mutter der Christen« angerufen wird. Schon gar nicht vermag man in der Ostkirche den Ausdruck »Mutter der Kirche« zu finden. — Aufschlußreich bemerkt Jungclaussen dazu: »Die Mutterschaft Mariens wird immer nur in bezug auf ihren Sohn verstanden: Mutter Gottes, Gottesgebärerin, Mutter des Lichtes und ähnliche Titel. Es ist wohl die ganze tiefe Ehrfurcht vor der Einzigartigkeit des Titels ‚Muttergottes', die es dem Hymnographen verbietet, von der Mutterschaft Mariens in einem abgeleiteten Sinn, d.h. in bezug auf die Gläubigen — als einzelne wie als Ganzes — zu sprechen[39].« Vor allem wird dieses Grundgesetz dann ablesbar an der Art und Weise, wie Maria in »ihren« Festen gefeiert wird. — J. Tyciak hat sich dazu so geäußert: »In den Marienfesten der byzantinischen Liturgie wird zweierlei besonders deutlich: Maria ist am innigsten in das Christusmysterium eingefügt, so daß ihre Gestalt niemals isoliert erscheint. Darum prägt sich in ihr auch der heilsgeschichtliche Gang des Erlösungsgeschehens am klarsten aus ... Zweitens ist Maria aber so in das Ganze der Kirche eingesenkt, daß sie gleichsam als Herz, Wurzel und Typus der Kirche selber erscheint, ja sogar als die persongewordene Ekklesia. Was an der Kirche im Gesamt wirkt, ist sie der Inbegriff der Kirche. Von hier aus versuchen wir eine Deutung der Marienfeste, die ihrerseits wieder gerade die Christus-Kirche-Bezogenheit der Gottesmutter deutlich machen[40].«

Am 26. Dezember, der »Synaxe der allheiligen Mutter Gottes«, ist die Beziehung zu Christus besonders deutlich.

Der 25. März, »die Verkündigung unserer allheiligen Gottesgebärerin und immerwährenden Jungfrau Maria«, bekommt seinen Charakter vor allem durch den Hymnos Akathistos aus dem 5. Jahrhundert. In ihm wird Maria gepriesen und zur Freude aufgefordert wegen der Menschwerdung Gottes in ihrem Schoße. So heißt es an einer Stelle: »Herr, ich rufe: Den von Ewigkeiten gefaßten Ratschluß verkündigend, nahte dir, o Magd des Herrn, der Engel Gottes, indem er rief: Freue dich, unbesätes Land, freue dich, unverbrannter Dornbusch, freue dich, unübersehbare Tiefe, freue dich, Brücke zum Himmel, überirdische Leiter Jakobs, freue dich, göttliches Gefäß des Manna, freue dich, Befreiung vom Fluche, freue dich, du Wiederherstellung Adams der Herr ist mit dir[41]!« — Eine andere Stelle der Liturgie dieses Tages sagt an: »Heute ist der Anfang unserer Erlösung und die Offenbarung der Heilsökonomie von Ewigkeit her. Der Sohn Gottes wird als Sohn der Jungfrau geboren, und Gabriel bringt die frohe Botschaft der Gnade. Deshalb rufen auch wir mit ihm: Freue dich, du Gnadenerfüllte, der Herr ist mit dir[42]!« Durch Maria, so heißt es an diesem Tage, wird auf Grund der Inkarnation nicht nur der Mensch, sondern die ganze Schöpfung erneuert. Ein Troparion zu den Lobpsalmen des Orthros spricht dies deutlich mit der Aufforderung aus: »Freuen möge sich die Schöpfung und jubeln die Natur, weil der Erzengel vor die Jungfrau tritt und das ‚Freue dich' bringt[43].«

Das Fest der Geburt am 8. September wird als Anfang des Heiles begangen und eröffnet zugleich den Blick auf den Jüngsten Tag als die letzte große Wende, denn: »Anfang ist mehr als chronologische Markierung. Anfang bedeutet vielmehr auch Zusammenballung des Ganzen und Vorwegnahme des Endes ... Das Alte wie auch das Neue Testament verstehen sich selber so, und die Väter und die Liturgie atmen diesen Geist eines geschichtstypischen Verständnisses[44].« So lautet ein Troparion für diesen Tag: »Heute errichtete sich der Gott, der da ruhet auf den unsichtbaren Thronen, einen heiligen Thron auf Erden. Er, der befestigt hat in Weisheit die Himmel, bereitete sich voll Liebe einen pneumaerfüllten Himmel, denn aus unfruchtbarer Wurzel ließ er hervorblühen den lebenbringenden Schoß, seine Mutter. Du Gott, du Wunder und Hoffnung derer, die keine Hoffnung haben. Ehre sei dir![45]« Schließlich wird das Morgen-Evangelium im Orthros wie folgt umrahmt: »Dieser ist der Tag des Herrn. Freut euch, ihr Völker. Denn siehe, die Brautkammer des Lichtes und das Wort des Lebens ist aus dem Mutterschoße hervorgekommen. Und die gegen Morgen befindliche Tür, welche geboren ist heute, erwartet den Eingang des Hohenpriesters, als die Einzige, welche als Einzige einführte Christus in die Welt zum Heile unserer Seelen[46].«

Der 15. August, die Entschlafung, bringt Christus, Maria und die Gläubigen in eine Gemeinschaft zusammen, die geprägt ist vom ganzen Leben und von der Überwindung des Todes. In einem Text heißt es: »O des unbegreiflichen Wunders! Die Quelle des Lebens wird in die Gruft gelegt, und eine Leiter zum Himmel wird das Grab. Freue dich, Gethsemane, der Gottesmutter heiliger Hain! Rufen wollen wir Gläubigen, da wir Gabriel zum Anführer haben: Gnadenvolle, freue dich, mit dir ist der Herr, welcher der Welt darbietet durch dich große Gnade[47]!« Noch deutlicher kommt dieser Glaube zum Ausdruck im letzten Hirmos der Oden zu diesem Tag: »Überwunden werden die Grenzen der Natur in dir, allerreinste Jungfrau. Denn jungfräulich bleibt die Gebärerin, und um das Leben wirbt vergebens der Tod. Die du nach der Geburt jungfräulich und nach dem Tode lebendig bist. Du rettest stets die Deinen, dein Erbe[48].«

Der 21. November, Einführung (Eisodos) Mariens in den Tempel, lebt aus der Vorahnung der Feier des Menschwerdungsgeheimnisses. Die Einbettung der Verehrung Mariens in das Weihnachtsmysterium erscheint hier sehr deutlich. Von daher kommt es auch, daß von diesem Tage an die Vorbereitung auf Weihnacht beginnt, eine Vorbereitung, die sich auch darin zeigt, daß von nun an jeden Tag in der Mette (Orthros) der Kanon des Weihnachtsfestes gebetet wird: »Christus ist geboren, rühmet ihn!« Ein Troparion dieses Tages bringt diesen Grundgedanken sehr deutlich zum Ausdruck: »Heute ist der Beginn des Wohlgefallens Gottes und die Vorverkündigung der Erlösung der Menschheit. Im Tempel erscheint die Jungfrau und verkündigt den Gesalbten. Zu ihr rufen wir: Freue dich, du Erfüllung der Heilsordnung deines Schöpfers[49]!« Innig verbunden mit der Sicht auf den kommenden Christus ist aber auch das Gedenken an die Kirche. Tyciak spricht daher von Maria als einer »ekklesiotypischen Gestalt[50]«. Er führt dazu weiter aus: »Es ist deshalb nicht anders zu erwarten, als daß die Liturgie auch dieser ekklesiotypischen Aussagen in der Feier gedenkt. Das Evangelium ist das der Marienfeste überhaupt, die Perikope der heiligenden Begegnung mit Elisabeth nach der Prozession über die judäischen Berge. Sie wird umrahmt von Worten des großen Hochzeitpsalmes (44), in dem die Vermählung des Gesalbten mit seiner Kirche vorverkündet wird. Ihr Einzug in den Tempel erscheint wie das gnadenvolle Schreiten der beseelten Lade, des geweihten Zeltes, der lebendigen Arche in das Allerheiligste des Himmels. So geschieht im geheimnisvollen Lobe der Hymnen ein Ausblick auf die letzte Vollendung, wenn mit der Wohnstätte Gottes nach der großen Prozession der Zeiten auch die Ekklesia heimfindet zum Herrn bei der letzten großen Darstellung im Tempel der Herrlichkeit[51].« — So heißt es an einer Stelle der Liturgie dieses Tages: »Frohlocken möge heute der Himmel, und die Wolken mögen Freude träufeln ob der überaus großen Machttaten unseres Gottes. Denn siehe, die gen Morgen schauende Tür, geboren aus unfruchtbarem Mutterschoße nach der Verheißung und Gott zur Wohnstätte geweiht, wird heute zum Tempel hingeführt als unbefleckte Opfergabe. Darum freue sich David, die Harfe schlagend: Es werden gebracht werden, heißt es (Ps 44), dem Messiaskönig Jungfrauen nach ihr (der Königin), die ihr die Nächsten sind: hinein in Gottes Gezelt, die Gnadenstätten der Ewigkeiten[52].«

6. Marienverehrung bei den Christen Rußlands

N. Berdjaev hat 1915 in etwas pointierter Weise gesagt: »Die russsiche Religiosität ist nicht so sehr eine Religion Christi, als eine Religion der Gottesgebärerin, eine Religion der Mutter Erde, der weiblichen Gottheit, die das irdische Leben heiligt. Mutter Erde ist für das russische Volk Rußland. Rußland verwandelt sich in die Gottesgebärerin[53].« — I. Smolitsch nimmt zu diesen Worten in der Weise Stellung: »In dieser etwas zugespitzten Ansicht ... liegt doch ein Gedanke eingeschlossen, der prägnant ausspricht, was die Volksseele schon Jahrhunderte lang zum Ausdruck gebracht hatte. Es ist das dem russischen Volk eigene persönliche Verhältnis zur Erde, als Trägerin der Fruchtbarkeit, der Ursache irdischen Wohlstandes, ein ausschließlich religiöses Verhältnis. ‚Mutter feuchte Erde‘ sagt das russische Volk, besonders der Bauer, der seine irdische Existenz auf dem Segen der Erde gründet ... ‚Mutter feuchte Erde‘, die Quelle des Lebens, verwandelt sich im Volksempfinden langsam zur Mutter Gottes, die den Lebensspender geboren hat, denn nicht umsonst hört der Bauer in der Kirche: ‚Die Quelle des Lebens wird in die Gruft gelegt, und eine Leiter zum Himmel wird das Grab ... O Jungfrau, das Leben Allen.‘ Er hört es am Feste der Himmelfahrt Mariä ... wenn die Ernte, die Quelle des Lebens, in seinen Scheunen liegt ... Wenn im Frühjahr, kurz nach dem Fest der Verkündigung, der Bauer durch die Felder geht, so sieht er, wie die Erde atmet. Noch ist die Luft kühl, der letzte Schnee ist von den wärmenden Sonnenstrahlen weggetaut, dunkel liegen die Felder, und ein warmer weißer Hauch schwebt über die Erde: Die Erde atmet, die Erde gebärt, Mutter Erde gebärt. ‚Gebieterin, Königin des Himmels, segne du!‘ sagt der alte russische Bauer und bekreuzigt sich, und kurze Zeit danach geht er hin, den Samen, der am Verkündigungstage geweiht ist, auszusäen[54].«

Aus all diesen Worten wird deutlich, daß die Form der Marienverehrung in Rußland etwas in der Orthodoxie Einmaliges darstellt. Aus dieser Verbindung von Erde und Maria, Fruchtbarkeit und Leben, Ernte und Segen, kommt es, daß die Anrufung Mariens als Beschützerin und als Himmelskönigin bei den russischen Christen besonders ausgeprägt ist. Ja, es hat den nicht unberechtigten Anschein, als ob hier Maria noch vor Christus zu stehen komme. Sehr eindrucksvoll äußert sich dazu der bekannteste russische Prediger, der hl. Dimitrij, Erzbischof von Rostov (gest. 1709): »Nichts ist stärker und machtvoller auf Erden und im Himmel, nach unserem Herrn Jesus Christus, als die Allerreinste Gebieterin, unsere Gottesgebärerin, die Immerjungfrau Maria. Machtvoll ist sie auch im Himmel. Denn Gott selbst, den Gewaltigen und Starken, macht sie gefügig durch ihre Gebete. Den Gott, den sie dereinst in Windeln gewickelt hat, den umwickelt sie nun mit ihren Gebeten[55].«

Diese »Umwicklung mit ihren Gebeten« findet ihren besonderen Niederschlag zunächst in einigen Ikonentypen, die in Rußland sehr verehrt werden. An ihrer Spitze steht die Muttergottesikone von Kazan. Zweimal im Jahr steht sie im Mittelpunkt der Aufmerksamkeit: Am 8. Juli, da man ihrer Erscheinung in Kazan im Jahre 1579 gedenkt, sowie am 23. Oktober, dem Tage der Befreiung Moskaus von den Polen im Jahre 1612. Das Troparion ihres Festes singt: »Eifrige Schützerin, Mutter des himmlischen Herrn, für alle bittest du deinen Sohn, Christus, unseren Gott, und allen erwirkst du Rettung, die unter deinen mächtigen Schutz fliehen! Uns alle schütze, o Herrin, Königin und Gebieterin, die wir in Gefahren und Trübsalen und Krankheiten, durch viele Sünden niedergedrückt, vor dir stehen und beten mit entzückter Seele und zerschlagenem Herzen vor deiner allerreinsten Ikone unter Tränen, und hoffen ohne Täuschung von dir die Errettung von allen Übeln zu haben. Allen gewähre das Nützliche und alle erette, o Gottesgebärerin, Jungfrau! Denn du bist göttlicher Schutz deiner Knechte![56]« — Weiter ist hier zu erwähnen die Ikone der »Mutter von Novgorod«, auch »Znamenie« (Wunderzeichen) genannt, die 1170 Novgorod vor der Einnahme durch den Fürsten Andrej von Suzdal bewahrte. Nicht zu vergessen sind die Ikonen »der Muttergottes von Vladimir« wie die »der Muttergottes von Tichvin«. Beide werden wiederum in Zusammenhang gebracht mit der Errettung aus Feindesnot. Für die »Vladimirskaja« ist an die Errettung Moskaus vor den tatarischen Überfällen in den Jahren 1395, 1480 und 1521 zu denken. Die »Tichvinskaja« beschützte ihr Kloster bei der Belagerung durch die Schweden im Jahre 1613.

Zu dieser Verquickung von Ikone-Politik-Errettung meint Smolitsch: »Die Stellung, die die Mutter Gottes bei allen innenpolitischen und historischen Ereignissen als Beschützerin und Helferin einnimmt, zeigt am besten, wie das Volk in seinem Empfinden sein persönliches und sein politisches Leben eng miteinander verbindet. Die alten Chroniken nennen meistens den Kampf für die Heimat eine Wehr des Hauses der Gottesgebärerin. Und wenn darin von irgendwelchen innenpolitischen Zwistigkeiten die Rede ist, so steht die Gottesgebärerin immer auf der Seite der Gerechtigkeit[57].«

Schließlich sind im Hinblick auf eine spezifisch geartete Marienfrömmigkeit der Russen noch zu nennen die »Geistigen Lieder« (Duchovnye Stichi) wie einzelne legendäre Erzählungen. Diese »Lieder« zu Ehren Mariens »sind die schönsten Perlen russischer Volksdichtung[58]«. Smolitsch konkretisiert diese Feststellung noch und meint: »Sie sind nicht nur schön in ihrer dichterischen Form, sondern auch gedankentief in der Auslegung des Lehrgutes der orthodoxen Kirche, besonders in bezug auf alle Fragen, die mit der Rettung, mit dem Jüngsten Gericht u.a. zusammenhängen. Hierbei wird die moralische Seite besonders hervorgehoben. Die Zusammenhänge der Entstehung und Fortbildung dieser geistigen Lieder sind noch nicht vollkommen geklärt, aber schon beim Lesen spüren wir, wie stark die orthodoxe Liturgie auf ihren Inhalt eingewirkt hat[59].« Besonders eindrucksvoll ist hier das Lied: »O wundertätige Königin, hör' deine Sklaven aus der Tiefe rufen, sieh' unsere Tränen reichlich fließen und laß uns nicht verlustig gehen des Reiches, das von Anbeginn uns ist bereitet worden. Befreie uns von der ewigen Qual, o Mutter Gottes, Jungfrau rein[60]!« — Aus der Zahl der Legenden sei besonders bedacht die »Wanderung der Mutter Gottes durch die Höllenqualen«. Am Ende der Wanderung heißt es: »Die Allerheiligste sah, daß sie alle nichts vermochten und daß der Herr die Heiligen nicht erhörte, sondern seine Gnade den Sündern fernhielt. So sagte die Allerheiligste: Lasset uns nicht von dannen gehen, solange Gott uns nicht erhört und solange er nicht den Sündern gnädig wird ... Und der Herrscher sprach: ... Nun aber, durch die Gnade meines Vaters, welcher mich zu euch gesandt hat, und durch die Fürbitte meiner Mutter, welche um euretwillen viel geweint hat, durch das Bitten Michaels, des Erzengels, und durch die Menge meiner Märtyrer, welche viel um euretwillen geleistet haben, gebe ich euch, den Gepeinigten, vom Gründonnerstag bis zu den heiligen Pfingsten Tag und Nacht Ruhe, auf daß ihr den Vater, den Sohn und den Heiligen Geist preiset[61].«

Zum Ende dieser Ausschau auf Rußland sei noch verwiesen auf das mystische Leben der Asketen. Smolitsch hat die Beobachtung gemacht: »Das Vita-Material enthält nur geringe Angabe, die uns ein Bild vom mystischen Leben der Asketen vermitteln, aber wenn es einmal davon spricht, so sehen wir, daß im Mittelpunkt dieses Erlebnisses nicht Christus, sondern die Mutter Gottes steht. Diese Theotokos-Mystik zeigt sich in besonders charakteristischer Ausprägung bei zwei Hauptgestalten des russischen Asketentums, dem hl.Sergij von Radonez (gest. 1392) und dem hl.Serafim von Sarov (gest. 1833). Diese Mystik gipfelt in verschiedenen Visionen der Theotokos, in denen es immer um die Vergebung von Sünden geht und in denen Sündern die Rettung zugesagt erscheint[62].«

7. Die Marienikonen und ihre theologische Aussage

a) Marienikonen, die in engster Beziehung stehen zum Geheimnis der Menschwerdung

An ihrer Spitze steht die »Gottesmutter des Zeichens«, deren Urbild in der Blachernenkirche in Konstantinopel stand. Im russischen Bereich erhielt sie auch den Namen »Muttergottes von Novgorod«. Maria ist in Orantenhaltung gezeigt — wohl ein Ausdruck des Wartens auf Zukünftiges, das verheißen wurde —; auf ihrer Brust schwebt auf einer Aureole das Brustbild des Christus-Emanuel. Dieses Schweben auf einer Aureole bedeutet Distanz zu Maria, will besagen, daß dieser Logos noch nicht in ihren Schoß eingegangen ist. Er ist der noch nicht Inkarnierte, Symbol seiner Gottheit, die nie altert und deren Herrschaft ewig ist[63]. — Weiter ist hier zu nennen «Maria der nicht verbrennbare Dornbusch«. Maria ist mit Christus und Himmelsleiter inmitten einer Aureole auf einem achtzackigen Stern dargestellt. Der Hintergrund dieser Aureole ist in leuchtendes Rot getaucht, während der Rand in stilisierter Form das Dornengestrüpp zeigen soll, das im Feuer nicht verbrennt. Diese Symbolik wird noch intensiviert durch die alttestamentlichen Bezüge in den Bildecken: Mose vor dem brennenden Busch (Ex 3,2), Wurzel Jesse (Jes 11,10), Jakobsleiter (Gen 28,10), Vision Ezechiels vom »verschlossenen Tor des Heiligtums« (Ez 43,4—44,1—6). — Auch der Typ »Fels herabgerissen ohne Hände« ist hier sehr wichtig. Der Bildtitel, bezogen auf eine Christus-Vision Daniels (Dan 2,34—35), ist ein gutes Beispiel für eine spekulative Thematik. Maria hält auf dieser Ikone in der Linken Jesus und in der Rechten die Leiter, auf der Gott zur Erde herabstieg. Ihr Wolkenkleid zeigt auf der Brust den herabgerissenen Stein. Darüber befindet sich das himmlische Jerusalem mit dem Haupt des Hohenpriesters Christus, wieder mit Bezug auf Daniel 2,44.

In weiterem Sinne sind alle Marienikonen mit dem Christusknaben eine Vergegenwärtigung des Menschwerdungsgeheimnisses.

b) Marienikonen in Beziehung zur Passion und Auferstehung Christi

Die wichtigsten in diesem Zusammenhang sind die Ikonen »Verkündigung der Passion«, »Gottesmutter der Passion«, »Weine nicht über mich, Mutter«. Dazu kommt noch die Mutter Gottes Achtyrskaja. — Während auf dem Typ »Verkündigung der Passion« der Erzengel Gabriel mit dem Kreuz in Händen vor Maria mit Christus hintritt, ist auf der Ikone »Gottesmutter der Passion« die Situation wie folgt geschildert: Zentral ist Gabriel, der Christus und Maria das Kreuz als Zeichen der zukünftigen Passion zeigt. Christus wendet sich erschreckt von Maria auf das Kreuz zu, legt hilfesuchend seine Hände in die Mariens. Diese wird dadurch in die Erschütterung der Passion und der damit verbundenen Angst hineingezogen. — Den Gedanken vom ganz personalen, existentiellen Hineingestelltsein in das Leiden Jesu stellt auch die Ikone »Weine nicht über mich, Mutter« dar. Maria umfaßt den im Grabe stehenden Christus und erfährt von Christus, der noch im Todesschlafe sich befindet, die tröstliche Botschaft von seiner Auferstehung und ihrer wie des ganzen Menschengeschlechtes Verherrlichung. — Der Typ Achtyrskaja zeigt Maria, die Hände zum Gebet erhoben, während neben ihr das Kreuz des Herrn auf Golgotha steht und vor ihr die Marterwerkzeuge liegen. Manchmal hat sie auch das Kreuz in Händen.

c) Marienikonen, die den Lobpreis Mariens, im Anschluß an liturgische Texte, zum Ausdruck bringen

Hier sind zu erwähnen: »Du bist höher als alle Cherubim und erhabener als alle Seraphim«, »Über dich, o Gnadenvolle, freut sich jedes Geschöpf«, »Würdig ist es, dich zu preisen«, »Versammlung zu Ehren der Gottesmutter«, »Die Propheten haben dich vorherverkündet«, »Die vierundzwanzig Häuser der Gottesmutter«.

d) Marienikonen, die Maria als Helferin zeigen

Ihre Namen sind: »Die den Demütigen gnädig ist«, »Die schnell Erhörende«, »Die Gütige«, »Lindere meinen Kummer«, »Lebenspendende Quelle«, »Die Retterin der Ertrinkenden«, »Fürsprecherin der Verlorenen«, »Trost und Freude«, »Freude aller Leidenden«, »Unerwartete Freude«, »Die die harten Herzen schmilzt«, »Die Hoffnung der Verzweifelten«, »Gottesmutter Schutz und Schirm«, »Gottesmutter Fürbitterin der Menschheit«.

Die Ikonen nun, die in besonderer Weise das Anliegen des Namens zum Ausdruck bringen, sind »Gottesmutter Schutz und Schirm«, »Freude aller Leidenden«, »Gottesmutter Fürbitterin der Menschheit«, »Lindere meinen Kummer«, »Hoffnung der Verzweifelten«. — Bei den drei Erstgenannten wird der Gedanke in die Darstellung eines Ereignisses gekleidet: Maria schwebt, ins Gebet zu Christus versunken, über dem Volk und breitet ihr Maphorion aus; Maria steht, mit oder ohne Christus, inmitten von Kranken und Leidenden; auf der Ikone »Fürbitterin der Menschheit« erscheint Maria im Halbprofil, in der einen, weit vorgestreckten Hand eine lang herabhängende Schriftrolle haltend. Der Text auf dieser Rolle gibt einen Dialog zwischen Christus und Maria wieder, in dem sie ihren Sohn um Erbarmen für die Menschheit bittet. — Auf den zwei anderen Ikonen wird durch die Haltung der Hände, die die Zusicherung von Hilfe beziehungsweise das Gebet und die Errettung aussagen, der entsprechende Namen gerechtfertigt. — Besonders erwähnenswert ist in dieser Gruppe das Bild »Die die harten Herzen schmilzt«. Die einzelnen Bildelemente lassen nicht in diese Richtung denken. Daß es dann doch zu dieser Namensgebung gekommen ist, dürfte vielleicht mit einer Bekehrung eines Sünders vor dieser Ikone zusammenhängen. So wurde in diesem Falle eine theologisch-dogmatische Aussage über Maria (Überschattung durch den Hl. Geist) zu einer Verkündigung über echten Helferdienst umfunktioniert.

Anmerkungen:

[1] O. Stegmüller: Sub tuum praesidium. Bemerkungen zur ältesten Überlieferung: ZKTh 74 (1952), 76—82.
[2] O. Stegmüller: a.a.O. S. 79.
[3] G. A. Wellen: Theotokos. Utrecht-Antwerpen 1961, S. 140.
[4] H. Engberding: Maria in der Frömmigkeit der östlichen Liturgien: P.Sträter, Katholische Marienkunde, Bd. 1, Paderborn 1947, S. 120.
[5] D. Baldi: I santuari mariani in Terra Santa: Studii bibl. franc, liber annuus 3 (1952—53), 219—269.
[6] H. Engberding: a.a.O. S. 120f.
[7] H. Engberding: a.a.O. S. 121.
[8] H. Engberding: a.a.O. S. 122.
[9] H. Engberding: a.a.O. S. 123.
[10] H. Engberding: a.a.O. S. 123.
[11] Vgl. L. Ouspensky: Symbolik des orthodoxen Kirchengebäudes und der Ikone; E. Hammerschmidt u.a.: Symbolik des orthodoxen und orientalischen Christentums (Symbolik der Religionen Bd. X), Stuttgart 1962, S. 57.
[12] A. Smeman: Istoriceskij Put Pravoslavija, New York 1954, S. 238.
[13] Zitiert aus: W. Schulten: zur Verehrung der Gottesmutter im byzantinischen Ritus: Maria im Kult (Mariologische Studien Bd. 3), herausgegeben von der deutschen Arbeitsgemeinschaft für Mariologie, Essen 1964, S. 55.
[14] L. Ouspensky: a.a.O. S. 57.
[15] Zitiert aus: W. Schulten: a.a.O. S. 56.
[16] Zitiert aus: W. Schulten: a.a.O. S. 56.
[17] Vgl. K. Kirchhoff: Über dich freut sich der Erdkreis — Marienhymnen der byzantinischen Kirche, Münster/Westf. 1940, S. 163—170.
[18] W. Schulten: a.a.O. S. 59.
[19] H.-J. Schulz: Die byzantinische Liturgie — Glaubenszeugnis und Symbolgestalt (Sophia Bd. 5), 2. überarbeitete und erweiterte Auflage, Trier 1980, S. 105.
[20] W. Schulten: a.a.O. S. 64.
[21] W. Schulten: a.a.O. S. 61.
[22] W. Schulten: a.a.O. S. 62.
[23] W. Schulten: a.a.O. S. 62.
[24] J. Tyciak: Gegenwart des Heils in den östlichen Liturgien (Sophia Bd. 9), Freiburg i.Br. 1968, S. 67.
[25] E. Jungclaussen: Maria im liturgischen Kult der orthodoxen Kirche: Una Sancta 30 (1975), S. 140.
[26] K. Kirchhoff: Osterjubel der Ostkirche, Münster/W. 1961, S. 39.
[26a] K. Kirchhoff: a.a.O. S. 107.
[27] E. Jungclaussen: a.a.O. S. 141.
[28] J. Tyciak: Theologische Denkstile im Morgenland und Abendland: E. von Ivanka/J. Tyciak/P. Wiertz: Handbuch der Ostkirchenkunde, Düsseldorf 1971, S. 247.
[29] K. Kirchhoff: Über dich freut sich der Erdkreis ..., S. 163f.
[30] K. Kirchhoff: Osterjubel der Ostkirche ..., S. 35.
[31] J. Jungclaussen: a.a.O. S. 139f.
[32] J. Jungclaussen: a.a.O. S. 141.
[33] K. Kirchhoff: Die Ostkirche betet (Vierte bis sechste Fastenwoche), Leipzig 1936, S. 273.
[34] K. Kirchhoff: Die Ostkirche betet (Sechste Fastenwoche), Leipzig 1937, S. 160.
[35] J. Jungclaussen: a.a.O. S. 134.
[36] K. Kirchhoff: Hymnen der Ostkirche, Münster/W. 1979, S. 140.
[36a] K. Kirchhoff: Hymnen der Ostkirche, Münster/W. 1979, S. 140.
[37] K. Kirchhoff: Hymnen der Ostkirche ... S. 145.
[38] K. Kirchhoff: Hymnen der Ostkirche ... S. 170.
[39] J. Jungclaussen: a.a.O. S. 143.
[40] J. Tyciak: Gegenwart des Heils in den östlichen Liturgien ... S. 55.
[41] Zitiert nach J, Tyciak: a.a.O. S. 57.
[42] Zitiert nach J. Tyciak: a.a.O. S. 58.
[43] Zitiert nach J. Tyciak: a.a.O. S. 58.

[44] J. Tyciak: a.a.O. S. 59.
[45] Zitiert nach J. Tyciak: a.a.O. S. 60.
[46] Zitiert nach J. Tyciak: a.a.O. S. 60.
[47] Zitiert nach J. Tyciak: a.a.O. S. 63.
[48] Zitiert nach J. Tyciak: a.a.O. S. 64.
[49] Zitiert nach J. Tyciak: a.a.O. S. 65f.
[50] J. Tyciak: a.a.O. S. 66.
[51] J. Tyciak: a.a.O. S. 66.
[52] Zitiert nach J. Tyciak: a.a.O. S. 66.
[53] Zitiert aus: I. Smolitsch: Die Verehrung der Gottesmutter in der russischen Frömmigkeit und Volksreligiosität: Kyros 5 (1940/41), S. 211.
[54] I. Smolitsch: a.a.O. S. 211ff.
[55] Zitiert aus: I. Smolitsch: a.a.O. S. 206.
[56] Zitiert aus: I. Smolitsch: a.a.O. S. 207, Anm. 17.
[57] I. Smolitsch: a.a.O. S. 207.
[58] I. Smolitsch: a.a.O. S. 210.
[59] I. Smolitsch: a.a.O. S. 210.
[60] Zitiert nach I. Smolitsch: a.a.O. S. 210 f.
[61] S. A. Zenlovsky: Aus dem Alten Rußland — Epen, Chroniken und Geschichten. Herrsching 1968, S. 132ff.
[62] I. Smolitsch: a.a.O. S. 202.
[63] Zu den Marienikonen vgl. E. Sauser: Maria und ihre vielen Namen — Zur Theologie der Marienikonen: Erbe und Auftrag 53 (1977), S. 217—223. E. Sauser: So nahe steht uns die Ostkirche, Frankfurt a.M. 1980, S. 102—106.

Formen und Wirkungen der Marienverehrung

Ulrich Lange

Die Verehrung Mariens, ein Werk des Heiligen Geistes

I. Grundlegung

Papst Pius XII. (1939—1958) sagte im Blick auf die häufigere, regelmäßige Andachtsbeichte — das heißt den Empfang des Bußsakramentes, ohne durch schwere Sünde dazu moralisch verpflichtet zu sein — also von dieser Andachtsbeichte sagte der Papst 1943 in seinem Weltrundschreiben »Über die Kirche als Herrenleib« (Mystici Corporis Christi), daß sie »nicht ohne den Antrieb des Heiligen Geistes in der Kirche eingeführt wurde[1]«. Unser jetziger Heiliger Vater, Papst Johannes Paul II., hat übrigens dieses Wort seines Vorgängers ausdrücklich aufgenommen und in der Predigt am 29. September 1979 im Phoenix-Park in Dublin wiederholt.

Was hier die Päpste von der öfteren heiligen Beichte sagen, daß sie sich nicht ohne die Führung des Heiligen Geistes in der Kirche durchgesetzt habe, das gilt in weit größerem Maße von dem Reichtum und den vielfältigen Formen der kirchlichen Marienverehrung. Und wie es unsinnig wäre, den entfalteten menschlich-kulturellen Reichtum auf seine ersten nachweisbaren zaghaften Anfänge reduzieren zu wollen, so töricht wäre es, den Reichtum marianischer Frömmigkeit zurückzuschneiden auf nachweisbare frühchristliche Äußerungen, obwohl diese schon im Altertum eine überraschende Ausdruckskraft besitzen. Ja, lesen wir aufmerksam und unvoreingenommen — das wäre freilich die Voraussetzung — das Neue Testament, begegnet uns eine solche Fülle von Hinweisen, die uns das Christusgeheimnis in seiner unauflöslichen Beziehung und Verschränkung zu Maria und Kirche aufleuchten lassen, daß man sich nur wundern kann über die vielfachen Mißverständnisse und die Widerreden, die in diesem Zusammenhang immer wieder neu auftauchen.

Wenn mit den Worten »Trinität« (Dreifaltigkeit) und »Inkarnation« (Menschwerdung) das Ganze des christlichen Glaubens andeutend ausgesprochen wird, dann kann die zweite Hälfte der hier genannten christlichen Wirklichkeit, »der in Christus exemplarisch verwirklichten Teilhabe des Menschen am Leben Gottes[2]« überhaupt nicht gedacht werden, ohne sofort die Gestalt der Jungfrau-Mutter in den Blick zu bekommen.

Maria wurde nicht nur biologisch, sondern auch und gerade im freien Glaubensgehorsam die Mutter des Erlösers. Ihre Mutterschaft ist eine totale und ganz und gar personale und gehört als solche in die öffentliche und amtliche Geschichte des Heiles hinein. So sind schon von daher auch jene dogmatischen Aussagen über Maria, die nicht direkt in der Heiligen Schrift ausgesprochen werden, doch indirekt von ihr bezeugt. Freilich muß, um von vornherein eine einseitige biblizistische Überbewertung auszuschließen, nüchtern und sachlich festgehalten werden: Die lebendige, zunächst mündliche kirchliche Überlieferung gab bis zur schriftlichen Fixierung des Neuen Testamentes als einen wesentlichen Teil dieser Überlieferung und bis zur endgültigen Feststellung des Kanons des Neuen Testamentes die Glaubenswahrheiten unter dem Beistand des Heiligen Geistes ungeschmälert und richtig weiter. Diese Überlieferung und der mit ihr verbundene Glaubenssinn fand auch schon vor Abschluß des Neuen Testamentes — wie man leicht nachprüfen kann — zahlreiche schriftliche Niederschläge. Die Überlieferung hört nicht deshalb auf, Glaubensquelle zu sein, weil ein zweifellos vornehmer und wesentlicher Teil von ihr in der Heiligen Schrift des Neuen Testamentes seine besondere Festlegung erfahren hat. Das von der Heiligen Schrift bezeichnete Geheimnis kann daher auch nur richtig im Lichte dieser Überlieferung erfaßt werden. Nicht erst nach Abschluß der Kanonbildung des Neuen Testamentes in der zweiten Hälfte des 4. Jahrhunderts, sondern von ihrem Ursprung her hat die Kirche — und hier wiederum insbesondere das unter dem Beistand des Heiligen Geistes stehende apostolische Lehramt — das geoffenbarte Glaubensgut weitergegeben und inmitten aller Widersprüche und aller auch rechtmäßigen Auslegungsversuche unverfälscht lebendig erhalten.

Dies gilt auch bezüglich der marianischen Wahrheiten. Es ist im Grunde genommen unverständlich, wie diese historisch und theologisch auf der Hand liegenden Gegebenheiten nicht nur übersehen, sondern auch immer wieder geleugnet werden.

»Als die Fülle der Zeit kam, entsandte Gott seinen Sohn, der von einer Frau geboren, dem Gesetz unterworfen war« (Gal 4,4), so heißt es in dem ältesten neutestamentlichen Zeugnis über Maria. Der Apostel Paulus spricht hier von der menschlichen Seite des Lebensanfanges Christi. Er, der Schriftgelehrte und ehemalige Pharisäer, der ausgebildet und geprägt ist im jüdischrechtlichen Denken, betont in auffälliger Weise lediglich das Geborenwerden von einer Frau. Das Schweigen aber über die Abstammung von einem isarelitischen Mann ist nur dadurch erklärlich, daß er von einem Dazwischentreten eines menschlichen Vaters nichts weiß. Gott, der einzige Vater Jesu Christi, läßt seinen Sohn von einer Frau geboren werden. Die Gedankenreihe, in der unser Text steht, gab keinen Anlaß, Maria mit Namen zu nennen und ihre Jungfräulichkeit besonders herauszustellen. Aber umso mehr zeigt die selbstverständliche Sprechweise des Apostels, daß er von der irdischen Geburt unseres Herrn und Heilandes keine andere Vorstellung hatte als sein Schüler Lukas, der uns im ersten Kapitel seines Evangeliums die Verkündigung der Geburt Jesu an Maria durch den Engel Gabriel schildert. Die Entsendung des Sohnes vom Vater und die Jungfräulichkeit der Mutter sind auf das Innigste aufeinander zugeordnet.

In den Evangelien (Mt 1—2; Lk 1—2; Joh 2,1—11; 19,25ff; Apg 1,14) bis zur Apokalypse (Kapitel 12) wird dann dieser schlichte und doch inhaltsschwere Satz geschichtlich und inhaltlich auf Kirche hin deutlich ausgefaltet. Der Evangelist Lukas (2,19.51) weist zweimal darauf hin, daß Maria selbst die Ereignisse in ihrem Gedächtnis bewahrt hat. Im Zusammenhang der Geburt Jesu und dem Kommen der Hirten heißt es:

»Maria aber behielt alle diese Worte und erwog sie in ihrem Herzen.«

Und nach dem Wiederfinden des 12jährigen Jesusknaben im Tempel bemerkt der Evangelist:

»Seine Mutter aber bewahrte alle diese Dinge in ihrem Herzen.«

Die Marienverehrung ist die selbstverständliche Antwort auf die gottgewirkte Heiligkeit Mariens, ihren tätigen Anteil am Erlösungsgeheimnis und dessen Erfüllung in der Kirche.

Am Anfang steht das Ja der Gnadenvollen, der vom Herrn Erkorenen (Lk 1,28.38), die doch ganz Hingabe, ganz Bereitschaft, ganz »niedrige Magd« (Vers 48) ist, wie sie selbst sagt. Gleichzeitig aber kündet sie prophetisch an, was dann durch die Jahrhunderte sich erfüllt und erfüllen muß, wenn die Botschaft ohne Abstriche wahr bleiben soll:

»Seht, von nun an werden mich selig preisen alle Geschlechter!« (Vers 48)

Nur oberflächlich betrachtet steht dem entgegen, was Christus antwortet, da man ihn auf seine Verwandten hinweist:

»Wer den Willen meines Vaters im Himmel tut, der ist mir Bruder, Schwester und Mutter.« (Mt 12,50 par)

Da eine Frau seine Mutter selig preist, sagt er:

»Gewiß, selig, die das Wort Gottes hören und es befolgen.« (Lk 11,28)

Gab es denn jemanden, der so wie Maria das Wort Gottes gehört und befolgt hat? Oder gab es jemanden, der Christus inniger als sie von der Empfängnis bis zum Tod am Kreuz verbunden war? Sie spricht:

»Was er euch sagt, das tut!« (Joh 2,5)

In ihrem Ja zur Menschwerdung und zur Erlösung sind alle anderen, noch nachfolgenden (aber auch alle früheren) gehorsamen Zustimmungen von Menschen zum Willen Gottes mit umfangen. Es ist keineswegs fromme Phantasie, sondern entspricht der Wirklichkeit, wenn es im Liede heißt:

»Selige Pforte warst du dem Worte!«

Der Glaubensgehorsam Abrahams wird im Ja der »niedrigen Magd« überstiegen und unüberholbar erfüllt. Maria ist zweifellos als Heilsgestalt die bei weitem Größere. Darüber hinaus hieß es doch die Heilige Schrift wahrlich mißzuverstehen, wenn man die Worte des sterbenden Heilandes zu Maria:

»Frau, siehe da, deinen Sohn!«

und dann zu Johannes:

»Siehe da, deine Mutter!« (Joh 19,27)

als reine Versorgungsmaßnahme betrachten wollte. Schließlich finden wir Maria zum Trost der jungen Kirche vor der Herabkunft des Heiligen Geistes mit den Aposteln und Jüngern im Abendmahlssaal (Apg 1,14), um eben diesen Heiligen Geist flehend. Die Apokalypse aber zeigt in ihrem 12. Kapitel die »sonnenumglänzte, sternenbekränzte Frau mit dem Mond unter den Füßen«, einerseits als Maria, andererseits — ohne einen Wechsel der Personen — als Kirche.

Diese ursprüngliche und darum auch unverzichtbare Dazugehörigkeit Mariens beim Vorgang der Inkarnation, der Menschwerdung Gottes, und der damit geschenkten Heilsgabe, der Vergöttlichung des Menschen, kommt darum auch im ältesten uns bekannten Glaubensbekenntnis zur Sprache:

»Empfangen vom Heiligen Geist, geboren aus Maria, der Jungfrau!«

Maria ist im tiefsten Sinne »vas spirituale«, Gefäß des Geistes. Die Verehrung Mariens kann darum auch keiner Beliebigkeit unterliegen, sondern ist Wesensbestandteil vollgültiger christlicher Frömmigkeit.

Neben den später von der Kirche im neutestamentlichen Kanon endgültig anerkannten Schriften der Apostel und Apostelschüler, gab es schon früh, mindestens vom 2. Jahrhundert ab, Schriften, die sich fälschlich als Werke neutestamentlicher Personen ausgaben und als apokryph (gr.) — verborgen, falsch — bezeichnet werden. »Es gibt apokryphe Evangelien, Apostelgeschichten, Briefe und Apokalypsen. Sie sind zum Teil häretische (meist gnostische) Tendenzschriften, zum Teil katholische Überarbeitungen solcher Schriften, zum Teil ursprüngliche Erbauungsschriften. In Form und Inhalt unterscheiden sie sich stark von den kanonischen Schriften, sind aber als Überreste urchristlicher Volksliteratur sehr wertvoll[3].« Sicherlich ist der Niveauunterschied zwischen den kanonischen und den apokryphen Schriften in der Regel erheblich. Außerdem:

»Man suchte auf mögliche Fragen und Wünsche Antwort zu geben, die Neugier zu befriedigen[4].«

Aber dabei wird auch von sehr kritischen Kennern nicht bestritten, daß gelegentlich in sie auch mündliche Traditionen eingegangen sind, die in den kanonischen Schriften keinen Niederschlag fanden. Wer alle Aussagen der Apokryphen als erfunden und erdichtet, als reine Phantasieprodukte, abtun wollte, wie es gelegentlich geschieht, müßte zunächst einmal den historischen Beweis dafür antreten, daß es so und nicht anders ist. Unbegründete Behauptungen haben mit Wissenschaft nichts zu tun. Man kann etwas nicht deshalb als Phantasieprodukt ausgeben, weil es einem nicht in den Kram paßt. — Geht man davon aus, daß der schriftliche Niederschlag bestimmter Nachrichten, sofern es sich eben nicht um erfundene Phantasieprodukte handelt — eine schon vorhandene Bewußtseinslage und ggf. eine entsprechende Frömmigkeitspraxis voraussetzte, dann sind diese literarischen Zufallsprodukte Beispiele viel älterer Überzeugungen, mögen sie auch im einzelnen ausgeschmückt und recht subjektiv verarbeitet worden sein.

Für die Mariologie ist sicherlich am interessantesten das wohl um die Mitte des 2. Jahrhunderts in griechischer Sprache entstandene Protoevangelium des Jakobus. »Protoevangelium oder Erstevangelium heißt es, weil es Dinge berichtet, die vor den evangelischen Berichten liegen, wie Geburt und Kindheit der Mutter Gottes. Der Titel lautet in der ältesten Handschrift (Papyrus Bodmer 5) Geburt der Maria, Offenbarung des Jakobus. Sonst häufig ‚Geschichte' oder ‚Bericht' oder, wie bei Origines, einfach ‚Buch des Jakobus' ... Der Autor benützt die kanonischen Kindheitserzählungen sehr frei und arbeitet wohl auch mündliche legendäre Traditionen ein ... Vom literarischen wie vom theologischen Standpunkt aus sticht das Protoevangelium des Jakobus von den späteren sogenannten Kindheitsevangelien vorteilhaft ab. Verfaßt ist es zu Ehren der Jungfrau Maria. Es bezeugt nicht nur schon früh eine starke Marienverehrung, es hat der Mariologie im Laufe der späteren Jahrhunderte unerhörte Antriebe gegeben[5].« Obwohl sich die Kirche auch diesem Werk gegenüber nicht unkritisch verhielt, hat es doch auf den liturgischen Kalender, zum Beispiel das Fest der Eltern der Jungfrau Maria, Anna und Joachim, und auf die christliche Kunst einen erheblichen Einfluß ausgeübt.

Viel früher noch als das genannte Protoevangelium des Jakobus liegt das schriftliche Zeugnis des Apostelschülers und Märtyrer-Bischofs Ignatius von Antiochien, der nach 107 in Rom den Tod erlitt. Er nennt in seinem Brief an die Epheser (19,1) Mariens Jungfrauenschaft und Gebären mit dem Tod Christi zusammen »laut zu kündende Mysterien[6]«. — Die Fülle der marianischen Lehraussagen und Lobpreisungen der Väter ist erheblich. Nur Weniges kann hier ausdrücklich genannt werden.

Justin der Märtyrer (um 150) und Irenäus von Lyon (gest. 202) bezeichnen Maria als die zweite Eva in Parallele zum paulinischen Bild vom »zweiten Adam«. Das erste, nachweisbare Gebet, das sich ausdrücklich an die Gottesmutter wendet, ist die Anrufung »Unter deinen Schutz und Schirm«. Es stammt aus dem 3. oder frühen 4. Jahrhundert. Das älteste Marienfest ist ein Gedächtnistag der Gottesmutterschaft Mariens. Es steht in enger Beziehung zu Weihnachten und ist im 5. Jahrhundert verschiedentlich bezeugt. Severian von Gabala (gest. 408) bezeugt das Marienlob als eine »tägliche« Gewohnheit; nach Neilos von Ankyra (gest. 426) »in allen Ländern und in jeder Sprache[7]«. Wir dürfen annehmen, daß dies längst vor diesen zufälligen schriftlichen Fixierungen geschah. Der Name »Maria« als Taufname ist bereits für die Mitte des 3. Jahrhunderts belegt, also für die Zeit um 250.

In den Katakomben findet sich das Bild Mariens mit dem Propheten Isajas. Die Prizillakatakombe zeigt die Anbetung des Jesuskindes durch die Weisen. Aus alten Basiliken ist die Darstellung bekannt: Maria sitzt auf dem Thron und hält das segnende Jesuskind auf ihrem Schoß. Mit königlichen Insignien ist Maria auf einem Mosaikbild in St. Maria Maggiore in Rom dargestellt. Das Konzil von Ephesus hatte zuvor 431 den Würdetitel »Gottesmutter« gegen Nestorius verteidigt. Schon im 4. Jahrhundert waren Kirchen der Gottesmutter geweiht worden. Der heilige Ambrosius (gest. 397) schrieb mehrfach über die Tugenden Mariens. Der heilige Augustinus verteidigte ihre Sündenlosigkeit, der heilige Hieronymus ihre stete Jungfräulichkeit. Auf dem schon genannten Konzil zu Ephesus zeichnete sich der heilige Cyrill von Alexandrien aus. Der heilige Diakon, Kirchenlehrer und Hymnendichter, Ephräm der Syrer (gest. 373) betete:

»O Jungfrau — Herrin, unbefleckte Gottesmutter,
meine ganz glorreiche Frau, meine übergute,
du bist erhaben über den Himmel,
viel reiner als die funkelnden, schimmernden Sonnenstrahlen ...
du sprießendes Reis Aarons, wahrhaft als Reis zeigst du dich,
und deine Blüte ist dein Sohn, unser wahrhafter Christus,
mein Gott und Schöpfer.
Du hast Gott und das Wort im Fleisch geboren,
Jungfrau vor der Geburt und Jungfrau nach der Geburt;
durch dich sind wir versöhnt worden mit Gott, Christus, deinem Sohne[8].«

Im römischen Meßkanon wird Maria »die glorreiche, allzeit jungfräuliche Mutter unseres Herrn und Gottes Jesus Christus«, zu Anfang des sechsten Jahrhunderts in dem uns geläufigen Gebet vor der heiligen Wandlung (Communicantes) nunmehr stets genannt.

Nach der Väterzeit, die den Anteil Mariens am Erlösungswerk vor allem von der Mutterschaft her dachte, wird jetzt das Stehen Mariens unter dem Kreuz stärker betrachtet[8a]. Neue Marienfeste, die einzelnen Ereignisse des Marienlebens betrachten, finden in der Liturgie ihren Platz, zunächst im Osten, später in Ost und West gemeinsam gefeiert: Die Verkündigung der Geburt Christi, der Heimgang Mariens, die Geburt der Gottesmutter, die Darstellung Jesu im Tempel als Fest der Begegnung des Hern mit Simeon und Anna. Für dieses Fest »Mariä Reinigung«, auch »Lichtmeß« genannt, ist im

Orient schon im 5. Jahrhundert eine Kerzenprozession bezeugt. Von Rom aus verbreiten sich die Feste nach Gallien und Spanien. Seit dem 8. Jahrhundert werden im Orient »Mariä Tempelgang« und »Mariä wunderbare Empfängnis« gefeiert.

Die Fülle der liturgischen Marienfeste und -gedenktage hat seinerzeit Professor Dr. Carl Feckes in dem immer noch brauchbaren Band »So feiert dich die Kirche — Maria im Kranz ihrer Feste[9]« dargestellt. »Maria im liturgischen Leben der Kirche« nach dem heutigen Stand mit den Hochfesten, Festtagen, Gedenktagen und den Formularen des Commune der Marienfeste bietet der von Wolfgang Beinert herausgegebene Sammelband »Maria heute ehren[10]«. Freiich ist diesem Band in seiner gelegentlich einseitig negativen Kritik mit Zurückhaltung zu begegnen. So behauptet einer der Mitautoren[11]: »Zur Volksfrömmigkeit gehört (!), daß sie niemals ganz mit den kirchlichen Glaubensinhalten oder deren ‚offiziellen' Ausdrucksgesten (vor allem der Liturgie) übereinstimmt.« Das ist eine verwegene, zweifellos so pauschal behauptet, falsche Darlegung! Für die Wallfahrten werden »zuerst jene Elemente« benannt, »die einem fundierten Vollzug eher abträglich sind[12]«. Bezüglich der »geistlichen Erschließung der liturgischen Marienverehrung[13]« behauptet ein anderer Mitautor: »Das verbreitete Unbehagen über die Rolle, die die Gottesmutter Maria in der Theologie und Liturgie der katholischen Kirche spielt, hat zum Großteil seinen Grund darin, daß die Mariologie begrifflich und somit unanschaulich wurde, die Marienfrömmigkeit infolgedessen untheologisch.« Abgesehen davon, daß sich die hier zitierten Aussagen des Buches in etwa widersprechen, sollte doch besser der liebende Umgang mit dem, was die Kirche über Maria lehrt, von Anfang an lehrte, wie wir sahen, und schließlich und vor allem die Begegnung mit der Gottesmutter selbst zwar alles Einseitige und alle falsche Akzentuierung vermeiden, aber gerade darin den Reichtum und die kaum ausgeschöpfte Fülle echter Marienverehrung, die immer und jederzeit auf Christus weist und zu Christus hinführt, fördern und unterstützen.

Maria, unsere Mutter und Königin, ist Schutzpatronin von Polen, Ungarn und Bayern, die Schutzpatronin von Städten, vielen Kirchen seit dem 4. Jahrhundert und auch als »Stella maris« der Seefahrer. Nach ihr sind Hospitäler, Schulen, Straßen und Plätze benannt. Marianische Gnadenstätten gibt es in unbegrenzter Zahl[14]. Die Entfaltung der im Christusgeheimnis grundgelegten Marienfrömmigkeit fand im Laufe der Jahrhunderte einen fast unübersehbaren, legitimen Ausdruck. Den Mißbrauch gibt es fast immer, wo es den gerechten und notwendigen Gebrauch und Ausdruck des Richtigen und Gesunden gibt. Die Überbetonung und die Überzeichnung eines Mißbrauches ist selbst Mißbrauch und Entartung. Wir schauen auf Maria und damit auf Christus, den Herrn! Sie mahnt: »*Was er euch sagt, das tut!*« (Joh 2,5)

II. Entfaltung und Verteidigung

Manche wahrhaft fromme Gebetsart, die wir heute noch schätzen, entstand im späten Mittelalter. Das Aveläuten, der Engel des Herrn, wie wir sagen, ist aus dem im 13. Jahrhundert schon üblichen Abendläuten und dem im 14. Jahrhundert hinzugekommenen Morgenläuten im 15. Jahrhundert schließlich vollständig geworden, als Papst Kalixt III. 1456 das Mittagsläuten als mahnende Aufforderung zum Gebet in der Türkennot hinzufügte. Erst im 15. Jahrhundert erhielt das Ave Maria seinen zweiten Teil, in dem um die Fürbitte Mariens in der Sterbestunde gebetet wird. Ursprünglich bestand das Ave Maria nur aus den biblischen Worten des Engels an die Jungfrau Maria (Lk 1,28) und den Worten ihrer Base Elisabeth, die, vom Heiligen Geist erleuchtet, die Frucht ihres Leibes pries (Lk 1,42). Noch der Patrizier und Magistratsherr Joachim von Pflummern, der 1480 in der freien Reichsstadt Biberach, südlich Ulm, geboren wurde und 1554 in der Nachbarschaft von Biberach als Obervogt der Herrschaft Warthausen starb, nennt in seinem »Bericht über die Zustände in seiner Heimatstadt Biberach vor der Glaubensspaltung«, den er um 1530 niederschrieb, das Ave Maria in dieser Form[15].

»Der Rosenkranz, ursprünglich nur eine Anzahl von 150 Vaterunsern, entsprechend den 150 Psalmen, wurde seit dem 12. und 13. Jahrhundert um die Ave Maria bereichert. Im 15. Jahrhundert, und zwar zu Anfang, wurden die Vaterunser und die Ave Maria mit der Betrachtung des Lebens Christi verbunden. Die beiden Kartäuserprioren von Trier, Adolf von Essen (gest. 1439) und Dominikus von Preußen (gest. 1460), haben das Verdienst daran. Die jetzige Form ist endgültig im 16. Jahrhundert gefunden worden[16].« »Was die Wiederholung des Ave angeht, so hat es sie auch schon vor dem Entstehen des Rosenkranz gegeben. Die Bollandisten berichten von einer Gräfin Ada im heutigen belgischen Hennegau, die um 1080 täglich 60 Ave betete, und zwar die ersten 20 hingestreckt auf dem Boden, die zweiten kniend und die dritten stehend[17].«

»Im Jahre 1475 entstand in Köln aufgrund der Initiative des Dominikanerpriors Jakob Sprenger und seiner Mitbrüder die erste Rosenkranzbruderschaft. Es war die Zeit der Belagerung der Stadt Neuß durch den Herzog Karl von Burgund. Die Kölner fürchteten — wohl mit Recht — daß Karl von Burgund ... nach dem Fall von Neuß gegen das heilige Köln ziehen würde. Wider Erwarten blieben die Kölner vom Kriege verschont. Die fremden Truppen zogen friedlich ab. Das erschien als eine gnadenhafte Wirkung des Rosenkranzgebetes[18].« Allerdings hatten wahrscheinlich schon um 1407 Herzog Wilhelm von Berg und seine Gemahlin Anna von Bayern eine »Bruderschaft der Freunde unserer Lieben Frau für Schwestern und Brüder des Rosenkranzes« gegründet[19].

»Besondere Verehrung galt im späteren Mittelalter der Schmerzhaften Mutter. Ihr Bild mit dem Leichname des Sohnes auf dem Schoße ist damals, und zwar zuerst in Deutschland, geschaffen worden. Auch das Fest der sieben Schmerzen Mariens ist im 15. Jahrhunderte[20]« nachweisbar. Das Fest der Unbefleckten Empfängnis ist schon als Fest der Empfängnis Mariens Ende des 7. Jahrhunderts im christlichen Osten gefeiert worden. »Es gelangte über Unteritalien (Neapel, 9. Jahrhundert) nach Irland und England (10. Jahrhundert). Nunmehr als Fest der Unbefleckten Empfängnis gefeiert, gewann es immer mehr an Volksbeliebtheit. Als das Generalkapitel der Franziskaner in Pisa im Jahre 1263 das Fest der Unbefleckten Empfängnis für den ganzen Orden annahm, war der Bann gebrochen[20a].«

Große Gestalten der Kirchengeschichte, die jetzt selbst im Heiligenkalender stehen, förderten die Verehrung der allerseligsten Jungfrau Maria, so Bernhard von Clairvaux, Albert der Große, die heilige Birgitta von Schweden, Bernhardin von Siena und viele andere. Ganze Ordensgemeinschaften stellten sich unter den Schutz der Gottesmutter, so die Karmeliten, der Orden vom Loskauf der Gefangenen, die Serviten. Schließlich waren auch die Deutschritter ein der allerseligsten Jungfrau Maria geweihter Orden, daher auch der Name der Marienburg.

Die marianische Gebundenheit der christlichen Existenz beruht in erster Linie auf der Gottesmutterschaft Mariens. Deshalb nannten schon die Väter Maria die Ursache unseres Heiles. Von ihrem Jawort hing, wie die Väter auseinanderzusetzen pflegten, das Heil der Welt ab. Doch die Schau des Glaubens ging bald noch tiefer. Maria wurde als die in den Himmel aufgenommene, treusorgende himmlische Mutter, »als die machtvolle Himmelskönigin erkannt, welche unaufhörlich für das Reich Gottes auf Erden und für jeden Christen bittend und helfend tätig ist. Wie wichtig müßte es da erscheinen, mit allen Schwierigkeiten und nicht zuletzt mit denen der Sorge um die volle Christusnachfolge zu ihr, der Mutter, die zugleich die vollendetste Christusnachfolgerin gewesen war, hinzueilen. Zuletzt offenbarte sich dem frommen Blicke, daß Mariens rastlose Fürsorge für uns auf einer eigentlichen Mutterschaft uns gegenüber beruht. Sie hat uns mystischerweise in ihrem Schoße getragen, als sie ihren Erstgeborenen empfing, sie hat uns unter heftigen Mutterschmerzen unter dem Kreuze durch die Hingabe ihres eigenen Sohnes geboren. Weil sie so unsere Gotteskindschaft mitverdient hat, deshalb ist unsere christliche Existenz an sie gebunden und wird diese marianische Gebundenheit niemals verleugnet werden können. Je mehr aber ein Christ sich dessen bewußt wird, um so mehr wird er bestrebt sein, diese marianische Gebundenheit zu bejahen und zu pflegen[21].«

Im späteren Mittelalter war es bei manchen Ordensleuten der Brauch, wenn man den Heiligen Geist ehren und um seine Gaben flehen wollte, daß man dann ein Ave-Maria betete. Man war der Überzeugung, daß sie, die ganz und gar Gnadenvolle, die Braut des Heiligen Geistes, gleichsam von göttlichem Leben, das uns Christus erworben hat, überströmt. Man war überzeugt, daß, wenn man sie ehrte, man eben damit in besonderer Weise den Heiligen Geist ehrte, der sie erwählt hat. Man wußte, daß man durch sie erlangte, was man in der eigenen Unwürdigkeit nicht erlangen würde.

So gilt das, was wir bereits für die gesamte Kirchengeschichte bestätigt fanden, auch für ihre neueste Epoche: »In der Neuzeit hat es wohl keinen anerkannten Heiligen gegeben, der nicht durch eine innige Marienfrömmigkeit ausgezeichnet wäre. Dies entspricht auch der theologischen Lehre, welche eine besondere Marienverehrung zu den Zeichen der Auserwählung zählt[22].«

★

Die theologische Einsicht freilich aufgrund der Inkarnation in die grundsätzliche und bleibende Berechtigung der Bilderdarstellung — und damit auch der Darstellung der Gottesmutter — wurde mehrfach im Verlaufe der Kirchengeschichte verdunkelt. Zunächst im sogenannten Bilderstreit, vor allem in der Ostkirche, und dann durch einen Teil der sogenannten Reformatoren. Das Judentum hatte weitgehend den Gebrauch von heiligen Bildern abgelehnt. Die junge christliche Kirche jedoch hatte sich, wie der Schmuck der ältesten Grüfte und kirchlichen Räume beweist, dem Gebrauch der Bilder als

Symbole und als Schmuck nicht widersetzt. Sobald die Gefahr des heidnischen Götzendienstes ausgeschlossen war, kam der Gebrauch zunächst des Kreuzes, dann von Bildern Christi und der Heiligen auf. Dabei gab es einen deutlichen Unterschied zwischen der griechisch-östlichen und der lateinisch-westlichen Kirche. Die dem Griechen innewohnende Freude am Bild, der wir schließlich die große Kunst der Griechen verdanken, kam im Osten mächtig zur Geltung. Auch die religiöse Auffassung vom Bilde als Sitz der Gottheit lebte nun, gereinigt vom heidnischen Götzendienst, in christlicher Form wieder auf. So wurden die Bilder zu Vertretern der Heiligen des Himmels selbst. Die bei den Götterbildern von den Christen entschieden abgelehnten Zeichen der Verehrung, wie Blumenschmuck, Kerzen, Weihrauch, das Niederknien vor dem Bilde und das Küssen des Bildes, wurden nun den Bildern Christi und der Heiligen erwiesen. Im Abendland war man freilich nüchterner und zurückhaltender. Jedoch finden wir am Ende des 6. Jahrhunderts in Gallien Bilder des heiligen Martin und vor diesen Bildern brennende Lampen. In Rom gibt es zur gleichen Zeit die Verehrung des heiligen Kreuzes und der Bilder der Gottesmutter Maria. Auch hier gilt das schon früher Gesagte: Das historisch Feststellbare liegt unter Umständen viel später als der wirkliche Vollzug.

Die monophysitischen Christen des Ostens lehnten aber schon im 6. und 7. Jahrhundert die Darstellung der nach ihrer Auffassung ganz und gar vergöttlichten Menschheit Christi ab. Nun kam im 7. Jahrhundert die scharfe Ablehnung der Bilder durch den Islam hinzu. Auf diesem Hintergrund kommt es dann unter Kaiser Leo III. (717—741) zu einer schlimmen Bilderbekämpfung. Bilder wurden zerstört, Gemälde übertüncht. Auch unter den Nachfolgern Kaiser Leos blieb es bei der Unterdrückung der Bilderverehrung. Erst unter Kaiserin Irene wurde im Jahre 787 auf dem siebenten allgemeinen Konzil in Nizäa die Verehrung des Kreuzes und der Bilder Christi, Mariens und der Heiligen als recht und fromm anerkannt. Freilich hatte der Bilderstreit seine Nachwehen und lebte im Abendland vollends in der sogenannten Reformationszeit erneut wieder auf. Im 15. Jahrhundert begannen die Hussiten in Böhmen und dann, im 16. Jahrhundert, die Calvinisten und Zwinglianer im Zusammenhang mit ihrer Verwerfung der Heiligenverehrung einen brutalen Bildersturm, bei dem kirchliche Kunstwerke von unermeßlichem Wert vernichtet wurden.

In dem schon genannten Biberach wurden am Fest der Apostelfürsten Peter und Paul 1531 alle Einwohner streng zum Kirchenbesuch befohlen. In haßerfüllten Reden wüteten die neuen Prediger — Buzer, Blarer und Ökolampadius, also keineswegs unbekannte Eiferer — gegen die alte Kirche. »Auf der Kanzel raste der Prädikant, drunten tobte die Menge. Die Menschen stritten, schrien und weinten. Wie auf Kommando setzte im Heiligtum des Gotteshauses ein schauderhaftes Lärmen, Springen, Poltern, Raufen, Klirren und Krachen ein. Bestellte Fanatiker stürmten auf die Altäre, Bilder, Fahnen, die ganze Menge sprang schreiend umher, die einen, um zu zerstören, die anderen, um zu retten. In wenigen Minuten lagen in Kirche und Sakristei 17 Altäre zertrümmert auf dem Boden. Viele kostbare Gemälde — darunter Schongauer-Bilder — wurden aus den Rahmen gerissen, mit den Stiefeln zertrampelt, auf die Straße und, wie Kehricht, in den Stadtbach geworfen. Den Holzfiguren wurden die Köpfe und Glieder abgeschlagen, zwei besonders wertvolle Madonnenbilder fand man zerschmettert in der Straßenrinne[23].«

Die katholische Lehre aber wurde bereits knapp und gültig in den Anfängen des Bildersturms zu Beginn des 8. Jahrhunderts von dem heiligen Papst Gregor II. (715—731) so formuliert: Das Evangelium sei »per litteras et picturas« zu verkünden! Außerdem gilt das Prinzip des heiligen Basilius des Großen (gest. 379), wonach die Ehrung des Bildes eine Ehrung der dargestellten Person meint. Der Priester Heinrich von Pflummern, ein Bruder des schon genannten Joachim von Pflummern, sagt dazu in einem Rückblick auf die Ereignisse in Biberach von 1531: »Wenn wir vor den Bildern den Hut ziehen, uns davor verneigen, vor ihnen beten und Lichter brennen, so tun wir dies nicht für die Bilder, sondern für jene, die in den Bildern dargestellt werden. Wir halten die Bilder für gute, nützliche Zeichen der Ermahnung. Vor den Bildnissen Christi mit seinen Leiden betrachten wir das Leiden Christi selbst. Vor den Bildern der Heiligen betrachten wir ihr heiliges Leben oder ihre Marter, damit wir unsere eigenen Widerwärtigkeiten mit Geduld ertragen. Darum sollte man unsere Bildnisse nicht so schmählich und schändlich zerschlagen und wegtun. Dadurch entgeht uns viele gute Ermahnung und besonders der Jugend, die durch die Bilddarstellungen ermahnt und belehrt worden ist[23a].«

»Fast alle bilderfeindlichen Reformer seit der heidnischen Antike haben nichts einzuwenden gegen den Gebrauch von Wort- und Sprachbildern, verurteilen aber deren Darstellung durch Bildwerke. Begründet wird diese Haltung fast durchwegs damit, daß mit der Aufstellung von Bildern praktisch eine Bilderverehrung entfacht werde, aus der sich der Abfall zur sinnlichen Veräußerlichung von Andacht und Kult ... nachvollzieht. Verkannt wird dabei, daß sich ein Abfall dieser Form immer — auch bei völliger Bildlosigkeit — vollziehen kann und daß das Wort — ob gedacht, gesprochen oder geschrieben — nicht weniger gefährdet ist als das Bildwerk: daß es zum Verbalformalismus veröden, daß es wie ein Fetisch, Talisman oder wie ein Zaubermittel gebraucht werden und daß es zum Götzen erstarren kann[24].«

Die Auseinandersetzungen in der Bilderfrage ließen in der katholischen Kirche eine auch berechtigten kritischen Einwendungen standhaltende Einsicht zum Zuge kommen. »Ein und dasselbe Bild oder Zeichen kann dem Zweck des Schmuckes und der Belehrung dienen, es kann Mittel der Andacht, der Kontemplation und der Meditation sein, aber auch Erkenntnismittel ... Durch göttlichen Gnadenakt kann das Bild teilhaben an der Macht und Gnade des Urbildes: es wird zum Gnadenbild oder zum Sakramentale ... Das Bedürfnis, durch Bild und Zeichen Außersinnliches und Übernatürliches zu vergegenwärtigen oder die wirksame Gegenwart des Heiligen zu verkörpern, äußert sich aber nicht nur innerhalb der Grenzen des geschlossenen Ortes, sondern darüber hinaus auch in der freien Landschaft: durch Errichtung von Weg-, Feld-, Wetter- und Bergkreuzen, Bildsäulen, Totenleuchten, Bildstöcken, Bildhäuschen und Kapellen, durch Aufstellung von Totenbrettern, Marterln und Bußkreuzen, durch die Anlage von Kreuzwegen, Kalvarienbergen und Friedhöfen, durch den Ausbau von Andachts-, Votiv-, Heil- und Wallfahrtsstätten ... durch die Anlage von Klöstern, von Einsiedeleien und von Wegen, die durch Sakralbauten als Pilger-, Prozessions- und Umgangswege besonders hervorgehoben werden[25].«

Es ist klar, daß bei und in allen diesen Frömmigkeitsformen die Verehrung der Mutter des Herrn eine besondere Betonung erfährt. Die Maria vor allen übrigen Heiligen zustehende besondere religiöse Verehrung entspricht ihrer Stellung im Heilsgeschehen. Die Heiligen sind Freunde Gottes und wegen ihrer übernatürlichen Vorzüge der Verehrung würdig. Maria aber, die voll der Gnaden ist, ist die Mutter Gottes und die Mutter der Kirche. Ihre Beziehungen zu Gott sind als Mutter des Sohnes Gottes notwendigerweise wesentlich höherer Art als die Beziehungen aller anderen Heiligen zu Gott. Sie ist die, die vom Heiligen Geist empfangen hat. Sie ist die, die, nicht ohne Mitwirkung desselben Heiligen Geistes, ihren Lebensauftrag erfüllte. Sie ist die, welche in der jungen Kirche inmitten der Apostel die Herabkunft des Heiligen Geistes erfleht. Sie ist schließlich diejenige, die — soweit dies für einen Menschen überhaupt möglich ist — ganz und gar Gefäß des Heiligen Geistes war und ist. Darum ist auch die ihr zu erweisende Verehrung wesentlich anderer und höherer Art als diejenige der übrigen Heiligen, denn sie umschließt nicht nur die zu ehrende Anerkennung ihrer überfließenden Heiligkeit, die natürlich, wie bei allen anderen Seligen, letzten Endes von Gott kommt, sondern vor allem auch ihre Gottesmutterwürde, die, wie wir oben feststellten, ganz und gar personaler Art ist. Maria ist nicht nur durch innige Liebe und Freundschaft mit Gott verbunden, sondern hat bei ihrem Sohn eine einzig dastehende Fürbittgewalt, weil sie in Christus der Welt das Heil vermittelte und schon in diesem Sinne Mittlerin der Gnaden ist. Natürlich — und das ist selbstverständlich für jeden katholischen Christen — ist die Verehrung Mariens nur Ehrendienst, wenn auch in einem ganz besonderen Sinne; nie kommt sie in die Nähe dessen, was Anbetung heißt, und allein und ausschließlich Gott gebührt. Nur schlimme Unkenntnis, Vorurteil oder Bosheit können uns katholischen Christen so etwas, dem Sinne aller Marienverehrung Widersprechendes, unterstellen. Die Marienverehrung freilich ist, wie wir sahen, so alt wie das Christentum selbst und fest mit der wahren Liebe zu Jesus Christus verbunden. Recht verstanden ist Maria aber auch als das »Gefäß des Geistes« Hinführung und Hilfe bei der Verehrung des Heiligen Geistes. »In der Praxis werden mit Andacht gebräuchliche Formen religiöser Veranstaltungen genannt, die dem genannten geistlichen Zwecke dienen, wie z.B. Maiandachten, Herz-Jesu- und Herz-Marien-Andachten, Ölbergandachten und Krippenfeiern, Rosenkranz- und Novenenandachten, Morgen-, Mittag- und Abendandachten etc. Diese Andachten können individuell oder in Gemeinschaften vollzogen werden. Ihre Termine sind im einzelnen wählbar, zum Teil aber auch zeitlich im Verlauf von Jahres- und Lebenslauf festgelegt. Das Wort Andacht bedeutete ursprünglich das Sammeln der Gedanken auf einen Gegenstand hin, ein inniges Herandenken. Erst im Gefolge der cluniazensischen Reform erhält es im 12. Jahrhundert in Oberdeutschland den geistlichen Sinn[26].«

In katholischen Landstrichen spiegelt auch heute noch oft der Herrgottswinkel Brauch und Geschehen des Kirchenjahres wider. Advent, Weihnachten, Lichtmeß und im Sommer Maria Himmelfahrt, aber auch Familienfeste, heben sich durch ihre Ausgestaltung und Ausschmückung dieses Stubenbereiches vom gewöhnlichen Alltag ab. Es ist nicht verwunderlich, daß die Mutter Gottes hier nach Jesus Christus, unserem Herrn, auf besonders vielfältige Art und besonders innig geehrt wird.

Nach dem bisher Gesagten ist es klar, daß es sich lediglich um eine Entfaltung des substantiell Vorhandenen handelt. Daß eine Wechselwirkung zwischen erkannter Glaubenswahrheit einerseits und Liturgie und Frömmigkeit andererseits besteht, dürfte ebenfalls einsichtig sein. So konnte Papst Pius XII. bei der feierlichen Verkündigung des Dogmas von der Aufnahme Mariens mit Leib und Seele in den Himmel (Bulle »Munificentissimus Deus«, 1.Nov. 1950) feststellen: »Den gleichen Glauben bezeugen klar die zahllosen Kirchen, die zu Ehren der Aufnahme Marias in den Himmel Gott geweiht wurden. Ebenso bezeugen ihn die frommen Bilder, die in den Kirchen der Verehrung der Gläubigen vorgestellt wurden und die den einzigartigen Triumph der Allerseligsten Jungfrau allen vor Augen führen. Städte, Diözesen und Länder wurden unter den besonderen Schutz der in den Himmel aufgenommenen Gottesmutter gestellt; ebenso wurden mit Zustimmung der Kirche religiöse Genossenschaften gegründet, die nach diesem Gnadenvorzug Marias benannt sind. Auch darf nicht mit Stillschweigen übergangen werden, daß der marianische Rosenkranz, den der Apostolische Stuhl so warm empfiehlt, ein Geheimnis enthält und zur frommen Betrachtung vorlegt, das, wie alle wissen, die Aufnahme der Allerseligsten Jungfrau in den Himmel zum Gegenstand hat. Noch allgemeiner und glanzvoller aber offenbart sich der Glaube von Hirten und Herde darin, daß dieses Geheimnis seit allen Zeiten in Ost und West durch ein kirchliches Fest gefeiert wurde, eine Feier, aus der die heiligen Väter und die Lehrer der Kirche unaufhörlich Licht schöpften. Ist doch, wie allgemein bekannt ist, ‚die heilige Liturgie auch ein dem kirchlichen Lehramt unterstelltes Bekenntnis der übernatürlichen Wahrheiten und kann daher Beweise und Zeugnisse liefern, die von nicht geringem Wert sind, wenn es sich darum handelt, über einen bestimmten Punkt der kirchlichen Lehre zu urteilen' (Pius XII., Enzykl. ‚Mediator Dei', 20.11.1947; AAS XXXIX, 1947, 541)[27].«

Da die marianischen Dogmen der Kirche als unfehlbare Lehraussagen der himmlischen Wirklichkeit entsprechen, sind sie eine Bestätigung gesunder, aber auch notwendiger Marienverehrung. In der Dogmatischen Konstitution »Über die Kirche« (Lumen gentium, Nr. 68) heißt es: »Wie die Mutter Jesu, im Himmel schon mit Leib und Seele verherrlicht, Bild und Anfang der in der kommenden Weltzeit zu vollendenden Kirche ist, so leuchtet sie auch hier auf Erden in der Zwischenzeit bis zur Ankunft des Tages des Herrn (vgl. 2 Petr 3,10) als Zeichen der sicheren Hoffnung und des Trostes dem wandernden Gottesvolk voran.«

Wie sinnvoll ist es darum, die Tauffeier, wie vorgesehen, vor einem Marienbild zu beschließen. Maria ist auch hier Vorbild und Urbild der Kirche, die ihre Kinder aus dem Wasser und dem Heiligen Geist zum göttlichen Leben gebiert. Da Maria niemals einen anderen Zweck verfolgt als das Wachstum des Lebens ihres Sohnes in den Herzen der Menschen, gewinnt man aus diesen Zusammenhängen auch Einsicht in die Bedeutung der Weihe an das Unbefleckte Herz Mariens, zu der die Gottesmutter selbst bei den Erscheinungen in Fatima einlud. Damit verwandt ist ein alter Brauch, der auf den seligen Generalprior der Karmeliten, Simon Stock, in der Mitte des 13. Jahrhunderts zurückgeht, das Anlegen des Skapuliers. Es ist nicht das Anlegen des »Kleides des Heils« schlechthin, denn dieses wird bei der Taufe verliehen. Es ist vielmehr Schutzkleid, ein Marienkleid über dem Christuskleid, um letzteres unversehrt zu bewahren. Es handelt sich keineswegs um einen »Talisman« oder ein »Amulett«, sondern um ein Zeichen der Hingabe und Weihe. Es ist, wenn es in rechter Gesinnung, die immer wieder erneuert werden muß, getragen wird, ein Schild gegen die Angriffe des Bösen. Es setzt ein geistiges Darinsein voraus. Das Skapulier bis hin zur Skapuliermedaille — ähnlich dann auch das Tragen anderer Marienmedaillen — steht als Teil für das Ganze. Es drückt die Umhüllung des ganzen Menschen durch die Muttermacht Mariens aus. »Siehe da, deine Mutter!« spricht der Herr zu uns. So sind aber auch alle anderen frommen, tätigen Vollzüge im Blick auf Maria, seien es nun Blumenspenden, Kerzen, Wallfahrten, Prozessionen oder besondere Gebete, Zeichen der Huldigung, des Vertrauens und der Hingabe, um so durch Maria Christus, dem Herrn, inniger und wirksamer anzugehören.

Das Stundengebet der Priester und Ordensleute enthält — wiederum müßte man sagen: notwendigerweise — ebenfalls feste marianische Strukturelemente. Vor allem ist das Magnificat (Lk 1,46—55) zu nennen, das in jeder Vesper gebetet wird. Die einzelnen Marienfeste und -gedenktage werden natürlich in den Eigentexten des Breviers besonders berücksichtigt. Eine marianische Schlußantiphon, das heißt, ein Mariengebet oder -hymnus, beschließt das Tagesgebet.

In allen Hochgebeten der heiligen Messe wird an der Spitze der Heiligen stets die allerseligste Jungfrau Maria genannt. Nicht nur in den eigentlichen Präfationen der Marienfeste und -gedenktage, sondern auch in manch anderer Präfation wird der besonderen Heilsbedeutung Mariens und ihrem Lob Ausdruck verliehen. Daß selbstverständlich auch in den Hochgebeten der Ostkirche der »ganz heiligen, unbefleckten, hochgepriesenen und allverehrten Herrin, der allzeit jungfräulichen Gottesgebärerin Maria« lobpreisend gedacht wird, braucht wohl nicht eigens betont zu werden. Seit dem 7. allgemeinen Konzil 787 kennzeichnet die Ikone der Gottesmutter im Altarraum der byzantinischen Kirche das liturgische Geschehen der Eucharistie als inkarnatorisches Christusgeschehen. Ikone und Hymnus sind übrigens grundlegende Elemente der ostkirchlichen Marienverehrung. Mahnt doch schon der heilige Paulus die Epheser (5,19f): »Lasset miteinander eure Stimmen ertönen in Psalmen, Lobgesängen und geistbeseelten Liedern! Singet dem Herrn in euren Herzen und preiset ihn! Danket allezeit Gott, dem Vater, für alles im Namen unseres Herrn Jesus Christus!« Hatte aber nicht schon die Jungfrau Maria in ihrem Magnificat im Heiligen Geist prophetisch vorausgesagt: »Siehe, von nun an preisen mich selig alle Geschlechter, denn Großes hat an mir getan der Mächtige!«? (Lk 1,48)

Natürlich ist Gott allein der Quell aller Heiligkeit. Gerade Maria ist hierfür der beste Beweis. Aber indem wir von der Quelle sprechen, sprechen wir eben auch von dem Strom des Erbarmens, der Liebe und der mitgeteilten geschenkten Heiligkeit. Wenn aber Gott, der allein Heilige, Heiligkeit schenkt und spendet, ist es nicht ein Ersatzprodukt, ein minderwertiges und zweitklassiges Ergebnis. Gott wäre nicht Gott, wenn er sich nicht selbst, wenn er nicht eine Heiligkeit schenken könnte, die dann im Blick auf Maria uns ohne Einschränkung sprechen läßt: Ganz schön bist du, o Maria!

Gott ermöglich uns, die Sünde zu hassen und uns ihm ganz zuzukehren. In Christus, dem allein Heiligen, wie wir im Gloria beten, wird uns der Zugang zum ewigen Leben und damit eben zur Heiligkeit, die keine Schein-Heiligkeit ist, erschlossen. Die Heiligen sind die Zeugen der Wirklichkeit des Christusheiles. Es ist klar, daß unter allen Heiligen, zu denen ja auch wir gehören sollen und jedenfalls, wenn wir der Gnade entsprechen, auch gehören werden, Maria als Mutter Christi eine einzigartige Erwählung zuteil geworden ist. Sie besitzt daher in ihrer Vollendung in ganz besonderer Weise fürbittende Macht. Sie, die Christus am innigsten verbunden war und ist, kann mit Recht als Mittlerin der Gnaden bezeichnet werden. Wobei dies nicht nur die Tatsache meint, daß sie dem Heiland und Erlöser des Menschengeschlechtes eine würdige Mutter und eine ganz und gar sein Leiden teilende Gefährtin wurde. Maria ist nicht Umweg zu Christus, sondern, wie schon das Neue Testament zeigt, direkter und unmittelbarer Weg zu ihm. Maria ist Vorbild, Maria ist Zeichen, Maria ist wirksame Hilfe zu Christus, zum Heil.

Joachim von Pflummern schreibt ungefähr 1530 in seinem Bericht über die Religionszustände in Altbiberach vor der sogenannten Reformation, der in seinem ersten Teil durchaus als Katechismus bezeichnet werden kann: »Wir haben im alten, rechten Glauben gehalten, daß Unsere Liebe Frau wahrlich die Mutter Gottes sei und Ihn empfangen vom Heiligen Geist, auch Ihn geboren, wahrlich Jungfrau vor der Geburt, in der Geburt und nach der Geburt. — Wir haben auch für wahr gehalten, daß die Mutter Gottes Maria im ewigen Leben sei bei ihrem eingeborenen Sohn, unserm Herrn Jesus Christus, und daß sie da eine wahre Fürsprecherin sei. Wer sie mit rechter Andacht anrufe, dem vermag sie Gnade und Barmherzigkeit von Gott erwirken. — Wir haben auch gehalten im alten, rechten Glauben, daß die auserwählten lieben Heiligen im ewigen Leben im Himmel sind, und wer sie da mit rechter Andacht anruft, dem vermögen sie bei Gott alle Gnade und Barmherzigkeit zu erwerben. Darum rufen wir sie an als Fürsprecher bei Gott dem Allmächtigen. — Wir haben auch im alten, rechten, christlichen Glauben gehalten, daß wir sehr wohl für die verstorbenen Seelen zu bitten vermögen und ihretwegen Gutes tun. Wenn das in rechter Meinung geschieht, dann erlangt man für sie viel Gnaden bei Gott und auch das ewige Leben. — Wir haben im alten Glauben viele Bildnisse Christi, der Mutter Gottes und von den auserwählten lieben Heiligen gehabt. Vor diesen haben wir wohl mögen beten mit rechter Meinung und da ist nichts wider Gott gewesen. Damit haben wir wohl viel bei Gott durch die Mutter Gottes und die lieben Heiligen erwerben können. Man hat aber keineswegs die Bilder etwa anstelle Gottes angebetet. — Wir haben auch viel von der Litanei gehalten, man sang sie oder betete sie; das ist die Anrufung Gottes, der Jungfrau Maria und der lieben Heiligen. Das wurde auch bei Kreuzgängen, Pestilenz, Krieg, Teuerung als besonderes christliches Werk so gehalten. Also war es nicht wider den christlichen Glauben, die lieben Heiligen anzurufen[27a].« So weit Joachim von Pflummern 1530!

Die Anrufung der Fürbitte der Heiligen, aber insbesondere der Fürbitte der Mutter Gottes, die uns Christus selbst zur Mutter gab, tun der alleinigen Anbetung Gottes und dem Mittleramt Christi keinen Abbruch. So mahnt der Völkerapostel Paulus (Röm 15,30) die Römer: »Ich bitte euch herzlich, Brüder, bei unserem Herrn Jesus Christus und bei der Liebe des Geistes, helft mir bei Gott im Kampf durch eure Gebete für mich!« Und wiederum an die Thessalonicher schreibt Paulus (1 Thess 5,25): »Brüder, betet für uns!« Der Apostel Jakobus aber mahnt (5,14): »Betet für einander, damit ihr geheilt werdet. Viel vermag das inständige Gebet des Gerechten.«

Wenn nun aber die Fürbitte Lebender der alleinigen Anbetung Gottes und dem Mittleramt Jesu Christi nicht Eintrag tun, dann kann auch die Fürbitte der vollendeten Freunde Gottes, der Heiligen, der Anbetung und dem Mittleramt Jesu Christi nicht im Wege stehen! Sollten die Heiligen aufhören, Brüder und Miterben zu sein? Es ist schon eine böse Sache, den Himmel so freund- und freudlos zu denken, jede Solidarität mit uns Irdischen zu leugnen und sich die Heiligen völlig abgeschnitten von jeder Liebe und allem Mitleid mit uns im Tale der Tränen vorzustellen.

Aber auch die Verehrung der Reliquien und der den Heiligen zugeordneten Gegenstände hat deutliche biblische Parallelen. So wird in der Apostelgeschichte (19,12) berichtet, daß in Ephesus Kranke und Besessene durch ein gläubiges Auflegen von Schweißtüchern und Wäschestücken des Apostels Paulus wunderbar geheilt wurden.

Wie sehr aber die Anrufung der Heiligen und auch der Königin aller Heiligen in der alles umfassenden Liebe Gottes stehen, zeigt in einer unübersehbaren Weise die Allerheiligenlitanei. Herz und Mittelpunkt allen Flehens ist die unmittelbare Anrufung des Dreifaltigen Gottes, des Herrn und seiner Gnade und Barmherzigkeit. Die Erinnerung an das Werk der Erlösung, an die Menschwerdung, an das Leiden und Sterben des Erlösers, seine Auferstehung und Himmelfahrt, schließlich an die Sendung des Heiligen Geistes als jene großen Gottestaten, aus denen uns das Heil kam und auf die sich Glaube, Hoffnung und Liebe stützen — diese Erinnerung also wird uns deutlich vor Augen gestellt. Im Gebet öffnet sich der Himmel! Vergangenheit, Gegenwart und Zukunft werden in der Allerheiligenlitanei im Lichte Gottes mit den Gebeten der triumphierenden Kirche vereinigt und vor den Thron des Allmächtigen getragen.

Unsere Aufgabe ist es, diese Wahrheiten zu bekennen und zu leben. Dazu gehört auch, daß die durch Papst Leo XIII. in seinen marianischen Rundschreiben[28] geförderten Maiandachten und der von ihm eingeführte Rosenkranzmonat nicht durch oberflächliches Gerede und aus Bequemlichkeit ersterben. Daneben gibt es einen Vorgang, den wir als stillen Bildersturm bezeichnen könnten. Es ist die Entfremdung der Kunstbilder zu rein musealen Schaustücken, zu kunsthistorischen Objekten, die man mit kühler Sachlichkeit und Distanz betrachtet. Man zerstört sie nicht mehr, wie es die Feinde der religiösen Bildnisse im 8. und im 16. Jahrhundert taten, sondern schätzt sie als Wertgegenstände und als Prestige-Schmuck. So kann man es durchaus erleben, daß neben einer ehrwürdigen Marienstatue ein häßlicher Buddhagötze hockt und ähnliche Zeichen geistlicher Geschmacklosigkeit und eines verlorenen seelischen Anstandes. Schließlich — dies sei in diesem Zusammenhang angemerkt — stellen für viele Zeitgenossen auch unsere Kirchen nur noch Besichtigungsobjekte dar. Diese Betrachtungsweise, die einer seelischen Verkümmerung entspringt, kann sich aber nur wandeln, wenn wir selbst unsere Kirchen wieder als Gotteshäuser begreifen, vor allem dann, wenn das Allerheiligste in ihnen aufbewahrt wird.

Vieles, sehr vieles, bliebe zu sagen, was hier nicht genannt werden konnte. Doch sei zusammenfassend festgestellt: Es kann der seligen Jungfrau und Gottesmutter kein größeres Lob gespendet werden als jenes, das der Engel im Auftrage und im Namen Gottes bei der Verkündigung sprach. Diese Lobpreisung Mariens im »englischen Gruß«, ergänzt durch die im Heiligen Geist gesprochenen Worte Elisabeths (Lk 1,41), die in Ehrfurcht und Liebe täglich von Millionen gesprochen werden, sind vor Gott und der Welt ein Bekenntnis zum christlichen Glauben.

Und wenn uns die Kirche dreimal täglich auffordert, den sogenannten »Engel des Herrn« zu beten, dann ist dies dreimal am Tage die Erinnerung — inmitten des Großstadtlärms — an das grundlegende Geheimnis der Menschwerdung Christi. Es ist eine Erinnerung im unmittelbaren Bezug zu Maria, die Mutter des Herrn, der ersten und direkten Zeugin dieses göttlichen Werkes. Alle Verehrung Mariens fließt auf Gott zurück. In ihrer persönlichen Wirksamkeit auf Erden durfte sie Hüterin ihres göttlichen Sohnes sein. Wie sie ihn in ihrem Schoße trug, ihn ihre mütterlichen Arme umschlossen, so nährte sie ihn an ihrer Brust, so begleitete sie seine irdischen Wege, so litt sie mit ihm unter dem Kreuze. Sie flehte, um es in diesem Zusammenhang noch einmal zu wiederholen, mit der jungen Kirche den vom Herrn zugesagten Heiligen Geist herab. Nach ihrem Heimgang und ihrer Verherrlichung, der Aufnahme in den Himmel mit Leib und Seele und — wie wir sagen — ihrer himmlischen Krönung dient nun die ihr in der Kirche gewidmete Lobpreisung und Verehrung dazu, den rechten Glauben an ihn, den Gottmenschen, festzuhalten und zu verkünden. Die rechte Marienverehrung war stets ein Bollwerk gegen Glaubensschwund und Häresie. Kirchen und Kapellen, die Maria geweiht sind, Bruderschaften, die ihr zu Ehren gestiftet wurden, jedes schöne Bild, das sie darstellt, alles dies ist dazu bestimmt, Herz und Gemüt zu dem Einen zu erheben, der, obwohl von Ewigkeit her, selig beim Vater in der Liebe des Heiligen Geistes, um der Sünder willen, »den Leib der Jungfrau nicht verschmäht hat« (Te deum).

Wer sich auf das Geheimnis der Menschwerdung Gottes und damit eben auch auf das Geheimnis der Erwählung Mariens innerlich einläßt, der versteht nun oder ahnt wenigstens, was der heilige Papst Pius X. in seinem Lehrschreiben »Über das Geheimnis und die Bedeutung der Unbefleckten Empfängnis Mariens« (Enzyklika »Ad diem illum laetissimum«, Nr. 139[29]) 1904 sagte: »Jedem Einsichtigen ist es klar, daß es keinen sichereren und leichteren Weg gibt, alle mit Christus zu vereinigen und durch ihn die vollkommene Kindschaft zu erlangen, damit wir selig und makellos vor Gott seien, als Maria.«

So schließt sich der Kreis. Wir waren davon ausgegangen[30], daß die Entfaltung der Marienfrömmigkeit im Verlauf der Kirchengeschichte nicht ohne Führung des Heiligen Geistes geschah. Jesus selbst sprach vor seinem Leiden zu den Aposteln: »Noch vieles hätte ich euch zu sagen, aber ihr könnt es jetzt nicht ertragen. Wenn aber er, der Geist der Wahrheit, kommt, wird er euch in alle Wahrheit einführen.« (Joh 16,12f)

Der Heilige Geist hat die Kirche auch im Blick auf Maria immer tiefer in die Wahrheit eingeführt. Und es erfüllt sich stets neu, was Maria selbst im Heiligen Geist prophetisch voraussagte: »Seht, von nun an werden mich selig preisen alle Geschlechter!« (Lk 1,48)

Anmerkungen:

[1] U.a. abgedruckt in dem Kommentar von Dr. Carl Feckes, Die Kirche als Herrenleib, Köln 1949, S. 220, Nr. 92.
[2] Josef Pieper, Lesebuch, München 1981, S. 31.
[3] Rauschen/Altaner, Patrologie, 11.Aufl. Freiburg i. Br. 1931, S. 34.
[4] Johannes Baptist Bauer, Die neutestamentlichen Apokryphen, Düsseldorf 1.Aufl. 1968, S. 107.
[5] Wie Anmerkung 4, S. 47f.
[6] Vgl. zur Gesamtdarstellung auch das Stichwort »Maria« und die folgenden verwandten Artikel im Lexikon für Theologie und Kirche, Band 7, Hrsg. Josef Höfer und Karl Rahner, Freiburg 1962, zweite völlig neu bearbeitete Auflage, Spalte 25—87.
[7] Vgl. ebda., Spalte 78.
[8] Zitiert nach: Leo von Rudloff, O.S.B., Das Zeugnis der Väter, Regensburg 1937, S. 160, Nr. 217.
[8a] Vgl. L ThK, a.a.O. Spalte 29.
[9] Zweite, vermehrte Auflage, Kaldenkirchen 1957.
[10] Freiburg / Basel / Wien, 3.Auflage 1979.
[11] Peter Lippert, S. 251.
[12] Ebenfalls Peter Lippert, S. 259.
[13] G. Voss, ebda., S. 97ff.
[14] Empfehlenswert ist das Buch von Alphons Maria Rathgeber, Maria — wir rufen zu dir. Ein Buch von Unserer Lieben Frau und ihren Gnadenstätten. Kempten/Allgäu 1960.
[15] Altbiberach um die Jahre der Reformation, erlebt und ... beschrieben von den ... Edlen Brüdern Joachim I. und Heinrich VI. von Pflummern ... Bearbeitet von Albert Angele, Biberach 1962, S. 15.
[16] Wilhelm Neuss, Die Kirche des Mittelalters, Bonn 1946, S. 317f.
[17] Bischof Dr. Franz Hengsbach, Der Rosenkranz, eine Schule des geistlichen Lebens, in: Theologisches, Hrsg. W. Schamoni, Abensberg, Okt. 1979.
[18] Bischof Dr. Franz Hengsbach, a.a.O. September 1979, Spalte 3365.
[19] Vergleiche ebda. (wie Anmerkung 18 und 19), Spalte 3370.
[20] W. Neuss, a.a.O. S. 318.
[20a] C. Feckes, So feiert dich die Kirche, Kaldenkirchen 2.Auflage 1957, S. 219. — Vgl. dazu auch: Heinrich M. Köster, Der Beitrag Eadmers OSB 1060/64—1141 zur theologischen Erkenntnis der Unbefleckten Empfängnis, in: Im Gewande des Heils, Hrsg. G. Rovira, Essen 1980, S. 61.
[21] C. Feckes, Die Lehre vom christlichen Vollkommenheitsstreben, 2.Auflage, Freiburg i. Br. 1953, S. 294f.
[22] Ebda., S. 294.
[23] Albert Angele, Altbiberach um die Jahre der Reformation, Biberach 1962, S. 197.
[23a] Wie Anmerkung 15, aber S. 138 (der altdeutsche Text wurde von mir unserem Sprachgebrauch angeglichen).
[24] Lenz Kriss-Rettenbeck, Bilder und Zeichen religiösen Volksglaubens, 2.Auflage München 1971, S. 8.
[25] Ebda., S. 12f.
[26] Ebda., S. 13.
[27] »Summa pontificia«, Lehren und Weisungen der Päpste durch zwei Jahrtausende. Ausgewählt und herausgegeben von P.Amand Reuter O.M.I., 2 Bände, Abensberg 1978, 2.Band, S. 737.
[27a] Wie Anmerkung 15, aber S. 19f (der altdeutsche Text wurde unserem Sprachgebrauch angeglichen.)
[28] Vgl. Rudolf Graber, Die marianischen Weltrundschreiben der Päpste der letzten hundert Jahre, Würzburg 1.Auflage 1951.
[29] Ebda., S. 129.
[30] Vgl. S. 1.

Leo Elders

Marienverehrung und Missionsarbeit

Das große Interesse an und die Liebe für die Verbreitung des Glaubens unter nicht-christlichen Völkern haben in der ersten Hälfte unseres Jahrhunderts ein Klima geschaffen, worin eine reichhaltige Literatur zum Thema »Maria und die Missionen« entstehen konnte, zumal auch die Marienverehrung in den Ländern der lateinischen Kirche blühte. Es ist aber auch eine Tatsache, daß in den Jahren nach dem Konzil die diesbezüglichen Veröffentlichungen wesentlich weniger zahlreich geworden sind und daß die Formulierung »Marienverehrung und Missionsarbeit« jetzt sogar etwas befremdend wirkt.

So wie es auch auf anderen Gebieten des kirchlichen Lebens Anzeichen einer Neubesinnung auf die frühere Tradition gibt und der Versuch gemacht wird, Altes und Neues harmonisch zu verbinden, so müssen auch wir hier versuchen, uns die wertvollen Erkenntnisse und die schöne und fruchtbare Praxis einer großen Vergangenheit auf der Ebene des Neugewonnenen anzueignen. Es ist dann auch eine glückliche Initiative der Herausgeber gewesen, in diesem Sammelband unserem Thema einen Platz einzuräumen.

Die Stellung Mariens im Heilsplan Gottes nach der herkömmlichen Lehre

Gott hat die Menschen berufen, um in seinem Sohn Jesus Christus seine angenommenen Kinder zu sein. Das Geheimnis der Auserwählung, der Erlösung, der Heiligung und der Verherrlichung der Menschen erfüllt sich durch die Menschwerdung und den Tod Christi wie auch durch seine Auferstehung und die Sendung des Heiligen Geistes. Nun ist Maria, die Mutter unseres Herrn und Erlösers, hieran mitbeteiligt. Indem Maria die Mutter Christi ist, das Haupt der erlösten Menschheit, ist sie auch in einem geistigen Sinn die Mutter des neuen Volkes, d.h. eine neue Eva. »... im keuschen Schoße der Jungfrau, wo Jesus ein sterbliches Fleisch empfangen hat, hat er sich einen mystischen Leib angegliedert, der aus all jenen besteht, die an ihn glauben sollten. Und man kann sagen, daß Maria, die Jesus in ihrem Schoße trug, damit auch alle jene trug, deren Leben in dem des Erlösers eingeschlossen ist. Wir alle, die wir vereint sind mit Christus, nach den Worten des Apostels Glieder seines Leibes sind, zugehörig seinem Fleisch und seinen Gliedern, müssen bekennen, daß wir aus dem Schoße Mariens entsprossen sind, aus dem wir eines Tages hervorgingen nach Art eines Körpers, der zu seinem Haupt gehört[1].« — Die hier vom hl. Pius X. geäußerte theologische Konklusion wurde volkstümlicher auch oft so zum Ausdruck gebracht, daß man sagte: Wenn der Mensch, kommend aus der Gottesferne, Gott zum Vater haben soll, muß er Christus eingegliedert sein und Maria zu seiner Mutter haben.

Nun hat die geistige Mutterschaft Mariens ihr spezifisches Fundament in ihrer Teilnahme an der Erlösung[2], eine Teilnahme, die ihr ganzes Leben umfaßt von ihrem *Fiat* bei der Verkündigung an — wodurch sie den Ungehorsam von Eva aufhob — bis zu ihrer aufopfernden Anwesenheit beim Sterben ihres Sohnes. In diesem Sinne ist Maria Miterlöserin. Allerdings betonte man beim Gebrauch dieses Ausdruckes, daß es sich keineswegs um eine der durch Christus gewirkten Erlösung gleichwertige Mitwirkung Mariens handelt, da ja Maria selbst von ihrem Sohn, auf erhabenere Weise, erlöst wurde. Die Theologen wiesen hin auf den Parallelismus zwischen den Schmerzen Mariens, deren Seele von einem Schwert durchbohrt wurde (Lk 2,35) und dem Leiden Christi: Maria gab ihre Willenszustimmung zum Opfer ihres Sohnes[3]. So gab der Heiland, in den Worten, die er vom Kreuz herab sprach, uns Maria zur Mutter und übertrug ihr die Sorge für die Kirche und die Menschheit: »Frau, siehe da deinen Sohn!«

Auf dem Boden dieser Grundgegebenheit entwickelte sich die Lehre von Mariens allgemeiner Mittlerschaft der Gnade: Geistige Mutterschaft, wie jede Mutterschaft, besagt, neues Leben schenken und liebend versorgen. Eine Mutter behält ihre Aufgabe, so lange sie lebt. Die Muttergottes, mit Leib und Seele aufgenommen in die himmlische Herrlichkeit, betreut fortwährend ihre Kinder, im besonderen, insofern sie schwach sind und ihre Hilfe am meisten brauchen.

Dic theologische Literatur wie auch die Evangelisten, besonders Lukas, schildern Maria als den ersten Glaubensboten: Sie geht auf Reise zu ihrer Nichte Elisabeth und verkündet in ihrem *Magnifikat* die Versöhnung mit Gott und die messianische Endzeit, in der die Armen und Unterdrückten gerettet werden[4]. Maria spricht mit den Hirten und Weisen und begleitet mit ihrem Gebet die missionarische Tätigkeit Jesu und erwartet seine Stunde[5].

Es wurde auch darauf hingewiesen, wie Maria einmütig mit den Aposteln im Gebet verharrte, das Kommen des Heiligen Geistes erwartete und die missionarische Tätigkeit der Apostel mit Gebet begleitete. So ist Maria auch die Mutter der Missionare, die in allen Schwierigkeiten mit Vertrauen ihre Fürsprache erbitten dürfen.

Die Muttergottes ist auch das Modell der erlösten Menschheit, das Ideal für alle, die Christus nachfolgen wollen. Als *Immaculata* ist sie ein strahlendes Beispiel der Vollkommenheit und der völligen Überwindung der Sünde; als *Assumpta* ist sie das große Zeichen unserer Hoffnung.

Das Zweite Vatikanische Konzil und die Theologie Mariens

In den Jahren nach dem Konzil hat die mariologische Literatur vor allem die Aussagen der Bibel über Maria studiert, und versuchten die Theologen, die Mariologie im Geiste der Konzilstexte aufzubauen. Nun hat das Konzil die Theologie Mariens und ihre Verehrung in den Zusammenhang mit der ganzen Heilsgeschichte gestellt und Maria in ihrer Beziehung zur Kirche gesehen. Während des Konzils haben mehrere Väter gefürchtet, daß diese Sicht eine Einschränkung der Verehrung und der privilegierten Stellung der Muttergottes bedeuten würde. In Wirklichkeit hat aber die Betrachtungsweise, falls richtig verstanden, zu einem reicheren Verständnis geführt und ist auch für die Begründung des Verhältnisses Mariens zum Missionsapostolat von weitreichender Bedeutung.

Das Dekret *Ad gentes* über die missionarische Tätigkeit der Kirche ruft in Erinnerung, wie diese ihren Ursprung in den Sendungen der Zweiten und Dritten Person der Hl. Dreifaltigkeit hat[6]. Nun hat die Konstitution *Lumen gentium* die Person und die Aufgabe Mariens — wie übrigens auch das Geheimnis der Kirche[7] — in Verbindung gebracht mit der Heiligsten Dreifaltigkeit. Kap. VIII fängt in dieser Weise an: »Der gütigste Gott ... sandte seinen Sohn ... der um unseres Heiles willen ... Fleisch geworden ist durch den Heiligen Geist aus Maria, der Jungfrau.« Der Text spricht dann über Maria als Mutter des Sohnes Gottes und die daher bevorzugt geliebte Tochter des Vaters und das Heiligtum des Heiligen Geistes. So wie Maria durch die Wirkung des Heiligen Geistes den Erlöser empfangen hat, so wurde durch denselben Heiligen Geist auch die Kirche als mystischer Leib Christi in ihr gebildet, insoweit die Glieder der Kirche in ihrem Haupt Christus aufgehoben sind. Maria war mit den Aposteln zusammen, als der Heilige Geist ihnen gegeben wurde; die Gaben, die der Heilige Geist uns bringt, sind in ihr auf erhabene Weise verwirklicht[8]. Das Kap. VIII endet mit einem Hinweis auf die Vermittlung Mariens, wodurch alle Völkerfamilien »... glückselig zum einen Gottesvolk versammelt werden zur Ehre der heiligsten und ungeteilten Dreifaltigkeit«.

Wie gesagt, hat das Konzil die Eingliederung Mariens in die Heilsökonomie betont: Die Erlösung Mariens, im Hinblick auf die Verdienste ihres Sohnes, ist das erste Werk der Gnade; Maria gehört »unter die Demütigen und Armen, die das Heil mit Vertrauen von ihm (Gott) erhoffen und empfangen[9]«. Aber die Konstitution betont auch, daß die Kirche Maria in kindlicher Liebe als ihre Mutter verehrt[10]. Das Konzil bestätigt, daß Maria bei der übernatürlichen »Geburt und Erziehung (der Gläubigen) in mütterlicher Liebe mitwirkt« und lehrt hiermit die allgemeine Mutterschaft Mariens. Es handelt sich hier um eine aktuelle Mitwirkung Mariens, also nicht nur um ihre Beteiligung bei der objektiven Erlösung[11]. Diese letztere fand statt von der Verkündigung des Engels an bis zu Kalvaria. Die zweite Mitwirkung Mariens findet statt durch ihre vielfache mütterliche Fürsprache und Fürsorge. Aber der Konzilstext geht noch weiter: »... die Mutterschaft der Gnade in ihrem aktuellen Vollzug ... bezeichnet auch eine Aktivität, die sich auf die Geburt und Belehrung der Christen bezieht, und von daher kommt ihr der Titel der Mutterschaft im vollen Sinne zu[12].« In seinem Studium des Konzilstextes schreibt J. Galot sogar, daß man sagen kann, daß durch die Mutterschaft Mariens die Mutterschaft der Kirche ein personales Antlitz bekommt[13]. So schließt die Mutterschaft Mariens ihre Mittlerschaft ein.

Aus dem Obigen geht hervor, wie intim nach dem Vatikanischen Konzil die Verbindung Mariens mit der Missionsarbeit gesehen werden wird: das missionarische Apostolat ist die Ausführung dessen, was Maria begonnen hat, und wird unter Mitwirkung Mariens vollzogen[14].

Die missionspädagogische Bedeutung der Verehrung der Muttergottes

In der jetzigen Krise der westlichen Welt werden gewisse einseitige Entwicklungen unserer Kultur uns deutlicher bewußt. Nun überherrscht wohl das Männliche und ist das Denken weitgehend vom Rationalismus geprägt.

Oft wird Christus von seiner Mutter getrennt, obwohl erst durch das Marianische die vollständige Haltung des erlösten Menschen Gott gegenüber deutlich wird[15].

Der Psychologe Jung hat wiederholt betont, wie notwendig die sog. Archetypen, d.h. die Grundformen, auf die die Seele hinstrebt, für das seelische Leben sind. Werden z.B. die *anima* (das Weibliche) und das Mutterbild gefälscht oder verdrängt, dann kann dieses große psychische Störungen hervorrufen. Bei vielen Völkern und in den meisten Kulturen finden wir tatsächlich auf religiöser Ebene Ausdrücke dieser psychischen Vorstellungen und Bedürfnisse[16]. In animistischen Kulturen kommt häufig das Bestreben zum Ausdruck, die Fruchtbarkeit, die Mutterschaft und die mütterliche Fürsorge zu vergegenständlichen. — In den indischen Religionen ist der alte Kult der Mutter immer unterschwellig anwesend und bricht wiederholt durch[17]. — Im japanischen Shintoismus wird die Sonnengöttin Amaterasu als die höchste Gottheit verehrt. In der altchinesischen Philosophie wird das Weibliche als eine zwar passive, aber dennoch dem Männlichen gleichwertige Ursache betrachtet. — Auch im Durchbruch der Hochreligionen hat sich die Stellung und die Verehrung des Idealbildes des Fraulichen meistens bewahrt. So kennt der chinesische Buddhismus die Figur der Kuan-yin (in Japan Kwannon), die barmherzige Sorge und Güte ausdrückt.

In der Vergangenheit haben die Missionare öfters die heidnischen, mythologischen Gestalten durch das Bild der Muttergottes ersetzt, während sie mitunter wertneutrale Riten, Tänze und künstlerische Ausdrücke bewahrt und ihnen einen neuen Sinn gegeben haben[18]. So dürfte die Muttergottesverehrung eine große Bedeutung haben, damit ein nicht-christliches Volk mit seinen richtigen natürlichen Bedürfnissen und Einsichten in die Kirche eintreten kann.

Es sei hier nebenbei erwähnt, wie sehr die einheimischen Künstler sich bemüht haben, die ihrer Kultur eigenen Formen zu gebrauchen, um Darstellungen der Muttergottes zu schaffen. Hierzu kommt, daß die Marienverehrung dort eine wohltuende Wirkung hat, wo die Würde der Frau und der Schutz des Kindes nicht auf richtige Weise bewertet wird. »Als *speculum sine macula* ist sodann Maria auch in ihrer Tugendfülle wie ein von Gott selbst aufgeschlagenes Buch zur sittlichen Erziehung« und zur Hebung der Frau[19].

Andererseits müssen wir hier auf einen Irrtum hinweisen, der von nichtkatholischen Forschern in der Vergangenheit oft begangen wurde. Es wurde nämlich behauptet, daß die Marienverehrung auf einer Umformung des heidnischen Kultes der Muttergöttinnen beruhe und daß offenbar das römisch-katholische Christentum nicht viel besser sei als ein übertünchtes Heidentum[20]. In unserer Zeit ist diese Kritik selten geworden. Es dürfte übrigens oben hinreichend klargestellt worden sein, daß die Begründung der Marienverehrung Marias Verbindung mit dem Heiland und mit der Erlösung ist und daß Maria nur als wundervolles Geschöpf Gottes verehrt wird.

Maria und die Geschichte der Missionierung

Die christliche Kultur des Mittelalters, die große Missionare hervorgebracht hat, war zur selben Zeit eine Kultur, worin die Verehrung der Muttergottes einen Höhepunkt erreichte[21].

Die Mitglieder der zwei neuen großen Orden, die Franziskaner und Dominikaner, waren der Verehrung der Muttergottes sehr ergeben und verbreiteten das Beten des Angelus, des Ave-Maria und des Rosenkranzes. Nun waren sie auch in den folgenden Jahrhunderten die eigentlichen Träger der Heidenmission. Es gibt viele Beispiele, wie die Missionare sozusagen mit Maria ihr Apostolat ausübten, und man darf wohl sagen, daß die Liebe zur Muttergottes diese Missionare in ungeheuren Schwierigkeiten und Entsagungen aufrecht erhalten hat und ihnen die Kraft gegeben hat, weiterzugehen[22].

In der Neuzeit sind die Missionare den großen Entdeckern auf ihren Reisen gefolgt. Nun muß hier erwähnt werden, daß diese portugiesischen und spanischen Entdecker vor ihren Reisen fast immer eine Wallfahrt machten zu einem Marienheiligtum wie Santa Maria de Restello, La Rabida, Valvanera. Als Columbus und seine Mannschaft landeten, sangen sie das *Salve Regina*. Viele Städte, Inseln, usw. erhielten als Namen einen Ehrentitel der Muttergottes. Erscheinungen Mariens wie in Guadalupe sind eine Grundlage für die Evangelisation von Mexiko und Zentralamerika geworden[23]. 1756 Städte und Dörfer Mexikos wurden nach Maria genannt. Ähnliches kann man sagen von Brasilien, Bolivien, Peru, usw.: überall wurde die Missionstätigkeit begleitet von einer intensiven Verehrung der Muttergottes. Die Muttergottesverehrung spielte gleichfalls eine große Rolle in der Bekehrung der Philippinen: die Dominikanermissionare führten in allen Stationen das Rosenkranzgebet ein. In Indien und in Japan beendete der hl. Franz Xaver seinen Katechismusunterricht immer mit dem *Salve Regina*. Der hl. Franz von Borja ließ Reproduktionen der alten Abbildung der Muttergottes in der Santa Maria Maggiore anfertigen, um diese den Missionaren mitzugeben. Man muß wohl sagen, daß, wo immer die Missionare hingegangen sind, Maria bei ihnen war; sie war ihre Hoffnung, ihr Trost in den vielen Schwierigkeiten. Überall verbreiteten sie die Liebe zur Muttergottes[24].

Wie aus dem, was oben gesagt wurde, bereits hervorgeht, haben die einzelnen missionierenden Orden auf großartige Weise die Verehrung der Muttergottes in den Missionsländern verbreitet. Auch die unvergleichbaren Verdienste der Benediktiner sind hier zu erwähnen, die bereits im frühen Mittelalter den liturgischen Kult der Muttergottes propagierten und Maria besonders als die liebevolle, ehrwürdige Mutter des verherrlichten Christus im Himmel darstellten. Unter dem hl. Bernhard haben die Zisterzienser dieser Verehrung eine neue Dimension gegeben: Maria wurde das Ideal der liebevollen Muttergestalt für die Mönche, die sämtliche Abteien der Muttergottes widmeten. Auch die Norbertiner, die Merzedarier, die Serviten, die Franziskaner und Dominikaner haben mit großer Begeisterung und Treue Maria verehrt und die Christen in den Missionsländern die Liebe zu ihr gelehrt. Die Karmeliten verdienen eine besondere Erwähnung: sie erfüllten ganz Lateinamerika und die Philippinen mit der Verehrung U. L. Frau vom Berge Karmel und regten alle Neuchristen an, ihr Leben unter den Schutz der Muttergottes zu stellen.

Die Jesuiten haben auch große Verdienste für die Verbreitung der Marienverehrung in den Missionsländern, und man hat gesagt, daß in dieser Hinsicht die Gesellschaft Jesu auch eine Gesellschaft Mariä war. Der hl. Ignatius hatte übrigens das Himmelfahrtsfest Mariens als den Gründungstag seiner Gesellschaft bestimmt. Erwähnen wir noch die zahllosen Veröffentlichungen der Jesuiten in den Missionsländern, um die Verehrung der Muttergottes zu verbreiten, und die systematische Gründung der Marianischen Kongregationen.

Die Pariser Missionare, die Lazaristen, die Sulpizianer und die Gesellschaft Mariens (Monfortaner) sind ihrem Ursprung nach aufs innigste mit der Verehrung der Muttergottes verbunden, und ihr Apostolat ist vom marianischen Geist durchweht. Auch die missionarische Arbeit der Redemptoristen trägt einen marianischen Charakter: in ihren Predigten betonen sie die barmherzige Fürsprache Mariens und verbreiten die Verehrung der Muttergottes unter dem Titel von der Immerwährenden Hilfe.

Die Marianisten sollen, nach dem Willen ihres Stifters, Soldaten Mariens sein und sich dazu mit einem speziellen Gelübde verpflichten, bereit, um bis ans Ende der Welt zu reisen, um das Reich Christi zu verbreiten. Die Salesianer verehren Maria besonders unter dem Titel »Hilfe der Christen«. Don Bosco ermahnte immer: »Verbreitet die Andacht zu ‚Maria, Hilfe der Christen', und ihr werdet sehen, was Wunder sind!«

In diesem Zusammenhang müssen wir auch die Assumptionisten und die Oblaten Mariens erwähnen. Die Spiritaner führen den Titel »Kongregation vom Heiligen Geist und dem Unbefleckten Herzen«. Die Missionsgesellschaft der Weißen Väter ist unter den Schutz der »Unbefleckten Jungfrau und Königin von Afrika« gestellt worden. Die Scheutvelder Missionare sind dem Unbefleckten Herzen Mariä gewidmet. Auch die Picpuspatres haben eine ausgesprochen marianische Spiritualität.

Die Missionare von La Salette und die Kongregation der Hl. Familie gehen bezüglich ihrer Stiftung zurück auf die Erscheinung der Muttergottes in La Salette und versuchen, in ihrem Apostolat die Botschaft Mariens auszuführen. In diesem Zusammenhang dürften auch die Missionare vom Heiligsten Herzen, die Söhne des Unbefleckten Herzens Mariä (Claretiner) erwähnt werden, deren Stifter von Liebe zur Muttergottes glühten, die Pallotiner mit der Schönstätter Bewegung und die Gesellschaft Mariens für Australien und Ozeanien. Die Gesellschaft des göttlichen Wortes betrachtet Maria besonders als die Braut des Heiligen Geistes und verehrt ihr unbeflecktes Herz. Auch die Missionsgesellschaft della Consolata weist sich durch eine glühende Liebe zu Maria aus: ihr Stifter hielt keine Ansprache, ohne zur Liebe der Muttergottes aufzufordern[25].

Unsere Liste ist nicht vollständig: es fehlen die vielen Ordensgesellschaften für Brüder und Schwestern, die Maria besonders verehren und missionarisch tätig sind.

Auch die einzelnen Missionare sind des öfteren große Marienverehrer, wie Willibrord und Bonifatius, Franz Xaver, Ricci und Verbiest, Las Casas, Nobili und De Veuster.

Konkrete Hilfsmittel und Formen der Marienverehrung

Seit Jahrhunderten wird von Christen in allen Ländern der Welt der Rosenkranz gebetet. Oft erhalten die Katechumenen bei der Taufe einen Rosenkranz als Geschenk. Es sind mehrere Fälle bekannt, in denen einheimische Gemeinden in Zeiten der Verwaisung und Verfolgung durch das Beten des Rosenkranzes den Glauben bewahrt haben, wie z.B. in Larantuke (Ostflores/Indonesien), auf Hawaii, auf Babuyan und in der Umgebung von Nagasaki.

Auch wurden oft von den Missionaren die Mai- und Oktoberandachten eingeführt, Muttergottesmedaillen verteilt, und Pfarreien, Bistümer und sogar Missionsländer wurden der Muttergottes geweiht. Durch solch eine Weihe bekennen die Christen vertrauensvoll die Stellung Mariens im Heilsplan Gottes und sprechen sich öffentlich für die Lehre Christi aus; sie wollen in ihrem Leben die Muttergottes als Helferin und Fürsprecherin anrufen und das eigene Leben nach dem Beispiel Mariens führen.

Als eine besonders wertvolle und wirksame Form von Missionstätigkeit in Verbindung mit der Verehrung Mariens muß die *Legio Mariae* genannt werden, eine ideale Verwirklichung des katholischen Laienapostolates. Die Legio Mariae stützt sich auf die Tatsache, daß, wie durch Maria Jesus in die Welt gekommen ist, das Reich Jesu sich auch durch die Fürsprache Mariens verbreitet. Missionsbischöfe und Missionare äußern sich sehr lobend über die großen Verdienste dieses Werkes für die Missionierung, besonders in Pfarreien mit Tausenden von Nicht-Christen[26].

Die Verehrung der Muttergottes hat auch eine große Bedeutung für die Förderung von Berufungen: Liebe zu Maria führt zu Christus. Von Maria lernen wir, was Glaube, Hoffnung und Liebe sind, lernen wir opfern und das ganze Leben in den Dienst der Heilsökonomie zu stellen[27].

Im Lichte der obigen Ausführungen verstehen wir, wie Papst Leo XIII. erklären konnte: »Es ist keine Übertreibung, zu sagen, daß es hauptsächlich unter Mariens Schutz und durch ihre Hilfe ist, daß die Lehre und Weisungen des Evangeliums, trotz gewaltigen Schwierigkeiten, sich so schnell verbreiteten unter allen Völkern und in allen Teilen der Welt, dabei überall eine neue Ordnung von Gerechtigkeit und Frieden errichtend[28].«

Stella evangelisationis

Es möge zum Schluß in Erinnerung gerufen werden, wie Paulus VI. in seiner wichtigen *exhortatio apostolica Evangelii nuntiandi* vom 8. Dez. 1975 die Glaubensverkündigung an den Nicht-Christen unter die Hut der Muttergottes gestellt hat. Paulus VI. führt aus, wie Mariens Sorge für die Evangelisation auf ihrer Mutterschaft gründet, aber er erwähnt auch, wie sie die Gabe des Geistes am Pfingsttag erfleht hat. Der Papst nennt Maria dann die *Stella evangelisationis:* wie der Polarstern den Seeleuten, so weist sie uns den Weg; sie deutet den kommenden Tag des Heiles an, der der Nacht des Heidentums folgt. Wenn die Fahrt auch stürmisch ist, so müssen wir zu Maria hinaufschauen und ihre Fürsprache erflehen[29].

Durch die Evangelisation werden die Kinder Gottes gesammelt und zu einem neuen Volk gemacht, das eine wohlgefällige Opfergabe ist, gereinigt im Heiligen Geist (Römer 15,16). Aber durch sie werden auch die prophetischen Worte Mariens erfüllt: »Selig werden mich preisen alle Nationen!«

Anmerkungen:

1 Pius X., Enz. Ad diem illum vom 2. Febr. 1904: AAS 36 (1904) S. 453.
2 W. Sebastian O.F.M., The Nature of Mary's Spiritual Maternity, in: Marian Studies III (1952), 14—34.
3 Vgl. Msgr. L.-J. Suenens, Theologie des Apostolates (deutsch durch R. Pleuss), Freiburg i.Br. 1953, p. 158.
4 Vgl. Marialis cultus II, 27; P. Schmidt, Maria und das Magnifikat, in: Catholica. Vierteljahresschr. f. ökum. Theol. 29 (1975), 230—246.
5 A. Feuillet, Jésus et sa Mère. Le rôle de la Vierge Marie dans l'histoire du salut et la place de la femme dans l'Eglise, Paris 1974.
6 Ad gentes, N. 1.
7 Lumen gentium, N. 2—4.
8 H.-M. Manteau-Bonamy O.P., La Vierge Marie et le Saint Esprit, Paris 1970.
9 Lumen gentium, a.a.O., N. 55.
10 Lumen gentium, a.a.O., N. 53.
11 Lumen gentium, a.a.O., N. 62—63.
12 J. Galot S.J., Maria, Typus und Urbild der Kirche, in G. Barauna (Hrsg.), De Ecclesia. Beiträge zur Konstitution »Über die Kirche« des Zweiten Vatikanischen Konzils, Bd. II, Frankfurt a.M. 1966, 477—492, S. 482.
13 Galot, a.a.O., S. 483—484.
14 Bei der Besprechung des Entwurfes für LG, Kap. VIII, hat Kardinal Suenens darauf gedrängt, daß der »nexus inter maternitatem Mariae et evangelisationem« herausgestellt würde.
15 Vgl. L. Bouyer, Mystère et ministères de la femme, Paris 1976.
16 Allerdings prägt meistens auch die Hauptbeschäftigung einer Gruppe die Stellung der Frau und die religiösen Vorstellungen. So sehen wir beträchtliche Unterschiede, je nachdem, ob es sich um die höhere Jagd- und Sammelstufe, den mutterrechtlichen Ackerbau oder den viehzüchterischen Nomadismus handelt. Vgl. A. Scherer (Hrsg.), Die Frau. Wesen und Aufgaben[2], Freiburg i. Br. 1953, S. 170.
17 A. Daniélous, Le polythéisme hindou, Paris 1960, S. 392.
18 A. Seumois O.M.I., Maria nei paesi di missione, in: Enciclopedia Mariana Theotócos, Genova-Milano 1954, S. 220—229.
19 A. Freitag S.V.D., Dich preisen die Völker, Kaldenkirchen 1954, S. ???.
20 Vgl. G. Warneck, Protestantische Beleuchtung der römischen Angriffe auf die evangelische Heidenmission, Gütersloh 1884—1885.
21 E. M. Burke O.S.P., Mary in the Missionary Life of the Church in the Middle Ages, in: Maria et Ecclesia, Bd. 11, 111—134, S. 115.
22 E. M. Burke, a.a.O.
23 Man vergleiche auch die Homilie von Johannes Paul II. in Guadalupe am 22. Jan. 1979: Insegnamenti di Giovanni Paolo II, vol. II, 159—166.
24 M. A. Habig O.F.M., La Missionera. The Role of Our Lady in the Missionary Conquests of the Spanish and Portuguese World Empires, in: Maria et Ecclesia, Actus congr. mariol. intern (Lourdes 1958), Bd. 11: Maria et Apostolatus Ecclesiae, Roma 1960, 135—167.
25 Für eine breitere Darstellung s. A. Freitag, a.a.O., S. 349ff.
26 L. Mohrn, La Légion de Marie et l'oeuvre missionnaire, in: Cahiers Marials 4 (1960), 33—40.
27 Joseph Kardinal Ratzinger und Hans Urs von Balthasar, Maria, Kirche im Ursprung, Freiburg-Basel-Wien 1980, S. 71ff.
28 Enz. Adjutricem populi des 5. IX. 1895.
29 L. Moreira Neves, La Stella dell' Evangelizzaziuone, in: Miles Immaculatae 13 (1977), 205—211.

Franz Courth

Die Marienverehrung und der Beitrag der Orden

Die Verehrung der Mutter Christi hat in der fast zweitausendjährigen Geschichte der Kirche unterschiedliche Formen angenommen[1]. Der weitgespannte Fächer marianischer Frömmigkeit reicht vom persönlichen und liturgischen Marienlob über meditativ-betrachtende Gebetsübungen bis hin zur Weihe und totalen Übereignung an Maria im Sinne der École française[2]; er umschließt die mystische Umformung in Maria ebenso wie auch den gläubigen Blick, den die Kirche Südamerikas bei ihrem gegenwärtigen Erneuerungsbemühen auf Maria richtet, »damit das Evangelium stärker Gestalt annehme und mehr zum Herzstück Lateinamerikas werde[3]«.

Dieser Fächer von vielfältigen Formen gläubiger Marienverehrung ist in wesentlichen Strukturlinien durch die Spiritualität und das spezifische Apostolat der Orden geprägt worden. Ihren Einfluß auf die sich in der lateinischen Kirche entfaltende Marienverehrung aufzuzeigen, ist das Anliegen des nachfolgenden Beitrags. Dabei seien bewußt nur einige Nahtstellen der Entwicklung herausgestellt; als Auswahlkriterium sollen jene Formen der Marienverehrung dienen, die heute noch gepflegt werden und bekannt sind. Drei Themenkreise seien für diesen Überblick ausgewählt: 1. Marienlob als Liturgie und Lebensschule; 2. Die Kräfte der Meditation; 3. Marienverehrung und Apostolat.

1. Marienlob als Liturgie und Lebensschule

Der Gründung des Benediktinerordens geht unmittelbar eine Zeit voraus, die durch ein erstes Aufblühen der Marienverehrung gekennzeichnet ist. Der evangelische Dogmenhistoriker Walter Delius resümiert in seiner »Geschichte der Marienverehrung[4]«: »Den Höhepunkt abendländischer Entwicklung der Geschichte der Lehre und Verkündigung der Maria bilden an der Wende des 4. und 5. Jahrhunderts Ambrosius, Hieronymus und Augustin.« Frömmigkeitsgeschichtliches Zeichen dieses Höhepunktes ist nicht in erster Linie der zunehmende Brauch, Maria Kirchen zu weihen; vor allem ist es das *unmittelbar* an die Mutter Jesu gerichtete Gebet. Die gläubige Meditation *über sie* ist zur direkten Hinwendung *zu ihr* geworden; das ehrfürchtige Bekennen ihrer soteriologischen Stellung im Heilswerk Christi hat zur unmittelbaren Anrede Mariens geführt.

Frühestes Zeugnis der direkten Hinkehr der Gläubigen zu Maria ist das Gebet »Unter deinen Schutz«, das der Wende des 3. zum 4. Jahrhundert entstammt[5]. Ins 4./5. Jahrhundert zurück reicht auch der Brauch der griechischsprachigen Jakobusliturgie, Maria im Kanon der Eucharistiefeier anzurufen: »Sei gegrüßt, du Gnadenvolle, der Herr ist mir dir; gesegnet bist du unter den Frauen, und gesegnet ist die Frucht deines Leibes, denn du hast den

Erlöser unserer Seelen geboren[6].« Ferner wird zu dieser Zeit die Predigt gerne als Gelegenheit genutzt, Maria mit Lobliedern und Hymnen zu grüßen. Als Beispiel sei hier der Hymnus des Theodot von Ankyra (+ um 446[7]) genannt: »Sei gegrüßt, du Wonne, die wir so heiß ersehnt ..., du neue Mutter, in der gebildet wurde das neue Geschlecht, ... du Geschöpf, das den Schöpfer in sich birgt[8].« Von ähnlicher Art ist im Westen das Marienlob des Sedulius (+ um 450). Im Zusammenhang seines Carmen Paschale wendet er sich unmittelbar an Maria: »Gruß dir, heilige Mutter, die du den König geboren, der über Himmel und Erde herrscht ...[9]«

Die Anrufung Mariens, als Lob und als Bitte, war also im Osten wie im Westen[10] bereits zu einer festen Gebetsform geworden, als Benedikt von Nursia in seiner Regel den Aufbau des Stundengebetes festlegte. Unter anderem bestimmte er, daß als Teil des Vespergottesdienstes der marianische Lobgesang zu beten sei[11]. Diese Einfügung, auch wenn sie tatsächlich einem älteren Brauch folgen sollte, hat bewirkt, daß das marianische Gotteslob im Stundengebet der Kirche bis heute ununterbrochen erklungen ist.

Diese liturgische Anordnung ist im Zusammenhang der den Benediktinerorden von Anfang seiner Geschichte an kennzeichnenden Marienfrömmigkeit zu sehen. Schon Benedikt hatte unter den zwölf Klöstern, die er bei Subiaco gründete, eines Maria geweiht. Und in der nachfolgenden Entfaltungszeit des Ordens nahm der Brauch, Klöster der Gottesmutter zu weihen, mehr und mehr zu[12].

Diese äußeren Zeichen der Marienfrömmigkeit sind von einer wachsenden Verinnerlichung der Verehrung Mariens getragen. Als Beispiel sei Ambrosius Autpertus (+ 784) genannt, »der wohl größte Mariologe der lat. Kirche vor dem 12. Jh.[13]«. Zum Fest der Aufnahme Mariens in den Himmel, dem »Festum Summum«, das beinahe Ostern und Pfingsten gleichgestellt war, ermuntert er seine Mönche, sich »mit aller Inbrunst des Herzens der Fürbitte der seligsten Jungfrau anzuempfehlen; alle mögen sie mit ganzer Kraft ihren Schutz erflehen[14]«. Eine ähnliche Anregung gibt der Fuldaer Abt und nachmalige Erzbischof von Mainz, Hrabanus Maurus (+ 856): »Laßt uns mit aller Kraft des Herzens die Hilfe der seligen Jungfrau erflehen; denn da wir sie auf Erden mit kniefälliger Hingabe feiern, würdigt sie sich, uns mit eifrigem Gebet Christus, unserem Herrn, im Himmel zu empfehlen[15].«

Das Motiv der fürbittenden Kraft Mariens, die ihr wegen ihrer Gottesmutterschaft zukommt, entfaltet auch die Mariendichtung jener Zeit[16]. Sie preist aber zugleich Mariens Tugendfülle, die ebenso eine Voraussetzung ihrer mächtigen Fürbitte ist. So grüßt etwa der von einem unbekannten Dichter stammende, seit dem 9. Jahrhundert belegte Bitthymnus Ave Maris stella[17] Maria als »virgo singularis, inter omnes mitis« (Jungfrau einzigartig, unter allen milde).

Genannt sei auch Notker Balbulus (+ 912), der größte der karolingischen Dichter[18]. Er war Mönch des Klosters St. Gallen, das neben Reichenau und Corbie (Paschasius Radbertus, + um 865) zu den marianischen Kultzentren jener Zeit gehörte[19]. Notker verknüpft die Huldigung an die Gottesmutter und Himmelskönigin mit dem Aufruf, ihrem Tugendbeispiel, besonders ihrer Jungfräulichkeit, zu folgen. So heißt es in der Assumptiohymne[20]: »... Dich, Himmelskönigin, feiert das kleine Volk hier in frommer Gesinnung mit ... Dir folgen Mann und Weib zumal, dichte Scharen, denen jungfräulich Leben lieb ist, den himmlischen Wesen in Keuschheit es gleichzutun ...« Aufs Ganze gilt für das von Notker in seinen vier Marienhymnen gezeichnete Bild der Mutter des Herrn: »Ihm ist Maria, was sie schon dem ersten Evangelium in seinem ersten Kapitel ist, die aus heiligem Geist Gebärende; so ist sie ihm Geschöpf und Gefäß Gottes, Stufe seines Thrones, Wesen, das zu ihm hinführt. All die vier Marienbilder schließen mit dem Blicke auf den Sohn und Herrn, alle berufen das Eine: Gottes Wirken in uns[21].«

Ist die Innigkeit dieser Hymnen ein Gradmesser für die in den Klöstern gepflegte Marienverehrung, dann ist es nicht verwunderlich, daß auch die Formen der liturgischen Verehrung Mariens zunehmen und ausgeweitet werden.

So reichen Überlieferungen ins 8. Jahrhundert zurück[22], wonach die Benediktiner von Monte Cassino im Anschluß an das kanonische Stundengebet Maria, wie auch den hl. Benedikt, in einem Zusatzoffizium ehren. Sicherer ist indes die Bezeugung, daß der in St. Gallen ausgebildete hl. Ulrich von Augsburg (+ 973) täglich nach dem ordentlichen Stundengebet noch ein Devotionsoffizium zu Ehren Mariens, des hl. Kreuzes sowie aller Heiligen anschloß[23]. Ähnliches wird bezeugt von Berengar v. Verdun (+ 959[24]). Auch ist es in den Trierer Reformkreisen, ebenso wie bei Ethelwold v. Winchester (+ 984[25]), üblich, ein marianisches Zusatzoffizium zu beten[26]. Cluny übernimmt diesen Brauch in der 2. Hälfte des 11. Jahrhunderts[27]. Eigentlicher Promotor dieser Frömmigkeitsübung ist der hl. Petrus Damiani (+ 1072). Über den Sinn dieser Devotion schreibt der hl. Kamaldulenserabt und spätere Bischof und Kardinal: »Dies wissen wir ganz sicher, jeder, der das tägliche Stundengebet zum Lob Mariens zu den genannten Stunden pflegt, erlangt sie als Helferin und für den Tag der großen Not als Patronin, da sie die Mutter des Richters ist[28].« Im nachfolgenden 12. und 13. Jahrhundert wird in zahlreichen Klöstern das marianische Offizium teils als privates, teils als gemeinschaftliches Gebet gepflegt. Die Prämonstratenser übernehmen es als für alle verpflichtendes Gebet[29]. Auch wird nunmehr den Laien empfohlen, vor allem am Samstag zu Ehren Mariens das kleine Offizium zu beten[30].

Damit hatte sich eine Frömmigkeitsform konsolidiert, die schließlich auch ins Römische Brevier aufgenommen wurde. Als solche ist sie ihrer Grundstruktur nach bis in unsere Tage gepflegt worden. Sie diente als Laienbrevier wie auch vielen Laiengenossenschaften als Stundengebet. Heute freilich hat das marianische Offizium durch die nachkonziliare Brevierreform etwas an Bedeutung eingebüßt. Immerhin war es ein fester Bestandteil jenes Rahmens, der die Verehrung der Mutter Jesu in das liturgische Gebet der Kirche einfügt. Dies hatte zum einen zur Folge, daß das besondere Lob Mariens nicht verstummte, und zum anderen, daß es wesentlich auf das Christuslob hingeordnet blieb. Die Volksfrömmigkeit mit ihren eigenen Gesetzen und Kräften hatte hier, wie in der Liturgie überhaupt, ein gültiges Korrektiv.

Daß nach den Anstößen der Karolingerzeit auch weiterhin in der geordneten Feier der Liturgie die Sprache des Herzens und der religiösen Inbrunst ihren berechtigten Platz behielt, dafür zeugen neben den immer zahlreicher werdenden marianischen Hymnen insbesondere die zur Ehre Mariens gesungenen Antiphonen[31]. Die vier bekanntesten, die sog. großen marianischen Antiphonen, sind: das Alma redemptoris mater, das Ave regina coelorum, das Regina coeli laetare und das Salve Regina.

Die Herkunft des Salve Regina aus dem marianischen Kultzentrum Reichenau wie auch die Verfasserschaft des Benediktiners Hermanns des Lahmen (+ 1054), dem auch das Alma redemptoris mater zugesprochen wird[32], sind umstritten. Man müsse mit einem außerliturgischen Ursprung dieser Antiphon rechnen[33]. Zunächst sei sie von Le Puy aus, einem Marienwallfahrtsort auf dem Weg nach Santiago de Compostela, von Pilgern und dann später von Kreuzfahrern verbreitet worden. Im Kloster Reichenau kennt man aber schon im 10. Jahrhundert eine erweiterte Paraphrase des Salve Regina[34]. Einen ersten greifbaren Anhaltspunkt für einen *liturgischen* Gebrauch des Salve Regina bieten die Statuten von Cluny (etwa 1135) des Petrus Venerabilis. Sie fordern das Salve Regina als Prozessionsgesang am Fest Mariae Aufnahme in den Himmel[35]; ferner sei es immer dann zu singen, wenn die Mönche von der Hauptkirche zur Marienkirche ziehen und kein Heiligenfest einen besonderen Gesang vorsieht. Als Begründung heißt es: nach dem Schöpfer gebühre Maria die innigste Liebesbezeugung. Als Antiphon zum Benedictus und Magnificat an den vier Hochfesten Mariens findet sich das Salve Regina in der Mitte des 12. Jahrhunderts im Antiphonarium der Zisterzienser. Zu seiner Verbreitung — in und außerhalb der Liturgie — haben dann vor allem die Dominikaner und die Franziskaner beigetragen. Nachdem das Salve Regina 1221 von den Dominikanern Bolognas als Fürbittgebet in einer besonderen Notlage nach der Complet gesungen und bald vom gesamten Orden übernommen wurde, singen es die Predigerbrüder seitdem allabendlich bei ihrer Prozession durch die Kirche der Laien. So haben sie »durch die Jahrhunderte hindurch tief auf die marianische Andacht der Gläubigen eingewirkt[36]«. Von den Franziskanern stammt der Brauch (seit 1249), nach der Complet das Alma redemptoris mater, das Ave regina coelorum, das Regina coeli und das Salve Regina abwechselnd entsprechend dem Kirchenjahr zu singen. Papst Clemens VI. übernahm diesen Brauch für das Kurialbrevier, der dann später (1568) ins Breviarium Romanum übernommen wurde[37]. Das neue Stundenbuch (Liturgia horarum) von 1970 ermöglicht wiederum eine freiere Auswahl der marianischen Antiphonen und fügt zu den vier bekannten noch das Sub tuum praesidium hinzu.

Die hier skizzierte Entwicklung zeugt von dem Bemühen der verschiedensten Orden, in ihrem liturgischen Marienlob auch die affektiven Kräfte, »die Saiten« des Herzens und des gläubigen Gemütes anklingen zu lassen; Leib und Seele, d.h. der ganze Mensch wird in die Huldigung Mariens einbezogen. Dem entspricht dann auch die umgekehrte Bewegungsrichtung: das liturgische Marienlob will den engen Rahmen der heiligen Feier aufsprengen und das gesamte Leben der Feiernden prägen.

Äußere Formen der die gottesdienstliche Handlung übergreifenden Marienverehrung sind der ins 9. Jahrhundert zurückreichende Brauch, den Mariensamstag zu feiern[38], der Mutter Jesu Kirchen und Klöster zu weihen, sie in Bildnissen darzustellen und in Wallfahrten und Prozessionen zu ehren; genannt sei auch die bei den Dominikanern geübte Sitte, den Namen Mariens in die Gelübdeformel aufzunehmen.

Vertiefter sind gegenüber diesen mehr äußeren Formen der Marienfrömmigkeit jene lebensprägenden Wirklinien, die das liturgische Marienlob ins asketische Leben der Orden hinein ausweiten. Die Verehrung Mariens wird zur Lebensschule und verleiht so dem liturgischen Lob erst die rechte Glaubwürdigkeit.

So fordert etwa der Zisterzienserabt Aelred von Rieval (+ 1167[39]) seine Mönche auf, ihr Lob Mariens dadurch wahr zu machen, daß sie bei ihr in die Schule gehen. »Wenn wir mit der Stimme unser Lob singen, dürfen wir es durch unser Verhalten nicht entleeren. Darum laßt uns nicht heuchlerisch, sondern aufrichtig loben. Falsch lobt, wer das, was er lobt, nicht nachahmen will. Jener lobt wahrhaft die Demut der heiligen Maria, wer sich gemäß seinen Kräften bemüht, demütig zu sein. Jener lobt wahrhaft Mariens Reinheit, der alle Unreinheit und Begierlichkeit zurückweist und verachtet. Jener lobt wahrhaft Mariens Liebe, der mit ganzer Kraft und allem Eifer sich bemüht, Gott und den Nächsten vollkommen zu lieben. Darum, meine Brüder, wenn wir Maria vollkommen loben wollen, müssen wir vor allem auf drei Dinge achten: aufrechtes Denken, heiliges Reden und richtiges Handeln. Wer dies nach Kräften beobachtet und danach strebt, es vollkommen zu haben, der ahmt die heilige Maria nach[40].«

Ferner sei der Zisterzienserabt Adam von Perseigne (+ 1221) genannt. Er verkörpert, so O. Stegmüller[41], »den marianischen Typ« unter den Zisterziensern. Weil Maria der Weg ist, den Gott zu uns ging, ist sie auch der Weg, auf dem wir zu Gott gelangen; sie ist ein Weg, frei von allen Hindernissen[42]. Für ihn heißen die Zisterzienser nicht weiße Mönche wegen ihres Gewandes, sondern weil sie Diener der jungfräulichen Mutter Maria sind. Vor allem ihre Jungfräulichkeit soll den Zisterziensern, deren Klöster Maria geweiht sind und ihrer besonderen Verehrung dienen wollen, Antrieb und Verpflichtung sein, ihrer Reinheit und Lauterkeit nachzustreben und sich so ihr gleichzugestalten[43]. Sie würden sonst nicht nur ihr weißes Gewand, sondern ihr ganzes klösterliches Leben Lügen strafen.

Die bisher beleuchtete Marienfrömmigkeit der Mönche stellt eine weitgefächerte Ganzheit dar. Sie umfaßt die Fürbitte und den liturgischen Lobpreis Mariens ebenso wie äußere Frömmigkeitsformen und vor allem die asketische Ausrichtung an der Mutter des Herrn. Besonders steht die Jungfräulichkeit Mariens im Vordergrund, ihre Glaubenskraft und ihre Demut, dann aber auch ihre gesamte ethische Gestalt. Alle genannten Verehrungsformen greifen, sich bedingend, ineinander. Und dies ist ein Zeichen ihrer lebendigen Glaubwürdigkeit. Dieses ganzheitliche Verständnis der Marienfrömmigkeit gilt nicht erst für die Reformbewegung der Zisterzienser, wenn es auch hier besonders hervortritt. Daß das Marienlob stets mit dem Blick auf ihre ethische Vorbildhaftigkeit verbunden ist und eine entsprechende Antwort des Beters einschließt, gilt für die Entwicklung der Marienfrömmigkeit von Anfang an[46]. Was aber für die Marienfrömmigkeit der Mönche im Hochmittelalter als Besonderheit festzuhalten ist, sind die überaus weitgespannten Wirklinien, die von der Gestalt Mariens in alle möglichen Lebensbereiche hinein ausgezogen werden. Maria wird für die Gemeinschaft wie für den einzelnen zu dem Weg zu Christus.

Diese *marianische* Lebensgrundlage gilt es im Auge zu behalten, wenn man die *mariologischen* Aussagen der Benediktiner Anselm v. Canterbury (+ 1194) und seines Schüler Eadmer (+ 1224), der Dominikaner Albert (+ 1280) und Thomas v. Aquin (+ 1274) und des Franziskaners Bonaventura (+ 1274) würdigen will. Gerade letzterer, der »als einer der größten Marienlehrer« in die Geschichte eingegangen ist[45], verbindet Studium, Andacht und geistliche Ausrichtung an Maria aufs engste miteinander.

Zusammenfassend gilt für die mittelalterliche Entwicklung der Marienfrömmigkeit (wie auch der Marienlehre), daß die Orden die Hauptträger dieses Prozesses sind. »Nur wenige namhafte Vertreter des Säkularklerus, und zwar Hierarchen, sind beteiligt[46]«; so u.a. etwa Isidor v. Sevilla, Ildefons v. Toledo und Gerhoh v. Reichersberg. Für den ersten Teil der betrachteten Epoche sind es vornehmlich Benediktiner, die die Entwicklung der marianischen Frömmigkeit bestimmten. Dann sind es die Zisterzienser wie auch zur selben Zeit die Prämonstratenser; ihnen folgen dann im 13. Jahrhundert die Dominikaner und die Franziskaner.

2. Die Kräfte der Meditation

Den bisher betrachteten Entwicklungsprozeß gilt es vor allem in seiner letzten Etappe noch einmal unter einem vertiefenden Gesichtspunkt anzugehen. Nunmehr soll die klösterliche Meditation als Ursprungsort des Rosenkranzgebetes aufgezeigt werden. Beachtliches ist gerade in den letzten Jahren zur Geschichte dieser Gebetsform geschrieben worden[47].

Gemeinsame Aussage der in Details einander ergänzenden und in Akzentsetzungen auch korrigierenden Studien ist: Vorstufe der heutigen Gebetsform sind rosenkranzähnliche Gebetsübungen, die das Ave Maria ebenso wie das Vaterunser wiederholend aneinanderreihen. Ziel der Wiederholung ist, im unablässigen Gebet die bleibende Verbundenheit mit Gott zu suchen. Der Beter ist über die festen Gebetszeiten hinaus bestrebt, sich ununterbrochen Gottes Wirken in der Heilsgeschichte wie im eigenen Leben betrachtend vor Augen zu halten, um durch diese Übung Gott näher zu kommen und so dem Bereich des Bösen zu entfliehen[48].

Die Zählform 50 oder 150, beziehungsweise ein Vielfaches davon, entspricht den 150 Psalmen des Psalters. Näherhin geht es auf die irischen Mönche zurück, das Vaterunser und das Ave Maria zu Reihen von »drei Fünfzigern« aneinanderzufügen, um so den des Lesens Unkundigen ein Äquivalent für den Psalter als Bußleistung auferlegen zu können. Auf diese Weise rückte das Ave Maria, das bis ins 15./16. Jahrhundert nur in seiner biblischen Form gebetet wurde, neben das Vaterunser zu dem Volksgebet auf. Bei aller so erreichten Quantifizierung des Gebetes und bei den damit verbundenen Mißverständnissen darf sein genuin meditativer Charakter nicht übersehen werden[49]. Ein Vorläufer dieser Gebetsübung war der ins frühe Mittelalter zurückreichende Brauch, das wiederholende Psalmengebet mit wechselnden Motiven aus dem Leben und Leiden Jesu zu durchsetzen[50].

Insbesondere ist es die von Bernhard von Clairvaux inspirierte zisterziensische Geistigkeit, in der konkrete Vorformen des Rosenkranzes entstehen konnten. Als eine solche Vorform dürfen die fünfzehn »Freuden Marias« des Zisterziensers Stephan von Sally[51] gelten. Diese Betrachtungen zum Leben Jesu, die stets auch mit einem Ave Maria abschlossen, wurden 1236 verfaßt[52].

Hauptsächlich aber ist hier die um 1300 verfaßte rosenkranzähnliche Leben-Jesu-Betrachtung der Zisterzienserinnen[53] von St. Thomas (b. Trier) zu nennen. Hier ist bereits das Kennzeichnende des Rosenkranzes verwirklicht: die Verknüpfung von Ave-Reihen mit der Christusmeditation. Die Schwestern verknüpfen den 100mal wiederholten englischen Gruß mit 100 kurz gefaßten Glaubensgeheimnissen. Nach einer trinitarisch gefaßten Einleitung beginnen sie ihre Meditation mit einem Blick auf die Erschaffung und die Gottebenbildlichkeit des Menschen; danach betrachten sie die Erwählung Mariens; es folgt eine Anmutung zur alttestamentlichen Heilsgeschichte; danach erwägen sie zwei Punkte zur Bereitung Mariens für ihren Dienst als Mutter des Erlösers; dann wird in ausmalender Breite das Leben Jesu meditiert, in das Maria hineinverwoben ist.

Gerade die Breite des Blickwinkels macht diese Gebetsform zu einer ausdrücklichen Christusmeditation. Frömmigkeitsgeschichtlich läßt sich die in St. Thomas geübte Leben-Jesu-Betrachtung »in den Strom der im Zeitalter der Kreuzzüge mächtig aufbrechenden neuen Form einer inkarnatorisch geprägten Christusfrömmigkeit einordnen[54]«. Christuslob und Marienlob sind zu jener Zeit zwei fest verbundene Größen. Hier besteht noch keinerlei Konkurrenzverhältnis oder gar Gegensätzlichkeit. Der theologische Grund dafür liegt darin, daß die Gottesmutterschaft der Zentralgedanke ist, der alle anderen Funktionen und Auszeichnungen Mariens (Fürbitten, Helferin) trägt und durchseelt. So erreicht etwa nach Bernhard[55] das Maria dargebrachte Lob auch ihren Sohn, wie auch die dem Sohn dargebrachte Ehre den Ruhm der Mutter nicht mindert. Die von Anfang an durch eine christologische Marienverehrung geprägte Spiritualität der Zisterzienser[56] muß als eine gute Voraussetzung für die Entwicklung des Rosenkranzgebetes angesehen werden[57].

Ein nächster Entwicklungsschritt führt zur Kartause St. Alban nach Trier. Hier wurde um 1400 die konkrete Form des Rosenkranzes mit Gesetzen aus dem Leben Jesu gebetet. Und von hier aus wurde diese Gebetsübung auch verbreitet.

Ausdrücklich zu erwähnen sind die beiden Trierer Kartäusermönche Adolf von Essen († 1439) und Dominikus von Preußen († 1460). Umstritten ist, ob der Anstoß, den Ave-Fünfziger mit Gesetzen aus dem Leben Jesu zu verbinden, auf Adolf zurückgeht[58], der dem Novizen Dominikus mit konkreten Betrachtungspunkten geholfen habe, das Wiederholen des Aves meditativ zu beten. Adolf habe so zwei bisher eigenständige Gebetsformen miteinander verbunden: den Ave-Fünfziger und die Leben-Jesu-Betrachtung. Literarischen Niederschlag fanden seine Punkte in Adolfs »Rosengertlin« U.Lb.Fr.[59].

Dem ist mit der These widersprochen worden[60], es sei Dominikus von Preußen gewesen, der die Betrachtungen zum Leben Jesu mit dem Ave-Fünfziger verknüpft hat. Adolf dagegen habe den Ave-Fünfziger wie auch die Leben-Jesu-Betrachtung geschätzt, sie aber als je eigenständige Gebetsform geübt. Die Streitfrage, wem nun die zeitliche Priorität zukomme, läßt sich aber durch die Beobachtung relativieren, »daß die Spiritualität des Priors Adolfs von Essen den Novizen Dominikus von Preußen maßgeblich beeinflußt hat, indem er ihm den ganzen Reichtum der bei den Kartäusern lebendigen geistlichen Tradition erschloß« und daß Adolf andererseits »die von Dominikus gefundene Gebetsweise hochgeschätzt, selber praktiziert und auf jede erdenkliche Weise propagiert hat[61]«.

Für die Ausbreitung des Rosenkranzes sind neben den Kartäusern vor allem die Benediktiner[62] und die Dominikaner[63] als Förderer zu nennen. Hier ist es besonders Alanus von Rupe († 1475), der durch Predigten und Bruderschaften wie auch mittels frommer Legenden zur Verbreitung des Marienpsalters beigetragen hat. Daß die ursprünglich klösterliche Gebetsübung des

Rosenkranzes so bald zu einem echten Volksgebet wurde, hängt vor allem damit zusammen, daß beide Gebetsteile (Ave-Fünfziger und Leben-Jesu-Betrachtung) bereits weithin gepflegt wurden; das Ave Maria galt zu jener Zeit schon, zusammen mit dem Vaterunser und dem Glaubensbekenntnis, als Grundbestand des christlichen Gebetsgutes.

Der meditative Charakter des Rosenkranzgebetes war bleibend in Gefahr, hinter einer quantitativen Gebetsauffassung zurückzutreten und übersehen zu werden. Damit aber war der eigentliche Sinn dieser Frömmigkeitsübung verkannt. So beklagt der ehemalige Birgittenmönch von Altomünster (1520—1522[64]) und spätere Baseler Reformator Johann Oekolampadius (1482—1531[65]), im Rosenkranz werde Maria zehnmal angerufen, der Herr selbst dagegen nur einmal. Wenn Christus lehre, unablässig zu beten, dann lasse sich dies nicht in Zahlen einzwängen. In ähnlicher Weise kritisiert der ehemalige Franziskaner-Observant und spätere Reformator in Hessen, Franz Lambert (1486/87—1530[66]) das Rosenkranzgebet[67]. Dabei hebt er vor allem das Zahlenmaß hervor, mit dem die Dominikaner (Dominicastri) bei ihrem Rosenkranz 150 Ave zählen, die Franziskaner dagegen 63- bzw. 72mal den Englischen Gruß murmeln. Auch kritisiert er das Bruderschaftswesen und die Legenden, die an den Ursprung dieses Gebetes geknüpft sind. Als Ausweg aus einer derartigen Veräußerlichung des Betens gibt es für ihn nur einen, und der ist das eindeutige Bekenntnis zu Christus.

Beide Zeugen stammen aus einer Spiritualität, in der das Rosenkranzgebet besonders gepflegt wurde. Ihre Kritik ist darum ein Zeichen unzureichender Verwurzelung in dieser Geistigkeit und damit mangelnden Verständnisses dieser Meditationsform gegenüber; sie ist aber auch ein Zeugnis für den Kampf der Reformation gegen alles Äußerliche und Schematische; vor allem aber ist sie ein Beispiel für die stete Gefährdung des Rosenkranzes als marianische Christusbetrachtung. Er ist ein so zerbrechlicher Organismus, daß die geringste Erschütterung genügt, ihn unkenntlich zu machen. Was für Bernhard aufgrund seiner inkarnatorischen Christusfrömmigkeit noch fraglos zusammengehörte, wird hier nicht mehr in seiner organischen Verknüpfung gesehen. Es fehlt der einende Blick des Herzens. Für Oekolampadius bedeutet es eine Mißachtung Christi, wenn man sich an Maria als Fürsprecherin wendet. Haben ihn — wie auch Lambert — Fehlformen des Rosenkranzgebetes so sehr abgeschreckt und kritisch gemacht, daß sie dessen eigentlichen Sinn, marianische Christusmeditation zu sein, kaum in den Blick bekommen? Einen grundsätzlichen Einwand gegen den Rosenkranz bieten diese Vorbehalte darum nicht, da sie dessen eigentliche Intention nicht berühren.

In der katholischen Reform wird der Rosenkranz als Volksgebet mehr und mehr verbreitet. Neben die Mendikantenorden als seine traditionellen Förderer treten jetzt auch die Jesuiten. Vor allem ist hier Petrus Canisius (1521—1597[68]) zu nennen. Er sah in der Neubelebung echter Marienfrömmigkeit »den besten Weg zu Christus und seiner Kirche[69]«. Darum setzte er sich neben seiner theologischen Verteidigung der katholischen Marienlehre[70] für die Belebung einer gesunden Marienfrömmigkeit ein. Dazu förderte er unermüdlich die Marianischen Kongregationen und Rosenkranzbruderschaften.

Mit dem Hinweis auf die Marianische Kongregation ist das Stichwort gegeben, das zum nächsten Abschnitt überleitet. Es geht dort um jene gemeinschaftsbildenden Formen der Marienverehrung, die zum »einmütigen Gebet mit Maria, der Mutter Jesu« (Apg 1,14) sammeln.

3. Marienverehrung und Apostolat

Der bisher gewonnene Überblick über den Beitrag der Orden zur Geschichte der Marienverehrung konnte den Eindruck vermitteln, daß das Marienlob der Christen eine vielschichtige Antwort des Menschen auf das Offenbarungshandeln Gottes hin darstellt: es umschließt das liturgische und persönliche Marienlob ebenso wie die asketische Ausrichtung an ihrer Gestalt. Hier geht es nunmehr um eine Form der Marienverehrung, die zwar aus der Spiritualität der Orden erwachsen ist, aber ausdrücklich deren Grenzen übersteigen will. Bewußt ist sie als Frömmigkeitsform der Laien gedacht. Nunmehr soll die ausdrücklich apostolische Ausrichtung der Marienverehrung dargestellt werden.

Als ein erstes Beispiel, das diese neue Form der Marienverehrung verdeutlichen kann, sei die Marianische Kongregation[71] genannt. Sie wurde 1563 von dem Jesuiten J. Leunis in Rom am Collegium Romanum gegründet. Bis zur Aufhebung des Ordens 1773 oblag die Leitung der Marianischen Kongregationen ausschließlich den Jesuiten. Heute, nachdem die Leitung der Marianischen Kongregationen hauptsächlich in den Händen der Ortsbischöfe liegt, hat die Gesellschaft Jesu insofern wieder eine Sonderstellung erlangt, als sie durch ihren Generalobern — ebenso wie die Ordinarien — Kongregationen rechtmäßig errichten kann[72].

Das Ziel der Marianischen Kongregationen »ist die Heranbildung tätiger Katholiken, die auf allen Lebensgebieten, besonders als Laienapostel, der Kirche zur Verfügung stehen«. Sie umfaßten bis zur Mitte des 18. Jahrhunderts nur Männer und seitdem auch Frauen und Mädchen. Ihre Spiritualität ist gekennzeichnet durch die »Weihe an Maria für das ganze Leben, durch eine Lebensregel, inspiriert von den ‚Geistlichen Übungen' des hl. Ignatius, durch allseitiges Apostolat und durch Liebe zur Kirche[73]«.

Papst Pius XII. bestimmte in seiner kirchenrechtlichen wie theologischen Umschreibung den marianisch-apostolischen Charakter der Kongregationen so[74]: Nicht nur, weil sie Maria im Titel tragen, werden sie als *marianische* Bruderschaft bezeichnet, sondern aus einem anderen Grund: »Die Sodalen bekunden für die Mutter Gottes eine besondere Verehrung und geben sich ihr in einer Weihe ganz zu eigen; sie verpflichten sich damit — wenn auch nicht unter Sünde —, unter der Fahne Mariens für die eigene und die des Nächsten Heiligung und ewige Seligkeit alles einzusetzen.« Als Hauptziel nennt der Papst ein vielfältiges Apostolat, das vor allem auf sozialem Gebiet liege; ferner verweist er auf die Aufgabe, die Rechte der Kirche zu schützen.

Bei den Marianischen Kongregationen ist die Marienverehrung sowohl mit dem Streben nach einem vorbildlichen christlichen Leben verknüpft wie dann auch mit ausdrücklicher apostolischer Zielstellung. Gerade der letzte Gedanke ist gegenüber der mittelalterlichen Marienverehrung neu. Er wird den marianischen Charakter vieler religiöser Gemeinschaften und ihrer apostolischen Aktivitäten bis in unsere Gegenwart hinein bestimmen.

Dies sei exemplarisch aufgezeigt am Werk des hl. Vinzenz Pallotti (1795—1850[75]). Maria ist ihm zunächst die Gestalt, nach der er sein Leben zu formen sucht; sie ist ihm das Idealbild aller Tugenden. Mit diesem ethischen Aspekt ist wesentlich ein universaler Zug verknüpft. Pallotti bittet, daß ihm Maria wie auch sämtliche Engel und Heiligen sowie alle Menschen helfen mögen, so viele Akte der Tugenden zu üben, so viele Werke der leiblichen und geistigen Barmherzigkeit zu tun, als nötig sind, um das Gebot der Liebe zu Gott und dem Nächsten vollkommen zu erfüllen[76]. Dieser universale Zug durchseelt ihn auch, wenn er alle seine guten Werke, bis hin zur unbedeutendsten Tat, Maria aufopfert; auch in diesen Akt sollen alle Geschöpfe einstimmen, um ihn so weit und reich zu machen[77].

Beseelt von dieser universalen Weite erwählt Pallotti Maria unter dem Titel der Königin der Apostel zur Patronin der von ihm gegründeten Vereinigung des Katholischen Apostolates, die alle jene Gläubigen umfaßt, die gemeinsam mithelfen wollen, je auf ihre Weise den Glauben und die Liebe zu vertiefen und zu verbreiten. Jeder kann auf seine Weise Apostel Jesu Christi sein. Pallotti möchte seiner Vereinigung mit dem Titel Königin der Apostel bewußt machen, daß »alle Laien und der Weltklerus jedweder Ordnung, jedweden Standes, jedweder Lage nach Jesus in Maria das vollkommenste Beispiel wahren katholischen Eifers und vollkommener Liebe hätten ...[78]«. Mariens vielfältig helfender Beitrag im Erlösungswerk Christi ist für Pallotti ein Grund, den Apostolatsgedanken auf alle Getauften in ihrer aktiven Verantwortung für die Heilssendung Christi auszuweiten; denn zum Apostolat gehört, wie das Beispiel Mariens zeigt, keine hierarchische oder priesterliche Gewalt. Mit Blick auf das Bild Mariens als Königin der Apostel und gestützt auf ihre Fürbitte, entschließen sich die Mitglieder der von Pallotti gegründeten Vereinigung, »Einfluß, Fähigkeiten, Wissen, zeitliche Güter, Beruf, Gesundheit und Trübsal zu Gottes größerer Ehre und für unser und des Nächsten ewiges Seelenheil zu verwerten, vor allem durch Werke, die der Frömmigkeit und der Ausbreitung des heiligen Glaubens in der ganzen Welt dienen[79]«.

Nach Pallotti soll also die Verehrung Mariens dazu führen, die mit der Taufe gewährte Berufung in voller apostolischer Ausrichtung zu leben. Marienverehrung ist danach keine private Devotion, sondern ein Weg, der die Weite der christlichen Sendung auf Gott und den Nächsten hin bewußt macht und zu ihrer gemeinschaftlichen Verwirklichung ermutigt. Daß dies ausdrücklich gemeinsam geschehen soll, ist ein für Pallottis Marienverehrung zentraler Gedanke. Er sieht ihn durch Maria verdeutlicht, die zusammen mit den Aposteln um den Hl. Geist bittet (vgl. Apg 1,14).

Der marianisch-apostolische Anstoß Pallottis lebt weiter in den von ihm gegründeten Priester- und Schwesterngemeinschaften wie auch gerade in der umfassenderen Vereinigung des Katholischen Apostolates, die in gleicher Weise Priester, Ordenschristen und Laien umschließt. Hierzu zählte einst auch die Apostolische Bewegung von Schönstatt[80], die aber 1964 den Status einer eigenen religiösen Vereinigung erhielt. Ein Kennzeichen[81] dieser Bewegung ist den Marianischen Kongregationen verwandt und von dorther auch inspiriert: die Marienweihe, das verstärkte Bemühen um Selbsterziehung und von daher der apostolische Einsatz zur Verbreitung, Verteidigung und Verinnerlichung des christlichen Lebens. In ähnlicher Weise, wie Pallottis marianisch-apostolische Anregungen in weiteste Kreise eindringen möchten, lebt das Gedankengut des hl. L. M. Grignion von Montfort in der Laienorganisation der Legio Mariens weiter.

Als ein letztes Beispiel marianisch-apostolischer Spiritualität sei die Fokolare-Bewegung[82] genannt. Die Berechtigung, sie in diesem Zusammenhang aufzuführen, ergibt sich aus ihrem Bemühen, als Säkularinstitut anerkannt zu werden. Für die Fokolare-Bewegung ist Maria die Grundgestalt dafür, wie Gott die Mitte christlichen Lebens sein kann; denn weniger durch Worte als durch ihr konkretes Leben habe sie Gott den Herrn verkündet. »Gerade hierin ist Maria Urbild und Vorbild der Bewegung. Ihr Leben ist ein Weg, auf dem der einzelne lernt, alles zu verlieren, um Gott zu finden. Sie veranschaulicht die Freiheit, daß es sich lohnt, alles für Gott aufzugeben: eigene Wünsche und Vorstellungen, Ehe und Beruf, Zeit und Geld, die eigene Existenz. Auf dem Weg Mariens findet der einzelne Gott, bekommt er den Impuls, Gott weiterzugeben.« Maria ist aber nicht nur der Weg, auf dem der einzelne zu Gott findet; sondern sie gehen ihn ausdrücklich gemeinsam; sie wollen »miteinander Maria sein, kollektiv ‚Maria leben'[83]«. Marienverehrung heißt darum für die Fokolare-Bewegung: in Gemeinschaft wie Maria zu Gott und zum Nächsten zu gehen.

4. Ausklang

Die hier gebotene Übersicht wollte die vielfältigen Formen der Marienverehrung skizzenhaft veranschaulichen, die durch den spezifischen Beitrag der Orden in der Kirche gewachsen sind. Der entfaltete Fächer reicht von der marianischen Fürbitte und dem liturgischen Marienlob bis hin zum Blick auf Maria als Lebensschule und als Anregung zum Apostolat. Schwierig ist es, in ähnlicher Weise wie in der hier gebotenen Rückschau für die gegenwärtige kirchliche und theologische Situation einen spezifischen Beitrag der Orden zu bestimmen.

Dafür lassen sich drei Gründe anführen: erstens die Krise der Mariologie überhaupt[84]. Damit ist zweitens verbunden, daß sich das marianische Element in der unter anderen geschichtlichen und theologischen Bedingungen gewachsenen Spiritualität der einzelnen Orden auf dem Hintergrund der gegenwärtigen Herausforderung in Theologie und Frömmigkeitspraxis erst neu wieder konsolidieren muß. Bedauerlich ist, daß der Beschluß der Westdeutschen Synode über die Orden mit keinem Wort auf Maria verweist. Überhaupt schien die marianisch-mariologische Frage bei der Synode ausgeklammert gewesen zu sein[85]. Ein dritter Grund ist das für unser Jahrhundert kennzeichnende Auseinanderbrechen von liturgisch-biblischer auf der einen und marianischer Frömmigkeit auf der anderen Seite[86]. Dieses gegensätzliche Spannungsverhältnis hat dann dazu geführt, die Verehrung Mariens in die Volksfrömmigkeit und bisweilen auch in den Traditionalismus abzudrängen. Um dieses Ungleichgewicht aufzufangen, hat Papst Paul VI. in seinem apostolischen Schreiben »Über die rechte Pflege und Entfaltung der Marienverehrung« vom 2. Februar 1974 auf die liturgische Verankerung der Marienverehrung hingewiesen.

Wenn es für die Orden in der Wirklinie ihres marianischen Erbes einen Auftrag für die Situation unserer Tage gibt, dann sollte es vor allem der sein: durch ihre tägliche Feier der Liturgie und die regelmäßige Übung der Meditation könnten sie mit dazu beitragen, die marianisch-mariologischen Gehalte der Liturgie neu zu entdecken und so das leidvolle Gegeneinander von liturgisch-biblischer und marianischer Frömmigkeit auszugleichen. Erst dann läßt sich auch wieder ein Weg zeigen, auf dem Maria als Inbegriff christlicher Existenz erkannt werden kann.

Anmerkungen:

1 Lit: Maria: Études sur la Saint Vierge, hrsg. von H. du Manoir, Bde. II. III, Paris 1952/54. H.M. Köster, Die Frau, die Christi Mutter war. 2.Teil: Das Zeugnis der Geschichte, Aschaffenburg ²1964.
Die Abkürzungen erfolgen nach S. Schwertner, Internationales Abkürzungsverzeichnis für Theologie und Grenzgebiete (IATG), Berlin-New York 1974 (verbesserte Ausgabe als Beigabe zur »Theologischen Realenzyklopädie« (TRE), Berlin-New York 1976).

2 Vgl. A. Walkenbach, Aszese: LMK I, 385—388. Ders., Marianische Aszese: ThGl 41 (1957), 16—34.

3 Die Evangelisierung Lateinamerikas in Gegenwart und Zukunft. Schlußdokument der III. Vollversammlung des lateinamerikanischen Episkopats in Puebla, 13.Februar 1979, Nr.303 (= Die Stimme der Weltkirche Nr. 8, hrsg. vom Sekretariat der Deutschen Bischofskonferenz, Bonn 1979, S.66).

4 München-Basel 1963. 129.

5 Vgl. O. Stegmüller, Sub tuum praesidium: ZKTh 74 (1952), 74—82. J.Cecchetti, Sub tuum praesidium: EC XI, 1468—1472 (Lit.).

6 Zitiert nach A.Hänggi / I. Pahl (Hrsg.), Prex Eucharistica (SpicFri XII), Fribourg (Suisse) 1968, 256; zur Datierung vgl. ebd., 205.

7 In: Homilia in sanctam Deiparam et in Simeonem, PG 77, 1395 B.

8 Ebd. (Gesamte deutsche Fassung des Hymnus bei H.M. Köster, Die Frau, die Christi Mutter war II, 77).

9 Lib. II, 63, CSEL X, 48.

10 Weitere Quellen bei: H. Barré, Les premières prières Mariales de l'occident: Mar. 21 (1959), 128—173. H.M. Köster, Die Frau, die Christi Mutter war II, 76ff.

11 Benedicti Regula, XVII, 8, ed. R. Hanslik, CSEL 75, 67. Diskutiert wird die Frage, ob erstmals Benedikt den marianischen Lobgesang in die Vesper eingefügt hat und die römische Liturgie ihm in dieser Anordnung gefolgt ist, oder ob er einer älteren Tradition verpflichtet ist. Ersteres vertritt St.Beissel, Geschichte der Verehrung Marias in Deutschland während des Mittelalters, Freiburg 1909, 313. Anders dagegen A.-G. Martimort, Handbuch der Liturgiewissenschaft II, Freiburg-Basel-Wien 1965, 358f; A. Baumstark, Nocturna Laus (LQF 32), Münster 1967, 187f; vgl. dort auch die positive Beantwortung der Frage, ob »canticum de euangelia« hier das Magnificat meint. Ähnlich S. Bäumer, Geschichte des Breviers, Freiburg 1895, 177; Krüll, Magnificat: REChrA II, 352f.

12 Vgl. die Belege bei St. Beissel, Geschichte der Verehrung Marias, 26f.

13 Ph. Schmitz, Benediktiner: LMK I, 673—681, hier: 674.

14 Sermo in festo Assumptionis B.M.V., 12, PL 39, 2134.

15 Homilia (CXLIX) in Assumptione sanctae Mariae, PL 110, 435.

16 Vgl. L. Scheffczyk, Das Mariengeheimnis in Frömmigkeit und Lehre der Karolingerzeit (EThSt V.), Leipzig 1959.

17 Vgl. H. Lausberg, Ave maris stella: LThK² I, 1141.

18 L. Scheffczyk, a.a.O., 274.

19 K. Hallinger, Neue Fragen der Reformgeschichtlichen Forschung: AMRhKG 9 (1957), 9—32, hier 23; vgl. für unseren Zusammenhang 22—24, Marienkult Clunys.

20 Deutsch nach W. von den Steinen, Notker der Dichter und seine geistige Welt. Editionsband, Bern 1948, 67.

21 W. von den Steinen, Notker der Dichter und seine geistige Welt. Darstellungsband, Bern 1948, 323.

[22] Vgl. St. Beissel, Geschichte der Verehrung Marias, 310, Anm. 3 (Quellen).
[23] PL 135, 1016 D.
[24] PL 154, 191; zur Person vgl. A. Lesort, Bérenger, évêque de Verdun-Surmeuse: DHGE VIII, 409f.
[25] PL 137, 107f; zur Person vgl. A. Schmitt, Ethelwold: LThK² III, 1120f.
[26] Vgl. K. Hallinger, Neue Fragen, 23, Anm. 68 (Quelle).
[27] Ebd., 23.
[28] De horis canonicis, cap. X, PL 145, 230. Vgl. auch den respektvollen Hinweis seines Biographen Johannes von Lodi, Vita S. Petri Damiani, cap. XV., PL 144, 132.
[29] Vgl. A. Häußling, Officium parvum B.M.V.: LThK² VII, 1119.
[30] So eine Synode von Clermont, vgl. C.J. Hefele, Konziliengeschichte V, Freiburg ²1886, 232; ähnlich auch eine Synode von Split (1185), ebd., 729.
[31] M. Steinheimer, Antiphonen: LMK I, 276—282.
[32] F. Karlinger, Hermann der Lahme: LThK² V, 250. W. Irtenkauf, Salve Regina: LThK² IX, 281—282.
[33] A. Hollaardt, Salve Regina: LitWo, 2501—2503 (Lit.).
[34] Vgl. K. Hallinger, a.a.O., 23.
[35] PL 189, 1048.
[36] L. Jäger, Dominikaner: LMK I, 1404—1408, hier 1405.
[37] A. Hollaardt, Maria-antifoon: LitWo, 1660—1662.
[38] St. Beissel, Geschichte der, Verehrung Marias, 307.
[39] O. Stegmüller, Aelred v. Rieval: LMK I, 55.
[40] PL 195, 324.
[41] O. Stegmüller, Adam de Perseigne: LMK I, 37f.
[42] PL 211, 744.
[43] Ebd., 739.
[44] Vgl. die einschlägigen Abschnitte bei G. Söll, Mariologie (HDG III/4), Freiburg-Basel-Wien 1978.
[45] E. Chiettini, Bonaventura: LMK I, 862f, hier 862.
[46] H. M. Köster, Die Frau, die Christi Mutter war. 1.Teil: Das Zeugnis des Glaubens, Aschaffenburg ²1963, 131.
[47] K. J. Klinkhammer, Adolf von Essen und seine Werke. Der Rosenkranz in der geschichtlichen Situation seiner Entstehung und in seinem bleibenden Anliegen (FTS 13), Frankfurt a.M. 1972. R. Scherschel, Der Rosenkranz — das Jesusgebet des Westens (FThSt 116), Freiburg-Basel-Wien 1979. Vgl. dazu W. Baier, Der Rosenkranz — das Jesusgebet des Westens. Zum gleichnamigen Buch von Rainer Scherschel: GuL 53 (1980), 150—154. A. Heinz, Die Zisterzienser und die Anfänge des Rosenkranzes. Das bisher unveröffentlichte älteste Zeugnis für den Leben-Jesu-Rosenkranz in einem Zisterzienserinnengebetbuch aus St.Thomas a.d. Kyll (um 1300): ACi 33 (1977), 262—309.
[48] R. Scherschel, a.a.O., 56ff.
[49] Ebd., 61f.
[50] W. Baier, a.a.O., 151.
[51] A. Wilmart, Les méditations d'Etienne de Salley sur les Joies de la Vierge Marie: RAM 10 (1929), 368—415.
[52] W. Baier, a.a.O., 151.
[53] A. Heinz, a.a.O., 282ff.
[54] Ebd., 308.
[55] Sermones in laudibus virginis Mariae. Homilia IV, Opera (ed. J. Leclercq / H. Rochais) IV, 46.
[56] Vgl. A. Schneider, Die Geistigkeit der Cistercienser: Die Cistercienser. Geschichte — Geist — Kunst, hrsg. v. A. Schneider u.a., Köln ²1977, 118ff, bes. 122f.
[57] Vgl. A. Heinz, a.a.O., 307.
[58] K. J. Klinkhammer, a.a.O., bes. 38ff.
[59] Ediert v. K. J. Klinkhammer, a.a.O., 131ff.
[60] R. Scherschel, a.a.O., bes. 118ff. Ferner W. Baier, a.a.O., 150—154.
[61] R. Scherschel, a.a.O., 147.
[62] Reichhaltiges Quellenmaterial bietet K. J. Klinkhammer, a.a.O., 260ff. Vgl. ebd. 269: »In Tegernsee wurde die Form des Rosenkranzbetens auch häufig benutzt zur betenden Vertiefung des theologischen Studiums.«
[63] Ebd., 271ff.

64 Vgl. A. Bigelmaier, Oekolampadius im Kloster Altomünster: C. Baeumker u.a. (Hrsg.), Beiträge zur Geschichte der Renaissance und Reformation. FS Joseph Schlecht, München u. Freising 1917, 14—44.

65 De laudando in Maria Deo, Augsburg 1521; benutzt wurde ein 1521 in Basel erschienener Nachdruck.

66 R. Bäumer, Lambert, Franz: LThK² VI, 759.

67 In divi Lucae Evangelium commentarii, Nürnberg 1524, zu Lk 1, Ave gratiosa, Dominus tecum. (Ohne Seitenangabe.)

68 O. Stegmüller, Canisius, Petrus: LMK I, 1052—1054.

69 Ebd., 1052.

70 De Maria virgine incomparabili et Dei Genitrice sacrosancta libri quinque, Ingolstadt 1577 (Summa aurea VIII, Paris 1862, 613—1450 u. IX, 9—408).

71 L. Paulussen, Marianische Kongregation: LThK² VII, 50f; P. Sträter, Die Marianische Kongregation: ds. (Hrsg.), Katholische Marienkunde III, Paderborn 1951, 247—293.

72 Papst Pius XII., Constitutio apostolica Bis saeculari: AAS 40 (1948), 393—402, hier 399.

73 L. Paulussen, a.a.O., 50.

74 AAS 40 (1948), 401.

75 Vgl. bes. H. M. Köster, Die Mutter Jesu bei Vinzenz Pallotti nach seinen gedruckten Schriften (GWW 2), Limburg 1964 (Lit.). A. P. Walkenbach, Der unendliche Gott und das »Nichts und Sünde«. Die Spiritualität Vinzenz Pallottis nach seinen Tagebuchaufzeichnungen, Limburg 1953, bes. 262—275.

76 Propositi ed aspirationi de Ven. Servo di Dio Vincenzo Pallotti, Rom 1922, 124.

77 A. Walkenbach, a.a.O., 265.

78 Pia Società dell' Apostolato Cattolico fondata et esposta dal Ven. Vincenzo Pallotti, hrsg. v. Joh. Hettenkofer, Rom 1924, 10,10.

79 Gebet zu Maria, der Königin der Apostel, als Übersetzung abgedruckt bei H. M. Köster, Die Mutter Jesu, 158.

80 Vgl. H. M. Köster, Schönstatt-Werk: LThK² IX, 457f.

81 Zu den weiteren Kennzeichen vgl. F. Kastner, Die Marienverehrung Schönstatts: P. Sträter (Hrsg.), Handbuch der Marienkunde III, Paderborn 1951, 294—322. Ders., Unter dem Schutze Mariens, Paderborn ³1940. R. Brinkenmaier, Schönstattbewegung: LS 25 (1974), 99—101.

82 W. Hagemann, Vielfalt in der Einheit. Zur Spiritualität der Fokolare: GuL 52 (1979), 218—227.

83 Ebd., 220. Vgl. auch J. Sauer, Focolarini: LThK² IV, 188f.

84 Vgl. H. M. Köster, Mariologie und Theologie heute: EphMar 20 (1970), 105—126.

85 Vgl. die Offizielle Gesamtausgabe I.: Gemeinsame Synode der Bistümer der Bundesrepublik Deutschland, Freiburg-Basel-Wien ²1976. Im Sachverzeichnis sucht man vergeblich nach dem Stichwort Maria.

86 Vgl. J. Ratzinger, Erwägungen zur Stellung von Mariologie und Marienfrömmigkeit im Ganzen von Glaube und Theologie: Maria, die Mutter des Herrn (Die Deutschen Bischöfe 18), hrsg. v. Sekretariat der Deutschen Bischofskonferenz, Bonn 1979, 13—27, hier 14ff. Vgl. dazu F. Courth, Die deutschen Bischöfe zur marianischen Frage. Maria, die Mutter des Herrn: Mar. 42 (1980), 311—318.

Kardinal Ernesto Corripio-Ahumada

Die Botschaft von Guadalupe

I. Einführung

Die universale Bedeutung der Botschaft von Guadalupe besteht ohne Zweifel darin, daß sie grundlegende christliche Werte beinhaltet. So kann jedes Volk in ihr — unberücksichtigt der ihr eigenen Atmosphäre und Sprache — die zentrale Wahrheit der Frohen Botschaft entdecken, d.h. die Liebe des Vaters zum Menschen.

Aber die Ausdrucksweise der Botschaft von Guadalupe ist so charakteristisch für ihre Zeit und ihren Ort, daß es schwer ist, ihren ganzen Reichtum zu begreifen, und zwar nicht nur für die Nicht-mexikaner, die die Mentalität und Kultur der alten Bewohner von Mexiko nicht kennen, sondern auch für die jetzigen Mexikaner, da es sich um ein Ereignis handelt, das vor vierhundertfünfzig Jahren stattfand. Wir begehen jetzt gerade die Feierlichkeiten, die an viereinhalb Jahrhunderte Geschichte von Guadalupe erinnern sollen.

Bevor wir die Gestalt der Mutter Gottes von Guadalupe betrachten sowie ihre Bedeutung für Mexiko und eigentlich für jedes Volk, das der Mutter Gottes mit tiefer Andacht begegnen möchte, ist es notwendig, einen kurzen Überblick über die Lebensweise der Eingeborenen vor der spanischen Eroberung, über die Eroberung selbst und über die Lage der Indianer nach der Eroberung zu geben. Einer Welt, die, zusammen mit dem Blut der Eroberer, Ursprung für das Mischvolk sein sollte, das heutzutage Mexiko ausmacht.

II. Die Erscheinungen Mariens in ihrem historisch-geistigen Zusammenhang

1. Glaubensansichten der Eingeborenen.

Das »Mexica-Volk«, bekannter als Azteken, war das letzte Volk, das bis zum Anáhuac-Tal (zentrales Gebiet der mexikanischen Hochebene) gelangt war. So wurde es zum Erben der Überlieferung und Traditionen der vorangegangenen Völker.

Unter den verschiedenen Mythen, die als grundlegend für die religiöse Gedankenwelt der Azteken gelten dürfen, finden wir zwei, die eine Erklärung für viele Elemente in bezug auf die Eroberung und auf die Bedeutung des Bildes von Guadalupe in der Geschichte Mexikos liefern: Der Mythos von Quetzalcoátl und die Geburt von Huitzilopochtli.

a) Der Mythos von Quetzalcoátl.

Die Zeit war in Perioden von zweiundfünfzig Jahren eingeteilt. Gegen Ende jeder dieser Zeitperiode mußte der Mensch mit einem welterschütternden Ereignis rechnen, das die ganze Welt zerstören würde, oder aber mit dem Anfang einer neuen Zeitperiode.

Am Ende einer dieser Perioden starben alle Menschen. Tezcatlipoca, der schwarze Gott mit dem rauchenden Spiegel, hat diesen Umstand ausgenutzt, um alle menschliichen Gebeine in Mictlán, einem tiefen Ort, einzuschließen. Quetzalcoátl gelang es trotzdem, einige menschliche Gebeine hinterlistig zu stehlen, um ihnen mit seinem Blut neues Leben zu schenken. Die Menschen bevölkerten noch einmal die Erde voll Freude und Dankbarkeit zu Quetzalcoátl. Tezcatlipoca verzieh dies nicht und er wartete nun auf eine günstige Gelegenheit, sich zu rächen. Durch Betrug überzeugte er Quetzalcoátl, ein magisches Getränk zu sich zu nehmen und erreichte damit, daß er nach Osten zog, woher er gekommen war. Quetzalcoátl verließ also die Menschen, mit denen er bis dahin zusammengelebt hatte, und ging nach Tlapallan, dem Ort der prächtigen Farben. Nach langer Zeit dort angekommen, verbrannte er sich selbst. Als er brannte, kamen alle Vögel mit prächtigen Farben, der Makai (Papagei), der Quetzal, der blaue Vogel, der schimmernde Vogel und andere Vögel mit feinem Gefieder. Als das Feuer verloschen war, ging daraus das Herz von Quetzalcoátl hervor und stieg bis zum Himmel empor. Dort wurde es zum Morgenstern. Der Tod von Quetzalcoátl ereignete sich im Jahre »1-caña«. Er hatte versprochen, in einem anderen, neuen »1-caña« zurückzukommen.

b) Die Geburt von Huitzilopochtli.

Coatlicue, die einen Rock aus Schlangen trug, war sowohl die Mutter von den 400 »surianos« (d.h. Sterne) wie auch die Mutter des Mondes, Coyolxauqui. Sie fegte gerade, als eine Feder aus feinem Gefieder herunterfiel. Sie hob sie auf und bewahrte sie in ihrer Brust. Als sie fertig gekehrt hatte, suchte sie die Feder, aber sie fand sie nicht. In diesem Augenblick wurde sie schwanger. Als die Sterne dies merkten, wurden sie zornig und teilten alles dem Mond mit, der gegen seine ehebrecherische Mutter wütete, da der Sohn, den sie in ihrem Schoß trug, nicht von dem Himmel gezeugt worden war wie der Mond. Keiner wußte, welchen Ursprung dieser neue Sohn hatte. Der Mond und die Sterne entschlossen sich, ihre Mutter zu töten. Coatlicue wurde ängstlich und traurig. Aber ihr Sohn Huitzilopochtli in ihrem Schoß gab ihr Zuversicht. Er sagte: »Fürchte dich nicht, denn ich weiß, was ich zu tun habe.« Coatlicue beruhigte sich. Als der Mond und die Sterne sich näherten und ihr Vorhaben in die Tat umsetzen wollten, wurde Huitzilopochtli geboren, der in Kriegerausrüstung gegen Coyolxauqui kämpfte und ihn in Stücke schlug; das gleiche tat er mit den Sternen: nur einige wenige konnten fliehen und zwar nach Süden, deswegen werden sie »surianas« genannt. (Süden = sur)

Die Geburt von Huitzilopochtli wurde als eine wunderbare Geburt betrachtet: da er von seiner Mutter empfangen wurde, als eine feine Feder in ihren Schoß fiel. Er hatte also keinen Vater. Die Azteken, das Volk der Sonne, wurden damit beauftragt, jeden Abend vor Huitzilopochtli Blutopfer zu bringen. Das Blut war diese wunderbare Flüssigkeit, die ihm half weiter zu leben und jeden Tag gegen den Mond und die Sterne — Herrscher der Nacht — siegreich zu kämpfen: so konnten sie nicht mit ihrer nächtlichen Dunkelheit und Kälte nach dem Leben von Coatlicue, seiner Mutter, der Erde, trachten.

2. Die Eroberung Mexikos.

Es war das »1-caña« Jahr. Pünktlich, wie er versprochen hatte, kam Quetzalcoátl von Osten her in sein Land zurück. Jedoch, es war nicht Quetzalcoátl, sondern Hernán Cortés mit einer Handvoll Soldaten, die im Namen Gottes und des spanischen Königs, die gerade entdeckten Länder, für Spanien zu erobern suchten. Von Zweifeln geplagt, da sie einerseits ihrem Glauben treu bleiben wollten, andererseits ein gewisses Mißtrauen gegen die Eroberer empfanden, haben die Azteken am Ende doch versucht, sich gegen die Spanier zu verteidigen. Jedoch ohne Erfolg; die Spanier waren durch ihren Glauben und durch das Streben nach persönlichem Profit angespornt. Sie zählten auch auf die Hilfe der Bewohner des demokratischen Stadt-Staates »tlaxcalteca«, die die Azteken haßten, weil sie immer von ihnen bekriegt wurden, um Menschen zu fangen, die sie als Menschenopfer dem Huitzilopochtli darbrachten. (Diese Kriege wurden »Guerras Floridas« genannt.)

Außerdem rechneten die Spanier mit der Einfachheit und Naivität der Eingeborenen und ihrer Kriegsführung: ihr Kampf war mehr ein Ritus als ein Krieg. Zum Schluß jedoch vergaßen die Azteken das Rituelle und kämpften mit Mut und Einsatz: aber es war schon zu spät.

Ihre Götter wurden durch fremde Götter besiegt, ihre Mystik — die Mystik des Volkes der Sonne — wurde zerstört, ihr Land wurde ihnen weggenommen. Sie wurden als Unwissende angesehen, da sie die Sprache des Siegers nicht beherrschten (die sie weder verstehen noch sprechen konnten). Ihre Würde schwand. Sie verloren den Sinn ihres Lebens, und es blieb ihnen nichts anderes übrig, als sich auf die Erde zu legen, und auf ihre Zerstörung zu warten. Das sehr bekannte Bild eines Indianers, der, mit einem großen Hut bedeckt, im Schatten eines Kaktusses sitzt, ist nicht — wie man öfter behauptet hat — das Bild eines müßigen Menschen, sondern das Bild eines Menschen, für den das Leben keinen Sinn mehr hat: er ist ein Niemand in seinem eigenen Land geworden. Er besitzt nichts mehr.

3. Die Bedeutung des Bildes der Mutter Gottes.

Nach der Zerstörung der Stadt Mexiko-Tenochtitlán, Symbol der Größe des aztektischen Volkes, und nach der Zerstreuung des Volkes in kleine unbedeutende Dörfer, blieb diesem besiegten Volk nur noch das Warten auf den Tod.

Einer der Indianer, der sich abmühte, trotz so vielen unglücklichen Umständen weiterzuleben, hatte eine Vision. Er selbst konnte es kaum glauben: er dachte, er würde träumen. Er fühlte sich unwürdig, das zu erleben, was er erlebte. Vor seinen Augen stand eine Frau mit indianischen Zügen, deren Umhang jadefarben und mit Sternen bedeckt war. Es war so, wie sich die Indianer den Himmel vorstellten: gestützt auf den Mond, glänzend wie die Sonne und mit einem Sohn in ihrem Schoß. Sie sprach in seiner Sprache und sagte ihm, daß sie die Mutter des Gottes sei, durch den man lebt, aber auch seine

Mutter sein wollte. Noch mehr: sie wollte die Mutter aller derer sein, die hier in diesem Land lebten und aller, die an ihre Liebe glauben wollten.

Nur Juan Diego persönlich hätte uns alle seine Gedanken beschreiben können, als er diese Erscheinung vor sich sah und als deren Bild sich für immer auf seinem Bauernmantel abbildete. Nun, wenn wir an die oben beschriebenen Mythen denken, können wir uns vielleicht vorstellen, welch große Bedeutung die Erscheinung für Juan Diego hatte. Sein alter Glaube war überwunden; aber auf irgendeine Weise verwirklichte sich jetzt das Ideal, wofür das Volk der Sonne gelebt hatte. Denn sie lebten, um die Sonne in ihrem ständigen Kampf gegen den Mond und die Sterne zu unterstützen, jetzt aber, in dem Bilde, war der kosmische Frieden zwischen Sonne, Mond und Sternen erreicht, der die Gestalt der Frau umfing, die die Mutter des Gottes, durch den man lebt, war.

Die alte Tonantzin, Coatlicue, war nicht stark genug gewesen, um ihr Volk zu verteidigen; dieses wurde infolgedessen zerstört. Aber aus dem Rest dieses Volkes wird Maria, die neue Tonantzin (was in der Sprache der Indianer verehrte Mutter oder kleine Mutter bedeutet) ein neues Volk mit einer neuen Hoffnung hervorrufen. Also im »1 caña«-Jahr war nicht Quetzalcoátl gekommen, sondern Hernán Cortés, der Zerstörung und Verwüstung anstatt Leben und Wohlstand brachte; oder vielleicht war das Leben, das in dem Jahr kommen sollte, doch das Leben, das man durch den Glauben an Christus erlangen konnte. Dieser Christus, den Maria verkündete, indem sie ihn in ihrem Schoß brachte, wie die göttliche Gabe, wovon die Azteken in dem Mythos der Rückkehr von Quetzalcoátl eine Vorahnung hatten.

Das aztekische Volk fühlte sich in Schuld gegenüber Quetzalcoátl, da durch ihn die Menschen die Gelegenheit bekommen hatten, noch einmal zu leben. Nach Huitzilopochtli hatten sie eine Beziehung der gegenseitigen Abhängigkeit, denn sie bekamen zwar das Leben von der Sonne, aber sie mußten sie in der Dämmerung ernähren, damit sie die Nacht besiegen und am Tag darauf, nach ihrer Geburt, den Menschen wieder Leben spenden konnte. Von hier läßt sich das Bewußtsein der Azteken ableiten, das Volk der Sonne zu sein: sie mußten jeden Tag die Sonne am Leben erhalten durch das Opfer einiger Menschen, von denen sie Blut und Herz darbrachten.

III. Die Botschaft von Guadalupe

Das älteste bis jetzt bekannte Schreiben, das die Erscheinungen unserer Lieben Frau von Guadalupe erzählt, ist in der Náhuatl-Sprache geschrieben und unter dem Namen »Nican Mopohua« bekannt, deren Bedeutung »Hier wird erzählt« ist.

Der Autor ist Antonio Valeriano, von reinem indianischen Blut, ein Nachfahre von Adligen, der in der Schule »Colegio de Santa Cruz« in Tlatelolco erzogen wurde. Die Sprache spiegelt die für die Indianer typische Sensibilität und Höflichkeit wieder, die Ende des 16. Jahrhunderts noch lebendig war und die heute noch, auf irgendwelche Weise zu finden sind. Es ist nicht schwer, die Höflichkeit und das Feingefühl in den Zwiegesprächen zwischen Maria und Juan Diego zu entdecken, die der Mexikaner heute noch beibehält.

1. Pastoraler Blickpunkt.

Wenn die Seelsorge, als praktische Haltung in dem Satz »Ich kenne meine Schafe und meine Schafe kennen mich« (Joh 10, 15) zusammengefaßt werden kann, kann man die Botschaft von Guadalupe als ein echtes pastorales Dokument betrachten. Sie spiegelt mit Genauigkeit die religiöse Gedankenwelt der Indianer wieder. Sie kennt die konkrete Lage des besiegten Volkes. Die Sprache, die Bilder und große Zahl von Figuren, die die Gefühlswelt der alten Mexikaner ausdrücken, sind ihr vertraut, sowie die besondere Beziehung der Indianer zur Frau und Mutter. Dazu findet man in diesem Dokument die neue Sensibilität, die die christlichen Werte in den gerade Konvertierten hervorrief.

A. Anpassung an die Menschen.

Es fällt sofort auf, daß man den Menschen, von dem die Rede ist, kennt und auch die anderen Menschen, an welche die Botschaft gerichtet wird. Es ist weder eine abstrakte Lehre, noch eine vage Sprache. Es ist vielmehr eine klare und deutliche Idee, die auf die damalige Not eine Antwort gab und die in einer Sprache ausgedrückt wurde, die von allen sofort verstanden werden konnte.

a) Die Morgenröte, der Orient, die Sonne.

Die Erzählung beginnt mit dem Hinweis darauf, daß Juan Diego an dem Hügel von Tepayac bei Tagesanbruch ankam. Diese Präzisierung ist für die Mentalität der Eingeborenen wichtig, denn jeder Tagesanbruch war, wie schon gesagt, durch den Morgenstern erleuchtet, d.h. durch das Herz des Quetzalcoátl, die Kunde eines neuen Lebenstages.

So ist Maria — wie eine konkrete Antwort auf die Ungewißheit, in der das indianische Volk nach der Niederlage lebte — erschienen und zwar bei Tagesanbruch, wie der Morgenstern, eine neue Etappe des Lebens verkündend; ein Leben, das nicht von der Sonne mitgeteilt werden würde, sondern durch die wirkliche Sonne: Jesus Christus. Später fährt die Erzählung mit dem Hinweis fort, daß Juan Diego in Richtung Orient schaute, denn von dort aus kamen die himmlischen Gesänge. Damit wird klar ausgedrückt, daß der Mensch — durch Juan Diego vertreten — eine neue göttliche Botschaft mitgeteilt bekommen sollte. Eine solche Botschaft sollte aus dem Orient kommen, die Kardinalrichtung, woher auch die Sonne kam: das war für das Volk der Sonne von großer Bedeutung. Von dort kam damals Quetzalcoátl, dorthin kehrte er zurück, um dort zu sterben. Sie erwarteten, daß er aus dem Orient kommen würde, als sie Quetzalcoátl mit Hernán Cortés verwechselt hatten. Quetzalcoátl würde nie mehr kommen, aber eine neue Hoffnung bahnte sich einen Weg in dem besiegten Volk. Diese Hoffnung konnte sich auf das Angebot Mariens stützen.

Die Gestalt, die Juan Diego anschaute, war die einer stehenden Frau, die eine übernatürliche Größe zeigte, ihr Kleid war glänzend wie die Sonne. Juan Diego, der aus dem Volk der Sonne stammte, ihm, dem alles weggenommen worden war, ihm, der nicht einmal menschliche Würde besaß, der die Niederlage seines letzten Königs Cuauhtémoc (was soviel wie herabsteigender Adler, Symbol der sterbenden Sonne bedeutet) erlebt hatte, gerade ihm wurde ein liebevolles Angebot gemacht von einer Frau, die größer als die Sonne war, da sie mit dem Licht der Sonne bekleidet war. Wie bedeutend war diese Einzelheit für eine echte religiöse Mentalität, die den neuen Glauben als die Überhöhung seines früheren Glaubens, nicht als seine Zerstörung sehen sollte!

b) Die Vögel. Die Gesänge. Die Blumen.

Das aztekische Volk, das in direktem Kontakt mit der Natur, in einer Landschaft mit unzähligen Blumen und Vögeln von prächtigem Gefieder und schönen Gesängen lebte, stellte alles Große und Göttliche durch solche Symbole dar.

Also gab es nichts Angemesseneres, um den himmlischen Ursprung der Erscheinung verständlich zu machen, als die Gegenwart von wunderschönen Vögeln, deren Gesänge durch das Echo der Berge beantwortet wurden. Quetzalcoátl und Huitzilopochtli — beiden tragen Vogelnamen (Quetzal und Kolibri), waren bei der Erscheinung der Frau so irgendwie gegenwärtig.

Um die Wahrheit dieser Erscheinung zu beweisen, befiehlt Maria Juan Diego, den Hügel hinaufzusteigen und verschiedene Blumen zu pflücken. Juan Diego bietet sie ihr an. Maria nimmt sie in ihre Hand und gibt sie Juan Diego zurück, damit er sie dem Bischof als Zeichen der Wahrheit seiner Worte bringen konnte.

Für die alten Mexikaner waren vielleicht die »Blumen und die Gesänge« die einzige Form, hier auf Erden die Wahrheit zum Ausdruck zu bringen, das einzige, was ihre Sehnsucht erfüllte, indem sie in sich selbst die geheimnisvolle Wurzel einpflanzten, die Tod und Wechselhaftigkeit überwindet.

Um die Wahrheit der Erscheinung und ihrer Botschaft zu bekräftigen, waren die Gesänge und die Blumen notwendig.

c) Der Hügel.

Innerhalb der mexikanischen Kultur und der mexikanischen Kunst hat die Darstellung des Hügels oder der Pyramide einen wichtigen Platz. Es handelt sich um ein Bild, das die Welt darstellen soll. Man baut eine Pyramide von Grund auf, in die Mitte werden ungebrannte Ziegelsteine gelegt. Man verkleidet sie mit Stein und grobem Mörtel, der später mit intensiven Farben bemalt wird. Auf der Spitze der Pyramide befindet sich ein kleiner Bau, der die »Teo calli« oder das Haus Gottes ist. Manchmal hatte auch, aus verschiedenen Gründen, ein natürlicher Berg einen heiligen Charakter und diente dazu, dem Menschen zu erlauben, der Gott näherzukommen. Der Gott lebte nämlich in der Höhe in irgendeiner Grotte. Manchmal baute man eine kleine Pyramide auf einen Berg.

Juan Diego geht an dem Berg Tepeyac vorbei, an dessen Wand sich eine Anbetungsstätte der Mutter Erde befand (die Mutter Erde wurde liebevoll Tonatzin, d.h. Mütterchen genannt). Von der Höhe des Berges hörte er Gesänge und Stimmen, die ihn riefen. Als er den Gipfel erreichte, fand er die himmlische Frau vor sich. Später, als Juan Diego das Treffen mit der Erscheinung auf dem Berg vermeiden wollte, kam sie zu ihm hinunter. Schließlich, als er die Blumen pflücken sollte, die als Zeichen der göttlichen Wahrheit gelten mußten, waren die Blumen auch auf dem Gipfel des Berges zu finden, und dorthin mußte Juan Diego gehen.

Wie in der Heiligen Schrift, findet der Mensch in der Erzählung von Guadalupe die göttliche Wahrheit erst, nachdem er die Mühe auf sich genommen hat, bis zum Gipfel des Berges zu steigen.

d) Die Sprache.

Die oben erwähnten Symbole sind von höchster Bedeutung für die Art und Weise, mit der Gott diesen Menschen aus Mexiko seine Botschaft und seine Liebe gezeigt hat; und zwar durch die Mutter Gottes von Guadalupe brachte.

Aber die Sprache des Dialogs zwischen Maria und Juan Diego erreicht die Grenze des Möglichen; menschlich gesprochen kann man nicht mehr Zärtlichkeit, Feingefühl und Respekt vor der Art und Weise eines Volkes zeigen.

Die alten Mexikaner, teilweise auch die heutigen, haben eine starke orientalische Prägung, die manchmal diejenigen verblüffen kann, denen nichts darüber bekannt ist. Die Reden sind lang und von ständigen Wiederholungen gekennzeichnet. Man grüßt und man verabschiedet sich mehrere Male. Man bietet Haus und alles, was man hat, an, und man spricht so, als ob alles dem Besucher gehören würde. Man gebraucht Verkleinerungsformen, um Herzlichkeit und Familiarität anzudeuten. Derjenige, der spricht, demütigt sich, um die Bedeutung des Gesprächspartners zu unterstreichen. Diese Verhaltensweise übersteigt den Verlauf eines normalen Gesprächs und begünstigt ein vertrauensvolles Gespräch zwischen Maria und Juan Diego. Sie unterhalten sich wie zwei Eingeborene. Es scheint so, als ob nicht nur Juan Diego ein Indianer wäre, sondern auch Maria. Was für ein Beispiel für so viele Seelsorger, die nicht fähig sind, die Sprache des Volkes zu sprechen, das sie betreuen!

Maria nennt Juan Diego »Juanito, Juan Dieguito, mein kleinster Sohn«. Juan Diego nennt Maria: »Meine Frau und mein Kind, die kleinste meiner Töchter.« Und bei anderer Gelegenheit fragt er sie: »Bist Du gut aufgewacht? Ist Deine Gesundheit gut?« Es ist ein Gespräch zwischen Eingeborenen, das von denjenigen, die in diese Mentalität keinen tieferen Einblick gewonnen haben, nicht verstanden werden kann. Diese Mentalität, die mit Feinheit und Feingefühl erfüllt ist, steht die der orientalischen Welt näher als die der westlichen Welt.

e) Die Bezeichnung Mariens.

Als Moses sich vor den Israeliten als Gesandter des Gottes seiner Eltern vorstellen sollte, fragte er Gott, wie er antworten solle, wenn sie nach seinen Namen fragen. Und Gott antwortete:

»So sollst Du zu den Israeliten sprechen: Der ‚Ich bin' hat mich zu euch geschickt« (Ex 3,13—14). Israel, das zwischen heidnischen Völkern lebte, mußte den Namen des wahren Gottes kennenlernen. Als Maria vor Juan Diego erschien, sollte sie auch einen Namen nennen, um von vorneherein zu verdeutlichen, wer sie war, und was sie anbieten konnte: Ich bin die immerwährende Jungfrau Maria, Mutter des wahren Gottes, durch den man lebt.

Juan Diego hat dies sofort verstanden; einerseits, weil er schon in der christlichen Lehre Unterweisungen bekommen hatte, andererseits, weil der Name, den Maria gebraucht hatte, ganz der aztekischen Mentalität entsprach.

Der Begriff »Jungfrau-Mutter« war bei den Azteken gut bekannt, da Cuatlicue, die Mutter Erde, Huitzilopochtli ohne Mitwirkung eines Mannes empfangen hatte, und dies deutete auf einen Ursprung, hin der göttlicher war als der der anderen Götter.

Der Begriff »der Gott, durch den man lebt« war einer der tiefsten Gedanken der Náhuatl-Theologie, denn er entsprach der Idee eines Gottes, in dem alle anderen Götter ihre Berechtigungsexistenz fanden. Die Götter waren nur konkrete Äußerungen des einen Gottes. Dieser Gott, der wahre und einzige Gott, wurde »Herr der Dualität (Ometecutli), »Herr der Nähe« (Tloquenahuaque), »Derjenige, durch den man lebt« (I palnemohuani) genannt.

So wurden alle Zweifel von Juan Diego ausgeräumt: es handelte sich um denselben Gott, denjenigen, den er vom Hörensagen in der aztekischen Religion kannte, um denjenigen, den er durch die christliche Unterweisung kennenzulernen begann. Dieser Gott hatte durch die Person der Mutter Jesu gesprochen, die sich gleichzeitig als Mutter seines Volkes gab. Juan Diego, der ein tief religiöser Mensch war, empfand das Sein Gottes mit Innigkeit.

Besonders dadurch, daß Gott sich durch die Gestalt einer Mutter ankündigte, erreichte die Erfahrung Gottes den höchsten Grad der Verwirklichung; da für das aztekische Volk die Mutter einen sehr hohen Stellenwert hatte, wie teilweise heute noch festzustellen ist.

B. Ekklesiologische Bedeutung.

Obwohl das Ereignis von Guadalupe kaum zehn Jahre nach der Eroberung stattfand und sich infolgedessen die Evangelisierung des Landes in ihren ersten Schritten befand, finden wir in der Erzählung der Erscheinungen verschiedene Hinweise auf ein Aufkommen des Kirchenbewußtseins. Anders ausgedrückt: das Ereignis von Guadalupe fügt sich völlig in den Prozeß der Entstehung der Kirchen im mexikanischen Land ein. Darüber hinaus hat man sogar gesagt, daß die heilige Maria von Guadalupe die erste gewesen ist, die das Evangelium in diesem Land verkündete, denn sie hat die Frohe Botschaft nicht nur einigen wenigen gebracht, sondern dem ganzen Volk.

a) Die Evangelisierung.

Als Maria Juan Diego fragte, wohin er gehe, antwortet er, daß er dorthin gehe, wo er die göttlichen Dinge erklärt bekommt, die Priester ihn lehren. Daraus kann man entnehmen, daß der Prozeß der Evangelisierung in Gang war: die Priester lehrten göttliche Dinge, d.h. sie verkündeten das Evangelium, Juan Diego und andere gingen dorthin, um diese Lehre zu empfangen; wodurch er die Botschaft empfangen und verstehen konnte.

Ein ernstes Problem, mit dem das heutige Mexiko konfrontiert wird, ist das der ungenügenden Verkündigung des Evangeliums, was unter anderem verhindert hat, daß das Volk den ganzen Reichtum der Botschaft von Guadalupe begreifen und danach leben konnte.

b) Die Gemeinschaft.

Das aztekische Volk hatte, wie alle Urvölker, einen starken Sinn für Solidarität, der der Notwendigkeit entsprang, als Volk zu überleben. Aber gerade dieser interne Zusammenhalt und Einheit hatte eine unerträgliche Isolation hervorgerufen, infolge derer alle umliegenden Völker zu Feinden der Azteken geworden war.

Maria bietet ihre Liebe und ihr Mitgefühl allen Bewohnern dieses Landes an; aber sie fügt hinzu »auch allen anderen Verehrern von mir, die mich anrufen und auf mich vertrauen«.

So dehnt sie den Volksbegriff bis zur Gemeinschaft hin aus, zu einer Gemeinschaft, die ihren Ursprung nicht in der Geburt innerhalb eines Ortes oder in der Abstammung aus einem Volk hat, sondern in dem gemeinsamen Glauben, in der gemeinsamen Hoffnung und in dem gemeinsamen Gott.

Nicht Gemeinschaft des Blutes oder der politischen Ziele, sondern einer Gemeinschaft, die allen offensteht, die als Grundlage den einzigen Gott hat, der sich in der Liebe seiner Mutter, die auch unsere Mutter ist, zeigt.

c) Der Tempel.

Mehr als ein geweihter Ort, der im Gegensatz zu anderen gesehen werden muß, ist der Tempel in seiner Konzeption und seinem Bau innerhalb der Architektur eines Volkes das Symbol für die Gegenwart Gottes und für die Nähe zu diesem Gott.

Im Tempel wird Gott gepriesen, angerufen; in ihm empfängt der Mensch, was nur Gott geben kann und was der Mensch braucht, um sich selbst zu verwirklichen.

In diesem Sinne bat Maria um den Bau eines Tempels. Solch ein Tempel wird ein Ort der Versammlung des Volkes werden, insbesondere derjenigen, die nirgendwoanders Mittel für die Linderung ihrer Erbärmlichkeit gefunden haben.

In diesem Tempel wird das Volk zur Gemeinschaft werden, zur Familie, für die Maria sich als »barmherzige Mutter« zeigen wird und dort wird sie »die ganze Liebe, das Mitleid, die Hilfe und den Schutz« gewähren, die sie zu gewähren fähig ist.

Jeder Stein, der für den Bau des Tempels benutzt wird, wird wie ein Akt des Glaubens an das Wort Mariens sein, und wenn schließlich der Tempel fertig ist, wird das Volk ein neues Symbol für die Nähe Gottes besitzen.

d) Der Bischof.

Maria spricht zu Juan Diego, wodurch sie noch einmal die Vorliebe, die Gott für die einfachen Menschen empfindet, zeigt. Dennoch war die Person des Bischofs notwendig, weil die Botschaft von Maria an die ganze Gemeinschaft gerichtet wird, die im Laufe der Zeit Einfluß auf die ganze entstehende Kirche Mexikos ausüben sollte. Maria wählt Juan Diego als ihren Gesandten aus: aber die Gültigkeit der Botschaft mußte noch von dem Bischof bestätigt werden. Juan Diego versteht dies so und nimmt die Unannehmlichkeiten auf sich, die er erfahren sollte, um Gehör für die Botschaft zu finden. Schließlich wird er die Rosen zum Bischof bringen, die ein Zeichen der Wahrheit der Erscheinung sein sollten, und vor dem Bischof wird das Bild Mariens auf der »Tilma« von Juan Diego erscheinen.

e) Das sakramentale Leben.

Die Erzählung von Guadalupe spricht nicht darüber, welche Sakramente Juan Diego schon empfangen hat. Wir erfahren nur, daß, als Maria ihm erschien, er nach Tlatelolco gehen wollte, um dort an göttlichen Kulthandlungen teilzunehmen.

Später, als Juan Diego das Zusammentreffen mit der himmlischen Frau vermeiden wollte und sie ihm begegnete, sagte er ihr, zur Entschuldigung, daß er in Eile sei, weil er einen Priester holen wollte, bei dem sein Onkel die Beichte ablegen könne, und der Hilfe für die Vorbereitung auf den Tod gewähren könne. Es handelte sich um ein Volk, das gerade konvertiert hatte, aber das schon Begeisterung für das sakramentale Leben empfand. Das führte so weit, daß Juan Diego es als wichtiger erachtete, daß sein Onkel die Sakramente empfangen konnte, als daß er die himmlische Frau traf, die er um das Zeichen für den Bischof bitten sollte.

Den Eifer für die Sakramente kann man nicht nur mit der Kenntnis der Lehre des Evangeliums erklären, sondern auch damit, daß in der aztekischen Religion Symbole vorhanden waren, die auf irgendwelche Weise den christlichen Sakramenten ähnelten und die wie »Samen des ewigen Wortes« in dieser Kultur gegenwärtig waren (D.P. 401).

2. Geistiger Inhalt.

Neben den genannten Punkten, die den tiefen pastoralen Sinn der Botschaft von Guadalupe sowohl in ihrer Anpassung an den Menschen als auch in der Darlegung eines gemeinschaftlichen Lebens zeigen, können wir auch andere Punkte finden, die uns helfen, den geistlichen Inhalt jener Botschaft zu durchdringen.

Wenn man nämlich unter Andacht eine Haltung der Bewunderung, des Respektes und der Liebe versteht, die sich durch den Wunsch zeigt, die bewunderte Person nachzuahmen, denke ich in aller Aufrichtigkeit, daß, lernt man die Geschichte von Guadalupe besser kennen, hierdurch eine stärkere Andacht zu unserer Lieben Frau von Guadalupe und zu den anderen Personen der Erzählung hervorgerufen und gefördert werden kann.

a) Die zärtliche Liebe Mariens.

Maria ist in allen Aspekten und in jeder Szene des Evangeliums bewundernswert. Aber die Zärtlichkeit, die sie in der Botschaft von Guadalupe zeigt, ist so überwältigend, daß jeder, der diese Botschaft mit genügenden Vorkenntnissen und mit der Bereitschaft liest, diese einzigartige Erfahrung zu erleben, tief bewegt wird.

Man braucht nur die Anekdote von Papst Benedictus XIV. zu erzählen, der, als er die Geschichte von Guadalupe hörte, ausrief: »Non fecit taliter omni nationi« (»Mit keiner anderen Nation hat sie so etwas gemacht«, Psalm 147,20).

Und wenn Maria das mütterliche Zeichen der Liebe Gottes ist, nach der Muttergestalt, die Jesaias voraussagte, die Mutter Jesu, so wird sie sich den Eigenarten jedes Volkes anpassen. Und da das aztekische Volk äußerst sensibel war, hat Maria ihre Zärtlichkeit in außergewöhnlicher Weise zum Ausdruck gebracht. Sie sprach in Nahúatl, seiner Sprache. Sie benutzte die typischen Verkleinerungsformen und sie gab ihm die Bezeichnung des »jüngsten Sohnes«; denn gerade das Kleinste wird mit Liebe umsorgt.

Als sie um den Tempel bat, bot sie auch ihre ganze Liebe, ihr Mitgefühl, ihre Hilfe und ihren Schutz an: sie versprach, seine Klagerufe zu hören und seine Erbärmlichkeiten zu lindern. In der Tat, wieviel Liebe brauchte dieses

Volk, dessen Besitz, dessen Würde und sogar Glaubensüberzeugungen zerstört worden waren. Maria bittet darum, daß man auf sie vertraut, daß man sie als Mutter anrufen sollte. Sie verlangt nichts Außergewöhnliches, sie bittet nicht um Opfer. Sie droht nicht. Sie zeigt nur Liebe und den Wunsch, den Indianer unter ihren Schutz nehmen zu dürfen.

Auf die Demut von Juan Diego reagiert Maria wie eine echte Mutter: sie besteht darauf, daß er der auserwählte Gesandte ist, und flößt ihm Vertrauen ein. Als Juan Diego das Zusammentreffen mit Maria vermeiden möchte, weil er einen Priester holen will, um seinem kranken Onkel Beistand zu leisten, begegnet ihm Maria absichtlich und sagt ihm, ohne ihm Vorwürfe zu machen, schlicht und einfach: »Mein Sohn, der jüngste, wohin gehst Du?« Nachdem Juan Diego erklärt hat, warum er dem Treffen mit ihr ausweichen wolle, öffnet ihm Maria ihr Herz: »Es gibt nichts, was dich beängstigen und betrüben soll. Bin ich denn nicht bei Dir, ich, Deine Mutter? Bist Du nicht unter meinem Schutz und Schirm? Bist Du nicht in meinem Schoß? Was brauchst Du noch?«

Die ganze Kraft der Gestalt, die Jesaias schildert, findet hier ihren Ausdruck (Jes 49,15). Und wenn Maria, die Mutter Jesu, ein Volk so anspricht, kann dieses Volk die göttliche Liebe noch anzweifeln? Das ist der Grund, warum das Volk Mexikos bis auf den heutigen Tag, die Basilika von Guadalupe als sein eigenes Haus empfindet. Dort begegnet das Volk seiner Mutter. Dort kann es weinen und kann sein Herz ausschütten. Dort wird es getröstet und von dort kommt es mit neuen Hoffnungen heraus. Und wenn es noch dazu dort Jesus durch die Predigt des Priesters und den Empfang der Sakramente begegnen kann, dann ist seine Freude vollkommen.

Die Verpflichtung, die die Basilika von Guadalupe in bezug auf das mexikanische Volk übernommen hat, ist nicht gerade klein, denn dort soll das Volk die Zärtlichkeit Mariens wiedergespiegelt sehen, die den Sohn aufnimmt, ihm zuhört, ihm Verständnis entgegenbringt, ihn ermuntert, die Schwierigkeiten auf sich zu nehmen und daran zu wachsen, und ihn befähigt, sein Schicksal zu meistern.

b) Die Güte und Klugheit des Bischofs.

Die Kirche, so wie Maria, soll ein Zeichen der Gegenwart Gottes unter den Menschen sein. Das Antlitz der Kirche, soll Liebe und Verständnis zeigen, sowohl in ihren Gliedern als auch in ihren Institutionen.

Der Bischof der Erzählung von Guadalupe, Fray Juan de Zumárraga, hat sich durch seine Liebe zu den Indianern so ausgezeichnet, daß er vom König von Spanien den Titel »Beschützer der Indianer« bekam. Nach dem Zeugnis von Juan Diego selbst, empfing der Bischof ihn gütig, so wie ein Vater seinen Sohn empfangen soll. Außerdem hörte er ihm »aufmerksam« zu; eine Haltung, die nicht so selbstverständlich ist, da Juan Diego keine besondere Bildung besaß. Die Tugend der Klugheit, die denjenigen, der die Verantwortung für die ganze Gemeinde trägt, auszeichnen soll, führte dazu, daß der Bischof nicht von Anfang an die Erzählung von Juan Diego glaubte; aber über der Klugheit steht doch die Liebe. Deshalb hörte er mit Aufmerksamkeit zu und, obwohl er die Angelegenheit auf sich beruhen ließ, damit mit der Zeit die Wahrheit klar wurde, verabschiedete er ihn, ließ ihm allerdings die Möglichkeit, wiederzukommen.

Vielleicht war Maria wirklich erschienen, vielleicht war es nur die Vorstellungskraft eines religiösen Menschen. Aber das Interesse des Bischofs, der Vater ist, besteht nicht nur darin, die Wahrheit herauszufinden, sondern auch darin, jedem Menschen beizustehen, sich in die Lage des Menschen zu versetzen, um ihn zu begreifen, was in ihm vorgeht.

c) Der Glaube, die Demut und das Vertrauen von Juan Diego.

Die geistige Botschaft der Erzählung von Guadalupe wird auch durch die Gestalt des Juan Diego, der Sehende und Gesandte von Tepeyac, bereichert.

Das erste, was an ihm auffällt, ist sein Glaube. Er bemüht sich um diesen Glauben. Jeden Samstag nimmt er einen langen Weg auf sich, um die Unterweisung in seinem neuen Glauben zu erhalten. Er folgt dem Ruf des Glaubens. Nachdem er mit Überraschung auf die Gesänge, die er auf den Gipfel des Hügels vernahm, reagiert hatte, gehorchte er der Stimme, die ihm zurief. Er bestieg den Hügel, verneigte sich vor Maria und hörte auf ihre Stimme. Er folgt dem Glauben und handelt danach. Er gehorcht Maria sofort und geht zum Bischof. Am gleichen Tag kommt er zurück und übermittelt die empfangene Antwort. Er geht und kommt (von Maria zum Bischof), sooft es nötig ist. Er verlangt nichts für seinen Glauben, nicht einmal, als er sich in großer Not befindet. Sein Onkel ist krank, aber er bittet nicht um ein Wunder. Er fügt sich dem Willen Gottes und nimmt die menschliche Art an, die auch als eine Gabe Gottes zu sehen ist. Das einzige, was er benötigt, ist ein Priester, der seinen Onkel für den Tod vorbereitet; und er macht sich auf den Weg, um ihn zu holen. Er dient dem Glauben. Sobald er seine Aufgabe als Gesandter erfüllt hat, verschwindet er. In seinem weißen Mantel wird für immer das »wunderschöne Bild« eingezeichnet bleiben; aber er, der Sehende, derjenige, der die Botschaft überbracht hat, die die Geschichte dieses Landes ändern sollte, wird nur genannt von dem Schreiber der Geschichte.

Und dieser Verlauf der Dinge ist an sich logisch, da die von Gott für einen besonderen Auftrag auserwählten Personen sich normalerweise ihrer Begrenztheit bewußt sind. Sie wissen, daß der Erfolg der verwirklichten Aufgabe nicht ihr Werk ist. Sie sind Werkzeuge Gottes, haben aber ihre Wenigkeit und eigene Begrenztheit vor Augen.

Deswegen ist Juan Diego demütig. Er weiß, wer er ist, und er begreift die Größe der Aufgabe, die Maria ihm anvertraut. Und so wie die Propheten des Alten Testamentes bittet er darum, von dieser Aufgabe befreit zu werden, indem er eine lange Reihe von Adjektiven aufzählt, die seine Person demütigen: »Ich bin ein Bindfaden, eine Leiter aus Brettern, ich bin ein Schweif, ein Blatt, ich bin nur einfaches Volk.«

Und trotzdem, weil er wirklich demütig ist, vertraut er ganz auf die Worte der himmlischen Frau, weil er das Vertrauen nicht auf seinen eigenen Wert, sondern auf die Größe Gottes gründet, der sich durch ihn zeigen will: »Herabgesehen hat er in Gnaden auf seine niedrige Magd ... Großes hat an mir getan der Mächtige« (Lk 1,48—49).

Das Vertrauen Juan Diegos zeigt sich in der Tatsache, daß er seinen Auftrag als Gesandter weiterführt, obwohl er sich bewußt ist, welch geringe Bedeutung es in seiner Stellung als armer und diskriminierter Indianer hat. Gleichfalls beweist sich sein Vertrauen, daß er die Behauptung Mariens, daß sein Onkel geheilt sei, widerspruchslos glaubt. Und schließlich, als Maria ihm sagte, er solle bis zum Gipfel des Hügels steigen, um dort Blumen zu pflücken, mußte er auf ihr Wort vertrauen, da er genau wußte, daß normalerweise auf dem Hügel keine Blumen wuchsen, sondern nur Kakteen, die in sandiger Erde wachsen. Juan Diego selbst erzählt später dem Bischof: »Trotzdem zweifelte ich nicht.«

IV. Schlußbetrachtung.

Keine andere Geschichte der marianischen Erscheinungen hat eine so charakteristische Prägung einer Kultur und eines Volkes, wie die Geschichte von Guadalupe. Aus diesem Grunde hat diese Erscheinung vielleicht über lange Zeit kein Interesse bei anderen Völkern gefunden.

Aber das wachsende Interesse für die alten Kulturen sowie christliche Überzeugung, daß in diesen Kulturen auch Teilwahrheiten zu finden sind — als Samen des Logos — haben dazu geführt, daß man den Inhalt von der Geschichte Guadalupe besser begreift. Man hat die Ereignisse von Guadalupe auch als eine Botschaft des Evangeliums geschätzt, die Gott in seiner Vorsehung geplant hatte, um ein Volk, das in Traurigkeit und Verzweiflung versunken war, zu neuer Hoffnung zu erwecken.

Wir können feststellen, daß in der letzten Zeit die Andacht zu unserer Lieben Frau von Guadalupe tiefer geworden ist, daß ihr Bild bekannt ist und verbreitet wird und daß Pilger aus der ganzen Welt zur Basilika kommen.

Möge Gott gewähren, daß die Kenntnisse der Einzelheiten über die Bedeutung von Guadalupe für Mexiko, uns zu einer tieferen Spiritualität führen. Und daß dadurch das Beispiel der göttlichen Anpassung an den mexikanischen Menschen zur Verständlichmachung seiner Botschaft, die heutigen Verkünder der Frohen Botschaft angeleitet werden, die Notwendigkeit einer ständigen Anpassung an die anderen zu verstehen — eine wahrhaft pastorale Haltung.

Bischof Josef Stimpfle

Marienverehrung — Erbe und Auftrag der Katholischen Kirche in Deutschland

I. Maria im Katholizismus

Ein unverwechselbares Kennzeichen katholischer Glaubenshaltung und Frömmigkeit ist die Verehrung der Heiligen, besonders aber der Mutter des Herrn und Erlösers. Das bezeugen seit Jahrhunderten die Marienfeste; nicht weniger als 15 sind nach der Liturgiereform von 1960 mit unterschiedlichem Rang im deutschen Regionalkalender verblieben. Zeugnisse katholischer Marienverehrung sind die marianischen Lieder und Gebetstexte im »Gotteslob« und im Stundengebet der Kirche sowie die verschiedenen Ausdrucksformen der Volksfrömmigkeit, Andachten, Litaneien und Wallfahrten, nicht zuletzt auch die vielbewunderten Darstellungen biblisch-marianischer Motive in der christlichen Kunst und Dichtung.

Die besondere Beachtung und *Bedeutung Mariens* gründet *in der Heilsgeschichte,* sie hat ihren Ursprung in der Bibel. Jesus Christus selbst hat durch seine Person und Wirksamkeit nicht allein die Frage provoziert: »Wer ist dieser?« (Mk 4,41; Lk 4,49), sondern auch die Rückfrage nach seiner Herkunft. Das erste öffentliche Marienlob aus dem Mund einer unbekannten Frau aus dem Volk deutet dies an: »Selig der Leib, der dich getragen, und die Brust, die dich genährt hat« (Lk 11,27). Die Antwort Jesu: »Ja, doch selig, die das Wort Gottes hören und es befolgen« bewertet die aus dem Glauben an IHN stammende geistige Verwandtschaft höher als die aus dem Blut. Das ergibt sich auch aus anderen Bibelstellen. Doch ward damit das Marienlob nicht entkräftet. Elisabeth hat ja gerade der Gottesmutter bestätigt, daß sie geglaubt hat (Lk 1,45). Den Auftakt zur Ehrung der Jungfrau aus Nazareth bildet der Gruß des Verkündigungsengels, der auch dann nicht bedeutungslos wird, wenn man mit Martin Luther das »Begnadete« mit »Holdselige« wiedergeben möchte. Dazu kommt, daß Lukas ein ethisches Marienbild gezeichnet hat, das für alle Zukunft wegweisend und nachahmenswert erschien.

Die für die Entwicklung der Marienlehre und Marienverehrung wichtigste Stelle im Neuen Testament ist jene Feststellung des Paulus, bei der nicht einmal der Name Mariens aufscheint und die Jungfrauengeburt nicht erwähnt wird: »Als die Fülle der Zeit gekommen war, sandte Gott seinen Sohn, geboren aus einer Frau« (Gal 4,4). Der Apostel nennt erstens die inneren Voraussetzungen für den wahren Glauben an Christus, nämlich seine Gottheit und seine Präexistenz und damit die »Christologie von oben«; zum zweiten ergibt sich daraus eine echte theologische Schlußfolgerung, die mit logischem

Zwang zum Fundamentaldogma der Marienlehre führt, nämlich die Folgerung, daß die ungenannte Frau die wahre Gottesgebärerin ist. Nicht allen Lesern der Schrift ist die Bedeutung dieses Satzes bewußt. Überdies hat Paulus, entsprechend seiner Tendenz, die gnostische Verflüchtigung des Heilsgeschehens abzuwehren, mit der Christusgestalt auch Maria als bedeutsam für die Erlösung ausgewiesen. Mit der Gegenüberstellung Adam-Christus (Röm 5,12—19; 1 Kor 15,21) hat er die Eva-Maria-Parallele vorbereitet, die dann im zweiten Jahrhundert vom Kirchenvater Justin erstmals ausgeformt wird und in der Folgezeit durch den kontrastreichen Vergleich, der bei den Stammmüttern das ethische Marienbild ebenso wie die Marienverehrung bereichert.

Nun ist zwar festzustellen, daß die *Marienverehrung in den ersten Jahrhunderten* nicht recht zur Entfaltung kommt, weil zunächst das Christusbild entfaltet und gegen Irrtümer verteidigt werden muß. Die Kirche hat sorgfältig darüber gewacht, daß von der ständig wachsenden Zahl der aus dem Heidentum kommenden Neuchristen nicht irrige Vorstellungen aus den antiken Mythen von Muttergottheiten auf die Mutter des Erlösers übertragen würden. Die Kirchenväter wiesen solche Vergleiche entschieden zurück.

In dem Maße aber, in dem das Christusbild entfaltet wird, tritt — wie die Dogmaentwicklung zeigt — auch das Marienbild immer deutlicher ins christliche Bewußtsein. Dadurch wird auch die Marienverehrung gefördert. Auf dem dritten Allgemeinen Konzil in Ephesus (431) wird das Bekenntnis zur Gottesmutterschaft Mariens geradezu als Ausweis der Rechtgläubigkeit herausgestellt; die aus der Apostelgeschichte (Kap. 19) als Kultort der heidnischen Göttin Artemis bekannte Konzilsstadt wird zu einem weitausstrahlenden Mittelpunkt der Marienverehrung. Überall entstehen nun Marienkirchen und marianische Wallfahrtsstätten, bei denen die Gläubigen in ihren mannigfachen Bedrängnissen Zuflucht suchen und Erhörung finden. Hier tritt immer mehr ein religionspsychologisches Phänomen in Erscheinung, das sich in der Christusfrömmigkeit wie in der Marienverehrung ausgewirkt hat: die überzeugende Kraft der Glaubenserfahrung, die weit mehr als theologische Argumente zum Vertrauen auf die hilfreiche Macht der Gottesmutter ermutigte und durch das Erlebnis der Erhörung stets aufs neue bereichert wurde. Dazu kam ein weiteres Moment. Trotz der Vermittlung des »himmlischen Vater«-Bildes durch Christus wurde das Christentum von vielen als eine herbe Religion mit harten sittlichen Forderungen und einer bedrückenden Gerichtsbotschaft empfunden. Demgegenüber erschien dem religiösen Gemüt die Zuflucht zur Mutter des Erlösers als wohltuender Ausgleich. Man denke an den marianischen Text in Goethes Faust II. Als Maria nicht nur von einzelnen Gläubigen in Anspruch genommen wurde, sondern von ganzen Gemeinschaften, Städten und Nationen, und die Beter sich erhört wußten, erhielt die Marienverehrung einen universalen, katholischen Charakter; sie wurde zum Bestandteil des kirchenamtlichen Kultes und der Volksfrömmigkeit in allen Ländern. Der berühmte Hymnus Akathistos, das marianische Tedeum der Ostkirche, wurde z.B. jedes Jahr in ganz Griechenland bei der Dankesfeier für die dreimalige Befreiung der Kaiserstadt Konstantinopel von islamischer Belagerung gesungen.

In der Karolingerzeit erhält die Marienverehrung einen besonderen Auftrieb durch die Abwehr des sog. Adoptianismus, der die Gottesmutter nicht mehr in dem ihr gebührenden Rang sah. Während die Theologen sie besonders als die glorreiche Himmelskönigin herausstellen, ermuntert der Bau bedeutender Marienkirchen das gläubige Volk, in Europa das Wallfahrtswesen zu entfalten. Der Hoftheologe Karls des Großen, Alkuin, führt die heute noch in Übung stehende Samstagsmesse zu Ehren Mariens ein. Gewiß lassen sich nicht immer und überall Mißbräuche bzw. Fehlformen der Marienfrömmigkeit verhindern. Dagegen machen vor allem die Reformatoren entschieden Front. Luther lehnt die Verehrung Mariens als Schutzmantelmadonna ab, weil er fürchtet, sie beeinträchtige die Mittlerschaft Christi. Doch sei zur Ehre der Kirche angemerkt, daß die positiven Formen und Wirkungen der Marienverehrung überwogen. Ununterbrochen haben Gebetserhörungen und andere Glaubenserfahrungen das Vertrauen auf die mütterliche Liebe und mächtige Fürsprache Mariens immer tiefer im gläubigen Bewußtsein und in der Bekundung der Frömmigkeit verankert. »Marianisch« wurde zu einem eigentümlichen Kennzeichen katholischer Glaubenshaltung in Liturgie und Volksfrömmigkeit. In den vielfachen Bedrängnissen z. B. in der Zeit der Religionskriege und der Türkennot — man denke an die Seeschlacht von Lepanto 1571 und an die Belagerung von Wien 1683 oder an die Befreiung Pius VII. aus der napoleonischen Gefangenschaft 1814 — hat das katholische Volk immer wieder seine Zuflucht zu Maria, der »Helferin der Christen«, genommen und ist dadurch im Glauben an den »einen Mittler zwischen Gott und den Menschen« (1 Tim 2,5) bestärkt worden. Davon ist nicht zuletzt der Katholizismus in Deutschland berührt worden, was in der historischen Situation ebenso wie im religiösen Gemüt unseres Volkes begründet liegen dürfte.

Nicht anders als in der alten Kirche hat die Verkündigung marianischer Glaubenswahrheiten auch *in der Neuzeit* der kirchenamtlichen und volkstümlichen Marienverehrung starken Auftrieb verliehen. Dies gilt insbesondere für das Dogma von der Unbefleckten Empfängnis, d.h. von der Bewahrung Mariens vor der Erbsünde, das Papst Pius IX. nach jahrhundertelangem theologischen Ringen am 8. Dezember 1854 verkündete. Zwar fehlte der Theologie vielfach noch die Motivation für das neue Mariendogma; dafür förderten volksnahe Prediger und katholische Organisationen die Verehrung der Makellosen in Wort und Schrift; marianisch-apostolisch orientierte Vereinigungen wurden gegründet, marianische Kongresse gehalten und andere Aktivitäten entfaltet. Schließlich wurde auch zielbewußt auf die Verkündigung des Dogmas von der Himmelsaufnahme Mariens hingearbeitet, die Pius XII. am 1. November 1950 auf dem Petersplatz in Rom vorgenommen hat. Als zur Hundertjahrfeier des Ereignisses von 1854 das »Marianische Jahr 1954« ausgerufen wurde, erreichte das Marianische in der theologischen Literatur und im katholischen Frömmigkeitsleben einen Stellenwert, der innerhalb und außerhalb der Kirche nach einer Korrektur der Gewichtsverteilung rief.

Das II. Vatikanische Konzil hat sie vorgenommen. Zwar sollte die Kirchenversammlung nach dem Willen von Papst Johannes XXIII. nur pastorale Ziele verfolgen, doch kam sie um die Behandlung des marianischen Themas nicht herum. Schon vor dem Beginn des Konzils hatten über 600 Bischöfe Maria als Konzilsthema gewünscht; in der kath. Theologie des 20. Jhs. war der enge Zusammenhang zwischen Maria und der Kirche herausgestellt worden, weshalb das Konzil das vom I. Vatikanum unerledigte Thema Kirche mit Vorrang behandeln und zum Abschluß bringen wollte. Gegenüber den Befürwortern des Marianischen und dessen Kritikern hat sich die Konzilsmehrheit —

nicht zuletzt mit Rücksicht auf das längst in Gang gekommene ökumenische Gespräch — für eine maßvolle Mitte entschieden.

Das Thema Maria wurde als achtes Kapitel in die Dogmatische Konstitution über die Kirche eingegliedert. Das Konzil hat Maria »im Geheimnis Christi und der Kirche« dargestellt und damit ihre heilsgeschichtliche Rolle ins Licht gehoben, ohne die vorausgegangene Dogmenentwicklung in Frage zu stellen. Die Kirchenversammlung bekräftigte das überkommene katholische Glaubensgut bezüglich der Mutter des Erlösers. Sie stellte die Marienlehre auf ihre biblischen Grundlagen, bejahte die neu gewonnenen theologischen Perspektiven, suchte den Rationalismus für die Schau der Kirche und Mariens zu überwinden und trug dem ökumenischen Gespräch Rechnung, ohne das katholische Erbe preiszugeben.

Nie zuvor hatte sich ein ökumenisches Konzil so intensiv mit Fragen der Marienlehre befaßt und so wegweisende Aussagen gemacht. Aber das II. Vatikanum begnügt sich nicht mit Lehräußerungen, sondern wandte sich auch dem Thema Marienverehrung zu (Lumen gentium, Kap. 66—68).

Zunächst bestätigt das Konzil mit Berufung auf die prophetischen Worte »Selig werden mich preisen alle Geschlechter« (Lk 1,48), daß die Gottesmutter »in einem Kult besonderer Art geehrt« wird, der sich jedoch wesentlich von dem nur Gott gebührenden Kult der Anbetung unterscheidet. Es betont, daß »die verschiedenen Formen der Verehrung der Gottesmutter«, die die Kirche im Rahmen der gesunden und rechtgläubigen Lehre, je nach den Verhältnissen der Zeiten und Orte und je nach Eigenart und Veranlagung der Gläubigen, anerkannt hat, letztlich dazu dienen, »daß in der Ehrung der Mutter der Sohn richtig erkannt, geliebt, verherrlicht wird und seine Gebote beobachtet werden« (Kap. 66). Damit weist das Konzil nicht nur den immer wiederkehrenden Vorwurf zurück, die Marienverehrung beeinträchtige die Ehre Christi; es erklärt auch die durch Tradition, Kultur und Nationalität bedingte Vielfalt der Verehrungsformen als legitim. Das ist auch für die Marienverehrung in Deutschland von Bedeutung. Denn unser Volk hat im Laufe der Jahrhunderte seine Eigenart und damit sein religiöses Empfinden in die Marienverehrung miteingebracht. In einer fast traditionsfeindlichen und geschichtsvergeßlichen Zeit erscheint es wohl angebracht, einige Details aus der mittelalterlichen Marienverehrung in Deutschland in Erinnerung zu rufen. Wir folgen hier Stephan Beissel SJ in seiner »Geschichte der Verehrung Marias in Deutschland während des Mittelalters« (Freiburg 1909). Die Entwicklung in der Neuzeit ist zweifellos noch etwas besser bekannt. Eine zusammenfassende Darstellung der Marienverehrung in unserem Lande steht noch aus.

Zentren der Marienverehrung wurden naturgemäß die der Gottesmutter geweihten Gotteshäuser wie z.B. in Mainz, Speyer, Straßburg, Einsiedeln, Altötting, die das Ziel vieler Wallfahrer wurden. Die von der Ostkirche übernommenen klassischen Marienfeste: Mariä Reinigung (2. Febr.), Mariä Verkündigung (25. März), Maria Himmelaufnahme (15. Aug.) und Mariä Geburt (8. Sept.) ließen Jahr für Jahr die Gestalt und Heilsbedeutung Mariens aufs neue lebendig werden und regten Kunst und Dichtung dazu an, das Lob der heiligen Jungfrau zu künden und zu mehren. Volkstümliche Andachten wie die zu den Sieben Freuden und Sieben Schmerzen Mariens, Litaneien und Marienpsalter machten die Gottesmutter in der Gebetspraxis heimisch und führten zu einer Solidarisierung mit dem Schicksal dieser hl. Frau.

Marianische Wundergeschichten wie die berühmte Theophiluslegende, Vorentwurf für Goethes »Faust«, Legendensammlungen, Hymnen und Predigten verankerten im religiösen Bewußtsein des Kirchenvolkes das Vertrauen auf die hilfreiche Fürsprache Mariens bei ihrem Sohn, in dem es sich dann durch zahlreiche Gebetserhörungen bestätigt sah. Unter den bildhaften Darstellungen Mariens kamen vier zu besonderen Ehren: die Mater dolorosa, die Schutzmantelmadonna, das Maria-Hilf-Bild des Lukas Cranach und die besonders in der Barockzeit beliebte Darstellung Mariens als glorreiche Himmelskönigin. An marianischen Gebetsformen setzten sich vor allem das Ave Maria, das Salve Regina und das älteste Mariengebet durch, das aus dem Sand Ägyptens ausgegraben wurde: »Unter Deinen Schutz und Schirm.« Die Ritterorden, die Mariengilden, die vor allem vom Jesuitenorden geförderten Marianischen Kongregationen, das marianische Apostolat der verschiedenen Ordensgemeinschaften und die marianischen Bruderschaften wurden zu Bannerträgern der Marienverehrung in Deutschland wie in anderen Ländern. Als am Ende des 12. Jh. das katholische Volk angeleitet wurde, das Vaterunser, das Ave Maria und das Glaubensbekenntnis oft zu beten, wurde der Englische Gruß das vorrangige marianische Gebet; damit wurde zugleich der Rosenkranz vorbereitet. Über die Entstehung dieser Gebetsform berichtet St. Beissel in seinem Buch »Geschichte der Verehrung Marias im 16. und 17. Jh« (Freiburg 1910). Vom 13. Jh. an wurde das Ave Maria auch in der Landessprache allgemein üblich. In den ersten gedruckten Gebetbüchern erschien es nur mit seinem ersten biblischen Teil. Diese Form wurde noch 1549 von einem Konzil in Köln als Norm bestimmt. Zwei Umstände begünstigten die Erweiterung um einen zweiten Teil: einmal der Gebrauch der althergebrachten Bitten der Allerheiligenlitanei »Heilige Maria, bitte für uns« und »Heilige Mutter Gottes, bitte für uns«, zum zweiten wurde es im 15. Jh. üblich, Maria um ihren Beistand in der Todesstunde anzurufen. Im römischen Katechismus von 1566, unmittelbar nach dem Konzil von Trient veröffentlicht sowie im Römischen Brevier von 1568 wurde die Formel »Heilige Maria, Mutter Gottes, bitte für uns Sünder jetzt und in der Stunde unseres Todes, Amen« eingesetzt, damit es zu Beginn der Matutin, der kleinen Horen und der Vesper sowie am Schluß des Offiziums gebetet werde.

Legenden berichteten schon im 13. Jh., Maria habe frommen Betern die Ave aus dem Mund genommen, sie als Rosen auf eine Schnur gereiht und sich damit bekränzt. Daraus ist für diese Gebetsform der Name »Rosenkranz« entstanden; denn es wurde nun üblich je 50 oder 150 Ave Maria in Gruppen zu 10 oder 15 Ave zu beten und dementsprechend viele Körner an einer Gebetsschnur aufzureihen, eine Praxis, die auch aus anderen Religionen bekannt ist. St. Beissel berichtet von Grabdenkmälern, auf denen die Verstorbenen mit solchen Gebetsschnüren abgebildet sind. Es dauerte geraume Zeit, bis sich die Zahl der Ave für das Rosenkranzgebet festigte. Die einen nahmen die mutmaßlichen Lebensjahre der hl. Jungfrau als Norm, andere die Schmerzen, Freuden oder Tugenden Mariens, andere die biblisch gesicherten Stationen des Marienlebens, wieder andere die 33 Lebensjahre Christi bzw. die Stationen seines Leidens. Die heutigen 15 Geheimnisse wurden zuerst in Spanien geformt und erschienen dann auch in einem seit 1483 oft gedruckten Rosenkranzbüchlein von Sixt Buchsbaum sowie auf Rosenkranztafeln um 1500. Manche Beter, denen die Zeit fehlte, jeden Tag einen ganzen

Rosenkranz zu beten, beteten 3 Vaterunser und 15 Ave, bei denen die 15 Geheimnisse eingeschaltet wurden, eine Übung, die heute im sogenannten »Altenberger Rosenkranz« weiterlebt. Da das Rosenkranzgebet nicht nur als Ausdruck der Marienverehrung galt, sondern durch die dabei zu betrachtenden Geheimnisse die wichtigsten Ereignisse der neutestamentlichen Heilsgeschichte vor Augen führte, da ferner die Gebetsschnur sichtbarer Ausdruck der Andacht und eine Gedächtnishilfe wurde, erfreute sich der Rosenkranz gerade auch in Deutschland bald größter Beliebtheit in allen Schichten des Kirchenvolkes. »Nach der 1474 zu Köln vollzogenen Gründung der hochangesehenen Rosenkranzbruderschaft des Dominikanerklosters traten in ganz Deutschland so viele Laien und Geistliche in die Bruderschaft ein, daß ihre Zahl 1478 auf 50000, im Jahre 1481 aber auf 100000 gestiegen war« (St. Beissel, Geschichte 2, 87). An der Verbreitung dieser Gebetsform beteiligten sich alle Orden und anderen religiösen Gemeinschaften.

Eine besondere Form der Marienverehrung erwuchs aus dem langen Ringen um die Anerkennung des Glaubens an die Unbefleckte Empfängnis Mariens, wobei sich vor allem der Franziskanerorden zum Vorkämpfer für das spätere Dogma von 1854 machte. Theologische und psychologische Vorarbeit hatte die Ostkirche geleistet, die in Ausweitung der Eva-Maria-Parallele die Gottesmutter immer mehr als den Inbegriff menschlicher Heiligkeit herausstellte und gleichzeitig durch die Umwandlung des Gedenktags für den Heimgang Mariens in ein Fest der Himmelaufnahme Mariens auch dem zweiten der neueren Mariendogmen den Weg bereiten sollte; dies hatte zur Folge, daß die glorreich aufgenommene Gottesmutter als die große Fürsprecherin und Himmelskönigin am Throne Gottes gesehen, angerufen und verehrt wurde. Im ständigen Erlebnis der eigenen Sündhaftigkeit und der Schuldverfallenheit der Welt erschien das strahlende Bild der Makellosen und Himmelskönigin als trostvolles Zeichen der Hoffnung für das »im Tal der Tränen« (Salve Regina) pilgernde Volk Gottes. Gerade mit diesem Hinweis klingt das marianische Dokument des II. Vat. Konzils aus (Nr. 68).

Eine besondere beliebte marianische Gebetsform wurde »Der Engel des Herrn«. Er ging allmählich aus verschiedenen Andachtsübungen hervor, die in einzelnen Ordensfamilien heimisch wurden. Erster Anlaß war bei den Benediktinern die Mahnung, nach dem Abendgebet beim Klang der Glocke ein Ave zu beten, was in der Folgezeit auch von anderen Orden und von Stadtgemeinden übernommen wurde. Bald wurde die Praxis auch auf den Morgen ausgedehnt, wie ein Mahnschreiben des hl. Petrus Canisius SJ, bezeugt. Schließlich kam das Mittagsläuten dazu. Wie beim Rosenkranz erhielten auch beim Angelus die Ave Maria einen Bezug zu Christus; denn man kam überein, die drei bedeutendsten Tatsachen aus dem Leben des Herrn damit in Verbindung zu bringen: am Abend seine Menschwerdung, am Mittag sein Leiden und am Morgen seine Auferstehung. Dieser Bezug auf Christus spiegelt sich heute noch in dem abschließenden Gebet wieder: »Wir bitten Dich, o Herr, gieße Deine Gnade in unsere Herzen ein. Durch die Botschaft des Engels haben wir die Menschwerdung Deines Sohnes erkannt. Führe uns durch sein Leiden und Kreuz zur Herrlichkeit der Auferstehung. Durch Christus, unseren Herrn.« Die Päpste belobigten den Engel des Herrn ebenso wie das Rosenkranzgebet, begünstigten beide durch Ablässe und empfahlen sie, vor allem in kritischen Zeiten, der frommen Übung der Gläubigen. Erst jüngst, im Jahre 1974, hat Paul VI. in seinem Lehrschreiben über die rechte Marienverehrung (»Marialis Cultus«) diese beiden Gebetsformen den Gläubigen besonders empfohlen.

In der Neuzeit kam zu den verschiedenen Formen marianischer Frömmigkeit noch ein Umstand, der zur Förderung der Marienverehrung beitrug: *die Marienerscheinungen*. Sie beginnen mit der an die Schwester Katharina Labouré in der Rue du Bac in Paris 1831, die durch die Verbreitung der »wunderbaren Medaille« weltweite Ausstrahlung erfuhr. 1858 folgten die 18 Erscheinungen an das Hirtenmädchen Bernadette Soubirous, die Lourdes zum berühmtesten marianischen Wallfahrtsort der Welt werden ließen und nachweislich eine steigende Zahl unerklärlicher Heilungen (bis jetzt über 500) zur Folge hatten; darunter sind 55 von der Kirche als wunderbar bezeichnet worden. Lourdes-Pilgerreisen gehören heute zu den beliebtesten Wallfahrten. Im Jahre 1917 ist Maria vom 13. Mai bis 13. Oktober drei Kindern, Lucia, Hyazintha und Franz, erschienen. Aufgrund der kirchlichen Untersuchung und der Anerkennung der Echtheit der Erscheinungen hat sich Fatima zur meistbesuchten Marienwallfahrt entwickelt. Die Marienerscheinungen sind naturgemäß nicht unbestritten, nachdem sich Fälle offenkundiger Täuschung, ja bewußten Betrugs ereigneten. Die Kirche hat es nicht leicht, wenn sie die Echtheit behaupteter Erscheinungen der Gottesmutter nachweisen und Irrtümer abweisen soll. In dem Buch über »Wahre und falsche Erscheinungen in der Kirche« (Vraies et fausses apparitions dans l'Eglise, Paris 1971) präsentiert Bernard Billet eine Statistik, aus der hervorgeht, daß in den Jahren 1928—1975 nicht weniger als 225 Marienerscheinungen registriert wurden, davon 78 in Italien, 30 in Frankreich, 20 in Deutschland, 17 in Belgien, 12 in Spanien, die übrigen in anderen Ländern. Als besonders anfällig für derartige Phänomene zeigen sich — besonders in Krisenzeiten, wie nach dem Zweiten Weltkrieg — die Völker hinter dem Eiseren Vorhang. Es gilt als sicher, daß in manchen Fällen erregte Phantasie und Sensationslust mit im Spiele waren. Der Vatikan hat seit 1931 bis heute mehr als 23 Fälle mit insgesamt 300 angeblichen Marienerscheinungen untersucht und nur wenige als echt anerkannt. Wundersucht, Irrtum oder Betrug werden als allgemein menschliche Phänomene auch im Raum der Kirche nicht leicht unter Kontrolle zu bringen sein. Der katholische Christ weiß, daß er solcher Ereignisse nicht bedarf, um ein Vollglied seiner Kirche zu sein, und daß ihn nur die allgemein verbindliche von Christus ergangene Offenbarung zum Glauben verpflichtet. Er weiß aber auch, daß Gott viele Wege kennt, um seinen Heilsplan durchzusetzen und den Menschen Gnade zuzuwenden. Die Fürsprache der Mutter seines Sohnes ist sicher eines der wirksamsten Mittel dafür. Im übrigen ist es längst bekannt und anerkannt, daß die größeren Wunder von Lourdes und Fatima nicht die unerklärlichen Heilungen darstellen, sondern die demütige Ergebenheit der Zehntausende nicht geheilter Kranken, die von solchen Gnadenstätten mit der Erkenntnis heimkehren, daß es ihre Sendung in der Kirche ist, ihr Leid als gottgefügt in Geduld und hingebender Liebe zu tragen im Blick auf das Wort des Apostels Paulus: »Nun freue ich mich der Leiden für euch, und will das, was an Christi Drangsalen noch aussteht, ergänzen an meinem Fleisch zum Besten seines Leibes, der die Kirche ist« (Kol 1,24). So viel Besonnenheit gegenüber allen außerordentlichen Phänomenen auch im Bereich des Religiösen angebracht ist, so viel Toleranz und übernatürliche Schauweise erscheint für den katholischen Christen als angemessen, wenn er der ganzen Bandbreite der nicht von ihm allein zu bestimmenden Wirklichkeit gerecht werden will. Den Seelsorgern bleibt darüber hinaus zu bedenken, daß nicht die Skeptiker und Kritiker auch heute die Kirchen füllen und sich mit der Kirche solidarisieren, sondern die schlichten Gläubigen, und daß gerade die Marienverehrer ihre religiöse Haltung dadurch glaubwürdig machen, daß sie in marianischem Geist apostolische Aufgaben in der Kirche wahrnehmen und durch viele kleine, aber unentbehrliche Dienste, die vielfältigen Aufgaben der Kirche miterfüllen helfen.

II. Die Krise des Marianischen in der Gegenwart

Die Erwartungen, die das II. Vatikanische Konzil mit dem marianischen achten Kapitel der Dogmatischen Konstitution über die Kirche verband, haben sich nicht in befriedigender Weise erfüllt. Dabei wirkten verschiedene Umstände zusammen.

Zunächst sah man auch innerhalb der Kirche nicht ungern einer besseren Gewichtsverteilung in der theologischen Literatur und Fragestellung sowie in der Liturgie und im Frömmigkeitsleben des Kirchenvolkes entgegen. Die oft genannte »*Christozentrik*« sollte die marianische Welle der fünfziger Jahre ablösen. Insbesondere in der Frage der Mittlerschaft sollte eine klarere Abgrenzung bewußt gemacht und die Bedeutung des einen Mittlers Christus (vgl. 1 Tim 2,5) auch in den Gebetstexten und religiösen Übungen herausgestellt werden. Unter diesem Gesichtspunkt wurden denn auch verschiedene liturgische und außerliturgische Gebetstexte einer Revision unterworfen und selbst das marianische Liedgut entsprechend durchforstet, nicht immer zur Freude der ans Hergebrachte gewöhnten Gläubigen. Dabei fand zugleich neuere theologische Einsichten und Korrekturen ihren Niederschlag. Neben der Rücksicht auf das ökumenische Gespräch kamen auch Tendenzen zum Durchbruch, die nicht durchwegs mit dem katholischen Glaubensgut und einer gesunden Überlieferung in Übereinstimmung stehen, wie etwa die radikale Entmythologisierung des Neuen Testaments, die »Christologie von unten« und neuere Theorien über die Jungfrauengeburt, die Erbsünde und die Auferstehung der Toten. Dabei sind jedesmal die marianischen Glaubenswahrheiten mitbetroffen, ja zum Teil restlos in Frage gestellt. Vorstehende Ausführungen verfolgen nicht den Zweck, auf theologische Fragen einzugehen; es muß jedoch hier darauf hingewiesen werden, daß die genannten Tendenzen und Theorien hier auch das Marianische in Glaube und Frömmigkeit bedrohen; denn in der sogenannten zweiten Aufklärung werden heutzutage nicht nur die Gelehrtenstuben, sondern mittels der Massenmedien auch das kleinste Dorf und jedes Haus von den Neuerungen erfaßt. Die Marienverehrung scheint eine der Bastionen des Katholizismus zu sein, die wie andere Positionen der Kirche vom seuchenartig fortschreitenden Säkularismus angefochten, wenn nicht geschleift wird. Leider sind es nicht allein Anstöße von außen, wie die Profanisierung und Liberalisierung des Denkens und des Lebensstils oder eine religionsfeindliche Propaganda, die u.a. auch die Marienverehrung anzielen und treffen; auch innerkirchliche Strömungen und Entwicklungen machen der Gottesmutter ihren aus Glaube und Geschichte zugewachsenen Platz im Leben der Kirche und ihrer Gläubigen streitig und haben mancherorts bereits zu einer Demontage bewährter Formen der Marienverehrung geführt.

In der Gegenwartssituation der Kirche kommt den sogenannten Multiplikatoren, d.h. den Predigern, Katecheten und anderen Glaubenskündern eine besondere Verantwortung zu. Wenn an Universitäten oder kirchlichen Hochschulen z.B. die Marienlehre nicht mehr Gegenstand von Lehrveranstaltungen ist, wenn die kirchlichen Marienfeste in der Verkündigung keine entsprechende Auswertung erfahren, wenn volkstümliche marianische Andachtsformen von den Seelsorgern nicht gelenkt und begünstigt werden, wenn Marienbilder oder -statuen aus Kirchen und Kapellen entfernt werden, dann entsteht entweder religiöser Wildwuchs mit bedenklichen Fehlformen oder ein Vakuum, das meist durch andere religiöse Vollzüge nicht ausgefüllt wird oder werden kann. Wieviel Opferbereitschaft und religiöse Begeisterungsfähigkeit junger Menschen werden von den sogenannten modernen Jugendreligionen abgeschöpft und mißbraucht, weil andere Institutionen einschließlich der etablierten Kirchen dafür oft zu wenig Interesse und Zeit aufbringen? Die katholische Kirche hat es im Lauf der Jahrhunderte sehr wohl verstanden, religiöse Sehnsüchte und Praktiken durch die Pflege der Marienverehrung gerade bei den Menschen aufzufangen und im guten Sinn fruchtbar zu machen, die im Christentum auch ein fraulich-mütterliches Element zu entdecken wünschten oder durch die Gottesmutter zu vertiefter Religiosität und apostolischer Betätigung hingeführt wurden.

Man kann heute gegen die Marienverehrung nicht mehr mit dem Vorwurf operieren, daß es sich dabei um eine verkappte Selbstvergötzung des Menschen nach heidnischem Muster handle oder um unkirchliche Fehlformen der Frömmigkeit, die es zu beseitigen gelte. Das Bild und die Funktion der Mutter des Erlösers wie auch die Weise ihrer gottgewirkten Empfängnis unterscheiden sich für Kenner so grundlegend von altheidnischen Modellen etwa der Muttergottheiten, daß eine Gleichsetzung oder Ableitung nur durch Mangel an religionsgeschichtlichem Wissen entschuldigt werden kann. Die Religionsgeschichte selbst verstößt selbst oft genug gegen den Grundsatz: Analogie ist nicht Genealogie; Ähnlichkeit in der Erscheinungsform bedeutet nicht Gleichheit des Ursprungs. Wie kläglich ist z.B. der Versuch gescheitert, die christliche Taufe aus einer analogen Praxis etwa der Sekte der Mandäer abzuleiten! Und was die Formen der Marienverehrung betrifft, so hat das II. Vatikanische Konzil »die Theologen und die Prediger des Gotteswortes eindringlich ermahnt, sich ebenso jeder falschen Übertreibung wie zu großer Geistesenge bei der Betrachtung der einzigartigen Würde der Gottesmutter sorgfältig zu enthalten. Unter der Führung des Lehramts sollen sie in der Pflege des Studiums der Heiligen Schrift, der heiligen Väter und Kirchenlehrer und der kirchlichen Liturgien die Aufgaben und Privilegien der seligen Jungfrau recht beleuchten, die sich immer auf Christus beziehen, den Ursprung aller Wahrheit, Heiligkeit und Frömmigkeit. Sorgfältig sollen sie vermeiden, was in Wort, Schrift oder Tat die getrennten Brüder oder jemand anderen bezüglich der wahren Lehre der Kirche in Irrtum führen könnte. Die Gläubigen aber sollen eingedenk sein, daß die wahre Andacht weder in unfruchtbarem und vorübergehendem Gefühl noch in irgendwelcher Leichtgläubigkeit besteht, sondern aus dem wahren Glauben hervorgeht, durch den wir zur Anerkennung der Erhabenheit der Gottesmutter geführt und zur kindlichen Liebe zu unserer Mutter und zur Nachahmung ihrer Tugenden angetrieben werden« (Lumen gentium, Art. 67). Die Kirche als solche kann nicht, wie dies schon so oft zu Unrecht geschah, für erwiesene Fehlformen in der Marienverehrung verantwortlich gemacht werden, auch wenn sie nicht alles verhindern kann, was ihr selbst mißfällt. Es gibt auch heute kirchlich nicht bestätigte marianische Wallfahrtsorte und Kultformen, ohne daß sie beseitigt werden können. Seit dem II. Vatikanischen Konzil kann man nicht mehr darüber in Zweifel sein, was die katholische Kirche will und tut, und wie eine zeitgemäße verantwortbare Frömmigkeit auch im marianischen Bereich aussieht. Noch weniger kann dort Ungewißheit herrschen, wo man sich bemüht, den wahren Sinn der Marienverehrung zu erfassen. Sie will ihre Anhänger nicht zu bloßen Gefühlen anregen oder ihnen die Vorstellung vermitteln, daß sie ihre persönliche Verantwortung einfach in die Hände einer mächtigen Fürsprecherin legen und dann ihr religiöses Heil als gesichert ansehen können.

Die Marienverehrung ist zunächst *ein Bekenntnis* zu den Grundlagen unseres christlichen Glaubens, ein Tatbekenntnis zur heilbringenden Offenbarung Gottes in Jesus Christus, der durch seine Menschwerdung aus der Jungfrau Maria den Beginn seines Erlösungswerkes gesetzt hat. Die Dogmengeschichte der alten Kirche zeigt, wie schon oben erwähnt, daß das Fundamentaldogma der Marienlehre, die Gottesmutterschaft der hl. Jungfrau, von unersetzbarer Bedeutung für die Sicherung und Verteidigung des wahren Christusglaubens war, ist und bleiben wird. Wird diese Wahrheit geleugnet, wie etwa bei der radikalen Aszendenz-Christologie, dann präsentiert sich unser christlicher Heiland nur noch als ein Halbgott nach dem Muster antiker, nachträglich göttlicher Menschen, und für Maria bleibt nur noch die Rolle einer biederen Ehefrau übrig, für die sich die in den Glaubensentscheidungen von 1854 und 1950 angesprochenen Privilegien Mariens von selbst erübrigen.

Die Marienverehrung ist ferner ein *Ruf der Sehnsucht* nach dem voll erlösten Menschen. In der makellosen, in die himmlische Herrlichkeit aufgenommenen Mutter des Erlösers stellt er sich wie ein leuchtender Stern über dem Dunkel der Schuld und Sünde einer unheilen Welt dar.

Die Verehrung Mariens ist nicht zuletzt ein *Danklied* an die Frau, die sich, anders als die erste Stammutter, für den Anruf Gottes zur Verfügung gestellt hat, nicht nur als Werkstatt für die Bereitung der sterblichen Hülle des Gottmenschen, sondern auch durch ihr Mitgehen auf dem Weg Christi bis unter das Kreuz. Jeder Mensch, ob er es weiß und anerkennt oder nicht, hat Maria viel zu verdanken.

Natürlich ist die Verehrung der Gottesmutter auch *Ausdruck menschlichen Bedürfnisses nach Schutz und Hilfe* in vielfältigen Nöten und Anfechtungen. Wie hätte sie sich so tief im religiösen Bewußtsein und im kirchlichen Leben verankern können, wenn das Vertrauen auf ihre Sinnhaftigkeit nicht ununterbrochen durch die Erfahrung belohnten Glaubens bestätigt und gefördert worden wäre! Auch hier gilt das Axiom: Contra factum non valet argumentum; Tatsachen werden durch Räsonnement nicht außer Kraft gesetzt. Wer für sein leibliches Wohlergehen ein bestimmtes Heilmittel erprobt hat, läßt sich nicht leicht davon abbringen.

Daß die rechte Marienverehrung auch eine *Wegweisung zur Christusnachfolge* und somit zu einem Leben aus dem Geist des Evangeliums bedeutet, wird durch das Leben so vieler Heiliger der Kirche bestätigt, die zugleich überzeugte Marienverehrer waren und daraus Kraft und Ermutigung geschöpft haben. Auch die Reformatoren ließen keinen Zweifel daran, daß Maria ein Leitbild für die Verwirklichung wahrer christlicher Existenz darstellt, nachdem gerade der Evangelist Lukas in seiner Kindheitsgeschichte ein ethisches Marienbild gezeichnet hat, in dem die schönsten menschlichen und christlichen Grundhaltungen aufleuchten.

Der erste und höchste *Sinn der Marienverehrung* aber ist die Verherrlichung Gottes, der in der Größe Mariens seine Treue und sein Erbarmen, seine Macht und seine Weisheit erkennbar macht. Dank und Bewunderung für Maria werden bei rechter Sicht der Werte und Ordnungen von selbst ein Loblied auf den »Vater der Lichter, von dem jede gute Gabe kommt«, wie der Apostel Jakobus versichert (1,17). Eine Verehrung dieser Frau aus solchem Geist kann nicht gut zum Ärgernis für andere Menschen werden, sondern eher ein geistiger Brückenschlag. Denn die Mütter sind in allen Familien das sichtbar mahnende Zeichen des gemeinsamen Ursprungs und der unleugbaren Zusammengehörigkeit auch entzweiter Brüder. Ein Marienverehrer wird auch immer Brücken bauen und Wunden heilen helfen; er wird mit Maria aufbrechen, um den in Elisabeth verkörperten Mitmenschen Christus zu bringen als ein echter Christophorus, d.h. als Christusträger.

Damit ist ein Punkt berührt, den Papst Paul VI. in seinem Schreiben über die rechte Pflege der Marienverehrung angesprochen hat: ihr *Verhältnis zur Ökumene.* Der Papst sieht in ihr kein ernstes Hindernis für die ersehnte Einheit im Glauben. Er unterstreicht die weitgehende Übereinstimmung zwischen der Katholischen und der Orthodoxen Kirche in dieser Frage, lobt das wachsene Interesse anglikanischer Theologen an der Marienfrage und sieht mit Blick auf die evangelischen Kirchen in der Marienverehrung »einen Weg zu Christus, dem Quell und Zentrum kirchlicher Gemeinschaft«. Trotz der »nicht geringen Meinungsverschiedenheiten« hoffte Paul VI., daß im Zeichen der gleichen Kraft von oben, die die Jungfrau von Nazareth überschattete und auch die ökumenische Bewegung befruchtet, die Verehrung der Magd des Herrn eher ein Bindeglied denn ein Hemmnis wird, denn: »Ist Christus etwa geteilt« (1 Kor 1,13)? Im übrigen liegt der entscheidende, auch die Stellung zur Marienverehrung bestimmende Punkt in der *theologischen Anthropologie.* Die Frage ist, ob der Mensch fähig und gewillt ist, nach dem ihm von Gott geschenkten Maß an seiner und anderer Menschen Heil mitzuwirken. Hier entzündeten sich ja auch die Fragen bezüglich der Verehrung und Anrufung Mariens als Mittlerin. Das II. Vatikanische Konzil hat dem Drängen zahlreicher Bischöfe nach einer dementsprechenden Glaubensentscheidung nicht nachgegeben, gerade auch mit Rücksicht auf das ökumenische Gespräch. Es hat sich aber den rechten Gebrauch dieses besonders von der Ostkirche begünstigten Titels nicht verwehren lassen, sondern ihn mit anderen aus der kirchlichen Tradition bekannten Titeln Mariens bestätigt (Lumen gentium, Art. 62). Das Konzil erklärte gegen Schluß des marianischen Kapitels: »Der heiligen Synode bereitet es große Freude und Trost, daß auch unter den getrennten Brüdern solche nicht fehlen, die der Mutter des Herrn und Erlösers die gebührende Ehre erweisen, dies besonders unter den Orientalen, die sich zur Verehrung der allzeit jungfräulichen Gottesmutter mit glühendem Eifer und andächtiger Gesinnung vereinen. Alle Christgläubigen mögen inständig zur Mutter Gottes und Mutter der Menschen flehen, daß sie, die den Anfängen der Kirche mit ihren Gebeten zur Seite stand, auch jetzt, im Himmel über alle Seligen und Engel erhöht, in Gemeinschaft mit allen Heiligen bei ihrem Sohn Fürbitte einlegen möge, bis alle Völkerfamilien, mögen sie den christlichen Ehrennamen tragen oder ihren Erlöser noch nicht kennen, in Frieden und Eintracht glückselig zum einen Gottesvolk versammelt werden, zur Ehre der heiligsten und ungeteilten Dreifaltigkeit« (Art. 69).

Zum Verständnis der Krisensituation der Marienverehrung in der Gegenwart ist schließlich noch ein Umstand zu bedenken, der zu den besorgniserregendsten unserer Zeit gehört: der wachsende *Schwund des Kirchenbewußtseins.* Was früher mehr als attraktives Vortragsthema galt: »Christus: Ja — Kirche: Nein!«, das ist heute zu einer weitverbreiteten Denk- und Lebensweise geworden, so daß ein Buch über die heutige Lage unter dem Titel zu berichten weiß »Religiös ohne Kirche«. Insofern in unserem Jahrhundert die Theologie gerade den inneren Zusammenhang zwischen Maria und der Kirche ans Licht gehoben und auch das Konzil durch die Eingliederung des Marienschemas in die Dogmatische Konstitution über die Kirche und mehr noch durch seine diesbezüglichen Darlegungen diese Erkenntnisse bestätigt und ausgewertet hat, wird von dem eben bezeichneten Phänomen notwendig auch die Stellung vieler Christen zur Gottesmutter berührt. Wer die Kirche nur mit den Kategorien der Soziologie in den Griff zu bekommen meint und versucht, verfehlt ihr innerstes Wesen nämlich *»Das Mysterium der Kirche«,* von dem das erste Kapitel der Kirchenkonstitution spricht. Als Parallele drängt sich der Blick auf die Folgen einer totalen Horizontalisierung der Christusgestalt auf; durch sie wird auch die Mariengestalt und die Marienverehrung betroffen. Die Bedeutung der Mariengestalt ist nur aus dem Christusglauben zu erfassen; so können auch die Kirche, ihr Wesen und ihre Heilsbedeutung nur aus dem Glauben an Christus recht begriffen und dargestellt werden. Nicht umsonst ist auch die Kirche im christlichen Credo einer der Glaubensartikel. Hier gilt analog, was der hl. Augustinus in seiner Erklärung des Glaubensbekenntnisses sagt: »An Christus glauben, heißt Christus lieben, ihm anhangen.« Kirchenbewußtsein, Kirchlichkeit in Gesinnung und Leben wirkt, jedenfalls im katholischen Raum, notwendig zurück auf die Marienverehrung und andere typisch katholische Frömmigkeitsformen. Es ist festzustellen, daß mancherorts die Talsohle der Skepsis und Kritik bereits auch in diesem Punkt zum guten Teil durchschritten ist. Auch das Marianische in der Kirche beweist seine Lebenskraft und Legitimität stets aufs neue. Bücher, Meditationen, Predigten und andere Formen der Bekundung marianischer Frömmigkeit haben in den letzten Jahren einen beachtlichen Aufschwung erlebt, nicht zuletzt, weil sich das einfache Kirchenvolk auch durch theologische Anfechtungen nicht irre machen läßt. Mehr als einmal in der Kirchengeschichte waren es die schlichten Gläubigen, die das katholische Erbe wahrten und verteidigten, so z. B. in den dem Konzil von Ephesus (431) vorausgegangenen Kontroversen. Hat Christus nicht einmal den Vater dafür gepriesen, daß er den Kleinen geoffenbart hat, was den Klugen verborgen geblieben ist (vgl. Mt 11,25)?

III. Johannes Paul II. Bannerträger der Marienverehrung.

Die Rückbesinnung auf das marianische Erbe in der katholischen Kirche, ihrer Theologie und Frömmigkeit, hat in jüngster Zeit besondere Impulse erfahren durch den Papst aus Polen, wo die Gottesmutter im Volk einen unverdrängbaren Platz behauptet. Wenn das Ereignis und Ergebnis einer Papstwahl kein bloßer Zufall ist, dann darf dieser Oberste Hirte der katholischen Kirche auch unter dem Aspekt des kirchlichen Lebens als ein Geschenk der Vorsehung betrachtet werden. Von der ersten Stunde seiner Wirksamkeit an hat sich Johannes Paul II., sozusagen als Kommentar zu dem großen M in seinem Wappen mit der Inschrift »*Totus tuus* — ganz der Deine«, in Wort und Schrift zum Anwalt der Marienverehrung gemacht und die ganze katholische Welt dafür zu begeistern versucht. Wie Paul VI. greift er nicht so sehr theologische Fragen der Marienlehre auf — auch für ihn hat das Konzil deutlich genug gesprochen —; der Papst versucht vielmehr, diesen Glauben für das kirchliche und alltägliche Leben der Gläubigen fruchtbar zu machen. Alle will er zu einem gesteigerten *Vertrauen auf die Gottesmutter* ermutigen. Auf seinen apostolischen Reisen sucht er berühmte marianische Wallfahrtsorte auf, um dort mit dem Volk zu Maria zu beten und sein und der ganzen Kirche Vertrauen auf Maria, die Hilfe der Christen, zu bekunden. Er spürt und läßt es andere fühlen, daß es nicht so sehr auf theologische Fragen und Probleme ankommt, sondern auf ein persönliches, geradezu kindliches Verhältnis der Gläubigen zur Mutter des Erlösers. In den Ansprachen, die der Papst an den verschiedenen Wallfahrtsorten oder an anderen Marienheiligtümern hielt, stellte er besonders die Heilsbedeutung der Gottesmutter, ihr leuchtendes Tugendbeispiel und ihre fürbittende und schützende Funktion für die Kirche heraus. Mehrmals hob er den von Paul VI. favorisierten Titel *»Mutter der Kirche«* hervor. Inzwischen hat er den Katholiken in Polen und Jugoslawien ein eigenes neues Marienfest unter diesem Titel genehmigt. Ein bewegendes Gebet richtete er bei seinem Besuch der Gnadenstätte in Altötting an Maria.

In seiner Enzyklika »Dives in misericordia« — »Reich an Barmherzigkeit« vom 30. November 1980 widmet Johannes Paul II. ein eigenes Kapitel der *»Mutter des Erbarmens«*. Er schreibt: »Maria hat auf besondere Weise — wie sonst niemand — das Erbarmen Gottes erfahren und ebenso auf außerordentliche Weise mit dem Opfer des Herzens ihr Teilnehmen an der Offenbarung des göttlichen Erbarmens möglich gemacht ... Niemand hat so wie die Mutter des Gekreuzigten das Geheimnis des Kreuzes erfahren, diese erschütternde Begegnung der transzendenten göttlichen Gerechtigkeit mit der Liebe, diesem ‚Kuß' zwischen Erbarmen und Gerechtigkeit. Niemand hat wie Maria dieses Geheimnis mit dem Herzen aufgenommen: die wahrhaft göttliche Dimension der Erlösung, die sich vollzug durch den Tod des Gottessohnes auf Golgotha mit dem Herzensopfer seiner Mutter, zusammen mit ihrem endgültigen ‚Fiat'. Maria kennt am tiefsten das Geheimnis des göttlichen Erbarmens. Sie kennt seinen Preis und weiß, wie hoch er ist. In diesem Sinn nennen wir sie auch Mutter der Barmherzigkeit, Unsere Liebe Frau vom Erbarmen oder Mutter des göttlichen Erbarmens ... Nachdem sie in außergewöhnlicher Weise das Erbarmen erfahren hatte, ist sie in gleicher Weise ‚erbarmenswürdig' geworden — während ihres ganzen irdischen Lebens und vor allem unter dem Kreuz ihres Sohnes; und sie wurde schließlich durch die verborgene und zugleich einzigartige Teilnahme an der messianischen Aufgabe ihres Sohnes ganz besonders dazu berufen, den Menschen die Liebe nahezubringen, die zu offenbaren er gekommen war und die am konkretesten den Leidenden, den Armen, den Unfreien, den Blinden, den Unterdrückten und den Sündern gegenüber sichtbar wird, wie sie Jesus mit der Prophezeiung Jesajas beschrieben hat, in der Synagoge von Nazaret zuerst und dann als Antwort auf die Frage der Abgesandten Johannes des Täufers. Gerade an dieser ‚sich erbarmenden' Liebe, die vor allem bei der Begegnung mit dem moralischen und physischen Übel wirksam wird, hatte das Herz derer, die dem Gekreuzigten und Auferstandenen Mutter war, in außergewöhnlicher Weise Anteil. In ihr und durch sie offenbart sich die erbarmende Liebe weiterhin in der Geschichte der Kirche und der Menschheit« (Nr. 9).

Auch diese Ausführungen machen deutlich, *worauf es dem Papst ankommt:* auf das Verständnis der Person und Funktion Mariens und auf die Hinwendung der Gläubigen auf diese ihre geistliche Mutter in vertrauensvollem Gebet. Die Marienverehrung unseres Heiligen Vaters und sein marianisches Apostolat sind pastoral ausgerichtet; sie entspringen seiner Hirtensorge um das irdische Wohl und das ewige Heil der ihm anvertrauten Seelen, der ganzen Kirche. Es ist kein Zweifel, daß dieser Papst mit seiner unbefangenen, im tiefsten Herzen verankerten Religiosität zu einem überzeugenden Anwalt der Marienverehrung geworden ist und viele Gläubige ermutigt, sich wieder mehr der Gottesmutter zuzuwenden. Die ganze Welt ist Zeuge dafür, wie das polnische Volk, das eine so leidvolle Geschichte hinter sich hat und auch heute bedroht ist, aus der Marienverehrung Mut und Kraft schöpft, den auferlegten Prüfungen standzuhalten. Nicht anders aber ergeht es den Menschen und Völkern, die sich mit gleichem Vertrauen unter den Schutz der Helferin der Christen stellen. Sie hat in der bittersten Stunde ihres Lebens, unter dem Kreuz ihres Sohnes, das Vermächtnis übernommen, den Erlösten geistliche Mutter zu sein, und erfüllt es all denen gegenüber, die sie in dieser Heilsfunktion anerkennen und anrufen.

IV. Marienverehrung: Erbe und Auftrag der Kirche in Deutschland

Die Katholische Kirche in Deutschland ist in ihrer Glaubenshaltung, in den Ausdrucksformen ihrer Frömmigkeit und in den sichtbaren Denkmälern ihrer Religiosität unleugbar mitgeprägt vom Bekenntnis zu den Mariendogmen und von den mannigfachen Weisen der Marienverehrung. In allen Epochen ihrer Geschichte hat sie daraus Kraft und Segen geschöpft. Doch auch hier gilt die Mahnung Johann Wolfgang von Goethes: »Was du ererbst von deinen Vätern, erwirb es, um es zu besitzen!« Eindrucksvolle Beispiele der Kirchengeschichte belegen die Erfahrung, daß Glaube und Kultur des Christentums nicht notwendig an ein bestimmtes Volk oder Land gebunden sind. Das Schicksal der einst blühenden Kirchen Nordafrikas beim Ansturm des Islam ist nur eines der Zeugnisse. Menschen und Völker, die nicht nur unserem gemeinsamen Gott und Erlöser, sondern auch der Gottesmutter die Treue hielten, haben dagegen Gottes gnädige Hilfe erfahren. Gilt vielleicht auch von

Maria das tröstende Wort, das die Schrift von Gott selbst zu künden weiß: »Wenn wir untreu sind, bleibt er doch treu; denn er kann sich nicht selbst verleugnen« (2 Tim 2,13)?

Die Grenzen von Wohlstand und Fortschritt werden immer deutlicher sichtbar. Frieden und Sicherheit in Freiheit erscheinen wiederum gefährdet. Die Angst geht um: die Angst vor Naturkatastrophen und Wirtschaftskrisen, vor Hunger und Krankheit, vor Atomkrieg und Vernichtung des Lebensraums. Im Salve Regina betet die Kirche seit Jahrhunderten: »Du, *unsere Hoffnung,* sei gegrüßt!« Sie war es seit der Stunde, da der sterbende Erlöser sie seinem Jünger und in seiner Person der ganzen Christenheit als geistlicher Mutter geschenkt hat, in den Bedrängnissen der Kirche im Wandel der Jahrhunderte. Sie will es bleiben heute und morgen, da die Menschheit einer so dunklen Zukunft entgegengeht. Das II. Vatikanische Konzil hat am Schluß seines marianischen Dokuments erklärt: »Wie die Mutter Jesu, im Himmel schon mit Leib und Seele verherrlicht, Bild und Anfang der in der kommenden Weltzeit zu vollendenden Kirche ist, so leuchtet sie auch hier auf Erden in der Zwischenzeit bis zur Ankunft des Tages des Herrn als Zeichen der sicheren Hoffnung und des Trostes dem pilgernden Gottesvolk voran« (Nr. 68).

Die Kirche und ihre großen Anliegen, die vielfältigen Nöte und Sehnsüchte der Menschen unserer Zeit, das Versagen der Ersatzgötter und der rein innerweltlichen Erlösungsversuche sowie das unausrottbare Heilsverlangen der Christen werden so wenig aussterben wie die stets hilfsbereite *Fürsprache und Wegweisung der Mutter Christi.* Sie werden dafür sorgen, daß die Marienverehrung auch in unserem Vaterland nicht ausstirbt. Nur wer sich ihr bewußt versagt, begibt sich ihres Segens. Denen aber, die sie als Erbe und Auftrag weiterpflegen, wird sie ein Unterpfand für eine glückliche Zukunft, für einen »neuen Advent der Kirche« (Johannes Paul II., Enzyklika »Redemptor hominis, Nr. 7) sein.

In dieser Zuversicht hat Papst Johannes Paul II. am 18. November 1980 bei seinem Besuch in Altötting zur himmlischen Patronin unseres Landes gebetet: »Dir, Mutter, vertraue ich *die Zukunft des Glaubens* in diesem alten christlichen Land an; und eingedenk der Bedrängnisse des letzten furchtbaren Krieges, der besonders den Völkern Europas so tiefe Wunden zugefügt hat, vertraue ich Dir den Frieden in der Welt an. Unter diesen Völkern möge eine neue Ordnung entstehen, die sich auf die volle Achtung der Rechte einer jeden Nation und eines jeden Menschen in seiner Nation gründet, eine wahrhaft sittliche Ordnung, in der die Völker zusammenleben können wie in einer Familie durch den gebührenden Ausgleich von Gerechtigkeit und Freiheit. Dieses Gebet richte ich an Dich, Königin des Friedens und Spiegel der Gerechtigkeit, — ich, Johannes Paul II., Bischof von Rom und Nachfolger des heiligen Petrus — und hinterlasse es an Deiner Gnadenstätte in Altötting zum bleibenden Gedenken.«

Jan Nalaskowski

Die Bedeutung des Wallfahrtsortes »Jasna Góra« im Lichte des 600jährigen Jubiläums

Einführung

Das 600jährige Jubiläum des National-Wallfahrtsortes »Jasna Góra« in Tschenstochau / Polen zeigt uns die Beständigkeit, Echtheit und Entwicklung des Glaubens durch die Marienverehrung in unserem Volke.

Das Heiligtum »Jasna Góra« — der Klare Berg — ist nicht nur das geistliche Zentrum des polnischen Volkes und ein herrliches Denkmal der Kultur, nicht nur der Ort der besonderen Anwesenheit der Gottesmutter Maria und ihres berühmtesten Gnadenbildes, sondern das unvergleichbare Zeugnis des lebendigen Glaubens unseres Volkes durch Jahrhunderte.

Zugleich ist es ein unaussprechliches Zeichen der Hoffnung und Dankbarkeit der Generationen. Nicht weniger aber auch war das Heiligtum eine außerordentliche Schule, wo sich gerade der Glaube, die christliche Kultur, das moralische Leben, der Geist und die Seele des Volkes bildete.

I. Jasna Góra als Begegnungsort des glaubendes Volkes mit der Mutter und Königin

1. Theologische Begründung

Wenn wir nach der eigentlichen Funktion des Heiligtums Jasna Góra in der Kirche und im polnischen Volke fragen und sie verstehen möchten, müssen wir zu theologischen Grundlagen greifen. Prof. Karl Rahner antwortete auf die ihm gestellte Frage, was er über die Heiligtümer wie Lourdes, Einsiedeln, Kevelaer, Jasna Góra meine, daß wohl die Erklärung und Deutung in der *Religionsgeschichte* zu suchen und zu finden sei. Der allmächtige Herr aller Völker wählt für die Verwirklichung eigener Heilsabsichten besondere Personen, Orte, Zeiten und Dinge, was wir deutlich im Alten und Neuen Testament entdecken können. Z. B. die Auserwählung Abrahams, der Jungfrau Maria, des Sinai- und Kalvarienberges, der Arche des Bundes, das Holz des Kreuzes, die Zeit der Inkarnation usw. Warum also darf der Allmächtige nicht weiter Altötting, Fatima oder Jasna Góra als besondere Gnadenstätte zum Vollzug eigenen Heilshandelns bestimmen?!

Es ist also wohl die Sache der göttlichen Bestimmung, daß im Klaren Berge nicht nur das berühmte Bild der Gottesmutter Maria sich befindet, sondern daß sie selber in besonderer Weise da ist, anwesend ist, wie damals der Hl. Vater Johannes Paul II. während seiner Pilgerreise in Tschenstochau, am 4. Juni 1979, sagte. Und so ist Jasna Góra eine Gnadenstätte geworden.

2. Ein Volk auf der Pilgerschaft

Die Anwesenheit des Bildes und der Gottesmutter, ihre mütterliche Sorge und Fürsprache bewirkten, daß das Volk nach Tschenstochau zu pilgern begann. Die Anziehungskraft des Ortes wurde immer größer, so daß die Jasna Góra in den letzten Jahrhunderten als marianisches Hauptheiligtum des polnischen Volkes anzusehen ist. Das Pilgern und die Pilgerschaft stellen ein interessantes Problem dar. Sie zeigen, daß ganz tief im Inneren des menschlichen Herzens etwas Unruhiges, eine unerlöschliche Sehnsucht ist, ein Verlangen nach einer anderen vollkommenen Welt, wo die authentische Wahrheit und Gerechtigkeit wohnt. Der Mensch sucht spontan einen Weg, um sich aus dem bisher geistlich verdunkelten Raum loszureißen, den unvollkommenen Lebensstil zu verlassen, einen Übergang vom Tod der Sünde zum Licht des ewigen Lebens zu finden und zum väterlichen Haus zurückzukehren.

Gerade im Pilgern des polnischen Volkes nach Jasna Góra ereignet sich dieses Geheimnis in der ganzen Breite weiter. Heutzutage ist ein solcher Auszug von der religiösen Gleichgültigkeit durchaus notwendig.

Es handelt sich hier um das »Herausreißen« aus den bisherigen, diesseitigen Gedanken, Einstellungen und zu festen Verbindungen mit dem Irdischen, damit man für das Einziehen in die göttliche Dimension befreit wird. Unzählige Erfahrungen bestätigen, daß die Jasna Góra ein — sogar sehr — geeigneter Ort dafür ist. Hier wenden sich und öffnen sich die Leute auf Gott hin, hier erleben sie oft etwas ganz Neues und Erstaunliches, hier entdecken sie, daß sie vor allem für ein ewiges Leben bestimmt sind.

3. Das Heiligtum Jasna Góra als Ort des Dialoges zwischen dem Volk und der Gottesmutter

Seit Jahrhunderten pilgern die Generationen des polnischen Volkes zur Mutter und Königin. Sie spüren einen inneren Drang, der Lieben Mutter alles zu sagen und anzuvertrauen. Sie stellen ihr alle bedeutungsvollen Momente des Lebens dar, bitten um Hilfe und Lösung der schwierigen Lagen.

Man hat festgestellt, daß die Seele der polnischen Nation gerade solcher Orte und Möglichkeiten bedarf, um sich ohne Risiko ganz offen »aussprechen« zu können. Das Bedürfnis der Aussprache kommt in den Danksagungen und Bitten stark zum Ausdruck. Um einen Überblick zu gewinnen, können wir angeben, daß in jeder Woche der Sommermonate die Pilger etwa neun- bis zwölftausend Fürbitt- und Dankzettelchen einlegen, wobei ⅓ die Danksagungen und ⅔ verschiedenste Bitten äußern.

Als Betreuer des Wallfahrtsortes sind wir verpflichtet zu bezeugen, daß die Jasna Góra eine unvergleichliche Stätte des Glaubensbekenntnisses, der Dankbarkeit, aber noch mehr ein Bollwerk des Flehens und der Zuversicht unseres Volkes ist. Das Heiligtum Jasna Góra wird der allgemeinen Überzeugung nach als wahres Haus der liebenden Mutter und himmlischen Königin anerkannt.

Man muß auch bezeugen, daß durch die wachsende Zahl von Wallfahrten aus allen Gebieten des polnischen Landes (im Jahr 1981 besuchten vier Millionen Pilger das Heiligtum) die Gnadenstätte in Tschenstochau seit Jahrhunderten eine wichtige Rolle für die Einheit und für die Bewahrung der Eigentümlichkeit des Volkes spielt.

Durch den Glauben und die Marienverehrung festigt sich die christliche Kultur und verwirklicht die Identität der Nation.

II. Das Geheimnis des Gnadenbildes

1. Die heilige Ikone

Das Gnadenbild der Jungfrau und Gottesmutter Maria von Tschenstochau stellt eine authentische Ikone dar, die eine unerklärbare Ausstrahlungs- und Anziehungskraft besitzt. Die Theologie der Bilder der Gottesmutter weist darauf hin, daß die ikonographischen Darstellungen der Christusgebärerin zwei Heilsfunktionen realisieren.

Zuerst die hinweisende didaktische Funktion. Es ist zu bemerken, daß die hl. Ikone die Wirksamkeit der göttlichen Gnade darstellt und zeigt zugleich die ewige, verklärte Bestimmung der Menschen deutlich. Die Muttergottes auf dem Bilde präsentiert in erster Linie nicht das damalige irdische Leben, sondern schon die glorreiche und selige Wirklichkeit, die Teilnahme der in den Himmel aufgenommenen Gottesmutter an der Herrlichkeit des ewigen Gottes. Die Aussagekraft könnte man mit dem Wort in der göttlichen Offenbarung vergleichen. Hier spricht der Heilige Geist durch das Wort, dort wieder durch die Komposition und Farben des Bildes.

Die zweite Funktion der hl. Ikone besteht darin, daß sie auf die Anwesenheit der Mutter des Herrn hinweist, die zugleich auch durch das Bild strahlt. Deswegen konnte auch der Hl. Vater in Tschenstochau sagen: »So oft kamen wir nach hier, legten unser Hirtenohr an diese Stelle, um zu hören, wie das Herz der Kirche und des Volkes im Herzen der Mutter schlägt. /.../ Wenn wir wissen wollen, wie die Geschichte im polnischen Herzen fließt, müssen wir hierher kommen. Man muß das Lebensecho des Volkes im Herzen seiner Mutter und Königin hören.«

In dem Schreiben zur Eröffnung des Jubiläumsjahres (vom 8.12.1981) fuhr der Hl. Vater fort, daß die hl. Ikone schon seit 600 Jahren der Gottesmutter dient, damit sie für die, die sie im Heiligtum umgeben, umkreisen und verehren, anwesend sein kann. Aus diesem Grund darf in der Heimat des Jasna Góra die Hoffnung nie fehlen! Unaufhörlich lehrt die Muttergottes die Generationen ihres Volkes, wie sie sich nach dem Brief an die Galater von der Knechtschaft losmachen können, um die Freiheit kämpfen und die göttliche »verheißene Sohnschaft« annehmen können.

2. Die Erlebnisse der Pilger beim Gnadenbild der Schwarzen Madonna

Die besonders strahlende hl. Ikone der Mutter des Herrn hat bewirkt, daß von Anfang an, seit sie sich auf dem Klaren Berge befindet, immer Pilgergruppen dahinzogen.

Die Pilger, die das Gnadenbild betend betrachteten, erkannten im Antlitz der Mutter die Schönheit der ewigen Bestimmung, das Böse der Sünde, die Notwendigkeit der Umkehr und Sühne. Nach dem Bewunderungsgefühl kommt eine Gewissensruhe. Der Mensch entdeckt dann immer deutlicher, daß er dem Herrn ungehorsam war, daß er ein Sünder ist. Nach solcher Feststellung folgt die Reue, oft mit bitteren Tränen, danach die Hoffnung auf die Fürsprache der gütigen Mutter des Herrn — und die echte Beichte. Deswegen kann man in den Sommermonaten bei den Beichtstühlen lange Schlangen von Poenitenten sehen.

Somit sind die Paulinermönche seit 600 Jahren die lebendigen Zeugen, daß die Tschenstochauer Ikone der Gottesgebärerin und die Marienverehrung in keiner Weise zur Verdunkelung und Zurücksetzung der Christusgeheimnisse führen, sondern umgekehrt, gerade wirksam zum Glauben an Jesus Christus und der Ehre Gottes dienen. Die 600jährigen Erfahrungen der Paulinermönche geben den Anlaß, alle Befüchtungen und Verdächtigungen, die manche frommen Theologen mit der Marienverehrung haben, rücksichtslos abzulehnen und als unbegründet zu verurteilen.

Doch sind die Priester verpflichtet, nach dem Vorschlag des Zweiten Vatikanischen Konzils, für die Echtheit des Marienkultes zu sorgen und übertriebene Symptome zu beseitigen.

3. Die Besonderheit der Umkehr auf dem Klaren Berge

Viele Pilger, etwa ⅓ von denen, die die Wallfahrt nach Tschenstochau unternehmen, kommen mit der Absicht und Hoffnung, daß sie im Heiligtum der Mutter und Königin etwas ganz Besonderes erleben. Die Einstellung und Erwartung bezieht sich auf das Sakrament der göttlichen Vergebung. Die Erwartung, daß die Beichte in der Gnadenstätte außergewöhnlich verlaufen wird, bringt befreiendes Gefühl, tiefen Frieden und persönliche Stärkung.

Es ist zugleich hervorzuheben, daß die Pilger auch innerlich bereit sind, die gründliche Erneuerung des religiösen und moralischen Lebens zu beginnen. Sie kommen mit der festen Sehnsucht, von allem Bösen wirklich und wirksam befreit zu werden.

Es bleibt noch ein anderes Merkmal der Pilger im Heiligtum zu unterscheiden und zwar, das Bewußtsein und Spüren der HEILIGEN Wirklichkeit. Die ganze Ausstattung des Wallfahrtsortes weckt den klaren Gedanken, daß der Allmächtige nicht nur barmherzig, sondern auch zugleich der Heilige, ja der Allerheiligste ist.

Deswegen kniet das pilgernde Volk und deswegen meint es, daß man nur auf den *Knien* beten darf, die *hl. Mutter Gottes* verehren; auf den Knien die *heilige* Beichte vollziehen, an der *heiligen* Liturgie und der Eucharistiefeier teilnehmen darf und nur auf den Knien das neue und mehr *heilige* Leben anfangen kann.

Schließlich ist noch die personale Dimension der Religion der Pilger zu betonen. Das Gebet und die Bekehrungen haben Dialogcharakter. Der Raum und die prachtvolle Ausstattung der Kapelle der Gottesmutter, das eindrucksvolle Gnadenbild, die große Menge der spontan und eifrig betenden Pilger — das alles trägt dazu bei, daß die Menschen sich dort von einer menschlichen Wärme und freundlichem Klima umgeben fühlen. Sie spüren die Innigkeit der freundlich-mütterlichen Atmosphäre, die erleichert und zu direktem Gespräch mit Gott und Maria neigt. Das Gebet ist innig, herzlich und vertrauensvoll. Zugleich aber auch sehr ernst. Der Formalismus und das mechanische Beten fallen im Heiligtum ganz ab. Das ist wohl eine charismatische Eigenschaft des Ortes Jasna Góra.

Der zusammenfassende Gedanke

Die durchgeführte Betrachtung hat enthüllt, wie seit 600 Jahren das Heiligtum der Gottesmutter Maria auf dem Klaren Berge in Tschenstochau, eine unersetzbare Funktion im religiösen und moralischen Leben des polnischen Volkes verwirklicht, einigt und zur Verständigung der Generationen führt, bildet eine unerschöpfliche Quelle des festen Glaubens und der Hoffnung und zeigt dem verwirrten Volke den eigentlichen Weg zur ersehnten Erneuerung des ganzen Lebens.

Dokumente

Irenäus von Lyon

Aus dem III. Buch von »Adversus Haereseos« Kap. 16/19/21. PG 7, 919—925/940—941/951—953

1. Es behaupten aber einige, Jesus sei ein Gefäß Christi gewesen, Christus sei auf ihn wie eine Taube herabgestiegen und dann, nachdem er den unnennbaren Vater verkündet hatte, unbegreiflich und unsichtbar in das Pleroma eingegangen. Nicht nur die Menschen hätten es nicht bemerkt, sondern nicht einmal die Mächte und Kräfte im Himmel. Dieser Jesus sei der Sohn, Christus der Vater und Christi Vater sei Gott. Andere wiederum sagen, daß er nur dem Anschein nach gelitten habe, in Wirklichkeit aber leidensunfähig sei. Die Valentinianer hingegen behaupten, der verheißene Jesus sei durch Maria hindurchgegangen; auf ihn sei der obere Erlöser herniedergestiegen, den sie auch Christus nennen, weil er die Namen aller derer trage, die ihn aussandten. Dieser habe jenem Verheißenen Anteil an seiner Kraft und seinem Namen gegeben, damit der Tod durch ihn zerstört und der Vater durch den Erlöser erkannt werde, der von oben herabstieg, und den sie wiederum Gefäß Christi und des gesamten Pleroma nennen. So bekennen sie zwar mit der Zunge einen Christus Jesus, spalten ihn aber in ihrer Lehre. Denn das ist ja ihr Dogma, wie wir oben gesagt haben, daß der eine Christus von dem Eingeborenen zur Besserung des Pleroma ausgesandt wurde, der andere aber als Erlöser zur Verherrlichung des Vaters; der dritte erst ist der Verheißene, der ins Leiden geriet, als sich der christustragende Heiland ins Pleroma zurückzog.

Demgemäß ist es erforderlich, daß wir die gesamte Lehre der Apostel über unsern Herrn Jesus Christus heranziehen und nachweisen, daß dieselben nicht nur nichts dergleichen gedacht, sondern vielmehr sogar durch den Heiligen Geist angezeigt haben, daß die, welche anfangen würden, solches zu lehren, vom Satan dazu angestachelt sind, um etliche vom Glauben abtrünnig zu machen und vom Leben abzubringen.

2. Daß zunächst Johannes nur ein einziges Wort Gottes kannte, und daß dies der Eingeborene sei, Jesus Christus, unser Herr, der zu unserer Erlösung Fleisch geworden ist, das haben wir aus den Worten des Johannes selbst hinlänglich bewiesen. Doch auch Matthäus kennt nur einen einzigen Jesus Christus; denn indem er seine menschliche Geburt aus der Jungfrau darlegt, wie Gott dem David gemäß seiner viel früher dem Abraham gegebenen Verheißung versprochen hatte, daß er aus der Frucht seines Leibes einen ewigen König erwecken werde, da sagt er: »Buch der Abstammung Jesu Christi, des Sohnes Davids, des Sohnes Abrahams.« Alsdann fährt er fort, um uns vor Argwohn gegen Joseph zu schützen: »Mit der Geburt Christi aber verhielt es

sich folgendermaßen: Da seine Mutter mit Joseph verlobt war, wurde sie, bevor sie zusammenkamen, vom Heiligen Geiste schwanger erfunden.« Als sodann Joseph daran dachte, Maria zu entlassen, da sie schwanger war, stand bei ihm der Engel Gottes, der da sprach: »Fürchte dich nicht, Maria, dein Weib, zu dir zu nehmen, denn was sie im Mutterschoße hat, ist vom Heiligen Geiste. Sie wird aber einen Sohn gebären, und du wirst seinen Namen Jesus nennen, denn dieser wird sein Volk von seinen Sünden erlösen. Dies aber ist geschehen, damit erfüllt würde, was gesagt ist von dem Herrn durch den Propheten: Siehe, die Jungfrau wird im Mutterschoße empfangen und einen Sohn gebären, und man wird seinen Namen nennen Immanuel, d.h. Mit uns Gott.« Daraus geht klar hervor, daß die den Vätern gegebene Verheißung erfüllt war, daß aus einer Jungfrau der Sohn Gottes geboren wurde, und daß dieser Christus der Erlöser ist, den die Propheten verheißen haben. Also ist es nicht so, wie jene sagen, daß bloß Jesus aus Maria geboren sei und der obere Christus herabgestiegen. Sonst hätte Matthäus auch sagen können: »Mit der Geburt Jesu verhielt es sich folgendermaßen«; indem aber der Heilige Geist die Fälscher voraussah und uns gegen ihre Arglist schützen wollte, sprach er durch Matthäus: »Mit der Geburt Christi verhielt es sich folgendermaßen ... und dieser ist der Immanuel« — damit wir ihn nicht für einen bloßen Menschen halten. Denn »nicht aus dem Willen des Fleisches, noch aus dem Willen eines Mannes, sondern aus dem Willen Gottes ist das Wort Fleisch geworden«. So dürfen wir also nicht annehmen, daß Jesus und Christus verschiedene Personen sind, sondern müssen wissen, daß es ein und derselbe ist.

3. Genauso ist auch die Erklärung Pauli, der an die Römer schreibt: »Paulus, ein Apostel Jesu Christi, auserkoren für das Evangelium Gottes, das er verheißen hat durch seine Propheten in den Heiligen Schriften von seinem Sohne, der ihm geworden ist aus dem Samen Davids dem Fleische nach, und der vorherbestimmt war zum Sohne Gottes in Kraft durch den Geist der Heiligung aus der Auferstehung Jesu Christi, unseres Herrn.« Und wiederum heißt es im Briefe an die Römer in Betreff Israels: »Aus ihren Vätern ist Christus dem Fleische nach, der da ist Gott, über alles gepriesen in Ewigkeit.« Ebenso heißt es im Briefe an die Galater: »Als aber die Fülle der Zeit kam, sandte Gott seinen Sohn, gemacht aus dem Weibe, gemacht unter dem Gesetze, damit er die, welche unter dem Gesetze waren, erlöste und wir an Kindesstatt angenommen würden.« So bekundet er deutlich: Einer ist Gott, der durch die Propheten die Verheißung von dem Sohne gab. Und einer ist Jesus Christus, unser Herr, der von dem Samen Davids aus Maria der Jungfrau geboren ist; dieser Jesus Christus ist bestimmt zum Sohne Gottes in Kraft nach dem Geist der Heiligung seit seiner Auferstehung von den Toten, damit er der Erstgeborene der Toten sei, wie er auch der Erstgeborene in der ganzen Schöpfung ist. Der Sohn Gottes ist Sohn des Menschen geworden, damit wir durch ihn an Kindesstatt angenommen würden, indem der Mensch den Sohn Gottes trug, faßte und umarmte. Deswegen sagt auch Markus: »Anfang des Evangeliums Jesu Christi, des Sohnes Gottes, wie geschrieben ist in den Propheten.« Er weiß es also, daß Jesus Christus, der Sohn Gottes allein derjenige ist, der von den Propheten verkündet wurde als die Leibesfrucht Davids, Immanuel der »Verkünder des großen Ratschlusses« des Vaters, den Gott dem Hause Davids aufgehen ließ, den »Aufgang und den Gerechten«, und »das Horn des Heils ihm errichtete« und »ein Zeugnis in Jakob erweckte«, wie

David die Gründe seiner Geburt mit den Worten angibt: »Und ein Gesetz stellte er auf in Israel, damit die nächste Generation es erkenne. Es werden die Söhne, die von diesen geboren wurden, auferstehen und es wieder ihren Kindern erzählen, damit sie auf Gott ihre Hoffnung setzen und seine Gebote erforschen.« Und wie wiederum der Engel Maria die Botschaft bringt, sagt er: »Dieser wird groß sein und Sohn des Allerhöchsten genannt werden, und es wird ihm der Herr den Thron seines Vaters David geben«, womit er den Sohn des Allerhöchsten zugleich als den Sohn Davids bezeichnet. Und indem David die Ordnung seiner Ankunft durch den Heiligen Geist erkennt, gemäß derer er »Herr der Lebendigen und der Toten« ist, bekennt er ihn als den Herrn, der da »sitzet zur Rechten des höchsten Vaters«.

2. Wer wird daher seine Geburt erzählen, da er ein Mensch ist, und wer wird ihn erkennen? Der erkennt ihn, dem der Vater im Himmel es offenbart hat, damit er einsehe, daß der, welcher nicht aus dem Willen des Fleisches noch aus dem Willen des Mannes als Menschensohn geboren wurde, Christus, der Sohn des lebendigen Gottes. Denn daß überhaupt keiner aus den Söhnen Adams schlechthin Gott genannt oder Herr geheißen wird, das haben wir aus den Schriften nachgewiesen. Alle aber, die nur ein wenig um die Wahrheit sich kümmern, können sehen, daß er allein von allen Menschen, die jemals gewesen sind, im eigentlichen Sinne als Gott und Herr und ewiger König und Eingeborener und fleischgewordenes Wort von allen Propheten und Aposteln und dem Geiste selber bekannt wird. Dies Zeugnis über ihn würden die Schriften nicht ausstellen, wenn er ähnlich wie alle ein bloßer Mensch gewesen wäre. Beide göttlichen Schriften bezeugen aber seine vor allem einzige glorreiche Geburt aus dem ewigen Vater und ebenso seine glorreiche Geburt aus der Jungfrau, und daß er als Mensch ohne Schönheit sein und leiden werde, daß er sitzen werde auf dem Füllen der Eselin, daß er mit Essig getränkt werden und im Volke verspottet werden würde und in den Tod hinabsteigen, und daß er zugleich der heilige Herr und wunderbare Ratgeber und schön von Gestalt und der starke Geist sein werde, über den Wolken kommend als erster Richter des Weltalls, dies alles haben von ihm die Schriften verkündet.

3. Wie er nämlich Mensch war, um versucht zu werden, so war er auch das Wort, um verherrlicht zu werden. Das Wort ruhte, damit er versucht, verunehrt, gekreuzigt werden und sterben konnte; es tat sich aber mit dem Menschen zusammen, damit er siegen, ausharren, sich liebreich erweisen, auferstehen und in den Himmel auffahren konnte. Dieser Sohn Gottes also ist unser Herr und das Wort des Vaters und der Sohn des Menschen. Denn insofern er aus Maria, die von Menschen abstammte und daher selbst ein Mensch war, sein Dasein empfing, ist er der Sohn des Menschen geworden. Deswegen gab auch der Herr selbst uns das Zeichen in der Tiefe und in der Höhe oben, das der Mensch nicht verlangt hatte, weil er gar nicht hoffte, daß eine Jungfrau, die wirklich Jungfrau war, schwanger werden und einen Sohn gebären könne. Und dieser ihr Sohn war der »Gott mit uns«, stieg herunter auf die Erde und suchte das verlorene Schaf, das doch sein eigenes Geschöpf war, und stieg hinauf in die Höhe, um seinem Vater den Menschen, den er gefunden hatte, anzubieten und zu empfehlen, und stand selber als erster von den Toten auf, damit, wie das Haupt, so auch der ganze übrige Leib des Menschen, der das Leben empfangen hatte, nach der für seinen Ungehorsam fest-

gesetzten Zeit der Verdammnis auferstehe, durch die innigste Verbindung erstarkend und gekräftigt durch das Zutun Gottes, indem jedes Glied seinen eigenen und passenden Platz am Körper hat. Denn viele Wohnungen sind bei dem Vater, wie auch viele Glieder am Körper.

5. Indem er ferne sagte: »Höret ihr vom Hause Davids«, zeigte er an, daß aus einer Jungfrau von dem Geschlechte Davids jener geboren werden sollte, von dem Gott dem David verheißen hatte, daß er ihm von der Frucht seines Leibes einen ewigen König erwecken werde. Deshalb verhieß er ihm auch aus der Frucht seines Leibes und nicht aus der Frucht seiner Lenden oder Nieren den König — das erstere bezeichnet die schwangere Jungfrau, das zweite den zeugenden Mann und das empfangende Weib. Es schloß also die Schrift bei dieser Verheißung die Genitalien des Mannes aus und erwähnt sie nicht, da der, welcher geboren werden sollte, nicht aus dem Willen des Mannes war. Mit Nachdruck aber betont sie die Frucht des Leibes, um die Geburt dessen zu verkünden, der aus der Jungfrau geboren werden sollte, wie Elisabeth, vom Heiligen Geiste erfüllt, bezeugt, indem sie zu Maria spricht: »Du bist gebenedeiet unter den Weibern, und gebenedeiet ist die Frucht deines Leibes.« So tat der Heilige Geist allen kund, die hören wollen, daß seine Verheißung, er werde aus der Frucht des Leibes den König erwecken, in der Jungfrau erfüllt ist, d.h. in der Geburt Mariens. Die also aus der »Jungfrau« bei Isaias eine »junge Frau« machen und ihn den Sohn Josephs sein lassen, die mögen auch die Verheißung, die bei David geschrieben steht, ändern, wo Gott ihm versprach, er werde ihm aus der Frucht seines Leibes ein Horn erwecken, d.h. das Reich Christi. Aber sie haben die Stelle nicht verstanden, sonst hätten sie auch versucht, diese abzuändern.

6. Mit den Worten: »In der Tiefe unten oder in der Höhe oben«, bezeichnete Isaias, daß der, welcher hinabstieg, derselbe war als der, welcher hinaufstieg, und die Worte: »Der Herr selbst wird euch ein Zeichen geben«, weisen hin auf den einzigartigen Charakter seiner Geburt, die nur deswegen so geschah, weil Gott der Herr, der Gott aller, im Hause Davids das Zeichen gab. Was wäre es aber Großes oder überhaupt Kennzeichnendes gewesen, wenn eine junge Frau nach der Empfängnis vom Manne geboren hätte? Das ist doch der gewöhnliche Lauf der Dinge. Weil aber mit Gottes Hilfe ein ganz ungewöhnliches Heil den Menschen werden sollte, darum geschah auch die ungewöhnliche Geburt aus einer Jungfrau, indem Gott dieses Zeichen gab und kein Mensch es bewirkte.

Methodius von Olympos

Aus der Predigt von Simeon und Anna, 10. PG 18,372—373

»Gegrüßt seist du, Glorreichste und Erhabenste! Dein Name: Gottesgebärerin ist von Segen und Gnaden voll. Du bist das Licht der Gläubigen, du die Begrenzung des Unbegrenzten, du die Wurzel der allerschönsten Blume, du die Ernährerin dessen, der alles ernährt, du umfaßt den, der alles in seiner Hand hält und umfaßt, du trägst den, der alles trägt und erhält, du die Pforte, durch die Gott Fleisch angenommen, du die Zange mit der feurigen, alles reinigenden Kohle, du der enge Schoß, der alles in sich schließt, du das Fell mit dem unbegreiflichen Tau, du jene Zisterne von Bethlehem, aus der David trinken wollte, um seine Lebensgeister zu erfrischen und aus der der Trank der Unsterblichkeit den Sterblichen erfloß, du der Versöhnungsaltar, auf dem Gott, mit der menschlichen Natur bekleidet, den Sterblichen erschien, du das unbefleckte Kleid dessen, der mit dem Licht wie mit einem Gewand sich bekleidet. Du hast Gott, dem Allmächtigen, der sonst keines Dinges bedarf, das Fleisch geliehen, das er nicht hatte; nur so konnte er in Wahrheit als das erscheinen, was zu sein er sich würdigte, nämlich ein Mensch. Was kann es Herrlicheres, was Höheres geben? Der Himmel und Erde erfüllt, dem alles gehört, was sich regt, ist deiner bedürftig geworden, du hast ihm ermöglicht, das zu werden, was er früher nicht war, nämlich Fleisch, du hast den Allmächtigen mit einem Leibe wie mit einem passenden Gewand angetan, damit er von mir leicht gesehen und umfaßt werden könne und ich zu ihm bequemen und sicheren Zutritt habe, um alle feurigen Pfeile des bösen Feindes auszulöschen. Wohlan, o Mutter und Magd Gottes, wohlan, die du den als Schuldner hast, der allen sich leiht und hingibt. Wir sind alle Schuldner Gottes, dir aber ist er selber Schuldner. Der also gesagt hat: Ehre Vater und Mutter, wird gewiß das Gebot, das er selbst gegeben, auch selbst beobachten, und zwar so, daß er hierin alle anderen Kinder übertrifft und wird deshalb der Mutter jede Gnade und Ehre erweisen, weil sie sich ihm bereitwillig zum Werkzeug seiner zweiten Geburt hingab und er sie zu seiner Mutter sich erkor, ohne daß sie einen Mann erkannte.«

German von Konstantinopel

Aus der Predigt am Fest Mariens-Darstellung. PG 98,292—310

O wunderbare Jungfrau Maria, die Du durch Deine ausgezeichnete Reinheit Gott herabziehst, um in Dir zu wohnen! Wahrlich keine aus den Töchtern Adams wurde je gefunden, oder wird gefunden werden, die im Glanze einer solchen Schönheit strahlte! O Du Freude der ganzen Erde, und Wonne aller Dinge. *Selig ist der Leib, der Dich getragen, und selig die Brüste, die Du gesogen hast!* O Jungfrau, erhabener als die Himmel, welche Du die durch den todbringenden Biß verblendeten Menschen mit dem Glanze Deines Lichtes erleuchtest! Du bist die Stütze der durch ihren Fall geschwächten Natur, Du der Schutz der dem Tode Anheimgefallenen, Du die von Gott gegründete Leiter, auf welcher die Menschen wieder in den Himmel hinaufsteigen. Sei gegrüßt, schöne Jungfrau und Braut Gottes, die Du, mit golddurchwirktem Kleide zur Rechten des Königs stehend, uns, die wir durch den tödlichen Apfel der Gnade beraubt sind, mit dem Mantel der göttlichen Barmherzigkeit und dem purpurnen Gewande (der Gnade) bekleidest!

Sei gegrüßt, die Du durch Deinen Tritt die alte Schlange, die Urheberin unserer Sünde, den höllischen Feind zertreten, und unsere durch den Fall geschwächte Natur wieder in die himmlischen Wohnungen geleitet hast! Sei gegrüßt, anmutiger, von Gottes Hand gepflanzter Garten, der die duftende Lilie und die unverwelkliche Rose hervorbringt: wo der Baum des Lebens zur Erkenntnis der Wahrheit hervorsproßt, der allen, die von seiner Frucht genießen, die Unsterblichkeit schenkt! Sei gegrüßt, unbefleckter, reinster, in Heiligkeit erbauter und mit göttlicher Pracht ringsum ausgestatteter Palast Gottes, des höchsten Königs, in welchem jenes Brautgemach des geistlichen Bräutigams sich befindet, in welchem unsere Natur als Braut mit dem Worte Gottes verbunden wurde.

Möge Dir die Andacht gefallen, mit der wir Dich preisen: nimm wohlgefällig auf die Empfindungen unserer aufrichtigen Liebe, mit der wir dem Urheber alles Guten für so viele Dir verliehenen Gaben Dank sagen. Unterstütze huldvoll, o gütige Jungfrau, unsere Bitten und bitte für uns Deinen Sohn, daß er uns, Deine Verehrer, an allen jenen heilbringenden Gaben teilnehmen lasse, die er durch Dich dem menschlichen Geschlechte mitgeteilt hat. Der mit dem Vater und dem heiligen Geist lebt und regiert in alle Ewigkeit. Amen.

Bernhard von Clairvaux

Aus der Homilie am Sonntag in der Oktav vom Fest der Aufnahme Mariens in den Himmel. PL 183,429—430

Geliebteste! *Ein* Mann und *eine* Frau haben uns schweren Schaden zugefügt. Aber, Gott sei Dank; durch *einen* andern Mann und *eine* andere Frau ist auch alles wiedergutgemacht, und nicht ohne großen Gewinn an Gnaden. Jedoch verhält es sich mit der Begnadigung nicht so wie mit der Schuld (Röm 5,15), sondern die Größe der Wohltat übersteigt weit den Wert des Schadens. So zerbrach der allerweiseste und gütigste Werkmeister nicht vollends, was erschüttert war, sondern stellte es sogar noch brauchbarer wieder her. Er formte aus dem alten Adam einen neuen und wandelte Eva in Maria um. Gewiß, Christus hätte genügen können; denn auch jetzt kommt all unser Genügen von ihm. Doch es war nicht gut für uns, daß der Mann allein sei (1 Mos 2,12). Weit passender war es, daß beide Geschlechter sich an unserer Wiederherstellung beteiligten, da ja auch keines bei unserer Zerstörung fehlte.

Fürwahr, der Mensch Jesus Christus ist ein getreuer und allmächtiger Mittler zwischen Gott und Mensch; allein die Menschen schauen in ihm mit heiliger Scheu die göttliche Majestät. Die Menschheit ist bei ihm scheinbar völlig in der Gottheit aufgegangen, nicht zwar als ob die Wesenheit verwandelt wäre, sondern weil sein Seelenleben ganz vergöttlicht wurde. Wir besingen nicht nur seine Barmherzigkeit, sondern ebenso sein Gericht (Ps 100,1). Wenn er auch aus seinem Leiden Mitleid lernte, um barmherzig zu werden, so hat er gleichwohl richterliche Gewalt inne. Mit einem Wort: Ein verzehrend Feuer ist unser Gott (Hebr 12,29). Sollte da der Sünder sich nicht fürchten, ihm zu nahen, um nicht vor Gottes Angesicht zu vergehen, wie Wachs zerfließt am Feuer (Ps 67,3)?

Daher wird man die Gebenedeite unter den Frauen nicht überflüssig finden. Sie hat in der Tat bei diesem Versöhnungswerk ihren Platz. Wir brauchten nämlich einen Vermittler zu jenem Mittler, und niemand ist dazu geeigneter als Maria. Eine höchst grausame Mittlerin war Eva. Durch sie spritzte die alte Schlange auch dem Manne das tödliche Gift ein. Aber eine treue Mittlerin war Maria; sie reichte Mann wie Frau das Gegengift des Heiles. Jene war das Werkzeug der Verführung, diese der Versöhnung. Jene verführte zur Übertretung, diese führte die Erlösung herbei. Sollte sich da die menschliche Schwachheit fürchten, vor Maria hinzutreten? Nichts Strenges ist an ihr, nichts Schreckhaftes. Sie ist ganz Milde, sie spendet allen Milch und Wolle.

Betrachte nur genauer den ganzen Verlauf des Berichtes im Evangelium und wenn du ein Scheltwort oder sonst ein hartes Wort, ja schließlich das Anzeichen auch nur leisen Unwillens an Maria finden solltest, dann magst du künftig mißtrauisch sein gegen sie, dich scheuen, ihr zu nahen. Findest du aber in allem, was auf sie Bezug hat, tatsächlich nur Liebe, Milde, Güte, Sanftmut und Barmherzigkeit, dann sage ihm Dank, der dir aus gütigstem Erbarmen eine solche Mittlerin geschenkt hat, an der nichts ist, was nicht Vertrauen erwecken könnte. Kurz, sie ist allen alles geworden. Weisen wie Unweisen machte sie sich in überreicher Liebe zur Schuldnerin. Allen öffnete sie den Schoß der Barmherzigkeit, damit alle von ihrer Fülle empfangen: Der Gefangene Befreiung, der Kranke Genesung, der Traurige Trost, der Sünder Verzeihung, der Gerechte Gnade, der Engel Freude, schließlich die ganze Dreifaltigkeit Ehre, die Person des Sohnes die menschliche Natur, so daß niemand ist, der sich vor ihrer Liebesglut verbergen könnte.

Johannes Paul II.

Grußbotschaft an das mexikanische Volk zum Beginn des 450. Jubiläums von Guadalupe

An meine verehrten Brüder im Bischofsamt und
an meine geliebten Söhne und Töchter Mexikos!

Des 450. Jahrestages der Erscheinungen der Jungfrau Maria auf dem Hügel von Tepeyac soll von der mexikanischen Kirche durch ein Jubiläumsjahr von Guadalupe gedacht werden. Diese einzigartige Feier gibt mir die Gelegenheit, alle erneut herzlich zu grüßen und mich meines Besuches in der Basilika Unserer Lieben Frau von Guadalupe anläßlich der 3. Vollversammlung des lateinamerikanischen Episkopates zu erinnern.

Das mexikanische Volk wird während dieses Jubiläumsjahres die Gelegenheit haben, der sanften Herrin vom Tepeyac seine kindliche Zuneigung zu erweisen und sich von ihr aufgefordert fühlen, den christlichen Glauben in seiner Ganzheit und in Treue zur Lehre Jesu Christi zu leben. Die Begegnung eines jeden von Euch mit Maria soll Euch zu einer großzügigen Hingabe an Christus bewegen, zur vollkommenen Annahme seiner Botschaft und dazu, echte Zeugen seiner Liebe zu sein; dabei sollt Ihr im Bruder, insbesondere im ärmsten, unterdrückten und sozial schwächsten das wirkliche Antlitz Christi erkennen.

Ich bete zu Gott, daß durch diese Kirche die Evangelisierung und Katechese in diesem Jahr nach den Richtlinien von Puebla vertieft werden. Auf diese Weise wird die geistliche Einheit des Gottesvolkes durch den Beistand Mariens gefördert, »der Mutter, die mit ihrer Liebe die besondere Nähe zu ihren Kindern schafft, bewahrt und vertieft« (Predigt in der Basilika von Guadalupe, 27. Januar 1979, N. 3). Die Einheit des Gottesvolkes wird vor der Welt ein Zeugnis für Christus sein, das in allen Bereichen, dem sozialen, dem kulturellen, dem wirtschaftlichen und politischen, Früchte tragen wird.

Damit dieses Jubiläumsjahr von Guadalupe in Mexiko zu einem neuen Anstoß für seine Verehrung für die Allerheiligste Jungfrau, der Mutter Christi und der Kirche wird, erflehe ich ihren immerwährenden Schutz für alle und jeden von Euch und erteile Euch von Herzen den Apostolischen Segen.

Vatikan, 8. Dezember 1980

Kardinal Hermann Volk

Hirtenwort am 16. Mai 1982 zur Weihe der Kirche an das Unbefleckte Herz Mariens in Fatima am 13. Mai 1982 von Johannes Paul II.

Liebe Brüder und Schwestern,

der Heilige Vater Johannes Paul II. besuchte am 13. Mai 1982 den bekannten Marien-Wallfahrtsort FATIMA in Portugal, um Maria dafür zu danken, daß er das Attentat im letzten Jahr überstanden hat und um sich und die ganze Kirche dem Unbefleckten Herzen Mariens zu weihen. Es handelt sich eigentlich um die Erneuerung einer früheren Weihe.

Die Älteren werden sich erinnern, daß Papst Pius XII. dies mitten im letzten Krieg am 31. Oktober 1942 vollzog und es am 7. Juli 1952 wiederholt hat. Wir sind ermutigt, den Papst in diesem Akt der Frömmigkeit nicht allein zu lassen. Gerne wollen wir dieser Erwartung des Papstes entsprechen, in dem wir uns selbst und das ganze Bistum Mainz dem mütterlichen, mitfühlenden Herzen Mariä anempfehlen, anvertrauen.

Dies hat freilich Voraussetzungen:

1. Die erste Voraussetzung ist die, daß keiner von uns an der Überantwortung seiner selbst im Glauben, in der Gläubigkeit vorbeikommt. Denn Glauben heißt ja nicht nur, daß Gott ist, sondern daß man sich dann Gott auch hingeben, überantworten muß; Glauben heißt, daß wir Gott als unseren Herrn anerkennen und haben, daß wir Gottes »Eigentum« sein wollen, wie es zum Beispiel am Anfang des Briefes an die Epheser heißt, daß wir »durch die Erlösung Gottes Eigentum werden zum Lob seiner Herrlichkeit« (Eph 1,14).

»Jesus, Dir leb ich; Jesus, Dir sterb ich; Jesus, Dein bin ich tot und lebendig«, so beten wir; es ist jedenfalls gut, so zu beten. Gesagt ist es leicht, es bedeutet aber viel.

2. Eine zweite unerläßliche Voraussetzung ist folgende: In der Weihe an Maria tritt keineswegs Maria an die Stelle Gottes, denn bei Maria endet nichts, gar nichts. Sie selbst ist ja zur reinen, bedingungslosen Hingabe an den unbekannten Willen Gottes bereit, wenn sie spricht:

»Ich bin die Magd des Herrn, mir geschehe wie Du gesagt hast« (Lk 1,38). — Das führte sie bis unter das Kreuz. Dieses aber war nicht das Ende. Am Pfingsttag, bei der Herabkunft des Heiligen Geistes, war sie dabei.

Sie gibt alles, was ihr zuteil wird, an den, durch den sie ist, was sie ist. »Auf die Niedrigkeit seiner Magd hat er geschaut«, »denn der Mächtige hat Großes an mir getan« (Lk 1,48ff.).

3. Eine dritte Voraussetzung ist diese: Gott macht nicht alles selbst und allein. Gott erschafft nicht, was durch Entwicklung des Erschaffenen werden kann; Gott schafft auch nicht, was die Menschen tun können. Ähnlich ist es aber auch in der Vermittlung der Erlösungstat und der Erlösungsfrüchte. Jesus Christus, der menschgewordene Gottessohn erlöst uns, er ganz allein.

Aber er selbst trägt die Botschaft von der Erlösung, vom ankommenden Reich Gottes nicht weiter, vielmehr sendet er Menschen als seine Boten und Zeugen. Vorher aber sandte er ihnen den Heiligen Geist, daß sie göttlich bevollmächtigte und begeisterte Zeugen sind für den Sieg Christi über Sünde und Tod. Wer aber war mehr in höherem Sinne beansprucht als Maria, von welcher er hat geboren werden wollen? In alle Ewigkeit ist sie die Mutter des erhöhten Herrn.

»Hat er uns zu Königen und Priestern gemacht« (Offb 5,10), dann erst recht sie, die ohne jede Sünde ist. Darum nennen wir sie die Königin der Apostel, der Märtyrer, der Jungfrauen, der Mütter, ja der Menschen. Denn wohl gibt es kein Amt ohne Dienst, aber es gibt Dienst ohne Amt. So ist sie nicht wegen eines Amtes, aber wegen ihres mütterlichen Dienstes die Nächste bei Christus, ja aller Menschen Fürsprecherin. Darum können wir uns ihr und in ihr Christus weihen.

4. Noch eine Voraussetzung: Maria hat ein Herz für uns, für sich braucht sie nicht mehr zu sorgen, für sie ist gesorgt. Aber die Heiligen sind ja nicht getrennt von uns, sie sind auch nicht nur interessierte Zuschauer, sie nehmen vielmehr teil an unserem Geschick. Dann erst recht Maria, der Jesus vom Kreuz herab sagte: »Siehe Deinen Sohn«, und zu Johannes: »Siehe Deine Mutter« (Joh 19,27).

Herz bedeutet die Mitte, die Ganzheit des Menschen. Wie gut, daß Maria ein Herz für uns hat.

Gott hört ihre Bitten, die sie für uns vorbringt, denn Gott selbst hat ein Herz für uns, »denn Gott hat die Welt so sehr geliebt, daß er seinen einzigen Sohn hingab, damit jeder, der an ihn glaubt, nicht zugrundegeht, sondern das ewige Leben hat« (Joh 3,16).

Liebe Brüder und Schwestern,
diese Überlegungen zeigen, daß wir frohen Herzens in diesem Sinne unsere Weihe an Maria mitvollziehen können. Dies könnte nach entsprechender Vorbereitung noch an einem Sonntag im Mai geschehen, entweder im Anschluß an eine Eucharistiefeier oder während einer Andacht oder einer Marienvesper. Selbstverständlich könnten auch einzelne Familien oder einzelne Personen diese Weihe für sich vollziehen.

Dazu erteile ich Ihnen allen meinen Segen.

Autorenverzeichnis

Kardinal Ernesto Corripio-Ahumada, Erzbischof von Mexiko D.F.
Prof. Dr. Franz Courth, Professor an der Theologischen Hochschule in Vallendar.
Prof. Dr. Leo Elders, Professor am Priesterseminar Rolduc.
Msgr. Wilhelm Havers, Deutscher Seelsorger in Mexiko D.F.
Msgr. Ulrich Lange, Dezernent im Generalvikariat Essen.
Dr. Jerzy Likierski, Kaplan in Essen.
P. Jan Nalaskowski, Rektor des Heiligtums Jasna Góra, Tschenstochau.
Dr. German Rovira, Seelsorger in Essen.
Prof. Dr. Dr. Ekkart Sauser, Professor an der Theologischen Fakultät in Trier.
Prof. Dr. Leo Scheffczyk, Professor an der Universität München.
Bischof Dr. Josef Stimpfle, Ordinarius der Diözese Augsburg.
Prof. Dr. Dr. Anton Ziegenaus, Professor an der Universität Augsburg.

Namensverzeichnis

Abraham 31, 49, 56, 115, 131, 197, 203
Ada von Hennegau 135
Adalbert (siehe Wojciech)
Adam 133, 183, 205, 209
Adam von Perseigne 158
Adolf von Essen 135, 160
Adolf von Preussen 160
Adonija 12
Aelredus Rivallensis 15, 158
Alanns von Rupe 160
Alarcon, P. 72
Albert der Große 12, 15, 97, 103, 135, 158
Aldama, J. A. de 31, 37, 42f
Algermissen, K. 108
Alkuin 184
Alliende Luco, J. 82
Altaner, B. 145
Althans, P. 38
Ambrosius von Mailand 44, 56, 133, 154
Ambrosius-Antpertus 155
Angele, A. 145
Anna (AT) 49
Anna (NT) 133, 207
Anna (Mutter Maria) 6, 101
Anna von Bayern 135
Anselm von Canterbury 158
Artemis 183
Athanasius von Alexandrien 54
Aufderbeck, H. 37
Augustinus 10, 15, 21, 28, 37, 42, 44, 103, 133, 154, 193
Avila Camacho 82

Bäumer, R. 167
Bäumer, S. 165
Baeumker, G. 167
Baggio, S. 84
Baier, W. 166
Baldi, D. 126
Balthasar, H. U. von 46, 153
Barielle, G. 43
Barré, H. 165
Basilius der Große 138
Batseba 11f
Bauer, J. B. 145
Baumstark, A. 165
Bea, A. 39
Beinert, W. 134
Beissel, St. 165f, 185f
Békés, G. 40
Benedikt 155
Benedikt XIV. 65, 72, 178
Berengar von Verdun 156
Bergönd, B. 87
Bernadette (siehe Soubirous)
Bernardino 70
Bernardino de Sahagún 85
Bernhard von Clairvaux 6, 101, 103, 105, 135, 159f, 209
Bernhardin von Siena 136
Berndjaer, N. 121

Beumer, J. 108
Bigelmaier, A. 167
Billet, B. 188
Birgitta von Schweden 135f
Blinzler, J. 44
Bocheński, I. M. 15
Bodmer 132
Boman, Th. 36f
Bonaventura 158
Bonifatius 151
Bosco, J. (don) 151
Bouyer, L. 153
Bravo Ugarte, J. 87
Brederecke, U. V. 7
Brinkenmaier, R. 167
Brown, R. E. 38, 41f
Bruhin, J. 109
Bubus, M. 44
Buchsbaum, S. 186
Buddingh, D. 43
Bullinger 104
Bulst, W. 41
Bultmann, R. 41
Burke, E. M. 153

Cabodevilla, J. M. 42
Cabrera, M. 71f
Calahan, Ph. 87
Calkins, F. P. 37
Calles, P. E. 77, 79f, 87
Calvin 103, 107
Camacho, M. L. 81
Canisius, Petrus 5, 12, 37, 95ff, 161, 187
Carl X., Gustav 92
Carnap, R. 15
Carol, J. B. 37
Casas, B. de las 85, 151
Cazelles, H. 15, 37, 42
Ceccheti, J. 165
Chauvet, F. 87
Chavez, E. A. 85
Chiettini, E. 166
Christlieb, A. 88
Chrysologus, Petrus 43
Chrysostomus, Johannes 21, 44
Cicero 37, 98
Clemens VI. 157
Coatlicue 170, 175
Columbus, Cristobal 150
Conzelmann, H. 40, 42
Corripio Ahumada, E. 6, 169, 215
Cortés, Hernán 65f, 171, 173
Courth, F. 5, 154, 167, 215
Coyolxauqui 170
Cuautémoc 173
Cuevas, M. 85, 87
Cyprian von Kartago 43
Cyrill von Alexandrien 133
Cyrill von Jerusalem 35f, 41, 44
Czestochowa 5, 89ff, 197ff
Czerwień, H. 94

Dalmais, J.H. 37
Damianus, Petrus 105, 156
Daniel 31, 116, 124
Daniélou, J. 43, 153
Dausch, P. 42f
David 12, 203—207
Deant, R. le 38
Debernitz, K. 7
Deis, L. 15
Delius, W. 108, 154
Diaz, P. 77
Diderot 74
Dietz, M. 16
Diez Merino, L. 14, 16
Dimitrij von Rostow 122
Dlugosz, J. 91, 94
Döller, J. 44
Dominikus von Preussen 135, 160
Donnelly, Ph.J. 39
Drewnak, F.L. 42
Duensing, H. 41
Duns Scotus, J. 28
Dyonisius Aeropasit 44

Eadmer 145, 158
Eberharter, A. 44
Elders, L. 5, 146, 215
Elija 36
Elisabeth 25, 27, 48, 57, 60, 121, 144
Elischas 36
Engberding, H. 126
Ephräm der Syrer 133
Epiphanius von Salamis 30
Ethelwold von Wichester 156, 165
Eva 14, 30, 52f, 59, 103f, 133, 146f, 183, 209
Ezechiel 124

Feckes, C. 36, 44, 134, 145
Feldmann, F. 36
Fernández, F. 86
Fenillet, A. 37, 153
Francisco (Seher von Fatima) 188
Francisco de Borja 150
Francon, F. 88
Frank, H. 93
Franz Xaver 150f
Franziscus von Assisi 56
Frehen, H. 37
Freitag, A. 153

Gabriel 25, 130
Gaechter, P. 36, 42
Galindo, R. 76
Gallus, T. 42
Galot, J. 42, 148, 153
Garcia del Moral, A. 15
Garcia Tellez 82
Garrido Canabal, Th. 81
Garrigon-Lagrange, R. 36
Gattus, J. 42
Gerhoh von Reichersberg 159
Germanus von Konstantinopel 6, 208
Gideon 49, 60f
Ginns, R. 39
Goethe, J.W. 9, 183, 195
Göttsberger, J. 44
Goldonowski, A. 94
Goldstein, H. 43
Gomez Farias 74
Goppelt, L. 43
Gordillo, M. 42
Graber, R. 145
Graef, H. 108
Green, Gr. 81
Gregor II. 138
Gregor von Nyssa 43
Grignion von Monfort 163
Grillmaier, A. 108
Grisar, H. 97, 108
Guadalupe 5, 6, 65, 70ff, 179ff, 211
Guardini, R. 9, 15, 37f
Guerrero, J.L. 67f, 86
Gutierrez Casillas, J. 87f
Guzman de Nuño 66

Habakuk 116
Habig, M.A. 153
Hänggi 165
Hagemann, W. 167
Hagen, M. 37
Halkes, C. 43
Hallinger, K. 165f
Hammerschmidt, E. 126
Hammond, R.T. 40
Haugg, D. 43
Hauslik, R. 165
Haußling, A. 166
Havers, W. 5, 65, 215
Hefele, C.J. 166
Heinisch, P. 15, 39, 44
Heinz, A. 166
Helena 94
Hengsbach, F. 145
Heredia, Paulus de 42
Hermann der Lahme 157
Hettenkofer, J. 167
Hieronymus 41, 154
Hidalgo, M. 73
Hildebrand, D. von 37
Hippolytus 41
Hittler, A. 93
Hlond, A. 93
Hodous, E.J. 43
Höfer, J. 145
Höffner, J. 85f, 88
Hollaardt, A. 166
Hrabanus Maurus 155
Hugh, J.Mc. 15, 37f, 40, 42f
Huitzilopochtli 169—171, 174
Hyazintha 188

Ignatius von Antiochien 24, 45, 56, 132
Ignatius von Loyola 95, 150, 162
Ildefons von Toledo 159
Ipalnemohuani 176
Irenäus von Lyon 6, 23, 30, 41—43, 52, 56, 133, 203
Irene 137
Isaak 32
Isaias (siehe Jesajas)
Ischocke, H. 15, 44
Isidor von Sevilla 15, 41, 159
Isis 98
Iturbide, A. de 73f
Ivanka, E. von 126
Izazbelceta, J. 85

Jabłoński, Z. 94
Jäger, L. 166
Jakob (AT) 11, 124, 204

Jakobus (NT) 100, 132, 142, 192
Jan III. (siehe Sobierski)
Janssen, H. 4
Jasna Gora 6, 89, 93, 197ff
Jeremias 69
Jesajas 116, 179
Jesse 116, 124
Joachim 6, 101
Johannes (Ev.) 24, 41, 50f, 56f, 65, 68, 131, 203
Johannes der Täufer 48
Johannes XXIII. 184
Johannes von Damaskus 30, 37, 118
Johannes von Lodi 166
Johannes Paul II. 6f, 16, 44, 69, 73, 76, 81f, 84—88, 129, 153, 194, 196, 198, 211f
Jones, A. 43
Jordans, J. 108
Josef (NT) 41, 51, 54, 56, 203f, 206
Josef von Arimathea 116
Juan Diego 66, 68—72, 80, 83, 86f, 173—181
Juarez, B. 75
Judith 49, 60
Jung, R. 149
Jungclausen, E. 116—119, 126
Justinus 23, 41, 56, 133, 183
Justinian 110

Kalixt III. 135
Kalt, E. 36f
Kammer, C. 15
Karl der Große 184
Karl V. 66, 86
Karl von Burgund 135
Karlinger, F. 166
Kastner, F. 167
Kirchhof, K. 126
Kittel, G. 15, 37, 42
Kleopatra 98
Klinkhammer, K. 166
Kloppenburg, B. 88
Koch, A. 7
Kösters, H.M. 108, 145, 165—167
Kösters, L. 39
Konetzke, R. 85
Konstantin 90
Kordecki, A. 92
Kosmas 118
Kozimierz, J. 92
Kozlowski, R. 94
Kriss-Rettenback, L. 145
Krüll 165
Kuan-Yin (Kwannon) 149
Kümmel, G. 40

Labouré, K. 188
Lafaye, J. 87
Lagrange, M.J. 41, 43
Laktanz 37
Lambert, F. 161
Lang, O. 37
Lange, U. 5, 129, 215
Laurentin, R. 41, 62
Laurentius 75
Landsberg, H. 165
Leander von Sevilla 14
Leaney, S. 42
Leclercq, H. 43
Leclercq, J. 166
Ledochkowski, W. 79
Leibniz, G.W. 40
Leo der Große 30, 43
Leo III. (Kaiser) 137
Leo XIII. 63, 72, 76, 143, 152
Lesort, A. 166
Lennis, J. 162
Lew (Fürst) 90
Likierski, J. 5, 89, 215
Lippert, P. 145
Lizana, J. 73
Lohse, E. 40
Lopez Beltrán, L. 87
Lubac, H.de 15, 44
Lucas 11—13, 21f, 26—31, 47f, 51, 57, 62, 90, 130, 147
Lucia 188
Lucretia 98
Luther, M. 46, 101, 107, 182, 184
Lyonnet, S. 42

Maas-Ewerd, Th. 37
Madero, F. 77
Manoir, H. du 165
Manteau-Bonamy, H. 153
Markus 16, 63
Marlé, R, 41
Martimort, A.G. 37, 165
Matthäus 21f, 25f, 28—31, 47, 51, 53, 56f, 101, 203f
Mc Hugh, J. (siehe Hugh, J.Mc)
Mechtild 98
Mendez Medina, P. 76
Messenger, E.C. 42
Methodius von Olymp 6, 207
Meyer, J. 76f, 79, 87f
Michl, J. 39
Mieszko 89
Minerva 98
Mohrn, L. 153
Moll, Chr. 7
Moreira Neves, L. 153
Morelos, J.M. 73
Morones, C. 76
Moses 116
Moulton, G. 42
Müller, A. 38

Nalaskowski, J. 6, 197, 215
Nathanael 63
Navarrete, F. 88
Neilos von Ankyra 133
Neuss, W. 145
Newman, J.H. 34, 43f
Nikolaus von Kues 97
Nötscher, P. 36
Notker Balbulus 155, 165

Obregón 76, 79, 87
Ocampo, M. 76
Oekolampadius, J. 161
Ometecutli 68, 176
Onselen, J. van 7
Onspenski, L. 112, 126
Opelezyk, W. (von Opeln, L.) 90
Origenes 23, 41, 56, 63, 101, 132

Pahl, J. 165
Pallotti, V. 162f, 167
Paschen, W. 42
Pasierl, J. 94

Paul VI. 36, 59, 63, 83, 152, 164, 192, 194
Paulenssen, L. 167
Paulus 23, 26, 28, 30f, 41, 47, 130, 141f, 182, 188, 204
Pech, R. 39
Pedro (Fray) 66
Petrus 51
Petrus Venerabilis 157
Pflummern, J. von 135, 138, 142, 145
Pflummern, H. von 138, 145
Phentesilea 98
Pickl, J. 42
Pieper, J. 145
Pius V. 16
Pius VII. 184
Pius IX. 42, 184
Pius X. 65, 78, 144, 146, 153
Pius XI. 78, 81
Pius XII. 37, 39, 72, 129, 140, 162, 167, 184, 212
Plancet, F.R. 87
Platon 98
Pleuss, R. 153
Plöger, J.C. 37
Poinsett 74
Polo, J. 42
Pompa, A. 87
Portes, Gil 79
Poschmann, B. 37
Potterie, I. de la 24, 41, 63
Power, E. 36
Pozo, C 11, 13, 15f, 24, 39, 41—43
Prat, F. 42
Prien, H.J. 77, 80, 88
Pro, M.A. 80
Procksch 15
Prümm, K. 44
Przezdziecki, A. 94

Quetzalcoátl 170ff

Radbertus Paschasius 155
Radforth-Reuter 43
Rahner, H. 16
Rahner, K. 145, 197
Raiffaissen, F. 76
Rathgeber, A.M. 145
Ratzinger, J. 62, 153, 167
Rauschen, G. 145
Reimarus 23
Reuter, A. 145
Ricci 151
Riedlinger, H. 40
Rivera, D. 82
Robert, A. 37
Robinson, J.A.T. 40
Rochais, H. 166
Röggl, A. 16
Rohr, I. 36, 39, 44
Rousseau, J.J. 74
Rovira, G. 5, 7, 9, 17, 37, 47f, 145, 215
Rudloff, L. von 145
Ruiz y Flores 78
Rupert von Deutz 97, 101
Rysińsky, P. 94

Safrai, S. 44
Sahagun, B. 85
Sahlin, S. 42
Salinas, C. 87
Sally, St. von 159
Salomo 12, 13, 116
Samuel 49
Sáuchez Navarro, C. 87
Sauer, J. 167
Sauser, E. 5, 110, 127, 215
Sawicki, F. 39
Schamoni, W. 145
Scheeben, M.J. 15, 39
Scheffczyk, L. 5, 36f, 40f, 44, 95, 165, 215
Scheler, M. 58
Schelkle, K.H. 42
Scherer, A. 153
Scherschel, R. 166
Schlarman, J.L. 88
Schlecht, J. 167
Schlier, H. 37, 40, 44
Schmaus, M. 37, 39, 43, 108
Schmid, J. 42—44
Schmidt, P. 38, 43, 153
Schmitt, A. 166
Schmitz, Ph. 165
Schnackenburg, R. 39, 41, 44, 62
Schneider, A. 166
Schnitzler, Th. 43
Schoeps, H.J. 43
Schubert, K. 43
Schürmann, H. 39, 62
Schulten, W. 114f, 126
Schulz, J. 114, 126
Schumacher, J. 42
Schünkler, G. 43
Schwertner, S. 165
Sebastian, S.W. 153
Sedelius 155
Serafin von Sarov 124
Sergei von Rodonez 124
Seumois, A. 153
Severian von Gabala 133
Simeon (NT) 6, 28, 31f, 48, 133, 207
Simon Stock 140
Smeman, A. 112, 126
Smith, P.H. 88
Smolitsch, I. 122f, 127
Sobierski, J. 91
Söll, G. 41, 63
Soiron, Th. 44
Soubierous, B. 188
Sprenger, J. 135
Staab, K. 44
Stachel, G. 39
Stauchina, P.C. 88
Staudinger, H. 39f
Stauffer, E. 39, 43f
Stegmüller, O. 108, 126, 158, 165—167
Stehle, E. 87f
Steinen, W. von den 165f
Steinheimer, M. 166
Steinman, J. 39
Steinmann, A. 39
Stimpfle, J. 6, 182, 215
Stock (siehe Simon)
Stockum, W. 37
Sträter, P. 37, 167
Suarez, F. 99
Suenens, L.J. 153
Sutcliffe, E.F. 36f, 44
Suzdal, A. von 123
Symeon von Thessalonich 113
Szaframec, S. von 94

Telch, K. 108
Tertullian 23, 41—43, 102
Theodet von Ankyra 155
Theophanes 119
Thil, G. 37
Thomas von Aquin 37, 44, 103, 158
Tloquenahuaque 176
Trithemius 104
Troll, A. 108
Trueba, A. 85
Truhlar, K.V. 37
Tschenstochau (siehe Czestochowa)
Tyciak, J. 116, 119, 121, 126f

Ucello, S. 15
Uitzilopochtli (siehe Huitzilopochtli)
Ulrich von Augsburg 156

Valeriano, A. 67, 172
Vaux, R. de 15, 44
Velazquez, P.F. 67
Verbiest 151
Veuster, de 151
Victoria, G. 74
Vobbe, G. 42
Vögtle, A. 38
Vogt, H.J. 43
Volk, H. 6, 212
Voltaire 74
Voss, G. 145

Walkenbach, A.P. 165, 167
Warneck, G. 153
Wellen, G.A. 126
Wezyzen, Kara Mustafa 92
Wierzt, P. 126
Wikenhauser, A. 43
Wilhelm von Berg 135
Wilkowiecka, N. 94
Willibrord 151
Wilmart, A. 166
Wilson, J. 41
Windhorst, L. 77
Wojoiech, A. 89
Wyszynski, St. 93

Zacharias 31, 48
Zenlorsky, S.A. 127
Ziegenaus, A. 5, 45, 63, 215
Ziegler, A.W. 74, 87
Zimmermann, H. 39
Zumárraga, J. 66f, 69, 85f, 179